普通高等院校市场营销专业系列教材

销售管理实务

（第 2 版）

主　编　钟晶灵

副主编　张冰洁

北京理工大学出版社
BEIJING INSTITUTE OF TECHNOLOGY PRESS

内 容 简 介

销售管理作为提高销售效率和企业盈利的手段之一，已被很多企业重视，但销售管理实务作为一门应用型课程，还没有统一的体系。本书立足于普通高等院校应用型本科市场营销人才培养的目标，突出学生职业能力的培养，以销售经理的岗位职责（销售规划管理、销售团队管理、指导销售过程、提升客户关系）为编写脉络，内容包括"运筹帷幄篇 制订销售规划实务""招兵买马篇 组建销售团队实务""带兵实战篇 指导销售过程实务""共赢发展篇 提升客户关系实务"。具体又分为销售管理认知、销售组织构建、销售计划制订、销售区域管理、销售人员的招募与培训、销售人员的激励、销售人员的考评与薪酬、做好销售准备、销售过程指导、直播销售技巧、客户关系管理、销售服务管理来讲述。

本书可作为应用型本科院校市场营销专业及工商管理类专业的教学用书，也可作为企业销售管理人员的培训用书。

图书在版编目（CIP）数据

销售管理实务 / 钟晶灵主编. --2 版. --北京：
北京理工大学出版社，2023.7（2023.8 重印）
ISBN 978-7-5763-2589-8

Ⅰ.①销… Ⅱ.①钟… Ⅲ.①销售管理-高等学校-
教材 Ⅳ.①F713.3

中国国家版本馆 CIP 数据核字（2023）第 129558 号

出版发行／北京理工大学出版社有限责任公司
社　　址／北京市海淀区中关村南大街 5 号
邮　　编／100081
电　　话／（010）68914775（总编室）
　　　　　（010）82562903（教材售后服务热线）
　　　　　（010）68944723（其他图书服务热线）
网　　址／http：//www.bitpress.com.cn
经　　销／全国各地新华书店
印　　刷／涿州市新华印刷有限公司
开　　本／787 毫米×1092 毫米　1/16
印　　张／20.75　　　　　　　　　　　　　　责任编辑／李慧智
字　　数／487 千字　　　　　　　　　　　　　文案编辑／李慧智
版　　次／2023 年 7 月第 2 版　2023 年 8 月第 2 次印刷　责任校对／刘亚男
定　　价／54.00 元　　　　　　　　　　　　　责任印制／李志强

图书出现印装质量问题，请拨打售后服务热线，本社负责调换

第2版 前言

本书第 1 版于 2018 年 1 月出版，由于此版反响良好，我们在广泛收集用书教师和学生意见的基础上，根据最新知识进展，修订写成了第 2 版。

党的二十大报告提出："教育、科技、人才是全面建设社会主义现代化国家的基础性、战略性支撑。必须坚持科技是第一生产力、人才是第一资源、创新是第一动力，深入实施科教兴国战略、人才强国战略、创新驱动发展战略，开辟发展新领域新赛道，不断塑造发展新动能新优势。"教育、科技、人才的协同作用发挥，"创新"至关重要。创新意味着发展理念之变、竞争逻辑之变、实力格局之变、突围策略之变、前进动力之变。销售管理教材应以党的二十大精神为指引，教材内容应立足增强学习者民族自豪感，增强文化自信，提高素质，扎实推动销售管理课程创新发展。

本版保持了第 1 版的优势和特点，基本保留了原有的知识体系，微调了部分章节的内容，采用了新数据和新案例，增加了直播销售知识。本版在第 1 版的基础上主要调整以下几个方面：

（1）四个篇章的逻辑顺序进行了调整，以销售经理的岗位职责（销售规划管理、销售团队管理、指导销售过程、提升客户关系）为编写脉络，四个篇章调整为"运筹帷幄篇　制订销售规划实务""招兵买马篇　组建销售团队实务""带兵实战篇　指导销售过程实务""共赢发展篇　提升客户关系实务"。

（2）将第 1 版第 8 章的"销售人员的招募与培训"、第 9 章的"销售人员的激励"、第 10 章的"销售人员的考评与薪酬"分别调整到第 2 版第 5 章、第 6 章、第 7 章；将第 1 版第 11 章的"销售准备"、第 12 章的"销售过程指导"分别调整到第 2 版第 8 章（改章名为"做好销售准备"）、第 9 章；将第 1 版第 5 章的"客户关系管理"调整到第 2 版第 11 章。

（3）将第 1 版"第 1 章　销售管理认知"中的"销售伦理与道德"与"从销售人员到销售经理的转变"两节的顺序进行了互换。

（4）第 2 版的"第 5 章　销售人员的招募与培训"增加了"5.1.2　招募销售人员的标准"的内容。

（5）第 2 版增加了"第 10 章　直播销售技巧"，并且"第 11 章　客户关系管理"增加了"11.4　直播营销渠道管理"一节内容。

（6）将第 1 版的"第 6 章　客户服务管理"调整到第 2 版的"第 12 章　销售服务管理"，前两节内容整合成"12.1　客户服务管理"，增加了"12.3　客户忠诚管理"一节的内容。

（7）将全书的"导入案例"和"本章案例"都更新为近两年的案例和资料，对书中的"情景体验"部分进行了更改，增加了"知识拓展"并以二维码方式展示。

本书第 2 版的编写由钟晶灵担任主编，张冰洁担任副主编。其中，第 1、2、3、4、8、9、10 章由钟晶灵编写，第 5、6、7、11、12 章由钟晶灵和张冰洁共同编写。在本书的编写过程中，我们参考了大量国内外的相关研究成果，在此，对涉及的专家、学者表示衷心的感谢。同时，衷心感谢各位专家、广大师生对本书进行批评、指正，我们将利用重印或再版的机会不断对本书进行更新和完善。

编　者

2023 年 3 月

目 录

运筹帷幄篇
制订销售规划实务

第1章 销售管理认知 ……………………………………………… (001)
　1.1 销售概述 ………………………………………………… (003)
　1.2 销售管理与营销管理 …………………………………… (008)
　1.3 从销售人员到销售经理的转变 ………………………… (013)
　1.4 销售伦理与道德 ………………………………………… (020)
第2章 销售组织构建 ……………………………………………… (026)
　2.1 认识销售组织 …………………………………………… (029)
　2.2 构建销售组织 …………………………………………… (035)
　2.3 销售组织职能 …………………………………………… (040)
　2.4 销售活动分析 …………………………………………… (043)
第3章 销售计划制订 ……………………………………………… (051)
　3.1 进行销售预测 …………………………………………… (053)
　3.2 制定销售目标 …………………………………………… (061)
　3.3 分配销售配额 …………………………………………… (070)
　3.4 编制销售预算 …………………………………………… (079)
　3.5 制订销售计划 …………………………………………… (084)
第4章 销售区域管理 ……………………………………………… (091)
　4.1 认识销售区域 …………………………………………… (093)
　4.2 设计销售区域 …………………………………………… (096)
　4.3 销售区域战略管理 ……………………………………… (101)
　4.4 销售终端管理 …………………………………………… (106)

招兵买马篇
组建销售团队实务

第5章　销售人员的招募与培训 ·· （112）

　5.1　销售人员的招募 ··· （114）

　5.2　销售人员的培训 ··· （121）

第6章　销售人员的激励 ·· （135）

　6.1　激励的方式与原则 ··· （137）

　6.2　销售人员的激励方式 ·· （141）

第7章　销售人员的考评与薪酬 ·· （149）

　7.1　销售人员的绩效考评 ·· （151）

　7.2　销售人员的薪酬制度 ·· （165）

带兵实战篇
指导销售过程实务

第8章　做好销售准备 ·· （178）

　8.1　自我礼仪准备 ··· （181）

　8.2　寻找潜在客户 ··· （184）

　8.3　审查客户资格 ··· （191）

　8.4　准备客户资料 ··· （194）

　8.5　制订拜访计划 ··· （197）

　8.6　销售模式介绍 ··· （199）

第9章　销售过程指导 ·· （208）

　9.1　约见客户 ··· （210）

　9.2　接近客户 ··· （215）

　9.3　销售展示 ··· （223）

　9.4　处理客户异议 ··· （227）

　9.5　促成交易 ··· （238）

　9.6　售后跟踪 ··· （246）

第10章　直播销售技巧 ·· （253）

　10.1　直播活动的脚本方案 ·· （255）

　10.2　直播销售话术设计 ··· （258）

　10.3　直播间的氛围管理方法 ·· （265）

　10.4　直播间的商品介绍 ··· （268）

　10.5　直播间的促销策略 ··· （271）

共赢发展篇
提升客户关系实务

第 11 章　客户关系管理 ·· (275)

　11.1　客户关系管理概述 ·· (277)

　11.2　客户分级管理 ··· (280)

　11.3　客户信用管理 ··· (288)

　11.4　直播营销渠道管理 ·· (297)

第 12 章　销售服务管理 ·· (305)

　12.1　客户服务管理 ··· (307)

　12.2　客户投诉管理 ··· (313)

　12.3　客户忠诚管理 ··· (319)

参考文献 ··· (324)

运筹帷幄篇 制订销售规划实务

第1章 销售管理认知

🎯 学习目标

通过本章学习，认识销售和销售管理在企业经营中的作用，理解销售和销售管理的含义，了解销售职业以及销售发展的新趋势，掌握销售管理与营销管理的联系和区别，学会如何完成从销售人员到销售经理的转变。

✒️ 素质目标

通过本章学习，了解销售职业的伦理与道德，培养正确的销售理念和文化自信，树立新时代销售人员和销售管理者的法治意识和职业道德。

⚙️ 教学要求

注重通过理论讲授销售管理与营销管理的区别和联系；采用启发式、探讨式教学，加强课堂案例讨论，注重对销售管理案例进行总结。

📦 引导案例

乔·吉拉德的销售之道

乔·吉拉德——连续12年被《吉尼斯世界纪录大全》评为世界销售第一、连续12年平均每天销售6辆车、迄今唯一荣登汽车名人堂的销售员。

他为自己的超级销售总结了7条经验。

（1）250 定律。不得罪一个顾客，因为每个顾客的背后，都隐藏着 250 个潜在顾客，你只要赶走一个顾客，就等于赶走了潜在的 250 个顾客。

（2）名片满天飞。向每一个人推销自己。在餐馆就餐付账时，把名片夹在账单中；在运动场上，把名片大把大把地抛向空中……利用一切机会为自己做传播，寻找一切可能的销售机会。

（3）建立顾客需求档案，更多地了解顾客需求。如果你想要把东西卖给某人，你就应该尽自己的力量去收集他与你生意有关的情报，只要你有办法使顾客心情舒畅，他就不会让你失望。

（4）猎犬计划，让顾客帮助你寻找顾客。在生意成交之后，把一叠名片和猎犬计划的说明书交给顾客。说明书告诉顾客，如果顾客介绍别人来买车，成交之后，每辆车顾客会得到 25 美元的酬劳。

（5）推销产品的"味道"，让产品吸引顾客。人们都喜欢自己来尝试、接触、操作，让顾客亲身参与，如果你能吸引他们的感官，那么你就能掌握他们的感情了，所以，在和顾客接触时总是想方设法让顾客先"闻一闻"新车的味道。让顾客坐进驾驶室，握住方向盘，自己触摸操作一番。

（6）诚实。诚实是推销的最佳策略，而且是唯一的策略。

（7）真正的销售始于售后。"我相信推销活动真正的开始在成交之后，而不是之前。"推销是一个连续的过程，成交既是本次推销活动的结束，又是下次推销活动的开始。乔·吉拉德每月都要给他的 1 万多名顾客寄去一张贺卡。1 月祝贺新年，2 月纪念华盛顿诞辰日，3 月祝贺圣帕特里克节……凡是在乔·吉拉德那里买了汽车的人，都收到过他的贺卡，也就记住了乔·吉拉德。

——资料来源：销售与市场网，叶茂中专栏，2022.1.11，有删改

引导任务

谈谈你所理解的销售和销售管理工作。

随着全球化和市场经济的高度发展，现代企业的销售活动不是只通过个体的努力就能完成的，而必须从市场营销战略的大视野出发，通过整合关系销售、系统销售、团队销售、全球化销售才能取得较好的效果。因此，组建和培养出一大批优秀的销售人才队伍并加强对销售活动的管理，已成为现代企业营销管理的重要内容，销售管理已经成为营销管理的一项非常重要的工作。

有许多人将"销售"和"市场营销"视为同义词，实际上销售只是市场营销的组成部分之一。销售到底是什么呢？销售本身是一种引导，是一种认同。一个客户之所以和你买产品而不和别的人买，是因为在你的引导下他同时认同了你的人与你的产品。销售是自我完善、不断改变自我性格并朝最正确方向升华的过程。

事实上，我们每天都在销售自己，去找工作面试的第一件事是销售自己，追求异性朋友也是销售自己。现在有很多 CEO（首席执行官）谈到，人才除了智商、情商，目前语商也开始变得越来越重要了。销售做好了，至少语商就上去了，在做事之前先会说话总不吃亏吧。其实销售的态度、方法、思想等都源于生活，人人都明白成功的道理，但关键看我们是否真的渴望成功。

1.1　销售概述

1.1.1　销售的含义与特征

1. 销售的含义

关于销售，市场营销领域没有统一的定义。有人认为，销售就是把企业生产和经营的产品或服务出售给消费者(顾客)的活动。也有人认为，销售是以正式、付费的方式，借助于销售人员，向个体或群体，对公司的某些方面所进行的展示。即使在一个企业内部，由于所处岗位的不同，对销售的理解也就有所不同。对销售业务员而言，销售是个战术问题，销售的目标是提高销售量或销售额，并尽量提高一次性货款回收率；对销售经理来说，销售既是战略问题，也是战术问题，目的在于开拓市场，提高市场占有率；对总经理而言，销售是战略问题，目的在于通过销售实现企业的价值，并创造盈利和建立信誉，树立企业品牌形象。我们认为，销售简单地说，就是出售商品或服务。具体说，销售就是企业通过销售人员说服和诱导潜在顾客购买某种商品或服务，从而实现企业营销目标的活动过程，它既包括出售产品和服务，也包括销售信息的发布等。

本书认为，销售就是企业将生产或经营的产品或服务出售给消费者(顾客)的活动过程，是买卖双方在一定的社会经济环境下达成的一种契约或协议。也可以理解为：销售人员通过与潜在顾客之间的信息沟通，说服顾客购买某种产品或服务的过程。

2. 销售的特征

与其他活动相比，销售活动具有以下基本特征：

(1)销售的核心是说服。销售是一切以说服销售对象接受某种观点或采取某种行动为主要特征的活动过程。

(2)销售活动具有双重性。销售活动实现的应该是双赢的局面，销售人员卖出了商品，顾客在获取商品的过程中也满足了自己的需求。

(3)销售活动具有三要素。销售活动必不可少的三个要素是销售人员、销售对象和销售商品。

(4)销售不同于推销。销售是一种"推"的策略，顾客在销售活动中一般处于被动地位。而科学的销售概念不仅包括"推"的策略，而且包括"拉"的策略。

(5)销售不同于交换。交换是一种以满足基本需要为动机的物与物的交易行为。而企业销售则是出于一种发展动机，企业通过销售产品和服务来获得利润。

销售三要素

(6)销售不同于营销。营销贯穿于企业所有的经营活动，美国著名营销学家菲利普·科特勒把营销定义为："个人和集体通过创造、交换产品和价值，从而满足个人或集体的需要和欲望的一种社会和管理的过程。"营销的出发点是市场(需求)，以满足消费者的需要为中心，采用的是整体营销手段。而销售的出发点是企业(产品)，以售卖企业现有产品为中心，侧

传统销售观念与
现代销售观念

重于促销技巧。总之，销售仅是市场营销活动的一部分。菲利普·科特勒指出："销售不是市场营销最重要的部分，销售只是'市场营销冰山'的尖端。"

情景体验1-1

某大百货商店老板曾多次拒绝见一位服饰销售人员，原因是该店多年来经营另一家公司的服饰品，老板认为没有理由改变现有的关系。后来这位服饰销售人员在一次拜访时递给老板一张便笺，上面写着："你能否给我十分钟就一个经营问题提一点建议？"这张便条引起了老板的好奇心，销售人员被请进门来，并拿出一种新式领带给老板看，要求老板为这种产品报一个公道的价格。老板仔细地检查了每一件产品，然后做出了认真的答复。

联系该情景，想一想：

假若你是案例中的销售人员，面对这种情况，会怎么办呢？

1.1.2　销售人员的作用与职责

情景体验1-2

某企业是一家高档汽车的配套生产厂家，专门生产高级汽车的钣金腻子，可是因质量达不到标准，市场销售受阻，已生产的几吨腻子不得不在仓库"睡觉"。眼看几十万元的资金就要打水漂了，这家企业在苦苦销售中终于柳暗花明——销售人员在一个偶然的机会中得知，高档家具制造厂正急需这样的产品。原来，家具厂正在使用的普通腻子喷漆后容易脱落，而高级的钣金腻子又太贵，这样该企业生产的这种未达标的钣金腻子正好符合家具厂的需要。很快，该企业不仅销完了全部库存，而且发现了一个新的巨大的市场。于是，该企业就这样歪打正着，很快摆脱经营困境，迎来了新的曙光。

——资料来源：根据《每日经济新闻》相关资料改编

联系该情景，分组讨论：销售人员有什么作用？哪些事情是销售人员应该做的？

1. 销售人员的作用

随着现代通信手段日益发达，特别是电子商务的兴起和迅猛发展，有人认为销售人员的作用正在减弱。但是实践表明，人员销售与其他促销手段相比仍然具有重要作用，其作用主要表现以下几方面：

（1）销售人员是决定企业运营的关键。企业如果不能将产品最终销售出去，就不能实现自己的经济效益。而负责直接销售的销售人员工作成效如何，就成了企业运营的关键环节，直接关系企业经营的成败。

（2）销售人员是买卖关系的桥梁。销售人员在联系业务的过程中，通过面对面接触，能与顾客建立融洽的关系，在争取顾客的信任、赢得其消费偏爱并说服顾客购买等方面，成效显著。

（3）销售人员是应对竞争的利器。激烈的市场竞争，使得企业提供给市场的商品很容易被复制，因而，商品之间的同质化趋势明显，许多商品对消费者来说，很难分辨其中的差别。在这种情况下，训练有素的销售人员能够凭借给顾客提供优良的服务和灵活运用恰当的销售技巧创造突出的销售业绩，从而赢得竞争的主动权。

（4）销售人员是信息传递的使者。销售人员在工作过程中，通过介绍和展示销售品把有关信息传递给目标顾客，同时及时了解和反馈顾客对销售品的意见和建议，起到信息双向沟通的作用。

2. 销售人员的职责

(1)收集信息资料。首先，在销售实施前要注意收集信息。俗话说："兵马未动，粮草先行。"销售人员在开展销售活动之前，必须事先收集足够的信息资料，具体包括本企业产品的性能和特征、产品的销售情况、竞争对手情况、市场环境状况及其变化趋势等。销售人员掌握的相关信息越多，销售成功的概率就越大。其次，在销售过程中，同样要重视信息的收集，包括顾客对销售品的态度和意见，潜在商机的捕捉和分析等。销售人员应把这些信息及时反馈给企业相关部门，以便企业适时调整经营策略，从而有利于更好地做好商品的销售工作。

(2)制订销售计划。掌握了必需的信息资料后，销售人员应该做好销售前的准备工作，制订一个合适的销售计划。销售计划的主要内容包括商品计划、渠道计划、成本计划、销售单位组织计划、销售总额计划、推广宣传计划、促销计划。

(3)成功销售商品。促成交易成功是销售人员的重要职责。销售人员要善于在分析销售对象的基础上，运用适当的方法引起目标顾客的注意和兴趣，恰当地向顾客展示商品，学会用例证增强说服力，善于妥善处理顾客的异议，能够敏锐地捕捉到成交信号，争取销售成功。

(4)做好售后服务。产品销售出去了，并不意味着万事大吉了。高明的销售人员都十分重视售后与顾客保持经常联系，并及时提供相关服务。这样做至少有两大好处：一是能及时发现顾客在使用商品的过程中可能存在的问题并妥善处置，减少顾客抱怨与投诉；二是通过提供优质的售后服务，可以提高顾客服务的满意率，在顾客中树立良好的口碑，从而有利于进一步扩大客户资源，为以后的销售工作铺平道路。

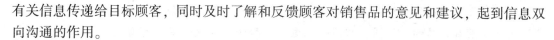 **情景体验1-3**

如此销售

王夫妇是一对年轻的夫妇，住在广州市天河区。他们都受过高等教育。他们有两个孩子，一个九岁，一个五岁。王夫妇非常关心孩子的教育，并决心要让他们接受最好的教育。

随着孩子一天天长大，王太太意识到该是让他们看一些百科读物的时候了。一天，当她翻阅一本杂志时，一则有关百科读物的广告吸引了她，于是她打电话给当地的代理商，问是否能见面谈一谈。以下是二人的面谈实录。

王太太：请告诉我你们这套百科全书有哪些优点？

销售员：首先请您看看我带的这套样书。如你所见，本书的装帧是一流的，整套五十卷都是这种真皮套封烫金字的装帧，摆在您的书架上，那感觉一定好极了。

王太太：我能想象得出，你能给我讲讲其中的内容吗？

销售员：当然可以，本书内容编排按字母排序，这样便于您很容易地查找资料。每幅图片都很漂亮逼真。

王太太：我看得出，不过我更感兴趣的是……

销售员：我知道您想说什么。本书内容包罗万象，有了这套书您就如同有了一套地图集，而且还附有详尽的地形图，这对你们这些年龄的人来说一定很有好处。

王太太：我要为我的孩子着想。

销售员：当然！我完全理解。由于我公司为此书特别配有带锁的玻璃门书箱，这样您的小天使就无法玩弄它们，在上面乱涂乱抹了。而且，您知道，这的确是一笔很有价值的投资，即使以后想出卖也绝不会赔钱，何况时间越长收藏价值还会越大。此外，它还是一件很漂亮的室内装饰品，那个精美的小书箱就算我们赠送的。现在我可以填您的订单了吗？

王太太：哦，我得考虑考虑。你是否可以留下其中的某部分，比如文学部分，以便让我进一步了解其中的内容呢？

销售员：我真的没有带文学部分来，不过我想告诉您我们公司本周内有一次特别的优惠售书活动，我希望您有好运。

王太太：我恐怕不需要了。

销售员：我们明天再谈好吗？这套书可是给您丈夫的一件很好的礼物。

王太太：哦，不必了，我们已经没兴趣了，多谢。

销售员：谢谢，再见，如果您改变主意请给我打电话。

王太太：再见。

联系该情景，想一想：

1. 你认为该销售人员最大的失误在哪里？依据是什么？

2. 谈谈你对销售活动特点的认识。

1.1.3 销售发展的新方式

21世纪是以数字化、虚拟化、网络化为主导的互联网经济时代，这给企业的生产和销售活动带来了诸多挑战。任何一家企业只有与时俱进、不断创新，才能确保其销售活动充满生机和蓬勃发展。企业销售运作方式也因此有了新的发展。

1. 从传统渠道到多渠道销售

当今企业竞争激烈，为了开发新客户和维系老客户、降低成本、扩大市场份额，许多公司使用了多渠道销售，重构了企业销售的运作方式。公司可以使用直销，也可使用分销，还可以使用电话、电视、新媒体等方式进行销售。

2. 从交易销售到复合关系销售

所谓复合关系销售是指通过与顾客建立不同性质的关系而进行的销售。由于使用多重分销渠道，许多公司在现有(或潜在)客户关系的基础上细分市场。这种关系既可以是一次性交易，也可以是公司与客户之间发展密切的长远关系(关系销售)，甚至是合伙关系(合作销售)。在交易销售中，销售人员强调的是产品、质量与价格。通常这种销售涉及不复杂且每次交易额低的产品。在关系销售中，销售人员深入了解客户的公司和业务，帮助客户识别问题，与客户一起合作找到双方互利的解决方法。在合作销售中，公司形成战略联盟，这些关系因为对顾客承诺及服务成本的不同而不同。图1-1是复合关系销售示意，交易销售的承诺和销售成本最低，而合作销售的承诺和成本最高，因此，许多公司采用不同的关系战略为不同的客户服务。

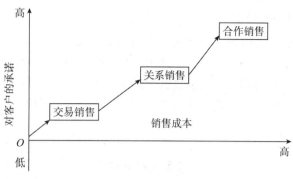

图1-1　复合关系销售

3. 从单一推销到系统销售

目前，客户都希望供应商能为其解决各种各样的实际问题，而不只是提供产品。系统销售就是公司为回应客户需要解决问题而采用的一种销售战略，包括帮助解决客户的产品、服务和相关专门技术问题的一揽子方案，即一个系统。正是如此，当前我国公司纷纷设立系统工程部，因为系统销售比销售单个产品更能有效地满足客户需求。销售商不但能通过提供附加值来使其供给差异化，而且可以增加客户转换至新供应商的障碍。因此，过去直接向最终客户销售的许多公司现在开始向增值再销者(增值中间商)销售，或者努力成为系统整合商。

4. 从个人销售到团队销售

"单枪匹马""超级明星"式的销售人员的重要性在众多公司的销售组织中的地位正在下降，由于客户现在开始寻求问题的整合解决方案，购买过程变得更加复杂，这使许多公司都成立了购买中心。所以，购买决策不再由个人决定，而是由从战略角度考虑的采购专家组来决定。因为采购专家组成员具有多种技术和管理职能，所以单个销售人员很难满足所有成员的要求。因此，不少销售商采用团队销售战略来组织销售。销售队伍由多个销售人员及其他专家组成，比如设计工程师、财务专家、客户服务代表、质量控制工程师等，他们每人能为客户解决不同问题，一起为客户提出最好的方案。团队销售法特别适合采用系统销售战略的公司或企业。团队销售也将成为销售活动未来发展的趋势。

5. 从管理销售到领导销售

许多公司的销售组织是金字塔结构的，各级别销售经理直接监督下一级，同时对上一级管理层负责，以此来实现管理控制。销售管理者直接管理销售人员，销售人员要向他们汇报，对他们负责。销售管理者要对销售人员实施不同程度的控制，以使销售人员实现预期的销售成果。这种方式在非常稳定的市场环境下可以很好地发挥作用，但是许多销售组织认为这种方式在一个迅速变化的环境下使得销售管理者和销售人员很难负起责任。于是开始寻求销售组织的改革，目标是尽量使销售组织的层级结构扁平化。扁平化的销售组织授予销售人员在现场进行更多决策的权力，这就改变了销售管理者的角色，以及他们与销售人员的关系。对于一个销售管理者来说，基本的趋势就是"领导得多而管理得少"。对于"领导"角色的重视意味着一个销售管理者的任务应该是多评价销售人员，帮助销售人员成长为销售管理者。同时销售管理者应该不断努力做到"少投入、多产出"，在销售管理的全过程中强调销售效率。

6. 从本地销售到全球销售

现代的市场是全球性的市场，众多企业产品的生产和销售越来越世界性。有的企业已经以某种方式进入了国际市场，将来会更加国际化。这种全球化发展的趋势使得众多企业生产和经营面对的是国际市场而不仅仅是某个地区，即使是那些只在国内或仅仅在国内的一个地区进行销售活动的企业，也可能与来自不同国家的企业竞争。

情景体验1-4

销售思维训练

1. 在现代销售环境里，你认为一位优秀的销售人员应该是＿＿＿＿＿＿。

a. 善于聊天的人   b. 能说会道的人

c. 满脸微笑的人   d. 知识渊博的人

e. 讨人喜欢的人   f. 精于世故的人

g. 帮助顾客解决问题的人   h. 喜欢旅游活动的人

i. 不怕困难的人

2. 你按响顾客办公室的门铃后，听到室内有人走动，这时你应该＿＿＿＿＿＿。

a. 站在原处不动，等待主人开门   b. 高声叫喊起来，催促主人开门

c. 埋头看小说，等待主人开门   d. 继续按门铃，直到主人开门

e. 在门外徘徊，等待主人开门   f. 后退两步，等待主人开门

g. 用手指轻叩门板，催促主人开门   h. 在门外吸烟，等待主人开门

i. 站在门外主人开门时看不到的地方，等候主人开门

3. 你知道顾客一定在办公室里。你按响门铃之后，室内没有任何动静……你又一次按响门铃，室内仍然没有人走动。重复几次后，你应该＿＿＿＿＿＿。

a. 继续按门铃   b. 高声叫喊

c. 改用手指叩门   d. 守候在门口不走

e. 大骂主人，决心不再登门拜访   f. 用拳头猛击门板

g. 悄悄离去，改日再登门拜访

h. 通过有关知情人进一步了解这位顾客的有关情况，另拟方案

i. 先在旁边躲起来，等主人出门时再上前质问为何闭门不开

1.2 销售管理与营销管理

1.2.1 销售与营销

1. 销售与营销的概念

销售是一种市场交易行为，是买卖双方在一定的社会经济环境下达成的一种契约或协议。对于卖方而言，销售就是出售自己生产或购入的产品。对服务性企业来说，销售就是

出售所提供的服务。销售不同于营销。著名营销大师菲利普·科特勒认为营销就是个人和团体通过创造并同他人进行交换产品和价值，以取得其所需或所想的一个管理过程。

销售在更多的情况下是指企业在目前的事业基础上让顾客购买自己的产品及服务。销售观念认为，组织必须积极从事销售和促销的努力，如培训技巧良好的销售人员、设计销售激励制度、建立良好的销售人员管理制度等，才能完成企业今日的业绩，赚取"今天的报酬"，对未来考虑得很少。

营销观念则更多考虑的是企业如何建立一套体系，应对环境的变化及顾客的需求变动。营销的中心思考点在于持续满足顾客变动的需求，以获取"明天的报酬"。企业通过销售积累了今日的报酬，但不能确保能获得明天的报酬。不断摸索、探求、追求持续的增长，是营销所要扮演的角色。如果企业要追求持续经营，那么，只有做好营销才能使企业完成持续经营的目标。营销与销售的差异如图 1-2 所示。

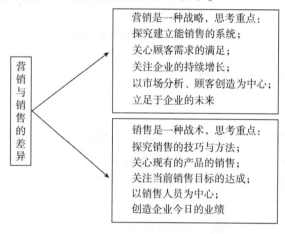

图 1-2　营销与销售的差异

2. 从销售与营销 4Ps 角度的分析

4P 营销理论(The Marketing Theory of 4Ps)产生于 20 世纪 60 年代的美国，随着营销组合理论的提出而出现的。1953 年，尼尔·博登(Neil Borden)在美国市场营销学会的就职演说中创造了"市场营销组合"(Marketing mix)这一术语，其意是指市场需求或多或少地在某种程度上受到所谓"营销变量"或"营销要素"的影响。1960 年，美国密歇根州立大学的杰罗姆·麦卡锡教授在其《基础营销》一书中将这些要素概括为产品(Product)、价格(Price)、渠道(Place)、促销(Promotion)。1967 年，菲利普·科特勒(Philip Kotler)在其畅销书《营销管理：分析、规划与控制》中进一步确认了以 4Ps 为核心的营销组合方法。4P 分别指：①产品(Product)。注重开发的功能，要求产品有独特的卖点，把产品的功能诉求放在第一位。②价格(Price)。根据不同的市场定位，制定不同的价格策略，产品的定价依据是企业的品牌战略，注重品牌的含金量。③渠道(Place)。企业并不直接面对消费者，而是注重经销商的培育和销售网络的建立，企业与消费者的联系是通过分销商来进行的。④促销(Promotion)。企业注重销售行为的改变来刺激消费者，以短期的行为(如让利、买一送一、营造现场气氛等)促成消费的增长，吸引其他品牌的消费者或导致提前消费来促进销售的增长。

首先，营销与销售是包含与被包含的关系，如图 1-3 所示。人员销售仅仅是促销策略的四个主要手段之一，可见，营销的内涵比销售要广泛得多，营销包含销售。

其次，营销与销售之间又彼此联系、相互作用和影响。一方面，整体营销策划是销售顺利实现的基础和条件；另一方面，销售又是企业促销策划的重要工具，是实现企业营销目标的重要手段之一。

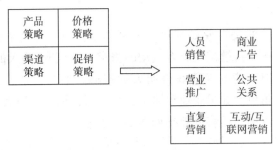

图 1-3　营销组合与销售组合关系

1.2.2　销售管理与营销管理

1. 销售管理的内涵

销售管理是企业营销战略管理的重要组成部分。但关于什么是销售管理，中外专家和学者至今看法仍然不一致。国外学者一般认为销售管理就是对销售人员的管理。营销界最有影响的权威人士之一菲利普·科特勒认为，销售管理就是对销售队伍的目标、战略、结构、规模和报酬等进行设计和控制。美国学者约瑟夫·P. 瓦卡罗（Joseph P. Vaccaro）认为，销售管理就是解决销售过程中出现的问题，销售经理应该是一个知识渊博、经验丰富的管理者。拉尔夫·W. 杰克逊（Ralph W. Jackson）和罗伯特·D. 希里奇（Robert D. Hisrich）在《销售管理》一书中表述为：销售管理是对人员销售活动的计划、指挥和监督。美国学者威廉·J. 斯坦顿（William J. Stanton）和罗珊·斯潘茹（Rosann Spiro）在《销售队伍管理》中是这样表述的：我们将销售管理定义为组织营销计划的人员销售管理。美国资深销售管理专家查尔斯·M. 富特雷尔教授（Charles M. Futrell）认为，销售管理是一个通过计划、配置、训练、领导和控制组织资源以达到销售目标的有效方式。

我国学者李先国等人认为，销售管理就是管理直接实现销售收入的过程。我国还有一些学者认为，销售管理就是对所有销售活动的综合管理。

综观中外学者对销售管理所给的不同定义，结合我国企业销售管理的实践经验，本书认为，销售管理是销售经理（或主管）对企业销售人员及其活动进行计划、组织、培训、指导、激励与评估，从而实现企业目标的一个活动过程。

销售管理的核心是对销售人员的管理，销售管理的目标是实现企业利润。

2. 销售管理与营销管理的联系和区别

大多数人对销售的了解，还仅限于其作为营销的一种职能，甚至拘泥于彼得·德鲁克（Peter Drucker）所谓的"营销的目的在于使销售（或推销）成为多余"。但这种理想的状态远远无法实现社会对销售作为一种经济活动和职业的要求，销售还是营销活动中必不可少的一部分。图 1-4 和图 1-5 分别展示了销售导向型公司和营销导向型公司的组织结构。从营销战略的角度看，销售和销售管理在企业扮演的角色更为重要。

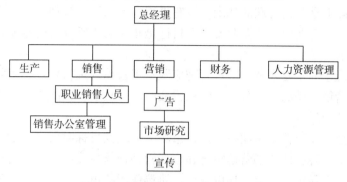

图 1-4　销售导向型公司的组织结构

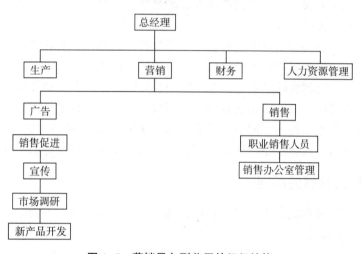

图 1-5　营销导向型公司的组织结构

营销管理是一个内涵比销售管理更广的概念。现代企业的市场营销活动包括市场营销调研、细分市场、确定目标市场、产品开发、定价、分销、促销等诸多环节，销售仅是市场营销活动的一部分。图 1-6 描述了销售管理在营销组合中的位置。

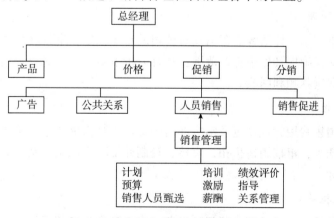

图 1-6　销售管理在营销组合中的位置

从销售管理与营销管理的发展来看，销售职能先于营销职能产生。因此，从历史起源来说，先有销售管理再有营销管理。

销售管理实际上是营销管理的基础。只有进行有效的销售管理，才能发挥营销管理的应有功能。因此，二者在为实现企业发展上目标是相同的，所以有的企业在实际工作中有时将其等同来看。

从现代营销观念的角度来看，销售管理应服从于营销管理，企业不可将二者混淆。企业的销售活动是营销活动的一部分，因为销售战略应服从于营销战略。企业在制定销售战略时应首先制定营销战略。

营销战略是企业及经营单位期望在目标市场上实现其目标时所遵循的主要原则，它包括两个方面的基本内容，即市场营销组合和市场营销预算与控制。市场营销组合是企业为了进入目标市场、满足客户需求，加以整合、协调使用的可控制因素，一般包括产品、价格、分销、促销几个方面；市场营销预算与控制是指营销资源在各种营销手段、各个市场营销环节之间进行分配的过程。

销售战略是指企业为谋求竞争优势，在市场分析的基础上，对企业的销售观念、销售计划、销售目标和销售策略等做出长远的、系统的和全面的规划。

企业销售战略针对销售活动制定，有一定的独立性，但是企业销售战略毕竟是企业营销战略的一个有机组成部分，必须在营销战略指导下进行，并且要体现出营销战略的核心价值、战略目标以及基本使命，同时销售部门也只有将企业营销战略的基本要点具体化、生动化，制定出销售的具体战略目标与步骤，才有助于企业营销目标的实现。

1.2.3 销售管理的职能

销售管理是销售经理的基本职责。销售管理的主要职能可以归纳为以下几个：

1. 制订销售计划

根据本区域内各目标客户群的需求分析及公司年度销售计划，分解并制定本区域销售人员具体的销售目标；组织下属执行销售政策及策略，指导下属的销售业务技能，检查、监督销售计划的完成情况，出现偏差及时纠正，保证实现本区域的市场占有率和销售目标。

2. 销售回款管理

指导下属收集信息、评估客户资信及对公司的重要程度，审批客户资信额度，并随时跟踪资信使用情况，确保其处于正常范围；每月分析下属的应收账反馈信息，指导下属提高回款技能，确保货款顺利回收。

3. 销售费用控制

根据公司的销售费用管理规定及销售部门的费用预算指标，组织下属严格按照费用预算指标完成销售任务，审核销售折扣，审核、控制并不断降低销售费用，保证完成公司的销售费用控制指标。

4. 销售过程指导

根据公司业务发展战略及销售部门的经营目标，配合市场部门组织实施本区域市场开发计划及具体的实施方案，促进公司及产品品牌的提升；了解客户需求动态，指导下属挖掘潜在客户，并对客户的开发情况进行跟踪，以实现公司市场占有率不断增长的目标。

5. 客户关系管理

根据公司业务发展需要，通过组织安排所辖区域各客户群客户到公司考察、参观交流等方式建立顺畅的客户沟通渠道；负责拜访本区域的重要客户，监督、检查销售员对客户的定期访问情况，随时了解客户要求；及时处理客户异议和投诉，以提高客户满意度，建立长期、良好、稳固的区域客户关系。

6. 做好售后服务

依据公司的售后服务规定及产品特点，通过与客户服务、技术等相关部门沟通，协助组织、协调所辖区域的到货、产品安装、技术支持、售后维修等工作，共同实现售后服务目标。

7. 销售信息管理

根据公司业务发展需要及区域市场特点，组织下属收集本区域的产品市场行情变化及重点竞争对手的销售策略、市场策略等信息，并对市场信息进行分析、预测并确定对策，及时向相关部门提供意见和建议；对客户档案、交易记录等进行综合分析；保证销售信息的及时性、准确性和完整性，为销售、采购、生产等决策的制定提供支持。

8. 销售团队建设

根据公司的长远发展需要和规章制度，组织对下属员工的招聘、培训、工作任务分配及业务指导等，制定下属的考核目标并定期沟通绩效评估结果、提出改进建议，帮助下属员工提高工作业绩，增强团队凝聚力和合作精神，以建立一支高效的销售团队，支持销售目标的达成。

销售人员的职业道路

1.3　从销售人员到销售经理的转变

销售职业化，是指销售人员利用诚实的、非操纵性的战术来满足顾客和企业双方的长期需求。"不想当将军的士兵都不是好士兵"，销售人员要成为销售经理或销售总监，必须要做好相关方面的转变。

销售经理作为企业销售部门的负责人，作用巨大，一个优秀的销售经理对于企业销售组织而言是非常重要的。拿破仑曾经说过："一头狮子带领着一群绵羊肯定能够打败一只绵羊带领的一群狮子。"在企业销售组织当中，销售经理既是一名销售人员，同时又是一名管理者，需要承担销售部门具体的销售管理工作。对销售经理而言，销售管理工作是最重要的，他担负着企业高层与一线销售人员及顾客的沟通任务，需要协调、监控销售人员按照企业要求去执行销售工作，为销售目标而努力，同时要保证解决顾客的问题，满足顾客的需要。

情景体验 1-5

某化工公司是生产销售卫生面材的，销售经理谢先生在与客户的接触中发现客户经常抱怨几件事：(1)该材料在生产线上加工时，对员工的技术要求较高，拉力太大或太小都会影响最终产品的质量，在调试的过程中增加材料的浪费；(2)售出的材料质量不稳定；(3)时有交货不准时的现象。面对这些问题，谢经理组织了一次部门会议，征求各销售人员的意见。销售员王某认为这几个问题都不是本部门所能解决的，最多只能把情况反映上去。销售员张某认为应该直接与生产部、技术部和运输部联系，以取得相关部门的支持。其他几个销售员也认为这不是销售部的责任。作为销售经理，你应该如何去做呢？

谢经理在仔细考虑之后，决定以书面报告的形式直接向总经理汇报。总经理李先生在看到报告后，立即把营销副总经理郑先生找来，要他负责解决这些问题。郑副总看了报告后把销售经理谢先生找来，首先责问谢经理为什么不向他报告，后又指示谢经理与相关部门直接联系以解决这些问题。

谢经理根据郑副总的指示先后与储运部、生产部、供应部、财务部进行联系，得到如下答复。

储运部："因为没有成品，生产跟不上，找生产部门去。"

生产部："原材料供应不及时，影响生产进度，找供应部门去。"

供应部："没有足够的资金，找财务部去。"

财务部："因为销售部回款不力，应收款占用大量资金。"

技术部："可以为客户提供技术支持。"

质管部："质量控制太严，无法交货。"

问题绕了一圈，又回到谢经理这里。可谢经理也有话说："不就是因为这些问题，客户才不按期付款的吗？"谢经理现在该怎么做呢？

1.3.1　销售经理自我成长中的观念误区

在规划组建、管理控制、评价激励销售队伍时，销售经理要花很大的精力，如果方法不当，往往会感到力不从心。90%以上的销售经理是从一线的销售人员中提拔上来的，而且这些销售经理都曾经是公司的销售精英。但是销售人员和销售经理的要求有很大区别，业绩突出的销售人员，转型为销售经理未必就能做好。

(1)感受漂移。感受漂移是指销售经理把作为销售人员时的一些感觉带到管理岗位上。做销售时，把客户搞定，拿下订单，超越竞争对手等都要有冲击力，要有一种特立独行的感觉，但是这种感觉不能够带到管理岗位上。如果把作为销售人员时的一些感觉带到管理岗位上，管理就会缺乏连续性和稳健性。

(2)过于感性。很多一线的销售人员在做销售时以目标为导向，但是做经理时却变成了以感性为导向。销售经理觉得谁听话，能够顺从自己的意思，谁就是好的下属。在管理中投入太多的感性因素，不仅会伤害直接的受益人，而且对自己也有伤害。

(3)依赖自我。有很多销售经理常常有这样的一种毛病：他们过多依赖自我，任何事情都亲自动手。表面上看来，这种依赖自我的表现是经理负责的表现，其实是经理不太相信自己的下属，不敢放手让下属独立完成工作。销售经理绝大部分是销售精英，尽管他们的业务做得很好，但是，销售经理个人的精力总是有限的，如果事必躬亲，结果并不会像他想象的那样，反而会更糟糕，而且下属的能力一直都没有机会得到锻炼，这对销售团队的成长是不利的。

(4)评价失误。有的销售经理常常对下属的评价产生失误。评价销售团队的成员时主要应从效率效能的管控方式上进行判断，主要看销售人员业绩的大小和对整个销售团队的绩效贡献多少。销售经理特别要小心那种溜须拍马并喜欢看领导脸色的下属，不能因为这种人能够逢迎上司就给出很高的评价，而对那些木讷寡言但勤于做事的下属视而不见。

（5）沟通不利。与人沟通是一种艺术，需要很高的技巧，尤其是领导与下属之间的沟通，更要讲究技巧。良言亦须善道，如果领导与下属间的沟通方式不恰当，下属畏惧领导的权威，表面上不敢说什么，但心里可能非常生气，在工作上会不配合领导。

（6）目标错位。有一些销售经理常常发生目标错位，对自己的定位不准确，甚至进行错误的角色定位。在做销售人员时，这种人常常盼望自己能成为销售经理，觉得坐上经理位置后，就可以实现自己的人生价值，可以对下属发号施令、颐指气使。其实，坐上经理位置后，肩上的担子更重，做人应该更加谦逊，只有自己的下属都感觉良好，自己才能有好的感觉。

（7）缺乏程序和方法。有些销售经理在管理中缺乏程序和方法，管理随心所欲，结果一团糟。管理是一门实践性很强的学科，并不是任何人都可以成为成功的领导。

1.3.2 销售经理在团队管理中的典型定位

在销售队伍管理当中，一名好的销售经理主要有以下六种比较好的定位，这些定位一般可以避免以上误区。

（1）规划者。一名好的销售经理，首先应该是一名规划者。销售经理需要规划整个销售部门中每个人的工作目标、工作方案、关键流程，还要规划部门的岗位设置、考核体系、激励评价方式等。作为一名普通的销售员，这些工作是不会有的，这也是销售经理与下属员工不同的角色定位。

（2）教练员。销售经理的职责包括选拔聘用新人、管理控制业务团队、分析市场形势、制定销售目标和销售策略、观察下属的工作、与下属沟通、培养训练下属等。这些职责是一名教练员的工作，因此，教练员也是销售经理的一个重要定位。

（3）好家长。一名好的销售经理，在团队管理中应当是一名好家长，尤其是外地办事机构的销售经理，更应该如此。在外地工作的销售人员背井离乡，四处奔波，遭受的挫折很多，非常需要关爱。如果销售经理能够在生活、家庭、工作上无微不至地关心自己的下属，下属一定会非常感激，这是对下属销售人员非常好的一种激励措施。

（4）评判者。在团队管理中，销售经理的一个重要角色是评判者。销售经理要铁面无私，敢于评判下属的工作。销售人员工作做得不好时，要敢于指出来，并要求改正。有的销售经理对下属的工作失误或违纪行为不好意思管，或者碍于面子，睁一只眼闭一只眼。不敢评判下属的领导不是一个好领导，有令不行，对销售团队和个人的发展都是有害的。

（5）精神领袖。在团队管理中，销售经理的一个重要角色是精神领袖，是整个销售团队的主心骨。在市场动荡、竞争对手的攻势很强、团队内部困难重重、下属人心浮动时，销售经理要作为精神领袖，与下属谈公司的发展前景和公司困难的原因，鼓舞士气，让下属重新振作起来。销售经理绝对不能与下属一起发牢骚，怨天尤人，即使内心担忧，表面上也要处惊不乱，领导的情绪对下属的影响非常大。

（6）业务精英。在刚刚组建的销售团队中，销售经理还要是业务精英，能力要让下属折服，使下属有一个学习的榜样，这对销售团队的成长是非常有利的。但是，应该注意的是，随着销售团队的成熟，销售经理的业务精英角色应该逐渐淡化，而应该强化前面的几种角色。因为在成熟的销售团队中，销售经理的个人表现太突出，下属销售人员一直在经理的光环里

销售经理的团队管理原则

亦步亦趋，只知仿效经理的工作，这样会扼杀下属的创造性，对销售业绩的提高和团队的成长都不利。

1.3.3 适应角色变化，转变工作观念

销售人员是具体完成销售工作的一线执行者，负责具体销售工作的实施，销售人员在销售过程中的作用是：与顾客建立长久的友好关系；解决顾客存在的问题；款待顾客；与渠道客户合作；管理信息；计划访问；填写访问报告；展示产品；参加会议；招募和培养新销售人员；接受订单等。

而对一个销售经理来说，就必须在自己的头脑中建立一个总体概念，认识到计划和决策对组织目标、组织利益的影响，更多地关注组织利益而非个人利益，要与时俱进，密切关注互联网经济时代销售管理发展的新理念、新观念，熟悉"互联网+"框架下新的商业模式，带领团队做出更大的成绩。

1.3.4 转变工作目标，完成工作任务

1. 销售人员的业务活动

一个普通的销售人员只需考虑自己的销售配额和销售任务，拿到自己的薪酬和奖励。而销售经理应该更多考虑如何实现组织的目标，如销售目标、利润目标、成本费用目标、市场目标等。

销售人员的业务活动主要包括以下几个方面：

(1)销售活动，最好是能为企业带来利润的销售活动。

(2)服务活动，包括售前、售中和售后服务活动。

(3)计划制订，包括新老客户拜访计划的制订。

(4)销售预测，包括按客户、按区域和按产品进行的销售预测。

(5)管理活动，包括时间管理、费用管理和自我管理等。

(6)沟通活动，包括向客户推介新产品和介绍企业的新政策等。

(7)客户沟通记录活动，记录与谁打交道，以及打交道的时间、地点等。

(8)客户投诉处理活动，最好是满意销售，尽量避免客户投诉。

(9)实施促销，以及协助客户。

(10)信用控制与货款回收。

(11)新客户开发和客情维系。

(12)自我发展和个人职业生涯发展。

(13)销售管理方面的建议。

(14)培训渠道客户。

(15)产品分销与展示，以及售点布置。

您的公司为什么留不住优秀的销售人员?

2. 销售经理的职责

销售经理的职责更多是对下属的工作进行指导和管理，并且为销售人员的工作创造条件，提供必要的资源，所以销售经理的工作更多是引导和协调他人的销售活动以实现本组织的销售目标。销售经理为完成本部门的销售目标，依据企业的整体规划，全面负责本部门的业务及人员管理，其职责大致归纳如下：

（1）正确掌握市场和竞争对手：需求预测；销售效率分析；市场容量分析；销售潜量分析；行业发展分析；市场占有率调查；购买动机调查；顾客需求研究；竞争者分析；情报收集与分析；销售资源与销售能力分析；销售环境变化分析。

（2）合理设定销售目标：销售额目标；销售量目标；分销目标；陈列与展示目标；市场占有率目标；顾客满意度目标；销售费用目标；市场占有率目标；销售价格政策；销售比例；销售目标细分与分解；销售目标调整。

（3）制定销售策略：产品策略；销售渠道策略；市场细分化；销售人员促进策略；渠道客户的销售促进策略；广告策略；经销商支援活动；区域市场作战策略；销售策略实施指导；销售策略实施效果分析；销售策略调整与改进；销售策略评估。

（4）制订销售计划：部门销售方针；部门销售目标；部门销售比例；销售人员配置；访问计划；访问路线决定；销售网络；陈列效用；售点生动化；销售用具；区域销售计划分解；销售计划实施监控。

（5）销售人员管理：商品知识传授；销售技巧与方法的传授；销售授权；销售人员目标管理；销售人员时间管理；销售人员薪酬规划；销售竞赛；销售人员个人职业生涯规划指导；销售人员销售活动指导；销售会议及内部沟通；销售人员评估；销售人员培训。

（6）资金管理与客户信息管理：预算控制；费用项目界定与费用指标界定；费用控制制度建设；销售活动费用分解；赊账管理；客户档案管理；客情进展管理；客户信用调查；销售活动记录；销售信息管理规划；账款回收；资金杠杆。

（7）销售活动分析：销售组织的规模规划；销售职务分析与调整；销售人力需求分析；销售部门职能分析；销售事务统筹；销售统计分析；业绩差异分析；销售成本分析；销售工作负荷分析；顾客分析与分类；销售目标分析；销售活动分析。

1.3.5　不断学习，增强管理技能

优秀的销售经理不是天生的，而是经过后天的个人努力以及企业培养而成的。作为一名优秀的销售经理，一定要具备如下四方面的能力：整合企业资源的能力；整合市场资源的能力；管理和激励下属的能力；与客户谈判以及斡旋的能力。销售经理只有具备了这些能力，才能在企业及下属与客户之间，左右逢源，游刃有余，取得彼此间的信任，让自己拥有更大的发展平台以及职业前景。

1. 整合企业资源的能力

整合企业资源的能力即懂得如何根据企业给自己下达的销售目标，合理争取公司对自己以及区域的支持，比如人力支持、培训支持、政策支持以及其他诸如物流、研发等方面支持。销售经理要想达到以上目标，需做好如下工作：

（1）根据责权利对等的原则，通过不断刷新自己的销售目标，来争取上司以及公司对自己的更大后台支持。

（2）与产、供、销、财等相关部门处好关系，确保企业的各项支持工作及时到位，这也是不让自己的业务在关键时候"掉链子"的前提。

（3）与上司以及各部门保持一种双向、互动的良性沟通关系，它可以是定期的，也可以是主动邀约的，通过建立内部沟通机制，从而让自己能够赢得更多、更广泛的支持。

2. 整合市场资源的能力

销售经理应能够根据企业对自己的目标期望，充分调配市场的多方资源，而不是"等、

靠、要"做市场，从而赢得企业对自己的信任和看重，也让客户对自己"掌舵"市场信心百倍，积极支持。

(1)让市场自生资源。资源不是企业"自生"出来的，而一定是市场提供的。通过高价位、高促销、产品差异化，可以合理实现资源"取之于市场，用之于市场"的目标。

(2)借力使力，充分利用客户资源。能够依靠独特的市场操作模式，增大市场操作空间，吸引客户拿出资源做市场，从而实现双赢，更好地掌控市场。

销售经理只有具备了如上整合资源的能力，才能更好地树立自己的威信，不断增强自己操作市场的专业度、职业度，从而达到让客户满意、让企业发展壮大、让自己的销售目标达成的目的。

3. 管理和激励下属的能力

(1)多表扬少批评。人都有被赞美、被肯定的内心渴望，而对于批评和惩戒却是抵制和拒绝的。因此，销售经理在管理团队的过程中，要学会多表扬少批评，并注意表扬和批评的技巧和方法。第一，表扬要在公开场合，越隆重要好，如果有上司或企业领导在场，则效果会更好。表扬要"大声"，要尽可能地让更多人都听到。第二，关起门来批评。与表扬相反，批评尽量要避开公众场合。对于犯了错误，确需批评才能改正的，可以把当事人叫到办公室，关起门来批评，从而最大限度地维护下级的自尊，让下属不至于太丢面子而丧失信心。第三，变批评为表扬。先肯定再指出缺陷与期望，让下属在理解中反思，从而达到"不是批评，胜似批评"的效果，于无声中激发下属。

(2)善于树典型。榜样的力量是无穷的，在激励下属的过程中，销售经理要善于通过树立团队典型的方式，达到激励先进、鞭策后进的目的。这里的典型是两方面的：一是正面典型，要大张旗鼓地进行宣扬，让其他人都去学习。二是做得不好的，也要通过介绍失败案例的方式，让其他人引以为戒，从而达到对做得不好的个人以及他人警戒的目的，实现软管理。

(3)合理运用正负激励。所谓正负激励，就是奖励和处罚相结合，以此激发团队人员积极性、主动性。正激励，就是要对业绩优秀的进行重奖，从而正面影响他人。比如，可以通过发放奖金、奖励旅游或提供进修机会等，让优异者更优秀，让后进者也变得优秀。负激励，就是通过对不达标的个人进行经济处罚，达到警醒和激发的目的。比如，通过罚款、扣奖金等方式，让业绩不达标者警醒，从而激发其内在动力，更好地迎头赶上。

4. 与客户谈判以及斡旋的能力

客户是销售团队业绩产生的根本，销售经理虽然不是直接操作市场、管理客户，但也要通过自己的方式，达到影响和带动客户更好地销售产品的目的。销售经理作为团队的"幕后老板"和作战指挥员，只有更好地来斡旋客户，间接管理客户，掌控客户的目标才会实现。它包括如下几个方面：

(1)压。作为销售经理，要善于压货。通过给销售人员压货，间接地给客户压货，可以激发销售团队以及客户挑战自我的意识，从而挖掘销售潜力，更好地完成企业下达的销售目标。合理压货，善于压货，科学压货，是优秀销售经理的一项基本功。

(2)疏。光把产品压给客户还不行，销售经理一定要动员下属，让他们直接冲到市场一线，帮助客户把产品分销到下游渠道，最终把产品消化，实现从价格到价值的转变。光压不疏，最终会把客户压死，因此，如何在实现成功压货后，再让产品高速流动起来，快速下沉到下游渠道，是销售经理必须关注的问题，疏的能力，是对销售经理的最大考验。销售经理可以通过培训下属，提升其分销能力，来实现为客户消化产品的目的。

（3）诱。所谓诱，就是不断地要给客户以及下级展示企业未来光明前景，以及与企业、与自己合作的种种好处，如可以学东西，可以提升管理水平，可以寻找到更大的发展平台等，通过不断地抛出"诱饵"，把灿烂的"前景"与"钱景"展示给他们看，从而提升他们对企业与团队的忠诚度，增强对企业、对团队的凝聚力、向心力，催发他们的工作激情，让销售目标更好地实现。

（4）吓。以情动之，以利诱之，还是不够的。对于优秀的销售经理来讲，通过间接而不断地对客户予以"威吓"，有时也可以达到激励、激发的效果。比如，对于光会要政策做市场的客户，可以发出"不换思路就换人"的"最后通牒"；对于懒惰的客户，可以通过建立终端档案，严密掌控下游渠道的方式，对其不断进行施压，改变其不好的市场做法。

成功销售主管的特征

1.3.6 优秀销售团队的特征

一个有效激励的团体，应该有良好的团队精神，只有这样，才能成为一个常胜的团队。一个优秀的团队应具备如下特征：

（1）团队具有明确的共同努力的目标。

（2）每个人有明确的个人目标，个人目标也是为了实现团队的目标。

（3）团队有具有威望、能带动团队的领导。

（4）团队成员具有互助合作的精神及能为团队利益牺牲个人利益的意愿。

（5）拥有坚强的意志。

（6）每个人都具有被激励的潜力。

"小罐茶"的销售管理

（7）每个人都有不同的才能与特性，每个人的角色划分明确。

（8）每个人都有达成目标的决心和信心。

（9）团队具有创新的勇气。

（10）每个人都有成为团队一员的成就感和自豪感。

情景体验1-6

黎易峰是一位销售人员，他在销售方面有丰富的经验。在销售部，每一位同事都认为他的工作相当出色。不久前，原来的主管调到另一个部门。公司领导任命黎易峰为销售部主管。

黎易峰上任后，下定决心要把销售部搞好，他以前在水平差的主管下工作过，知道这是一种什么滋味。在头一个月内，全部门的人都领教了黎易峰的"新官上任三把火"。在第二天，小张由于堵车，赶到公司迟到了三分钟，黎主管当众狠狠地批评了他一顿，并说"销售部不需要没有时间概念的人"。第二个星期，老李由于忙着跟进一个大客户，一项销售计划晚交了一天，黎主管又大发雷霆，公开表示，再这样，要把老李调走。当黎主管要一份销售资料时，小林连着加班了三个晚上替他赶了出来，黎主管连一句表扬话也没有。到了月底，黎主管还在公司主管会议上说，小林不能胜任工作，建议把小林调到客户服务部去。

半年过去了。公司领导发现，销售部似乎出问题了，缺勤的人很多，不少人要求调动工作，许多公司客户流失。销售部里没有一种和谐而团结的气氛。公司领导决定要解决销售部的问题。

情景讨论：

1. 黎易峰的管理方法有什么问题？请分析。

2. 公司领导是否应该把黎易峰调离？为什么？

3. 如果你是黎易峰，你接下来会怎样做？

1.4　销售伦理与道德

情景体验 1-7

假如你是一名销售经理，你所在的公司是制造混凝土砌块的。你的销售人员刘强与 A 公司谈了一笔价值 300 万元的订单，由于 A 公司一再要求降低价格，所以，这笔订单一直未能签字。前天，刘强已经开始休假。

今天，新到岗的销售人员梁冬接到 A 公司的电话，希望尽快谈妥价格签订协议。由于联系不到刘强，所以，梁冬做了一个小时的准备工作，做好了签字文件和工作流程单，并在流程单的销售人员一栏上签了自己的名字。这意味着最终签名的人可以获得 3 万元的佣金收入。梁冬的理由是：刘强并没有真正完成这笔订单，客户决定签单的时候，刘强并不在现场，真正完成工作的是我。

当你遇到这种情况的时候应该怎样做？

1.4.1　销售人员的伦理与道德问题

在销售职业中，除了销售经理要考虑自己的行为是否符合道德和法律规范外，销售人员也必须时刻注意这一点。不道德的行为和违法行为之间常常画着一条清晰的界线。人们一般认为，道德行为标准应以合法为基础。其实不然，与大多数违法行为是不道德的行为不同，许多不道德的行为并不是违法行为。因为恰当的道德行为存在于法律水平面之上，法律仅仅规定了社会可接受行为的一般最低标准。不道德和违法两者之间存在的差异不仅涉及一个人的意图，也包括一个人的行为。

1. 关于赠送礼品

在销售工作中，销售人员向客户赠送礼品或让客户参加业务招待项目对他们来说不属于道德问题，然而，他们却有可能受到指责，因为这一领域发生问题的可能性比其他领域多。

尽管销售经理们在言辞中会把这些礼品的重要性降低，可是因此而受到的批评和指责依然存在，因为尽管购买者不会因一件礼品而被收买，但他可能因此而感觉对销售人员欠有一份人情。沃尔特·凯奇尔（Walter Kiechel）曾经说过，这样做的问题是，礼品具有一种潜力使双方的关系变得更复杂，一旦这种关系不再作为向顾客提供正确价格、表现出的良好价值的基础，这一关系就要发生动摇。

促使企业进行礼品馈赠的一个原因是企业觉得客户希望得到礼品。目前，不少企业的采购部门已日益对接受礼品进行了限制。比如，沃尔玛公司就不允许自己的采购人员接受任何礼品，否则不仅自己受到惩罚，而且卖方企业的所有订单将被取消，企业的名字也将从本已获许的卖方名单中删除。所以，销售人员应对他们客户采购部门的规章制度十分熟悉。

对销售人员而言，涉及送礼和招待的一个很重要的问题是：如何画出一条界线并知道在什么程度上送礼就是贿赂。在一个企业或采购方看来无关紧要的送礼行为，在其他企业看来可能是一件大事，因为这不单单是一种违反法律规定的不正当竞争行为，而且最终将严重损害其他企业的经济效益。因此，任何一个企业都不会对此撒手不管。

2. 夸大宣传与误导

夸大宣传和误导之间并没有明确的界限。例如，如果销售人员说"拥有这辆车会很了不起"这种声明是夸大宣传。如果销售人员说："××(名人)曾拥有这种车，她仅在星期天开着这辆车去教堂。"在某些国家该销售人员会因为说话误导而被判有罪。

在我国的销售职业中，销售人员夸大宣传和误导也同样属于不道德行为，而且违反了法律的规定，情节严重的，须负法律责任。

因此，销售人员在展示过程中要遵守以下几条规则：

(1)销售人员要熟悉商品的性能和缺陷。

(2)销售人员要强调重要的标准，并指导客户更好地进行合理选择。

(3)销售人员必须仔细精确地陈述产品的性能和效果参数。

(4)销售人员必须分辨有关产品事实和观点陈述之间的差异，以及何时以大众语言赞扬这种产品。

(5)销售人员需要熟悉有关价格差别，保证与其他有关方面的法律政策相吻合。

(6)销售人员必须认识到自己是企业的代理人，自己在销售中的声明有可能在法律上构成对企业的约束。

(7)销售人员在制作、发布广告时，要遵守法律规范，既要讲究艺术性，又要做到真实、健康。

3. 违法竞争

在市场经济条件下，销售人员要面临激烈的竞争，为了达成交易，他们可能会从事某些违法行为。

(1)价格差别，对同类客户给出不同的价格。这听起来很简单，但许多特例使这一问题变得复杂。例如，销量很大，降低了成本，因而导致售价降低，因此，企业允许向大批量购买这种产品的客户提供折扣，企业也允许向某一特定大客户提供不同的价格。又如，有时给合伙人一种价格而给一般公众又是另一种价格，这在表面上看起来是合乎情理的，但事实上应该属于不道德范畴。

(2)搭售，即客户要买某种特定产品就必须同时购买另一种顾客不愿购买的产品，否则，销售人员就拒绝出售。

(3)排他性交易，即厂方要求中间商只能出售厂商自己的产品，而不允许销售其他厂商的产品。这种行为如果构成了对交易的约束，那就是一种违法的行为。

(4)地域限制，即要求在指定区域内销售自己生产的某一产品，而不允许跨区域销售，从而形成区域封锁。总而言之，如果能够证明这种建立地域限制的做法弱化了竞争并限制了交易，就应认定是非法的行为。

搭售、排他性交易、地域限制等都属于不正当竞争，目前我国已在反不正当竞争法中明确规定为不允许的行为。但由于有的销售人员法制意识淡薄，加之执法力度不够强，因此在销售实践中时常出现此类事件。

情景体验 1-8

今天早晨，你收到另一家公司的一名员工给你寄来的公司计划和新产品样本。这名员工对他的公司非常不满，而他所在的公司正是你的竞争对手。你会怎么做？

a. 把这些东西扔到一边。

b. 把样品送到本公司的开发部门进行分析。

c. 关注对手正在采取的措施。

d. 给纪律监察委员会打电话。

4. 损害竞争者

在很多情况下，有的销售人员由于肩负着完成任务的压力，从而便不顾道德标准，其中一种突出表现就是对竞争对手的干扰。在销售竞争中，有些竞争行为明显是不道德的。例如在零售店的销售中，销售人员也会出现一些不道德的竞争行为，尤其是超市商品陈列货架方面的问题。比如，有的啤酒销售人员把竞争者的啤酒从冷藏陈列架的中间位置取下，放到最底层，然后将自己公司的啤酒放在腾出来的陈列架中间位置。销售人员另一种损害竞争对手的做法是，散播谣言，向顾客诽谤竞争对手，损坏他人商业信誉和商品信誉。

有些人会对上述两种做法提出辩解，说自己并未因此达成大宗交易，但他们确实构成了不道德行为，甚至是构成了违法行为。此做法务必引起销售人员的足够重视。

5. 谎报费用

销售是一个昂贵的过程，但销售开支可以得到补偿，因为销售是劝说客户购买产品而实现双方利益交换的过程。销售人员经常拥有企业的一个费用账户。企业的费用政策必须遵守一条规则：既不能过分奢侈，又要保证销售人员的公平报酬。过分的奢侈会导致很高的销售成本。如果销售人员得到的报酬不公平，销售人员在费用开支上就会不老实。尽管填写费用单据经常被视为"创意性写作"，绝大多数销售人员还是竭尽全力在费用方面做一本精确的账。为了努力降低销售管理费用，企业通过增加书面工作迫使销售人员在填写费用账户时更准确。

6. 滥用公司时间和资源

由于销售人员的工作环境大都在公司外面，其主要工作是针对客户的，所以难以对他们进行有效的监管，滥用公司时间和资源也就不难了。比如，工作时间在旅馆里休息，而不去拜访客户，这当然会降低工作效率，销售人员也并没有尽职尽责。滥用公司时间还包括兼职做一份以上的工作。滥用公司资源还包括公司配备的公车私用。对于销售竞赛，销售人员也会有一定的机会牺牲公司和客户的利益以谋取私人的利益。比如将客户的订单搁置一段时间，等到销售竞赛开始才拿出来，而将推迟发货的原因归结于公司、道路或物流。为了赢得奖品，向客户销售他们不需要的产品，或将这些产品与客户需要的产品一起搭售，这些都是不道德的行为。

情景体验 1-9

在一次销售部门的碰头会上，你发现公司一直在向顾客收取过多的费用。上级主管人员说，如果返还这些费用将会给公司的利润带来严重影响。你所在的公司采取监事会制度，但是目光短浅的委员会却没有注意到这个问题。上司告诉你，没有人会发现这个问

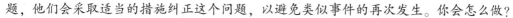

题，他们会采取适当的措施纠正这个问题，以避免类似事件的再次发生。你会怎么做？

　　a. 直接与监事会成员取得联系。

　　b. 采取匿名形式或其他形式把这件事情公布于众。

　　c. 什么也不说，让老板自己去处理这个问题。

　　d. 与老板共同制订一个计划纠正公司出现的错误，采取价格折扣的方式向顾客返还多收取的费用，同时可以让公司避免不必要的损失。

1.4.2　销售经理的伦理和道德问题

　　通过社会调查可知，企业道德基调和标准是由经理们建立的，只要他们有健康的价值观并在决策中展示这种价值观，一套道德体系和行为准则在企业中就会很有效。

　　1. 擅自改变销售区域的配置

　　销售经理的一个主要职责就是开发和改变销售地域，特别是当某些地区的人口组合发生巨变时，这个问题就更加令人头痛。尽管乍听起来，地域决策似乎与道德问题无甚关系，但它们确实对销售人员有重大影响。比如，有一个销售人员在发展销售区域方面很有成效，但在未征得他本人同意的情况下，告知他该销售区域给了另一个销售人员，而且他必须到另一地区去另起炉灶。此时，这位销售人员觉得企业只是在利用他，把他视为工具而已，而不是在关心他。长此以往，这类故事会在企业乃至行业内迅速传播开来，从而严重打击销售人员的工作积极性，最终给企业销售带来消极的影响。

　　但是，有经验的销售经理可以采取众多措施来弱化地域决策对销售人员的影响，具体措施有以下一些：

　　(1)制定一项特定的改变领地决策和对主要客户重新分配的政策，一旦雇用了销售人员，就把这些政策告诉他们。

　　(2)在最初考虑这种方案时，就要让有关的销售人员加入决策过程中来。

　　(3)涉及人员变动的决策，要使这种变动的时间计划与年度安排相吻合。

　　(4)尽可能确保该销售人员的新销售区域与以前的一样有潜力，如果夺去他的一个重要客户，这可能改变该销售人员在销售区域的业绩。

　　(5)不要轻易决定改变方案或数字，其他因素和销售定额底线同样重要。

　　(6)仅仅做必要的变化。这可能不必口头说明，但奇怪的是不必要的变化屡屡发生。

情景体验 1-10

　　你的公司最近雇用了一名新的销售经理，他的职位与你完全相同。尽管你非常不喜欢他的为人，而且认为他可能会成为你在工作上的竞争对手。你的一位朋友恰好非常熟悉这个人。你从朋友那里发现，你的竞争对手并没有像他在简历中所说的那样曾经在哈佛大学读过书，实际上他根本就没有上过大学。而你知道，正是他在哈佛大学读过书的背景让他得到了这份工作。你会怎么做？

　　a. 向上级主管人员揭露这个谎言。

　　b. 不指名道姓，请教人力资源部门主管人员应该如何处理这件事情。

　　c. 什么也不说。公司显然不会发现这个问题，但谎言总有一天会大白于天下。

　　d. 直接告诉这个人，让他自己决定应该怎么办。

2. 处理问题型销售人员

在一家企业，如果销售人员长期患病或者有其他陋习，或正经历个人感情问题，这都向销售经理们展示了一个特别困难的局面。因为销售经理们往往不明白其缘由，以及如何应付，更何况一些销售经理不想卷入此类事件。在他们看来，如果这个销售人员不能治好病或戒掉某些恶习，那么最好的办法就是让他离职。因此，不到情况恶化时就不会采取相应的行动。事实上，销售经理们的这种消极态度和行为，起码对企业而言，付出的代价是很高的。因为失去了一个曾是无形资产的销售人员就如同支付了极高的成本。多数研究也表明，使某个老员工恢复正常工作要比雇用和训练一名新员工的成本低得多。如果销售经理想不到这一点，可以这样说，这位销售经理就是在浪费公司的金钱。

为了让销售经理帮助有问题的员工，我们列出下面一些措施：

（1）努力了解员工以及他们在不同场合的行为和反应倾向。

（2）注意员工行为和业绩的突变，特别是当他们旷工时间急剧增加时。

（3）练习良好的聆听意见的技巧。

（4）花些时间与行为上有变化的员工在一起，试着了解原因。

（5）如果这种行为不断持续，并怀疑该员工有某些陋习，就应直接要求他或她开始接受治疗。

（6）对正生病或经历个人问题的员工，在其恢复的过程中应该暂且减轻他的负担。

（7）尽量为员工的隐私保密。

（8）要对员工表示出极大的情感支持。

58同城姚劲波：招到1个优质销售，能让你的估值多上5 000万元

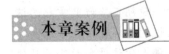
情景体验1-11

你所在部门的一名销售人员最近在个人生活中连续遭受了两次打击。她的丈夫向他提出了离婚，她的母亲又去世了。尽管你非常同情她，但是这件事却使她在工作中一蹶不振。你向自己的老板提交了一份报告，但是由于报告数据极其不准确，因而遭到了上司的批评，而这份报告正是根据她所提供的数据完成的。经理要求你对这件事做出解释。你会怎么做？

a. 向上司表示道歉，并更正相应的数据。

b. 告诉老板，这些数据是由你的同事提供的，她应该对此负最终责任。

c. 告诉你的老板，你的同事出了问题，她需要大家的帮助。

d. 告诉你的老板，由于自己的工作压力太大，因此没有时间对报告中的数据仔细检查。

本章案例

团队"差等生"该走还是该留？

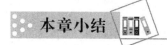 **本章小结**

销售和销售管理是企业经营活动的重要内容，企业的投资只有通过销售活动才能收回。销售是企业通过销售人员说服和诱导潜在顾客购买某种商品或服务，从而实现企业营销目标并满足顾客需求的活动过程。销售自古就有，销售是一种高尚的职业，对国家、企业、个人和顾客均有好处。

销售管理是企业营销战略管理的重要组成部分。它是指对企业销售活动所做的规划、指导、协调、控制以及销售绩效的评估，其重点是对销售人员的管理。

销售职业化，是指销售人员利用诚实的、非操纵性的战术来满足顾客和企业双方的长期需求。销售人员要成为销售经理或销售总监，必须要做好相关方面的转变。

从事销售和销售管理，必须遵守应有的职业道德和法律。

本章习题

一、复习思考题

1. 解释下列名词：销售、系统销售、复合关系销售。

2. 什么是销售管理？销售管理在企业经营中有何重要作用？

3. 销售是怎样形成的？销售观念经历了哪些演变的过程？

4. 销售管理和营销管理有何联系和区别？

5. 从事销售职业应当遵守和处理好哪些方面的道德与法律问题？

二、实训题

实训项目：销售管理者访谈。

实训目标：

1. 使学生结合实际，加深对销售管理的感性认识与理解。

2. 初步认识和自觉养成销售管理者应具备的素质和能力。

实训内容与要求：

1. 以小组为单位，分别走访某一传统企业或互联网企业的销售部门，并对销售经理进行访谈，了解其职业经历、目前工作职责和胜任工作应具备的素质和能力。

2. 在调查访问之前，每组需根据课程所学知识，讨论制定调查访问的提纲，包括调研的主要问题和具体安排。

3. 调研之后以小组为单位写出调研报告，内容包括：

(1)被调研企业的基本情况，包括企业性质、经营项目和规模等。

(2)销售部经理工作职能、胜任该工作所必需的管理技能以及所采用的管理方法等，并进行适当的解析。

(3)访谈中印象最深刻的管理职责和管理素质。

(4)"互联网+"与传统企业的融合对销售经理在观念、职责以及管理沟通等方面带来的冲击及应对措施。

第2章 销售组织构建

学习目标

通过本章学习，认识和了解销售组织的概念及其职能；理解构建销售组织的原则；掌握四种常见销售组织的类型和优缺点，并能根据企业销售管理实际情况建立科学、合理、高效的销售组织，进而不断加以完善与改进。

素质目标

通过本章学习，熟悉销售组织的构建，坚持正确的销售组织构建原则，激发新时代销售管理者改进与完善销售组织的创新精神。

教学要求

注重通过理论讲授销售组织的概念和特点，辨析四种常见销售组织的类型和优缺点及其适应范围；采用启发式、探讨式教学讨论如何构建销售组织，注重通过案例教学来展现销售组织内部成员的职能以及销售组织如何加以完善。

引导案例

先赛马　后驯马：新时代中国中小规模民企营销组织建设新思想和实现路径

引言

对绝大多数中小规模民企来说，营销和销售是最关键的，决定着市场、客户和现金流，决定着企业存亡。因此，新时代大环境下，中小规模民企营销组织建设必须围绕新机遇，树立新思想，构建实现路径，以在新时代大机遇中发展壮大。

中小规模民企营销组织建设新思想总体来说概括为六个字：先赛马后驯马。前三个字解决的是组织成员或说团队成员的胜任力问题，后三个字解决在胜任基础上的价值观认同问题。这六个字背后还有隐性条件，就是企业经济效益合格，支付薪酬水平不低于市场平均标准，社保等各种福利和企业规范化程度不低于规范化企业的最基础要求。

一、新时代中国中小规模民企营销组织建设人力资源指导思想嬗变：赛马制

许多从国企或机关单位出来下海经商的中小民企实控人群体，在经营中存在一个误区，即大力培养员工，希望通过培养提高员工能力，改变员工认知。但多年观察发现从成本角度出发，面临残酷市场竞争的中小规模民企承受不了培养员工成本，这样做的企业往往吃大亏。这里的成本包括三方面内容，一是经济成本，二是时间和市场机会成本，三是方向性错误成本。在社会主义市场经济残酷市场竞争中，市场在资源配置中起决定性作用的论断仅仅涵盖了需求方面资源配置规则，并没有包括供给方面，中小民企在信贷资源、政策资源、产权结构、信用资源等方面明显不足。从收入来源来说，中小规模民企收入只能依靠市场和老板能力，其他都无法依赖，收入单一性限制了成本负担能力。体制内单位或国企即使经营没有收入，还有国家信贷支持和国家财政救助，和身单力薄的中小规模民企有天壤之别。

资源不同，收入结构不同，增信条件不同，造成了成本负担能力不同。缺乏成本负担能力的中小规模民企在营销组织建设中，应当采取赛马制选拔团队成员。

赛马制本质上就是竞争。中小规模民企在市场竞争中是和时间赛跑，招聘合适人才最快捷方式就是赛马制，是强是弱，直接竞赛，适合的留下，不适合的走人，残酷而简洁，高效而节约。

在笔者近20年工作实践中，从实体经济领域到金融投融资领域，从国内工业品生产、销售领域到国际投融资领域，也曾经尝试过培养团队。十几年前，笔者分管电子商务领域和某国际品牌国内市场经销领域时候，培养过30岁左右大专以上学历年轻人，企业也付出了巨大成本，但最终结果是，员工被培养获得一定工作资源后，为了每个月500~800元的工资涨幅，就很快到竞争对手那里去上班了，并成为普遍现象。既然市场经济中大部分行业是竞争行业，那么这种情况下，直接赛马更好，立竿见影。对被培养员工来说，本来就是出来打工的，工资是其考量的重要因素。

在这种情况下，中小规模民企营销组织建设应当首先采用赛马制，筛选出能力合格、具有胜任力的员工群体，这是最节约企业综合成本的方法。

二、新思想实现路径和赛马之后二次筛选：驯马制

如果没有赛马制筛选出符合胜任力的基础，后面一切操作都没有意义。企业招聘许多胜任力不合格的"好人"员工、"小白兔"员工，这个企业只能加速破产，特别是中小规模民企。

在能力合格基础上，进行价值观培训，这叫驯马。能力强，价值观不符合的，应当在磨合期果断辞退。特别是对一些充满负能量、不认可企业价值观的，必须快速处理。

这里要注意一个尺度：对企业正常提批评意见和建设性建议的，和充满负能量者是截然不同的两回事。许多老板把正常提改进建议的人辞退，导致企业内没有人敢说真话，这样的企业一旦有风吹草动，立马破产。为什么呢？因为这样的企业在自断生路。自我革命是跳出组织生命周期率的有效途径，自我革命基本条件之一就是要听得进批评建议。

这里有一个现实案例。笔者认识一个老板，他从事服务行业，企业有4 000多人，他自己高中文化，对外宣传说自己是硕士(有研修证)，在企业员工手册中第一句话写道，员工不准发表对企业的任何不正面言辞。这个老板还学会了传销式洗脑，经常从员工处非法集资，极为扭曲。结果是2020年该老板身败名裂，净资产为负数，欠员工的集资钱也还不了。集中爆发是短期的，但长期不允许提改进意见所积累的企业内生性风险才是根本。

驯马制还有一个简单方法，就是看气场合不合。气场是人"三观"的集中体现，是人格局气度的外在形式。如果招聘的员工直觉上就感到气场不对，那么就果断结束，市场经济时代，肯支付不低于平均水平薪水，总能换到合适的。

无论是赛马制还是驯马制，都要和物质利益结合，奖罚机制要聚焦。符合企业价值观的奖励，不符合的处罚；业绩超出标准的奖励，不达标的调整。不用太高境界，企业毕竟不是福利院，员工也不是法律上必须赡养的直系亲人。

三、强化现代化组织建设设备使用：测谎仪等生物指标检测设备

员工说谎是普遍现象。说谎的根本动机是趋利避害。比如一个家庭很穷的员工经常说谎说自己家很有钱，其动机可能是怕同事看不起自己；一个男员工面对一个长相很丑的女员工违心地说女方漂亮，其动机可能是怕说实话影响同事关系。

新时代营销组织建设中，应当充分使用现代科技介入团队管理，比如测谎仪。现在德国的测谎仪准确性很高，通过员工脑电波峰值幅度可以判断员工有没有说谎，说了多大谎。这些设备已经在发达国家刑事侦查等活动中广泛采用，也可用来测量团队。

也有读者对笔者这些观点持有不同看法，认为过于理性和残酷。实际上这些观点都是近20年工作经验中总结形成的，已经过多年实证。

四、结束语

俗语说："慈不掌兵，义不理财。"新时代充满新机遇，在新机遇条件下，中小规模民企要发展，营销组织建设非常重要。营销组织用什么样的指导思想建设、以怎样路径建设，都是现实问题。要把中小规模民企营销组织建设好，以实现企业发展和服务社会，就必须有正确的指导思想和实现路径。本文观点，希望对相关读者有启发借鉴，通过将这些观点转化为执行行动，促进企业自身发展和社会更好进步。

——资料来源：中国营销传播网，2022-10-17，作者：张京宏

引导任务

谈谈你对构建销售组织的一些看法和思路。

根据市场竞争的要求和企业销售管理实际，建立科学、合理、高效的销售组织，并对企业销售系统的机构及人员进行严密组织，是保证公司销售计划能贯彻执行的基本条件，是企业销售工作顺利进行的保障，是开展销售管理工作的基础，是支撑企业销售目标的平台。

2.1　认识销售组织

2.1.1　销售组织的功能与特点

1. 销售组织的功能

销售组织就是企业销售系统的组织，它是企业为了实现销售目标而将具有销售能力的人、事、物、信息、资金等各种要素进行整合而构成的有机结合体。销售组织有四个重要的概念：分工、协调、授权、团队。

当一群人在一个团队内为一个共同目标而努力时，就会产生组织的需求，为了发挥最高效率并达到销售目标，必须组织一个强有力的销售队伍，这是对一个销售管理者的要求。一般来说，销售队伍的组成比例是 2∶6∶2，第一个"2"是指优秀销售人员，他们能完成整个销售额的 50%；"6"是指一般销售人员，他们能完成整个销售额的 40%；后一个"2"是指落后的销售人员，他们只能完成整个销售额的 10%。

无论何种形式的市场营销组织，每个业务单位能否完成自己的使命，很大程度上依赖于合理而有效的销售组织。在正确的市场定位和营销策略指导下，销售组织对搞好销售管理，实现企业营销战略目标，调动营销人员的积极性，扩大市场占有率，提高销售效率，都具有十分重要的意义。销售组织的功能主要有以下三个方面：

（1）完成营销战略目标。每个企业都有自己明确的营销战略目标，最终完成这一目标的直接承担者便是处在业务一线的销售组织。在通常情况下，销售组织的建立，其依据首先就是企业的营销战略目标，根据战略目标确定销售组织的机构和规模。因此，销售组织的一切活动都应该以营销战略目标为中心。销售组织的机构是否健全，层次结构是否合理，职权的划分是否恰当，都应该以是否符合企业营销战略目标为依据。销售组织完成营销战略目标的功能，又是衡量销售组织效应的尺度，一个高效能的销售组织，能够以最快的速度、最低的消耗实现营销战略目标。销售组织的管理者，能否充分地发挥和利用销售组织的这一功能，取决于他能否使每一个营销人员充分认识到自己所进行的工作对于实现企业整体目标的重要性，从而使每个营销人员通过自己的努力工作，完成每一笔销售业务，并把个人的工作目标与销售组织的整体目标联系起来，实现个体行为与组织行为的同步发展。

（2）收集和传递营销信息。由于销售组织本身就是企业为了完成商品销售任务而建立起来的内外信息交流系统，它的成员代表着企业直接与市场和客户发生联系，因而具有收集和传播信息的功能。企业在营销人员销售商品的过程中收集市场信息，反馈客户意见，在此基础上调整和完善销售战略，了解和分析企业的经营效果。

（3）导向企业行为。销售组织是处于企业与市场之间的交界点，因此，企业适应环境的程度，完全取决于销售组织对环境反应的灵敏度。销售组织通过营销人员和客户，准确及时地了解市场，把握消费需求和竞争者的动态，并通过综合归纳和分析判断，提出正确的销售方案和营销策略。在此基础上，形成企业整体营销战略，作为指导企业各部门行为的准则。企业的各个环节、各个部门和各个系统必须协调一致，为完成共同的营销战略目标而共同努力。如果有任何一方面协调不好，都会影响到企业营销战略目标的实现。同样，如果销售组织所反馈的市场信息不真实或者滞后，又会误导企业的营销决策，使企业遭受损失，严重时甚至还危及企业的生存和发展。销售组织引导企业行为的功能，也是现代销售组织最具特色的功能，是现代销售组织与传统销售组织区别的重要标志。

2. 销售组织的特点

一般而言，销售组织具有系统性、适应性和灵活性的特点。

企业销售组织各环节、各部门之间的系统协调，是保证企业对市场变化做出快速反应的重要前提。销售组织管理的目的就在于使销售组织内部保持有序运行状态，使来自市场的信息能迅速反馈到高层决策者，并使高层决策的调整意图及时传达到第一线的营销人员，形成一种简捷、快速、高效的决策和反馈程序，从而保证企业能够随时对市场的变化做出反应。

市场瞬息万变，企业要适应市场的变化，就必须具有灵活应变的能力，这种能力集中表现在企业销售组织对市场信息反应的灵敏度上。多变的消费环境，要求企业必须加强对销售组织的管理。虽然消费是多样性的，但特定的消费又是有规律可循的，只要能从多变的市场背景中发现消费动向，抓住市场机会，就有获得成功的可能。

随着科学技术的迅速发展，电子计算机在销售业务中的大量应用，企业发展规模的不断扩大，以及国内市场与国际市场的逐渐接轨、相互融合，企业的经营范围将冲破地区和国家的界限，面向全国市场和国际市场，很多企业的销售组织也将日益完善，向不断扩展的市场空间延伸，销售组织内部的分工也越来越细。尤其随着互联网技术的发展及应用，销售组织虚拟化的趋向会越来越明显。这种虚拟并不是说不存在销售组织，只是说在物理存在状态下会出现一些新的形态、新的特点。

2.1.2 选择销售组织类型

销售部门组织形式的选择要受到企业规模、所属行业、人力资源、财务状况、产品特性、消费者及竞争对手分析等因素的影响，企业应根据自身的实力及企业发展规划，精心"排兵布阵"、量力而行，用更少的管理成本获得更大的经济效益。常用的销售组织形式可以划分为职能结构型销售组织、区域结构型销售组织、产品结构型销售组织、客户结构型销售组织。

1. 职能结构型销售组织

职能结构型销售组织是最古老也最常见的市场营销组织形式。它强调市场营销各种职能如销售、广告和研究等的重要性。职能结构型销售组织把销售职能当成市场营销的重点，而广告、产品管理和研究职能则处于次要地位。当企业只有一种或很少几种产品，或者企业产品的市场营销方式大体相同时，按照市场营销职能设置组织结构比较有效。但是，随着产品品种的增多和市场的扩大，这种组织形式就暴露出发展不平衡和难以协调的问题。既然没有一个部门能对某产品的整个市场营销活动负全部责任，那么，各部门就会强调各自的重要性，以便争取更多的预算和更大的决策权力。职能结构型销售组织如图2-1所示。

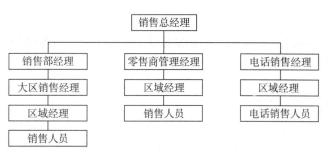

图 2-1 职能结构型销售组织

这种模式的优点有以下几点：

(1) 贯彻了专业分工的要求，有利于在人力利用上提高效率，有利于培养销售专家。

(2) 分工明确，职责分明，落实各类人员对各类工作成果的责任。

(3) 集中管理、统一指挥，有利于维护领导对指挥和控制活动的权力和威信。

这种模式的缺点有以下几点：

(1) 管理费用大，因此，经济实力不强的企业不宜采用。

(2) 指示命令系统复杂，如果各职能间失调，就会发生混乱。

(3) 责任不明确，销售活动缺乏灵活性，因为没有一个职能组织为具体的产品或市场负责，每个职能组织都力求获得与其他职能组织对等的地位。

这种模式适用以下企业：

(1) 企业所经营的产品需要提供大量的售后服务工作，而售前、售中和售后服务工作所需的工作技能又有所不同。

(2) 销售工作可以按销售内容进行分解的企业。销售人员不可能擅长所有的销售活动，但有可能是某一类销售活动的专家，基于这种思路，有些企业采用职能型组织模式。

职能结构型销售组织可以按新客户和老客户来组织销售人员，即把销售队伍分成两类：一类专门从事寻找和发展新客户，以拓展业务为主；另一类专门负责维持和服务老客户，以维持业务为主。前者可以称作客户开发，后者可以叫作客户维护。

2. 区域结构型销售组织

按地区划分销售区域是最常见的销售组织模式之一。相邻销售区域的销售人员由同一名销售经理来领导，而销售经理对更高一级的销售主管负责，如图 2-2 所示。如果一个企业的市场营销活动面向全国，那么它会按照行政地理区域，如华东、华北、东北、西北、西南、华南、华中等大区来设置其市场营销机构，也可以按省来划分。机构设置一般包括一名负责全国销售业务的销售经理，若干名区域销售经理、地区销售经理和地方销售经理。为了使整个市场的营销活动更为有效，区域结构型销售组织通常与其他类型的组织结合起来使用。

图 2-2 区域结构型销售组织

这种模式的优点有以下几个：

(1) 管理幅度与管理层次相对增加，这样便于高层管理者授权，充分调动各级营销部门的积极性，地区经理权力相对集中，决策速度快。

（2）发挥该地区部门熟悉该地区情况的优势，销售人员与当地客户及渠道客户容易建立关系网络，发展特定市场。

（3）地域集中，费用低。

（4）人员集中，容易管理。

这种模式的缺点有以下几个：

（1）各地区的销售部门自成体系，容易造成人力资源的浪费，地区销售经理权力较大，不容易协调与统一，地区销售经理更多地考虑本地区的利益。

（2）销售人员从事所有的销售活动，技术上不够专业，不能适应种类多、技术含量高的产品。

这种模式适用以下企业：

（1）企业所经营的产品单一或类似的企业。

（2）产品性能不太复杂的企业。

（3）面对的客户数量众多，客户分布的地域广阔与分散的企业。

我国由于地域辽阔，各地区差别极大，大部分企业采用区域结构型销售组织，由各地区经理负责该地区所有产品的销售。有的企业还会设置大区经理、片区经理（如省级经理）、区域经理（如市级经理）、销售主管等中间管理层级。在按区域规划组织设计时，企业还要考虑以下几个主要因素：

（1）地区销售规模和销售潜力。区域划分可以按销售潜力或销售工作负荷来加以界定。每种划分方法都会遇到效率和成本的两难困境。如果某个地区的销售规模足够大，设置分公司或办事处等区域销售组织所带来的效益超过所产生的成本，那么，就可以考虑设置分公司或办事处。当然，如果出于企业发展战略或营销战略的要求，也可暂时不追求短期的经营效果而考虑企业的长远发展。

（2）销售评估。具有同等销售潜力的地区给每个销售人员提供了获得相同收入的机会，也给销售管理的评估工作提供了标准。但是，由于各地区的客户密度不同，所以具有相同销售潜力的地区因为面积大小不同而可能有很大的差别。被分派到大城市的销售人员用较小的努力就可获得较高的销售业绩，而被分到地域广阔而购买潜力较小地区的销售人员在付出同样努力的情况下只能取得较差的销售业绩，或要付出较大的努力才能取得相同的业绩，这就要求在进行销售评估时考虑这个因素。类似的因素还有企业先开发销售区域与后开发区域的差别。

（3）地区区隔和市场形状。一般企业会按照行政区划来进行区域市场的划分，但也有些企业采用按城市远近来划分，或根据每个区域的客户密度、工作量或销售潜力规模、最小旅行时间等指标组合来划分。

3. 产品结构型销售组织

产品结构型销售组织是指按照不同商品或不同商品群组建的销售组织，比如A商品销售部、B商品销售部、C商品销售部等，在大多数情况下，其基层组织会按地区来划分。

在企业所生产的各产品差异很大，产品品种太多，以至于按职能设置的市场销售组织无法处理的情况下，建立产品结构型销售组织是适宜的。其基本做法是，由一名产品市场销售经理负责，下设几个产品线经理，产品线经理之下再设几个具体产品经理去负责各具体产品。产品结构型销售组织如图 2-3 所示。

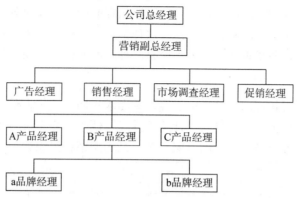

图 2-3　产品结构型销售组织

这种模式的优点有以下几个：

(1)产品经理能够将产品营销组合的各要素较好地协调起来，更加贴近现实，能对市场上出现的问题迅速给出反应。

(2)容易实现销售计划，便于进行着眼于追求利润的商品管理，而且还易于进行生产与销售之间的调整。

(3)由于各个产品项目都有专人负责，较小的品种或品牌也不致遭受忽视。

(4)销售队伍与相关的生产线相联系，便于熟悉与产品相关的技术、销售技巧，以及产品的使用、维护、保养，有利于培养销售专家；涉及企业经营的各个领域，有利于让年轻经理们经受锻炼。

这种模式的缺点有以下几个：

(1)在产品结构型销售组织中，各个产品经理相互独立，他们会为保持各自产品的利益而发生摩擦，事实上，有些产品可能面临着被收缩和淘汰的危险。产品经理只能成为本产品的专家，很难成为职能专家。

(2)产品经理们未必能获得足够的权威，以保证他们有效地履行职责。这就要求他们得靠劝说的方法取得广告部门、销售部门、生产部门和其他部门的配合与支持。

(3)由于权责划分不清楚，下级可能会得到多方面的指令。例如，产品广告经理在制定广告战略时接受产品市场营销经理的指导，而在预算和媒体选择上则受制于广告协调者。

(4)地域重叠，工作重复，容易出现多名销售人员服务一个客户的情况，这种管理形式的费用常常高出原先的预料。

(5)产品经理任职期限较短。

这种模式适用以下企业：

(1)企业经营的产品种类较多，且产品性能差异很大的企业。

(2)产品比较复杂的企业。

(3)客户分属不同的行业，行业差异大的企业。

根据不同的特点，产品结构型销售组织可以演化成按产品品牌划分的组织模式。一些生产多种产品且每种产品又采用不同品牌的企业往往会采用按不同品牌来管理产品的销售组织。

采用按品牌划分销售组织的企业一般由一位品牌经理负责一组类似而又同属于一个品牌的产品营销与销售工作。品牌经理除了负责该品牌的销售工作之外，往往还需要负责该品牌的产品推广、广告、产品开发等工作。这种销售组织模式对于那些产品品种众多且产品品牌对产品销售而言非常重要的行业来说是一种很好的模式，如家用日化行业。

4. 客户结构型销售组织

对不同的客户销售相同的产品，由于客户的需求不同，销售人员所需要掌握的知识也不同。企业采取按客户类型来规划与设计组织模式，便于销售人员集中精力服务各种类型的客户，从而成为服务于某类客户的专家。客户结构型销售组织如图2-4所示。

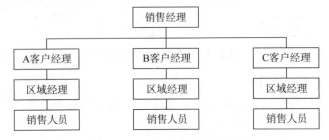

图2-4 客户结构型销售组织

这种模式的优点有以下几个：

(1)专人负责重要客户，能更好地服务客户和满足客户需要，有利于建立与客户的紧密联系。

(2)可以减少销售渠道的摩擦。

(3)易于加强销售的深度和广度，培养战略合作伙伴关系。

(4)易于开展信息活动，为新产品开发提供思路。

这种模式的缺点有以下几个：

(1)企业的商品政策和市场政策由于受销售对象的牵制而缺乏连贯性。

(2)销售人员需要熟悉所有产品，培训费用高。

(3)重要消费者或大客户减少带来的威胁较大，且不同销售对象之间无法进行商业活动。

(4)销售区域重叠，造成工作重复，销售费用高。

(5)销售人员负责众多的商品，负担加重；销售人员离职也会带来较多负面影响。

这种模式适用以下企业：

(1)产品的销售量集中在一些采购量大的主要客户上的企业。

(2)客户的经销网点分散但采购集中的企业，如连锁超市。

按照客户类型组织销售力量是营销观念和市场细分的自然延伸。当销售人员专门服务某一类客户时，他就有可能深入了解这些客户的需求，从而使销售经理可以针对客户的需求对销售人员进行有关专业知识的培训。只有某类客户达到足够规模时，采取客户型销售组织模式才有意义。

按行业来进行划分也是一类按客户类型划分的销售组织模式，如胶卷行业可以分为普通胶卷、工业用胶卷和医用胶卷、军用胶卷三大行业，这三个行业对胶卷的需求大不一样，销售方法也不一样，必须按行业类型来进行划分。

　　总之，无论企业采用哪种类型的销售组织形式，都必须视企业的特性、对客户的服务、企业的产品与市场的组合而定。上述四种形式的销售组织各有利弊，企业可以根据实际情况选择一种适合自己的销售组织形式，也可以是四种形式的综合。同时，要随着公司内外环境的变化而不断变化组织结构。

情景体验 2-1

　　L 公司是总部在广州的一家专门研发、生产、销售 UPS（不间断电源，将其串联在电脑或其他电气设备上，当突然断电时能自动持续供电一段时间）产品的公司。该公司的 UPS 产品一共有三大系列，共计几十种型号。（1）小卫士系列，主要是低端的小功率产品，主要用在家用电器或电脑上。（2）门神系列，中档产品，价格从数千元到数万元不等，主要采购方是企业，用在机房或信息中心做配套设备。（3）金刚系列，高端的大功率产品，单台价格在 10 万元以上，客户群包括银行、通信公司、电力企业等。

　　如果你是这家公司的销售经理，你准备如何规划市场？按区域、按产品还是按客户群？请说明理由。

2.2　构建销售组织

2.2.1　构建销售组织的原则

　　企业销售组织机构的规模及形式直接关系为客户提供优良服务的水平，是企业对外展开经营活动的主要窗口。同时，就企业内部来看，组织机构的形式直接影响到每一位销售人员在组织中所扮演的角色及销售人员之间的相互协作与联系，影响到销售人员在企业中的能力发挥。

　　企业在进行销售组织构建时应体现以下原则：

　　1. 客户导向原则

　　一个较少以客户为导向的组织结构的根本问题经常是由于企业内普遍的过度专门化，由此产生各种接口，大幅提高了员工的协调和沟通成本，这导致了配合问题，减慢了流程速度。此外，只有少数员工对企业的活动有全面了解，以最优方式向购买者提供相关信息变得越来越困难。但是，一定程度上的专业化又是必不可少的，因此必须找到一种既能够允许某种专业化水平，又同时宜于可持续地支持客户导向的组织结构。因此，在设计销售组织时，销售经理必须首先关注市场，考虑以满足市场需求、服务消费者为基础，建立一支面向市场的销售队伍。

　　2. 精简高效原则

　　销售组织庞大臃肿，必然造成协调困难、反应迟钝，而且加大了管理成本，所以必须精简机构。精简，就是指部门、人员、管理层次能减则减，办事程序和规章制度力求简单明了，在完成任务、目标的前提下，机构越简单越好，管理层次和人员越少越好。

　　企业追求效益，而效率是实现效益的一个有效途径。在进行销售组织设计时，除了满足客户的需要之外，还要考虑销售组织的成本问题。销售组织太小，可能影响到为客户提供优良服务的效率和能力；销售组织太大，一方面会增加经营成本，另一方面可能会降低工作效率。

3. 统一指挥原则

统一指挥原则，指的是组织中任何成员只能接受一个上司的领导。统一命令是组织工作的一条重要原则，甚至是一项基本原则。组织内部的分工越细，越深入，统一命令原则对于保证组织目标实现的作用越重要。只有实行这条原则，才能防止政出多门、遇事相互扯皮推诿，才能保证有效地统一和协调各方面的力量、各部门的活动。

在组织设计中要根据一个下级只能服从一个上级领导的原则，将管理的各个职务形成一条连续的等级链，一级管一级，防止越级指挥。在多级指挥体系中，应当坚持逐级指挥，形成连续的指挥链。一般情况下，不能为图省事或显示个人权威，越级指挥。越级指挥一方面会影响直接下级领导者的威信和积极性，另一方面，也会使下级的下属左右为难，无所适从。同样，除非特殊情况，一般也应杜绝越级请示和汇报，明确规定每个职务之间的责任、权力关系。在同一层次领导班子中，必须明确主辅关系，正职领导副职。在每一组织层次中，应严格规定正职与副职领导者的职责和职权，正职领导者对组织的工作全面负责，副职领导者负责某一局部的工作。正副职之间如果发生意见分歧，正职拥有最终决定权，副职不得自作主张，擅自发号施令。在组织实践中，管理体制要实行各级行政首长负责制，确定由一个人全面负责，统一指挥，以避免出现多头领导和无人指挥现象。

4. 管理幅度合理原则

所谓管理幅度，是指一名主管人员直接指挥的下级人员的人数。有效管理幅度是指主管人员直接指挥下级人员有一个恰当数量。

企业销售组织的最高主管受时间和精力的限制，需委托一定数量的人分担其管理工作。委托的结果是减少了他必须直接从事的业务工作量，但与此同时，也增加了他协调受托人之间关系的工作量。因此，任何主管能够直接有效地指挥和监督的下属数量总是有限的。这个有限的直接领导的下属数量被称作管理幅度。

同样的理由，最高主管的委托人也需将受托担任的部分管理工作再委托给另一些人来协助进行，并以此类推下去，直至受托人能直接安排和协调组织成员的具体业务活动。由此形成组织中最高主管到具体工作人员之间的不同管理层次。

管理的幅度是一个比较复杂的问题，影响的因素很多，弹性很大。有效的管理幅度究竟多大才合适呢？国内外许多学者和实际工作者都在探讨，但始终没有一个公认的适合所有组织的客观标准数值。这是因为影响管理幅度的因素非常复杂，有些因素如领导者及下属的素质等很难用定量的标准来度量。目前，人们仍然用定性的方法确定有效的管理幅度。确定管理幅度应考虑的主要因素主要是：管理的层次、领导者和下级的能力、组织机构的健全程度等。一般是管理的层次越高、领导者与下级的能力越强、组织机构越健全，有效的管理幅度就越大，反之则越小。同时，一般管理幅度越大，管理层次越少。

管理层次越少，销售经理就越能接近销售人员，就越能接近所服务的客户和市场，就有利于销售经理和销售人员之间的沟通，就有利于企业与客户之间的沟通，也就方便销售经理更有效地控制销售人员，也就能使企业更有效地服务客户。但是，扁平的组织结构实际上也限制了沟通和控制，因为管理层次少，管理幅度就大，沟通控制也不会像想象中那么好。如果从成本角度来进行分析，虽然管理幅度较大，但由于管理人员数量较少，管理成本就相对要低，但是这种过大的管理体制会造成管理质量的下降，从而导致工作效率和效益的下降。

要决定销售经理应该管多少个销售人员、应设立几个销售管理层次，需要考虑很多因素，比如企业所在的行业及习惯、销售队伍的整体素质和经验、企业客户的类型、竞争的需要、企业发展的阶段、产品销售的复杂程度等。相对而言，当销售工作复杂时，每个销售人员的表现对企业利润的影响很大；销售人员报酬高且具有职业化特点时，管理幅度就可小一些，而管理层次应该大一些。换句话说，管理工作越困难、越重要，就应该给销售人员更多的支持和监控。在销售组织的较高层次，管理幅度通常要小一些，以便高层次的经理人员能有更多时间从事分析和决策。管理层次越高，工作越复杂，所需提供的组织也就越多。

从现实经验判断，销售管理人员越强，管理幅度就可越宽一些，相应企业对销售管理的监控就困难一些。每一位经理或主管所能用于管理其下属的时间和精力都是有限的，通常每一位经理管理 8~10 位销售人员较为合适。

5. 权责对等原则

实际上，管理理论早就提出了权责对等的原则，即强调有多大责任，就应有多大权力。实践证明，责权不一致会对企业发展产生极大危害。有权无责或权大于责，容易产生瞎指挥、滥用权力的官僚主义；有责无权或责大于权，则会挫伤销售部门、人员的积极性。责权一致要求销售组织设计、构建时，首先必须明确每一个岗位的任务、责任，事情干好干坏都能找到责任者；同时还必须赋予完成任务和承担责任者所需要的权力，并使二者一致，防止责权分离而破坏销售组织的效能。

销售组织中每个部门和岗位都必须完成规定的工作，而为了从事一定的活动，都需要利用一定的人力、物力或财力等资源。因此，为了保证"事事有人做""事事都能正确做"，不仅要明确各个部门的任务和责任，而且在销售组织设计、构造中，要规定相应的取得和使用必需的人力、物力、财力以及信息等工作条件的权力。没有明确的权力，或权力的应用范围小于工作的要求，则可能使责任无法履行，任务无法完成。当然，对等的权责也意味着赋予某个部门或岗位的权力不能超过其应负的责任。权力大于工作的要求，虽然可以保证任务的完成，但会导致不负责任地滥用，甚至会危及销售组织系统的运行。

6. 分工协调原则

企业销售组织面临的经营事务繁杂，就需要明确分工，设置若干部门分头管理，并加强协调与配合，会收到事半功倍的效果。但对销售活动进行专业化分工时必须回答下列问题：什么是最好的分工形式？销售组织是按产品、客户、地区还是按销售职能来划分？设计销售组织要根据实际情况来寻找最优的模式，因此，最好的选择是综合考虑各种因素来决定。在实践中，应用分工协调原则必须注意两点：一是分工要适当，不是越细越好。分工过细，工作环节增加而引起工作流程的延长，造成协调的困难，从而会冲抵分工带来的好处。一般地，分工宜简不宜繁，一个机构能办的事，就不设多个机构。二是必须加强协调和配合。销售组织作为一个系统，由于分工所形成的各子系统、各个层次和环节，只有紧密联系，密切配合，增强整体目标意识，才能保证销售组织整体系统的统一性。分工带来的高效率能否充分发挥，关键取决于各部分的协调程度。在实际工作中会出现这样一种情况，有些销售工作非常简单直接，如果再进行专业化分工并不能为企业带来收益，这就说明专业化分工到达了临界点。当前，随着客户需求的提高及一揽子购买的特点，许多客户要求企业一个销售人员与其打交道，由这一个销售人员提供所有的整体解决方案。在企业与客户交互的界面上，综合化是发展趋势之一；而在企业内部，分工协作则是必须的。因此，可以说对外出口要集中，内部要形成团队支撑对外的服务。

销售组织作为一个团队，决不能因为专业化分工而导致工作协调困难。要做到销售工作的协调一致，需要对下列三个方面给予关注：首先，销售活动与客户需求要保持一致；其次，销售活动与企业其他部门的活动要保持协调；最后，销售组织内部各项活动要保持协调一致。

2.2.2 构建销售组织的影响因素

在实践中，企业销售组织结构是各不相同的。销售商品的特征、销售方式、商品销售范围、商品销售渠道、市场环境变化都将对企业销售组织构造产生影响。

1. 商品特征

不同的商品具有不同的销售特征，应采用不同的销售组织。因此，在建立销售组织时，首先要考虑该商品性质和特征。商品究竟是生产资料还是消费资料，是专用品还是一般商品，都会影响销售组织的设计。产品技术复杂，产品之间联系少或数量众多时，按产品专门化组成销售组织就较为合适。如果商品少、重点性强，那么采用按地区建立组织较为合适。

2. 销售方式

企业生产的产品不会自动跑向市场，消费者也不是从企业仓库里购买产品，因此当企业生产出产品之后，就必须考虑通过利用什么样的销售方式，把产品从企业转移到消费者面前。由于销售方式不同，销售组织的构造也就不同。企业是通过广告销售还是人员销售产品则对企业销售组织的要求不同。例如，通过广告销售产品的企业，其销售人员较少，则销售组织简单；若是通过人员销售，就需要更多的销售人员，其销售组织结构较复杂。企业是通过中间商销售产品还是直接销售产品，其销售组织也会不一样。此外，企业的售后服务政策也会影响企业的销售组织结构。

3. 商品销售范围

在最简单的销售组织中，各个销售人员被派到不同地区，在该地区全权代理公司业务。商品销售的区域范围影响着销售组织的结构。区域由一些较小的单元组成，如市或县，它们组合在一起就形成了具有一定销售潜力或工作负荷的销售区域。不同的企业具有不同的商品，销售范围也就有很大的差异。可以是全球性销售、国际某些地区销售、全国性销售、国内某些地区销售，也可以是本地区销售。商品销售范围不同，就应有不同的销售组织。

4. 商品销售渠道

商品销售渠道由各中间商组成，中间商包括批发商、零售商、代理商和经纪人。其中后两类中间商并不对商品拥有所有权，但其参与了商品交易活动，因此也可作为商品销售渠道成员。企业可以选择的商品销售渠道有以下三种基本类型：

（1）广泛性分销策略，指通过尽可能多的中间商或分销点来销售产品。

（2）选择性分销策略，指在同一目标市场有选择地使用一个或几个中间商。

（3）独家分销策略，指制造商在某一地区市场只选择一家批发商或零售商经营其产品。

介于销售渠道的差别，就应有不同的销售组织。比如渠道宽且行业性强，那么就应按客户对象或商品建立销售组织。

5. 市场环境变化

销售组织作为一个开放系统，一定会与所处环境进行物质与信息交流，因而销售组织在构建时一定要考虑外部环境的影响，使其与之相平衡。然而市场环境是处于变化之中的，企业的外部环境变化相应导致企业营销战略管理模式改变，随之而来的是实现销售目标的形式和方法也需要调整，这必然导致销售组织结构发生变革。

2.2.3　构建销售组织的程序

1. 确立目标，细分工作

销售组织构建无论有多重要，归根结底是手段，而不是目的，它是为实现企业的任务、目标服务的，这也是销售组织结构存在的根本理由。这就要求销售组织构建既不能根据个人意志，因事设人，也不能以上下对口为据，随意地增减机构。部门、岗位的设置及责权的划分，只能由企业发展目标的需要来决定。衡量企业销售组织构建是否合理，既不是看它是否借鉴了国外先进企业的做法，也不是看它精简了多少机构，而是看它对企业任务和目标的贡献。也就是说，衡量企业组织结构的最终标准不是别的，就是看其能否促进企业任务和目标的实现。销售组织存在是因为企业需要依赖销售组织部门来完成企业既定的销售目标，这是进行销售组织设计的即期目标。如果企业的销售目标无须自己内部部门完成，则不必探讨销售组织，也不必谈及销售组织设计。销售组织设计的长期目标是销售组织的发展能与企业的发展相适应，销售组织能在未来支撑企业发展目标的实现。

企业经营的目的是通过创造满意的客户来获得利润回报。在创造、发掘新客户的同时，企业必须维持和加强与现有客户的关系，这样企业才能继续存在和持续发展。要达成这一个目标，企业需要建立一个高效的销售组织，一个能够满足客户需求的销售组织，一个能发掘客户需求的销售组织。要实现这一点，就要求销售组织内部分工协作，各司其职。

2. 进行销售岗位分析，组成相关部门

我们在研究现有组织的改进时，往往从自上而下地重新划分各个部门的职责着手。但是，设计、构建一个合理的组织结构需要从最基层开始，也就是说，组织设计、构建是自下而上的。

岗位分析是销售组织设计、构建的最基础工作。岗位分析是在目标活动逐步分解的基础上设计和确定销售组织内从事具体管理工作所需的职务类别和数量，分析担任每个岗位的人员应负的责任，应具备的素质要求。

根据各个岗位所从事的工作内容以及职务间的相互关系，依照一定的原则，可以将各个岗位组合成被称为"部门"的管理单位。组织活动的特点、环境和条件不同，组成部门所依据的标准也是不一样的；对同一销售组织来说，在不同时期的背景中，组成部门的标准也可能会不断调整。

3. 按照销售岗位配置人员

岗位分析和部门组成是根据工作要求来进行的。在此基础上，还要根据组织内外能够获取的现有人力资源，对初步设计的部门和岗位进行调整，并平衡各部门、各岗位的工作量，以使组织机构合理。人员配备是在组织设计的基础上进行的，人员需要量的确定主要以设计出的岗位数量和类型为依据。岗位类型指出了需要什么样的人，岗位数量则告诉我们每种类型的岗位需要多少人。

4. 明确职权关系

如果再次分析的结果证明初步设计是合理的，那么剩下的任务便是根据各自工作的性质和内容，规定各岗位、部门之间的职责、权限以及义务，使各岗位、部门形成一个严密的网络，并明确指出组织内各岗位、部门的工作内容、职责与权力、与组织中其他部门和职务的关系，并对担任该项职务者所必须拥有的基本素质、技术知识、工作经验、处理问题的能力等条件提出具体要求。

实例说明：陈经理的
成功和失败

2.3 销售组织职能

2.3.1 销售组织的主要功能

1. 营销调研

营销调研是成功策划的前提，是企业销售部门策划和管理人员的主要任务之一，但其完成过程却大多与销售人员的工作是紧密相连的，如很多第一手资料来自销售活动，销售人员对市场的感受更直接。

2. 市场预测

销售活动中的市场预测是指企业销售部门对产品在未来一定时期内市场销路或市场潜在需求的估计和测算。企业必须在营销研究与分析的基础上，通过对现有的和过去的销售资料的分析，估计企业某种商品在未来一定时期内可能的销售量及其变化趋势，才能进行准确的销售决策。市场预测的内容有以下几个方面：

(1)市场需求。市场需求即在一定的市场环境下，企业使用一定的销售费用，某一客户群在某一时期内可能购买某一产品的总数量。市场需求受市场环境和企业销售费用的影响，在既定的市场环境下，销售费用与市场可能需求成正比。

(2)市场潜量。市场潜量即市场需求的最高限量。在一定的市场环境下，市场需求会随销售费用的增加而增加，但当市场需求到达一定量时，不再随销售费用的增加而增加，这时的市场需求便是市场潜量。

(3)销售潜量。销售潜量是指企业在销售费用不断增加的情况下可能获得的最高销售量。因为市场上其他竞争者也拥有一定数量的客户，所以存在销售潜量。销售潜量的预测，对企业调整销售费用预算、选择销售策略有着十分重要的意义。

3. 制订销售计划和战略销售规划

对企业销售活动进行全面的、有效的规划和控制，是销售部门管理的中心内容，因而制订销售计划和战略销售规划是销售组织的主要工作任务，也是企业市场营销战略策划的核心内容。

由于企业的产品和组织机构不尽相同，销售计划的内容也有区别。但是，任何企业的销售计划都应反映以下三个问题：企业现在处在什么地位？企业要走向何处？企业如何达到目的？围绕解决这三个问题，销售计划的基本内容就应包括分析现状、确定销售目标和确定战略策略三个方面。企业销售部门在制订短期计划（一般以季度、月或日）的基础上，还要从较长时期（1 年以上）的角度去确定战略销售规划，即企业的长期营销计划。战略销售规划虽然在编制程序和主要内容方面与年度销售计划相差不大，但战略销售规划需要考虑更多的因素。例如，战略销售规划面对更多的未知因素以及客观环境的变化，企业的目标、政策在战略销售规划中具有更加重要的地位，战略销售规划要更多地考虑较长时期的投资和资本回收期以及可能达到的利润率等。

4. 策划传播计划

随着信息传播技术的进步，营销传播已成为一种普遍的社会经济现象。除了复杂的工业产品和特种专用产品外，绝大多数商品或劳务销售或多或少地借助广告进行销售。可以说，随着市场的扩大和消费频率的加快，有些产品的广告销售正在逐渐替代人员销售而居于主导地位。因此，广告宣传的策划和管理就成为企业销售部门的重要工作任务。

5. 制定产品价格策略

定价的最终目标是付清成本，创造利润。应在这一宗旨下来确定价格目标，制定价格标准，建立提价、降价和折扣制度，研究价格竞争策略。

6. 组织人员推销业务

人员推销是销售部门经常性的主要任务，它包括访问客户，签订销（购）货合同，送货，追回货款，处理客户投诉和退款业务，协调客户与企业其他部门的关系，以及售后服务等。

7. 销售效益评估

销售效益评估是企业销售部门监督、检查、控制销售活动的有效手段，通过效益评估，了解各种销售策略的运用是否得当，费用开支是否合理，人员与任务定位是否科学。做到检查过去，评价当前，估计未来。销售效益评估的内容主要包括销售预算分析、销售成本分析、销售收益分析。

2.3.2 销售组织的主要职责

销售部门作为企业实现利润回报的执行部门，其主要职责有以下几个方面：

（1）实现既定的销售量目标。销售部门承担完成企业销售目标的任务，实现销售目标是企业实现财务目标的前提与基础，也是实现企业发展目标的前提与基础。

（2）分销。产品分销的目标不应该与销售数量目标挂钩，不过，较高的销售目标实现一般得益于有效的分销。

（3）产品陈列与展示。产品陈列与展示是消费品企业的传统销售职能，通过零售店销售的一些工业品企业在销售中也需要有效的产品陈列与展示。

（4）客户电话拜访。如果企业有比较稳定的客户消费群体或渠道客户，那么按照一定的规律进行电话拜访能产生丰厚的销售业绩与销售回报，而且客户电话拜访亦是客情维系的关键。

（5）销售人员招募与培训。销售人员招募与培训即找到合适的人来担任销售岗位的工作，还要负责销售人员招聘后的职业培训，这些是销售部门最基本的职责。

（6）销售业绩评估。企业必须通过销售目标、销售计划和销售费用三位一体的指标来评估销售人员的业绩和整个销售团队的业绩。常见的销售业绩评估指标有销售额、销售量、盈利能力、产品分销、客户拜访数量、产品展示等。

（7）销售会议与销售沟通。销售部门内部所进行的沟通、协调工作，有利于共享信息、共享成功的经验与失败的教训，有利于销售部门团队精神的建立。

（8）信用控制。通常是销售部门与财务部门共同承担信用控制职能，主要是对渠道客户进行信用分析与控制。

（9）货款回收。在银行或信用条件比较发达的地区，货款回收通常体现为银行票据的回收，由财务部门直接接收负责即可。在一些比较落后的地区，则需要在销售人员拜访客户的同时完成现款的回收工作。

（10）客户服务与客户关心。最近几年，客户服务工作在销售管理中的作用越来越重要。客户要求越来越高，越来越多，企业不仅仅是向客户提供产品和服务，而且重在帮助客户解决问题。

（11）订单处理。销售组织内部、客户服务过程当中以及独立的分销部门内部都可能会有订单处理这项职能。尽管订单处理仅仅只是一个销售活动，但订单处理的速度、准确程度、订单管理等却会影响到客户感知的服务质量。

（12）销售活动记录。销售部门必须存有客户及自身活动的档案。许多企业或许有建立完好的客户记录体系，如完备的客户卡，销售人员在上面记载有客户的详细信息，包括销售历史信息等。

（13）销售预测。一般由销售经理和市场部门共同完成销售预测工作，包括销售量、销售额预测，有时必须细化到按地区、产品(甚至是产品型号)、客户。

（14）价格政策制定。销售部门与市场部门紧密配合，共同制定价格政策，并由销售部门予以贯彻实施。

（15）销售促销与销售竞赛。为了实现企业的战略目标，市场部门通常会开展许多促销活动，不过，销售部门在销售经理的领导下也会开展一些促销活动，但主要是针对销售人员的促销活动和销售竞赛。

（16）销售人员激励。销售经理有责任利用销售报酬和一些激励方法来刺激销售人员完成既定的销售任务目标(通常会在人力资源部门的协助下进行)。

（17）销售管理培训。除了对销售人员进行培训之外，还要对销售经理进行培训。销售管理培训的目的是应对企业未来发展的需要。

（18）其他职责。

情景体验 2-2

J队和M队两个划船队要进行划船比赛。两队经过长时间的训练后，进行了正式比赛，结果M队落后J队1千米，输给了J队。M队领导很不服气，决心总结教训，在第二年比赛时，把第一名夺回来。通过反复讨论分析，发现J队是八个人划桨，一个人掌舵；

而 M 队是八个人掌舵，一个人划桨。不过，M 队领导并没有看重这点区别，而是认为，他们的主要教训是八个人掌舵，没有中心，缺少层次，这是失败的主要原因。

于是，M 队重新组建了船队的领导班子。新班子结构如下：四个掌舵经理，三个区域掌舵经理，一个划船员，还专设一个勤务员，为船队领导班子指挥工作服务，并具体观察、督促划船员的工作。这一年比赛的结果是 J 队领先 2 千米。

M 队领导班子感到脸上无光，讨论决定：划船员表现太差，予以辞退；勤务员监督工作不力，应予处分，但考虑到他为领导班子指挥工作的服务做得较好，将功补过，其错误不予追究；领导班子成员每人发给一个红包，以奖励他们共同发现了划船员工作不力的问题。

仔细分析起来，故事说明了三个密切相关的问题。

一是凡做一件事，比如参加划船比赛，必须有一个组织；

二是这些组织的内部成员应有不同的分工，比如上面的两个划船队里的成员都有不同的分工，由此形成其内部的一定结构，即组织结构；

三是作为一个组织，其内部结构的不同，其行为效果也会不同，例如，上面例子中的 M 队两次都输给了 J 队。

如果从经济学的角度来分析以上问题，就可以得出相应的结论：任何组织从本质上讲都是经济组织，而要保持一个经济组织的存在并使其正常运转就必须支付成本，这就是组织成本，组织成本的大小在一定程度上决定了组织价值的大小，因为，组织价值等于组织收益与组织成本之差；而对于一个经济组织来说，其组织成本的大小取决于其内部的结构与机制。用此观点来分析 J 队和 M 队的比赛结果，可以很容易得出结论：M 队之所以输给 J 队，最主要的原因是 M 队的组织成本远大于 J 队，J 队的组织价值也就远大于 M 队。

2.4　销售活动分析

现代的商品市场瞬息万变，竞争非常激烈，企业要想在国内外市场竞争中取胜，并不断发展，就必须加强和改善经营管理，挖掘销售人员个人的潜力，推行现代科学管理。销售活动分析正是现代科学管理的重要一环。

2.4.1　销售活动分析的程序

1. 销售目标达成情况分析

销售目标达成情况分析是将每月销售目标与每月实际销售做对比，了解达成率是多少，找出每月销售目标达成率低或没有完成销售目标的原因，必须在下个月进行改正；找出每月销售目标达成率非常高或超额完成销售目标的原因，之后在销售工作中不断复制改进。

2. 品类销售达成情况分析

品类销售达成情况分析是取得每个月实际销售额中各个品类的实际销售数字，如 A 产品、B 产品、C 产品、D 产品等本月实际销售是多少；每个品类的实际销售数字与每个品类的本月销售目标做对比，了解品类达成率是多少。找出品类销售目标达成率低或没有完成销售目标的原因，必须在下个月进行改正；找出品类销售目标达成率非常高或超额完成销售目标的原因，之后在销售工作中不断复制改进。

3. 销售人员销售达成情况分析

销售人员销售达成情况分析是按销售人员进行分析，将每个销售人员的每个月销售目标与每月实际销售做对比，了解达成率是多少。找出销售人员销售达成率低或没有完成销售目标的原因，必须在下个月进行改正；找出销售人员销售达成率非常高或超额完成销售目标的原因，之后在销售工作中不断复制改进。

4. 销售人员品类销售情况分析

销售人员品类销售情况分析是取得每个销售人员每个月实际销售额中各个品类的实际销售数字，如 A 产品、B 产品、C 产品、D 产品等本月实际销售是多少；每个品类的实际销售数字与每个品类的本月销售目标做对比，了解品类达成率是多少。找出销售人员品类销售达成率低或没有完成销售目标的原因，必须在下个月进行改正；找出销售人员品类销售达成率非常高或超额完成销售目标的原因，之后在销售工作中不断复制改进。

2.4.2 销售活动分析的内容

1. 市场占有率分析

市场占有率分析是根据各方面的资料，计算出本企业某种产品的市场销售量占该市场同种商品总销售量的份额，以了解市场需求及本企业所处的市场地位。

市场占有率是指在一定的时期内，企业所生产的产品在其市场的销售量或销售额占同类产品销售量或销售额的比重。市场占有率分析是企业战略环境分析的一个非常重要的因素。市场占有率一般有上限、中线和下限。

根据兰查斯特战略模式，不同市场占有率的战略意义如下：如果企业的市场占有率达到上限74%，不论其他企业的势力如何，企业都处于绝对的安全范围之内。达到该目标的企业一般应不会争夺这个范围以外的市场，因为剩下的市场中的顾客一般是其他企业的忠实顾客，通常难以争取到他们。如果企业的市场占有率达到42%，即市场占有率的中线，那么企业就可以从竞争中脱颖而出并处于优势地位。因此，该值表示企业处于相对安全的状态而且处于业界的领先地位。如果企业的市场占有率达到26%，则说明企业有从势均力敌的竞争中脱颖而出的可能性。处于26%以下的企业则很容易受到攻击。如果企业与另一家企业在局部区域内进行一对一的竞争，只要企业的市场占有率是对手的三倍，那么对手就很难形成威胁。如果竞争发生在一个较大的局部区域内，有超过三家以上的企业一同竞争，那么只要有一家企业的市场占有率是其余企业的1.7倍，那么这家企业就处于绝对安全的范围内。

（1）市场占有率分析的主要内容。

①公司产品销售市场的地域分布情况。可将公司的销售市场划分为地区型、全国型和世界范围型。销售市场地域的范围能大致估计一个公司的经营能力和实力。

②公司产品在同类产品市场上的占有率。公司的市场占有率是利润之源。

（2）市场占有率分析的指标。

①全部市场占有率：以企业的销售额占全行业销售额的百分比来表示。使用这种测量方法必须进行两项决策：第一是要以单位销售量或以销售额来表示市场占有率；第二是要正确认定行业的范围，即明确本行业所应包括的产品、市场等。

②可达市场占有率：以其销售额占企业所服务市场的百分比来表示。所谓可达市场就是企业产品最适合的市场，以及企业市场营销努力所及的市场。企业可能有近 100% 的可达市场占有率，却只有相对较小百分比的全部市场占有率。

③相对市场占有率（相对于三个最大竞争者）：以企业销售额相对最大的三个竞争者的销售额总和的百分比来表示。如某企业有 30% 的市场占有率，其最大的三个竞争者的市场占有率分别为 20%、10%、10%，则该企业的相对市场占有率是 75%（30/40）。一般情况下，相对市场占有率高于 33% 即被认为是强势的。

④相对市场占有率（相对于市场领导竞争者）：以企业销售额相对市场领导竞争者的销售额的百分比来表示。相对市场占有率超过 100%，表明该企业是市场领导者；相对市场占有率等于 100%，表明企业与市场领导竞争者同为市场领导者；相对市场占有率的增加表明企业正接近市场领导竞争者。

（3）市场占有率分析的目的。

①通过对市场占有率的严格定义，为决策者提供可供比较的市场占有率。

②通过对市场占有率的构成因素分析，找到市场占有率上升或下降的具体原因，并为企业改进其营销系统提供明确建议。

（4）如何进行市场占有率分析。企业可从产品大类、顾客类型、地区以及其他方面来考察市场占有率的变动情况。一种有效的分析方法，是从顾客渗透率（CP）、顾客忠诚度（CL）、顾客选择性（CS）和价格选择性（PS）四个因素分析。

所谓顾客渗透率，是指从本企业购买某产品的顾客占该产品所有顾客的百分比。

所谓顾客忠诚度，是指顾客从本企业所购产品与其所购同种产品总量的百分比。

所谓顾客选择性，是指本企业一般顾客的购买量相对于其他企业一般顾客购买量的百分比。

所谓价格选择性，是指本企业平均价格同所有其他企业平均价格的百分比。

全部市场占有率 TMS 就可表述为：

$$TMS = CP \cdot CL \cdot CS \cdot PS$$

假设某企业在一段时期内市场占有率有所下降，则上述方程为我们提供了四个可能的原因：

①企业失去了某些顾客（较低的顾客渗透率）。

②现有顾客从本企业所购产品数量在其全部购买中所占比重下降（较低的顾客忠诚度）。

③企业现有顾客规模较小（较低的顾客选择性）。

④企业的价格相对于竞争者产品价格显得过于脆弱，不堪一击（较低的价格选择性）。

经过调查，企业可以确定市场占有率改变的主要原因。假设在期初，顾客渗透率是 60%，顾客忠诚度是 50%，顾客选择性是 80%，价格选择性是 125%。根据 TMS 计算方程式，企业的市场占有率是 30%。

假设在期末，企业的市场占有率降为 27%，在检查市场占有率要素时，发现顾客渗透率为 55%，顾客忠诚性为 50%，顾客选择性为 75%，价格选择性为 130%。很明显，市场占有率下降的主要原因是失去了一些顾客（顾客渗透率下降），而这些顾客一般有高于平均的购买量（顾客选择性下降）。这样，企业决策者就可集中力量对症下药了。

2. 销售额分析

销售额分析，就是通过对企业全部销售数据的研究和分析，比较和评估实际销售额与计划销售额之间的差距，为未来的销售工作提供指导。总销售额是企业所有客户、所有地区、所有产品销售额的总和。这一数据可以给我们展现一家企业的整体运营状况。然而，对于管理者而言，销售趋势比某一年的销售额更重要，销售趋势包括企业近几年的销售趋势、企业在整个行业的市场占有率的变动趋势。

尽管销售额分析的方法在企业的各个分公司之间有所不同，但是所有的企业都会以客户销售发票或现金收据的方式收集销售数据，这些发票或收据是进行会计核算的主要凭证。销售管理部门把自己对销售额信息的要求传达给销售分析人员，并从企业内部和外部广泛收集销售数据，并进行适当的记录。销售管理人员可以通过销售额分析，对当前的销售业绩进行评价，找出实际销售额与计划销售额的差距，分析原因，并以此为基础制订企业未来的销售计划。

(1)销售额分析的种类。在实际工作中，销售额分析有两种。

①销售差异分析。企业销售差异分析，就是分析并确定不同因素对销售绩效的不同作用。例如，假设某企业年度计划要求第一季度销售4 000件产品，每件售价1.0元，即销售额4 000元。在第一季度结束时，只销售了3 000件，每件0.8元，即实际销售额2 400元。那么，销售绩效差异为1 600元，或者说完成了计划销售额的60%。显然，导致销售额差异的，有价格下降的原因，也有销售量下降的原因。问题是，销售绩效的降低有多少归因于价格下降，又有多少归因于销售数量的下降？没有完成计划销售量是造成销售额差异的主要原因，企业需进一步分析销售量下降的原因。

②特定产品或地区销售差异分析。特定产品或地区销售差异分析，就是具体分析和确定未能达到计划销售额的特定产品、地区等。假设某企业在三个地区销售，其计划销售额分别为1 500万元、500万元和2 000万元，计划销售总额4 000万元；而实际销售额分别是1 400万元、525万元、1 075万元。就计划销售额而言，第一个地区有6.7%的未完成额，第二个地区有5%的未完成额，第三个地区有46%的未完成额。主要问题显然在第三个地区，要查明原因，加强对该地区销售工作的管理。在企业的销售管理过程中，要经常进行销售额分析，以发现销售过程中存在的问题，奖优罚劣，保证企业销售目标的实现。

(2)企业进行销售额分析的目的。

①销售额分析是企业对销售计划执行情况的检查，是企业进行业绩考评的依据。有的企业确定了很好的销售计划，但是因为疏于管理，忽视了日常的检查与评估，有了问题也没有及时发现。到了计划期末，期初的计划指标已成为泡影，企业的各级经理及销售人员也就无可奈何了。进行销售额分析，就是要在销售管理过程中，及时发现问题，并分析和查找原因，及时采取措施，解决问题。销售额分析与评价的结果，也是对各级销售经理和销售人员进行绩效评估的基本依据。

②分析企业各产品对企业的贡献程度。对各产品销售额进行分析，可以得出企业所生产产品的市场占有率，市场占有率是反映产品市场竞争力的重要指标。同时，我们也可以通过对销售额的分析得出各种产品的市场增长率，市场增长率是衡量产品发展潜力的重要指标。根据市场增长率和相对市场占有率，大致可以了解产品对企业的贡献程度，企业据此可以对相应产品采取合适的销售策略。

③分析本企业的经营状况。松下幸之助先生曾说："衡量一个企业经营的好坏，主要是看其销售收入的增加和市场占有率的提高程度。"采用盈亏平衡点对本企业的销售额和经营成本进行分析，可以得出本企业的经营状况信息。若企业实际销售额高于盈亏平衡点的

销售额，那么企业就有利可赚；若等于或低于盈亏平衡点的销售额，则企业处于保本或亏损状态。

④对企业的客户进行分类。企业经营的目的是赢利，因此，它不会以同一标准对待所有客户。企业要将客户按客户价值分成不同的等级和层次，这样企业就能将有限的时间、精力、财力放在高价值的客户身上。根据 20/80 原则，20% 的高价值客户创造的价值往往占企业利润的 80%。只有找到这些最有价值的客户，提高其满意度，同时剔除负价值的客户，企业才会永远充满生机和活力。

(3)销售额分析示例。以某企业销售额分析为例，如表 2-1 所示。

表 2-1　某企业销售额分析

年度	企业销售额/万元	行业销售额/万元	企业市场占有率/%
2018	21	300	7.0
2019	22	320	6.9
2020	23	360	6.4
2021	25	390	6.4
2022	27	410	6.6

从表 2-1 可知，2018 年至 2022 年间，该企业的销售额呈逐年上升的趋势，5 年上升了 28.6%。但由于整个行业也持续增长且增长速度快于该企业，因此，该企业的市场占有率反而下降了，管理层须进一步分析下降的原因。

3. 地区销售额分析

只有销售额分析是不够的，它几乎不能为企业管理层提供销售进程中的详尽资料，对管理层的价值有限，所以还需要按地区对销售额进行进一步的分析。首先，选择一个能准确、合理地反映每一地区销售业绩的市场指数，用以确定每一地区销售额应达到企业总销售额的百分比。如以零售额为指数，如果企业 10% 的零售额来自某一地区，那么企业 10% 的销售额也来自该地区。其次确定企业在计划期间的实际销售总额。再次，以区域指数乘以总销售额。最后，将实际地区销售额与计划销售额进行比较，计算销售额偏差，进行相应的改进。

以某企业五个地区销售额分析为例，如表 2-2 所示。

表 2-2　某企业五个地区销售额分析

地区	市场指数/%	销售目标/万元	实际销售/万元	实际市场指数/%	业绩完成率/%	销售额偏差/万元
A	27	3 645	2 700	20.0	74	-945
B	22	2 970	3 690	27.3	124	+720
C	15	2 025	2 484	18.4	123	+459
D	20	2 700	2 556	19.0	95	-144
E	16	2 160	2 100	15.3	97	-60
合计	100	13 500	13 530	100.0	100	30

表 2-2 中五个地区实际完成的总销售额是 13 530 万元，计划销售目标是 13 500 万元，

企业计划销售目标如期完成。但是，五个地区的实际完成情况却与计划出现了很大的偏差。其中，A区计划目标为3 645万元，而实际完成2 700万元，完成率仅74%，销售额偏差为-945万元，市场指数计划27%，实际只为20.0%，实际业绩未达标；B区计划目标为2 970万元，实际完成3 690万元，完成率为124%，销售额偏差为+720万元，市场指数计划22%，实际市场指数为27.3%，实际业绩优于计划；C区计划目标为2 025万元，实际完成2 484万元，完成率为123%，销售额偏差为+459万元，市场指数计划为15%，实际为18.4%，实际业绩优于计划；D区计划目标为2 700万元，实际完成2 556万元，完成率为95%，销售额偏差为-144万元，市场指数计划20%，实际为19.0%，实际业绩未达标；E区计划目标2 160万元，实际完成2 100万元，完成率97%，销售额偏差为-60万元，市场指数计划16%，实际销售占15.3%，实际业绩未达标。总之，B、C两个地区的销售业绩优于计划，E、D两个地区的销售业绩略低于计划，A区的销售业绩明显低于计划目标。该企业的销售经理应将主要精力放在A区，重点关注B区和C区，了解它们成功的原因，分析其成功的经验是否适用于改善A区的状况。

4. 产品销售额分析

首先，将企业过去和现在的总销售额具体分解到单个产品或产品系列上。其次，如果可以获得每种产品系列的行业数据就可以为企业提供一个标尺来衡量各种产品的销售业绩。如果产品A的销售下降了，而同期行业同类产品的销售也下降了相同的比例，则不必担忧。再次，进一步考察每一地区的每一系列产品的销售状况。销售经理据此确定各种产品在不同地区市场的强弱形势。产品A的销售可能下降了10%，但其所在地区的销售却下降了14%，销售经理要进一步找到出现偏差的原因，并与地区分析相对应，进行相应的改进。

以某企业A、B两个地区的产品销售分析为例，如表2-3所示。

表2-3 某企业A、B两地区产品销售业绩分析　　　　　单位：万元

产品	A 地区			B 地区		
	目标	实际	偏差	目标	实际	偏差
滑雪板	1 629	1 710	+81	1 262	1 620	+358
滑雪裤	900	360	−540	765	1 080	+315
风雪衣	846	396	−450	720	630	−90
附件	270	234	−36	222	360	+138
合计	3 645	2 700	−945	2 970	3 690	+720

表2-3中，A地区的销售偏差为-945万元，其中滑雪裤和风雪衣合计比计划少销售了990万元且完成率均未超过50%，附件比计划少销售36万元，滑雪板则超额完成了81万元，因此滑雪裤和风雪衣是A地区的软肋，需要重点分析探讨出现该问题的原因，并采取相应措施。B地区超额完成计划目标，但风雪衣还差90万元未完成，其他产品中附件超额完成了62%、滑雪裤超额完成了41%、滑雪板超额完成了28%；因此，既要分析查找风雪衣未完成计划目标的原因，也要分析其他产品为什么会超额完成计划目标，有哪些经验值得推广，根据分析提出改进销售的具体措施。综合分析A地区和B地区，可以发现风

雪衣在两个区均未能完成计划目标，企业要深入调查其原因并制定解决方案。此外，A 地区和 B 地区的计划完成情况差别很大，也要分析原因，必要时需要重新调整销售计划。

情景体验 2-3

某公司销售人员凤姐给总经理办公室主任刘一霏打电话，喋喋不休、理直气壮、怒气冲冲地告发公司技术服务人员对顾客不够热情、尊重和重视，声称因他们工作疏忽常常导致退货延期、没有售后服务、缺乏技术指导等。

早已不耐烦的刘一霏终于愤怒地对凤姐大声斥责：你到底是在为公司工作还是在为客户工作？你知不知道你所说的都需要发生很多成本？你以为你是谁呀？

双方僵持不下，最终不欢而散。

根据情景：

1. 她们争论的焦点是什么？
2. 凤姐的动机是什么？
3. 凤姐的举动隐藏有何种情绪？
4. 总经办主任刘一霏的处理方法有无不妥？
5. 如果你是凤姐的销售经理，接下来你该怎么办？

销售数据分析模型

本章案例

从吸粉到留存到裂变

本章小结

销售组织，就是企业销售系统的组织，它是企业内部从事销售工作的人、事、物、信息、资金的有机结合，通过统一协调行动完成企业既定的销售目标。它具有完成营销战略目标、传递营销信息、引导企业行动等功能，并具有系统性、适应性和灵活性的特点。

构建销售组织应当遵循客户导向、精简高效、统一指挥、管理幅度合理、权责对等、分工协调的原则。影响销售组织构建的因素有很多，概括起来说，主要有商品特征、销售方式、商品销售范围、商品销售渠道、市场环境变化等。

销售组织的构建应按照"确立目标，细分工作→进行销售岗位分析，组成相关部门→按照销售岗位配置人员→明确职权关系"的程序进行。销售组织既可以采取职能结构型、区域结构型、产品结构型、客户结构型或多种模式的综合。各种组织模式各有优点和不足，使用时务必结合实际，灵活运用。只有这样，才能更好地完成销售组织的应有职能。

本章习题

一、复习思考题

1. 如何理解销售组织？

2. 分析销售组织的类型及其应用，你认为以后的发展趋势是什么？

3. 企业在进行销售组织构建时应遵循哪些原则？

4. 影响销售组织构造的因素有哪些？

二、实训题

实训项目：模拟组建某一日化洗涤用品公司的销售组织，绘制组织结构图且明确各岗位的职责。

实训目标：

1. 培养组织结构的初步设计能力。

2. 进一步加深对岗位的理解。

实训内容与要求：

运用所学知识，根据所设定的销售公司产品特点与业务需要，研究设置组织机构，绘制组织结构图，并说明：

1. 销售公司建立的是何种组织结构形式？

2. 销售公司设置哪些机构或部门？

3. 各个部门或岗位的职责描述。

第3章 销售计划制订

学习目标

通过本章学习，认识和了解销售目标、销售计划、销售配额的含义及内容，掌握销售预测的定性和定量分析方法，理解销售目标与销售计划管理的流程，掌握销售目标与销售计划的制订方法，了解销售预测计划和销售预算的关系，掌握销售计划的撰写。

素质目标

通过本章学习，理解公司的战略意图，与公司保持高度一致，树立对社会、对企业、对员工、对自我的负责精神；善于组合、利用和发挥团队的智慧和优势；善于思考和总结，能够不断提高管理水平，适应行业和企业的发展。

教学要求

注重通过理论，讲授销售目标、销售预测、销售配额、销售预算的方法；采用启发式、探讨式教学，加强课堂案例讨论，注重对销售计划制订进行实践。

引导案例

新形势下维达凭什么取胜？

随着大数据、云计算、物物互联等新一代信息技术不断创新突破，数字经济已然成为推动经济持续稳定增长、经济结构不断转型升级的重要引擎。大力推动数字产业化、产业数字化，推动大数据与实体经济深度融合，数字经济得到了蓬勃发展。2021 年，产业数字化规模达到 37.18 万亿元，同比增长 17.2%，占数字经济比重为 81.7%，占 GDP 比重为

32.5%，产业数字化转型持续向纵深加速发展。我国实体企业数字建设加速，新型数字企业建设稳步推进。

许多企业抓住了这一波实体企业转型的契机，让企业得到了长足有效的发展。欧睿国际的数据显示：2015年以来，"维达+得宝"双品牌组合市场份额连续六年蝉联生活用纸行业第一名，而该两大品牌均出自维达国际。

在生产端，维达高层很早就认识到，进入工业4.0时代，数字化和智能化是企业发展的必由之路。在过去多年里，维达纸业通过信息化、数字化升级和赋能，使纸机效率提高了将近20%，单位能耗下降了至少20%。维达国际一直认为，企业规模化发展，提高效率、降低成本，是维达纸业不断追求的目标和方向，而未来实体工厂的建设则是维达纸业在智能制造上的全新探索。早在2013年，维达国际就开始进行生产数字化的转型，完成了对生产数字化的理解和应用，并将应用快速转化为提高生产效率、管理思路和方法的转变以及数据价值的挖掘，这也为维达开始实施"未来工厂"的规划建设奠定了良好的基础。维达的数字化转型是维达迈向智能制造的新的战略布局。

在物流配送端，作为平台供应商而言，线上的物流配送主要的工作是把商品运送到协同仓，由平台集中到中心仓，然后再把商品分类到各个区域的网格仓，再由网格仓送到自提点或用户，即"供应商—协同仓—中心仓—网格仓—自提点—用户"这样的一个物流配送流程。维达通过与平台企业共建"协同仓"解决了物流配送难题。维达最早与京东共建协同仓。"协同仓"是京东智慧供应链下的重磅产品，也是京东进行第四次零售革命的一次新实验。所谓智慧供应链，其实质就是通过大数据以及智能技术等手段来解决商品库存如何最优部署、最优定价、最短距离、最低成本、最高效率完成商品从品牌产品设计到最终消费者手中的全流程的难题。

在销售端，根据中国造纸协会数据，2015年中国生活用纸消费量为817万吨，2021年为1 046万吨，年均增长率不足5%。2022年7月21日，维达国际2022年中期业绩透露，集团总收益同比增长6.6%(增幅按固定汇率换算为5.9%)至96.80亿港元。增长依然高于行业增长率。其中，电商渠道已成为集团主要销售渠道，上半年收入取得14.3%的自然增长，占比达总收入的41%。总体来说，随着纸巾业务量的上涨及第二季度的回弹表现，维达稳住了业绩基本盘，展现出长期稳定增长的发展态势。2022年上半年，电商渠道占集团总收益的41%，而同期发展电商业务的恒安国际其电商业绩只占总体业绩的23.1%。因此，在目前生活用纸行业"四大家"里，维达已经成为行业中数一数二的全渠道发展企业。

在零售消费端，维达不仅继续维持传统经销商渠道、大卖场渠道和商用渠道的高效益运作，更快速布局新零售渠道终端建设，抢占市场销售先机。维达除了在电商渠道布局规划领先于行业外，其线上互动营销模式也已渐入佳境。一直以来，维达始终努力将品牌"韧性"通过形象化的互动形式与目标家庭用户沟通。维达所面向的是"80后""90后"甚至是"00后"年轻家庭消费群体。维达认为，这一代是在工作生活中充满"韧性"的一代，他们每天都在资源高度紧张、竞争激烈的环境中成长。维达十分懂得抓住这些消费者的"痛点"进行互动营销、品牌塑造、情感营销。

在品牌媒体端，维达品牌深刻洞察纸巾的"韧性"精神内核，结合趣味化的互动营销，打造出以"纸巾捞金鱼""纸巾婚纱"为载体，连续举办了十季的"维达中国行"，突破线上线下边界，影响上亿中国家庭。除此之外，维达还携手众多大IP及新生代明星，还借助影视进行产品植入，借助粉丝经济迅速出圈，提高品牌在年轻消费群体中的认可度，打造品牌价值和产品销量的双赢局面。

当然，在"品牌视频"和"直播带货"这些新营销社交渠道模式方面，生活用纸行业包括维达在内的巨头的营销技术和策略还有待提高。尤其是"直播带货""人人都是媒体"如火如荼的今天，它们还不够重视，使用得不够熟练，还有很大的突破和改进空间。

——资料来源：中国营销传播网，2023-01-05，作者：梁胜威，内容有删减。

✎ 引导任务

你认为维达取胜背后的原因是什么？

销售计划是企业各项工作的基础。制订一个富有挑战性而又切实可行的销售计划对于企业经营目标的实现具有至关重要的作用。广义的销售计划是指销售管理者制订计划、执行计划和监督计划执行情况的全过程，如图3-1所示。狭义的销售计划是指销售管理者对将要开展的某项销售活动所做的谋划和具体安排。

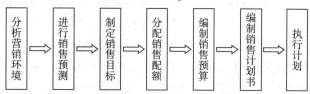

图3-1 销售计划

销售计划是指在进行销售预测的基础上，制定销售目标，分配销售任务，编制销售预算，以支持未来一定时间内销售目标实现的管理活动。

在制订销售计划时，首先，要分析整个市场及预测市场需求，以掌握整个业界动态，再据此得出自己的销售预测。其次，根据销售预测、经营者、各部门主管以及一线负责人提供的销售额进行判断，决定下年度的销售收入目标额。为保证实施，还必须分配销售额。销售分配的中心在于"产品别"的分配，以此为轴，逐次决定"地域别"与"部门别"分配额，再进一步分配每一位销售员的销售额，最后再按月份分配，确定每月份的目标额。然后依此编制实施计划书，并成立相应的销售组织和进行相应的人事安排。这一过程构成了销售计划体系。销售计划体系基本内容包括需求预测、销售预测、销售计划、分配目标额(包括按产品分类、地域分类、部门分类、销售人员分类等)、销售实施计划、预测销售费用、决定销售费用、分配销售费用等。

3.1 进行销售预测

在销售计划管理中，销售预测是制订计划的基础和关键。销售预测即销售估算，是指借助企业销售的历史资料和市场需求的变化情况，运用一定的科学预测方法，对产品在未来一定时期内的销售趋势进行预测和评价。销售预测是公司进行各项决策的前提和基础。

新的一年如何做好年度
销售计划和目标分解

3.1.1 销售预测的过程

1. 确定预测目标，制订预测计划

预测目标和任务反映的是一定时期内市场预测工作要达到的水平和程度，是市场预测工作的第一步。预测目标的确定直接影响着预测对象、范围、内容以及预测方法的选择等一系列工作的安排。预测目标不同，预测对象、范围、内容、方法都会不同，所以，预测目标应当详细具体，操作时才能具体实施。

为了保证预测目标的实现，预测计划一般包括：承担预测任务的组织、人员以及预测对象、范围、内容；预测准备工作；资料来源及其收集方法；预测方法的选择；预测结果的要求；预测工作的时间进度和经费预算等。

2. 收集和整理预测资料

一般来说，占有的相关资料越多，质量越高，预测得到的结果就越准确。要扩大资料的来源，首先要注意从企业内部以及外部收集各种现成的相关二手资料，二手资料的收集比较省时省力，应该尽量利用。此外，要注意一手资料的收集，一手资料能充分反映市场变化的实际情况，可以通过询问、观察、实验的方式收集有关的一手资料。

对收集到的各类资料，我们需要整理加工，把零散的整理成有条理的、系统的、有用的信息资料。资料的整理工作一般包括资料的解码、编辑、编码、录入和清理等工作。

3. 选择预测方法，初步分析判断

选择合适的预测方法是提高销售预测精确度的一个重要因素，常用的预测方法有定性预测方法或定量预测方法。例如，对于产业市场而言，客户比较集中，可以让销售人员广泛深入地参与产品的销售预测工作，因为他们清楚地了解客户的所有变化；而对于消费者市场而言，由于客户多且分散，销售人员不可能深入了解所有客户，在这种情况下，企业可以主要依靠模型和趋势分析来进行预测，而销售人员的主要工作就是提供和核对分析所用的信息。

分析判断是指对调查和收集到的资料进行综合分析，经过判断、推理，由感性认识上升到理性认识，从而预测出市场未来的发展变化趋势。销售预测工作的成果主要是在分析判断过程中形成的，因此分析判断是销售预测的关键环节。分析判断的主要内容有以下几个方面：

(1)分析市场供求之间的变动关系。市场供求关系受多种因素的影响，每一种因素发生变化，都会使供求力量发生变化，影响原有市场均衡。这些因素主要包括：市场需求的变化以及国家经济政策的变动趋势；居民生活水平提高、收入增加对市场需求的影响；进出口贸易对国内市场需求状况的影响；相关产品的成本、价格、款式、花色、技术含量、工艺水平以及竞争状况对市场需求的影响；互补产品的变化对市场需求的影响。

(2)分析预测期内的产销关系。这方面主要分析：市场需求情况分析，即分析预测期内市场需求商品的数量、结构、档次、规格、时间、地区分布等；社会生产能力分析，分析预测期内社会生产规模的扩大程度、生产能力的提高程度、工艺水平的提高程度等；原材料供应状况分析等。

(3)分析当前消费者的消费心理、偏好、兴趣及其变化程度。

4. 分析预测误差

销售预测的精度或准确性通常会受到预测本身的影响，同时也受到决策者的影响。预测依据的是历史和现实资料及对将来的假设。如果将来会有创新并会改变假设及周围环境，预测就会无法准确估计未来目标。因此，运用预测模型得到的预测值是否与实际值一致，需要预测人员对预测误差进行分析评价，以确保预测的准确性。

5. 完成预测报告

根据预测结果编写预测报告，并送至有关部门作为管理决策的参考依据。报告应简明扼要。预测结果需要通过实践来检验。要及时对销售预测进行检查和评价，建立反馈机制。要定期收集检验情况，总结经验，不断提高预测水平。

3.1.2　销售预测的方法

由于采用的手段和分析方法不同，销售预测可分为定性预测法和定量预测法。定性预测法以市场调查为基础，通过决策者的经验和价值判断进行预测，简单易行，适用于基层企业。定量预测则是用各种变量构建的模型来表示需求和各种变量之间的关系。一般来说，量化程度较高的预测方法用于短期预测，而长期预测中往往采用定性的方法，较少采用量化手段，因为一个好的长期经营规划取决于对公司产品需求的预测。

1. 定性预测法

定性预测法是根据已掌握的信息资料和直观材料，依靠具有丰富经验和分析能力的内行和专家，运用主观经验，对施工项目的材料消耗、市场行情及成本等，做出性质上和程度上的推断和估计，然后把各方面的意见进行综合，作为预测成本变化主要依据的一种预测方法。

定性预测法在工程实践中被广泛使用，特别适合于对预测对象的数据资料(包括历史的和现实的)掌握不充分，或影响因素复杂，或难以用数字描述，或对主要影响因素难以进行数量分析等情况。

定性预测法偏重于对市场行情的发展方向和施工中各种影响施工项目成本因素的分析，能发挥专家经验和主观能动性，比较灵活，而且简便易行，可以较快得出预测结果。但是在进行定性预测时，也要尽可能地搜集数据，运用数学方法，其结果通常也是从数量上加以测算。常用的定性预测法主要有以下几种：

(1)部门主管集体讨论法。这种方法是将销售主管集体讨论的看法和预测结果与统计模型相结合，形成对需求的集体预测。主要应用于新产品的研制开发期预测及公司发展的中长期预测。这种方法虽然是以个人经验为基础，不如统计数字令人信服，但因为是针对新产品，无法依循时间系列分析预测未来。应用这种方法可以凭借主管丰富的经验与敏锐的直觉预测市场，弥补统计资料不足的遗憾。

(2)销售人员意见征集法。销售人员最接近消费者和用户，对商品是否畅销比较了解，熟悉消费者对所销商品规格、品种、式样的需求，所以公司在做年度销售计划时经常通过听取销售人员的意见来预测市场需求。具体操作是先让每个销售员对下年度的销售最高值、最可能值、最低值分别进行预测，提出书面意见，由管理部门算出不同人员的概率值，然后再据此求出平均销售预测值，如表 3-1 所示。

表 3-1　销售人员意见征集法示例

销售员	预测项目	销售量/件	出现概率	销量×概率/件
A	最高销量	1 000	0.3	300
	最可能销量	800	0.5	400
	最低销量	500	0.2	100
	期望值			800
B	最高销量	1 000	0.2	200
	最可能销量	700	0.5	350
	最低销量	400	0.3	120
	期望值			670
C	最高销量	900	0.2	180
	最可能销量	600	0.6	360
	最低销量	400	0.2	80
	期望值			620

因为预测值源于市场，可靠性较大，能较实际地反映公司下年销售需求并且简单易行，所以公司宜采用这种方法进行年度销售预测。至于销售员过高或低的预测偏差，预测中会相互抵消，总值仍较理想。另外，有些预测偏差可以预先识别并及时纠正。

（3）德尔菲法。1946 年兰德公司首次用德尔菲法进行经济预测，后来被迅速广泛采用。它主要采用函询调查，依据系统程序由专家对所函询的问题独立判断，而后综合整理，匿名反馈，经过多次循环最后汇总成专家基本一致的看法，作为预测结果。这种方法具有广泛的代表性，较为可靠，但操作过程复杂、花费时间较长，公司可在做投资决策时应用。比如，为买断一项专利技术产品——新型墙体保温材料，应用德尔菲法进行论证、分析，最终经营决策的实施过程如下：

①组成十几人的专家小组，包括经销商、建筑师、开发商及市节能办、墙体办人员。

②提出所要预测的问题及要求，包括产品性能优势、同类产品市场占有率、本产品市场预测及具体目标值等，并附所有背景材料，然后由上述人员进行书面答复。

③每个专家根据已知材料提出本人预测意见并提出预测值。

④将第一次判断意见汇总、列表、对比再发还回去修改和判断，逐轮收集意见并向专家反馈信息，经过三四轮，直到各个专家不再改变自己意见为止。

⑤组织人员对专家意见进行综合处理，得出最终预测结论：该产品占有技术领先优势，适应节能保温政策要求，市场前景广阔，可以上马经营。

（4）市场调查法。市场调查法是根据某种商品在市场上的供需情况，以及企业本身商品的市场占有率，来预测某一时期内本企业该商品的销售量的一种定性预测方法。

市场调查法通常可采取四种方式：一是全面调查，即对涉及同一商品的所有销售对象逐个进行了解，经综合整理后，探明该商品在未来一定时期内销售量的增减变动趋势；二是重点调查，即通过对有关商品在某些重点销售单位历史销售情况的调查，经综合分析，基本上掌握未来一定时期内该商品销售变动的总体情况；三是典型调查，即有意识地选择具有代表性的销售单位或用户等，进行系统、周密的调查，经分析综合后，总结出有关商品供需变化的一般规律，借以全面了解它们的销售情况；四是抽样调查，即按照随机原则，从有关商品的销售对象的总体中，抽出某个组成部分进行调查，经分析推断后，测算出有关商品的需求总量。这些方法的主要区别在于选取的调查样本不同。

市场调查一般可以从以下方面进行：

①调查商品所处的寿命周期。任何商品都有发生、发展和衰亡的过程，经济学界把这个过程叫作商品的寿命周期，一般可分为试销、成长、成熟、饱和和衰退五个阶段，不同阶段的销售量各不相同，从而成为销售预测的一个重要内容。

②调查消费者的情况。摸清消费者的经济状况、个人爱好、风俗习惯以及对商品的需求等因素，据此分析未来一定时期的市场情况。

③调查市场竞争情况。了解经营同类商品企业的市场占有情况及它们采取的促销措施，以比较本企业经营该商品的优势、劣势及市场占有率。

④调查商品的采购渠道。了解同类商品生产厂家及其他进货渠道的分布情况，以及这些厂家生产经营商品的花色、品种、质量、包装、价格及运输等方面的情况，并确定各因素对销售量的影响。

⑤调查国内外和本地区的经济发展趋势。了解经济发展趋势对商品销售量的影响。

将上述五个方面的调查资料进行综合、整理、加工、计算，就可对某种商品在未来一定时期内的销售情况进行预测。

事实上，企业如果想在市场竞争中取胜，有效把握未来趋势是十分重要的。应用于市场营销中的销售预测方法很多，至于如何应用还应根据实际情况而定。

2. 定量预测法

定量预测法通常根据所采用的具体方法的不同，分为算术平均法、加权平均法、指数平滑法、回归直线法及二次曲线法等。

(1) 算术平均法。算术平均法又称简单平均法，是直接将过去若干时期销售量的算术平均数作为销售量预测值的一种方法。这种方法的原理是一视同仁地看待 n 期内的各期销售量对未来预测销售量的影响，其计算公式为：

$$\text{预测期销售量 } \bar{x} = \frac{\text{过去各期销售量之和}}{\text{期数}} = \frac{\sum_{i=1}^{n} x_i}{n} \tag{3-1}$$

【例 3-1】 A 企业生产一种产品，2022 年 1—12 月的销售量资料如表 3-2 所示。

表 3-2　销售量资料　　　　　　　　　　　　　　单位：千件

月份	1	2	3	4	5	6	7	8	9	10	11	12
销售量(x)	25	23	26	29	24	28	30	27	25	29	32	32

要求：根据表 3-2 的资料，用算术平均法预测 2023 年 1 月的销售量。

解：2023 年 1 月预计销售量 $\bar{x} = \dfrac{\sum\limits_{i=1}^{n} x_i}{n}$

$$= \frac{25+23+26+29+24+28+30+27+25+29+32+32}{12}$$

$$= \frac{330}{12}$$

$$= 27.5(千件)$$

答：该企业 2023 年 1 月的销售量预计为 27.5 千件。

用算术平均法预测销售量比较简单，但它未考虑不同时期销售量变动对预测期的影响程度，把各个时期的销售差异平均化。因此，这种方法只适用于各期销售量比较稳定、没有季节性变动的食品或日常用品等的预测。

（2）加权平均法。加权平均法是按事先确定的各期权数，对全部 n 期的销售量历史资料进行加权平均处理，以加权平均数作为销售量预测值的一种方法。这种方法是基于这样的考虑：在销售预测中，由于市场变化大，一般来说，离预测期越近的实际资料对其影响越大，离预测期越远的实际资料对其影响越小，故在权数的选取中，各期权数 w 数值的确定必须符合以预测期为基准的"近大远小"原则。具体有两种方法：

①自然权数法：按时间序列确定各期的权数分别为 1，2，3，…，n。

②饱和权数法：要求各期权数之和为 1，具体各期的权数视情况而定，如期数为 3 时，权数可定为 0.1，0.3，0.6(0.1+0.3+0.6=1)。

其计算公式为：

$$预测期销售量\ \bar{x} = \frac{\sum\ 某期销售量 \times 该期权数}{各期权数之和} = \frac{\sum\limits_{i=1}^{n} x_i w}{\sum\limits_{i=1}^{n} w} \tag{3-2}$$

【例 3-2】沿用表 3-2 所示销售量资料。

要求：用自然权数法确定权数，用加权平均法预测 2023 年 1 月的销售量。

解：2023 年 1 月预计销售量 $\bar{x} = \dfrac{\sum\limits_{i=1}^{n} x_i w}{\sum\limits_{i=1}^{n} w}$

$$= \frac{25\times1+23\times2+26\times3+29\times4+24\times5+28\times6+30\times7+27\times8+25\times9+29\times10+32\times11+32\times12}{1+2+3+4+5+6+7+8+9+10+11+12}$$

$$\approx 28.6(千件)$$

答：该企业 2023 年 1 月的销售量预计为 28.6 千件。

加权平均法较算术平均法更为合理，计算较方便，实际中使用较多。

（3）指数平滑法。指数平滑法是利用平滑系数（即加权因子）对本期的实际销售量和本期预量进行加权平均计算后作为预测期销售量的一种方法。这种方法实质上也是一种加权平均法，是以平滑系数 α 和 $(1-\alpha)$ 为权数进行加权，其计算公式如下：

$$F_t = \alpha A_{t-1} + (1-\alpha) F_{t-1} \tag{3-3}$$

式中，F_t 表示预测期销售量；α 表示平滑系数；A_{t-1} 表示上期销售量实际值；F_{t-1} 表示上期销售量预测值。

【例 3-3】仍沿用表 3-2 所示销售量资料，设 α 为 0.3，2022 年 12 月的预测值为 30 千件。

要求：用指数平滑法预测 2023 年 1 月的销售量。

解：2023 年 1 月预计销售量 $F_t = 0.3 \times 32 + (1 - 0.3) \times 30 = 30.6($千件$)$

答：该企业 2023 年 1 月的销售量预计为 30.6 千件。

在用指数平滑法预测销售量时，关键是 α 值的选择，这是一个经验数据，取值范围通常在 0.3~0.7 之间。α 的取值大小，决定了上期实际数和预测数对本期预测值的影响。α 的取值越大，上期实际数对本期预测值的影响越大；反之，上期预测数对本期预测值的影响越大。因此，进行近期预测或销量波动较大的预测，应采用较大的平滑系数；进行长期预测或销量波动较小的预测时，可采用较小的平滑系数。

指数平滑法比较灵活，适用范围较广，但在选择平滑系数时，存在一定的主观随意性。

（4）回归直线法。回归直线法又称最小二乘法，是根据历史的销售量（y）与时间（x）的函数关系，利用最小二乘法原理建立回归分析模型 $y = a + bx$ 进行的销售预测。其中，a、b 称为回归系数。已知：

$$\begin{cases} a = \dfrac{\sum y - b \sum x}{n} \\[4mm] b = \dfrac{\sum xy - \sum x \sum y}{n \sum x^2 - \left(\sum x\right)^2} \end{cases} \tag{3-4}$$

由于自变量 x 为时间变量，其数值呈单调递增，间隔相等，形成等差数列，所以可以对时间值进行修正，令 $\sum x = 0$，从而简化回归系数的计算方法，计算公式为：

$$\begin{cases} a = \dfrac{\sum y}{n} \\[4mm] b = \dfrac{\sum xy}{\sum x^2} \end{cases} \tag{3-5}$$

实际计算中如何使 $\sum x = 0$，可以考虑两种情况：一是 n 为奇数，则令 $(n+1)/2$ 期的 x 值为 0，以 1 为间隔，确定前后各期的 x 值。如 $n = 7$，则各期的 x 值依次为 -3，-2，-1，0，$+1$，$+2$，$+3$，则 $\sum x = 0$。二是 n 为偶数，则令第 $n/2$ 项和 $(n/2+1)$ 项分别为 -1 和 $+1$，以 2 为间隔，确定前后各期的 x 值。如 $n = 8$，则各期的 x 值依次为 -7，-5，-3，-1，$+1$，$+3$，$+5$，$+7$。我们把这种方法也称为修正的时间序列回归分析法。

【例 3-4】仍沿用表 3-2 所示销售量资料。

要求：用回归直线法预测 2023 年 1 月的销售量。

解：根据资料计算有关数据如表 3-3 所示。

表3-3　有关数据计算

月份	x	y	xy	x^2
1	−11	25	−275	121
2	−9	23	−207	81
3	−7	26	−182	49
4	−5	29	−145	25
5	−3	24	−72	9
6	−1	28	−28	1
7	+1	30	+30	1
8	+3	27	+81	9
9	+5	25	+125	25
10	+7	29	+203	49
11	+9	32	+288	81
12	+11	32	+352	121
$n=12$	$\sum x=0$	$\sum y=330$	$\sum xy=170$	$\sum x^2=572$

将表3-3中的数据代入公式，得：

$$\begin{cases} a = \dfrac{\sum y}{n} = 330/12 = 27.5 \\ b = \dfrac{\sum xy}{\sum x^2} = 170/572 \approx 0.30 \end{cases}$$

则 $y = 27.5 + 0.30x$

因为2022年12月的 $x=+11$，则2023年1月的 $x=+13$

所以2023年1月预计销售量 $y=27.5+0.30\times13=31.4$（千件）

答：该企业2023年1月的销售量预计为31.4千件。

（5）二次曲线法。有时以过去较长时期的历史资料为基础进行分析，可以看到，一个指标的变动同另一个指标有密切的联系，但适时其有关数据的趋势线并不是一条直线，而是一条二次曲线，这时其方程为：

$$y = a + bx + cx^2 \tag{3-6}$$

为确定式（3-6）中的 a、b、c 三项，可用以下的"简捷法"来说明。

先以总和 $\sum$ 的形式来表达公式（3-6）中的每一项：

$$\sum y = na + b\sum c + c\sum x^2 \tag{3-7}$$

以 x 乘以式（3-7）：

$$\sum xy = a\sum x + b\sum x^2 + c\sum x^3 \tag{3-8}$$

再以 x^2 乘以式（3-8）：

$$\sum x^2 y = a \sum x^2 + b \sum x^3 + c \sum x^4 \tag{3-9}$$

依据式(3-7)至式(3-9)，可以解出式(3-6)中的 a、b、c 的值。

3.2 制定销售目标

3.2.1 销售目标的内容

在销售计划管理中，销售目标的制定非常重要。销售目标是对企业在一段时间内，在销售领域里应完成任务的清晰简洁的书面陈述。销售目标应该是书面形式，清晰明了，明确结果，规定时间范围，可以衡量与企业目标协调一致，有挑战性但可实现。

企业的销售目标包括四种目标：销售额目标、利润目标、销售费用目标和销售活动目标。

(1)销售额目标。销售额目标包括部门、地区、区域销售额，销售产品数量，销售收入和市场份额等。其中，销售收入目标可以采用具体数字的形式表示，也可用总额的百分比的形式表示。如果销售收入目标使用了百分比的形式，在资金预算和评价财务影响时需要转化成数字的形式。

销售收入目标范例：

①到 2023 年年底销售量达到 300 000 件商品。

②到 2023 年 12 月 31 日销售收入增长 15%。

(2)利润目标。利润是每一个企业最关心的部分。利润目标要求管理者既从销售额的角度估计实现企业目标需要的资源，又从成本的角度进行评价。对于新产品，应该在推出该产品之前分析产品的盈利能力。对于已有的产品，为了预测将来的利润水平，可以进行销售分析和成本分析，将销售预测与销售策略实施中的成本估算相结合，提供制定利润目标的基础。

利润目标范例：

①到 2023 年 12 月 31 日产品利润达到 8 000 000 元。

②到 2023 年年底毛利润实现 30%的增长。

③到 2023 年 12 月 31 日新产品净利润为 3 000 000 美元。

(3)销售费用目标。销售费用目标包括旅行费用、运输费用、招待费用、费用占净销售额的比例、各种损失等。

(4)销售活动目标。销售活动目标包括访问新客户数、管理推广活动、访问客户总数、商务洽谈等。

销售目标又可按地区、人员、时间段来分成各个子目标，在设定这些目标时，必须结合企业的销售策略，在此基础上调整产品结构及确定销售额，使目标具有可行性、挑战性和激励性。

销售活动目标范例：

①到 2023 年 5 月 20 号将营业 18 周，那时应至少使 80%的客户意识到我们的存在。

②当 2023 年 8 月 20 号进行下一次调查时，至少 80%的客户对我们的产品给出好评。

3.2.2 销售目标的制定方法

销售目标往往是在销售预测的基础上，结合本公司的销售战略、行业特点、竞争对手的状况及企业的现状来确定的。销售目标的确定方法要尽量科学，其主要方法有以下几种：

1. 销售成长率确定法

销售成长率是计划年度的销售额与上年度的销售额的比率。其计算公式如下：

$$销售成长率 = \frac{计划年度的销售额}{上年度销售额} \times 100\% \tag{3-10}$$

但若想求出较为准确的销售成长率，就须从过去几年的成长率着手，一般是利用趋势分析推定下年度的成长率，再求出平均成长率。此时所用的平均成长率并不是以"成长率"除以"期数"（年数），因为每年的销售收入是以几何级数增加的，其平均成长率的求法如下：

$$平均销售成长率 = \sqrt[n]{\frac{今年销售额}{基年销售实绩}} \tag{3-11}$$

n 值的求法：以基年（基准年）为 0，然后计算当年相对于基年的第 n 年，如果是第 3 年，则 n 为 3。

有时，是以经济成长率或业界成长率来代替销售成长率。但是，无论采用什么方法，均需运用下列公式计算销售收入的目标值：

$$下年度的销售收入目标值 = 今年销售实绩 \times 销售成长率 \tag{3-12}$$

2. 市场占有率确定法

市场占有率是企业销售额占业界总的销售额（需求量）的比率，其计算公式如下：

$$市场占有率 = \frac{本公司的产品销售收入}{本行业同类产品总销售收入} \times 100\% \tag{3-13}$$

使用这种方法，首先要通过需求预测求出整个行业同类产品总的销售收入。使用这种方法时，下年度的销售收入目标值的计算公式为：

$$下年度的销售收入目标值 = 下年度整个行业总销售收入 \times 市场占有率目标值 \tag{3-14}$$

3. 市场扩大率（或实质成长率）确定法

这是根据企业希望在市场的地位扩大多少来决定销售收入目标值的方法。市场扩大率的计算公式如下：

$$市场扩大率 = \frac{今年市场占有率}{去年市场占有率} \times 100\% \tag{3-15}$$

实质成长率的计算公式如下：

$$实质成长率 = \frac{本公司成长率}{业界成长率} \times 100\% \tag{3-16}$$

市场扩大率表示企业今年与去年市场占有率之比。实质成长率表示企业成长率与业界成长率之比。所以，当企业今年的销售额等于去年时，不一定能视为"维持原状"；只有当实质成长率为 100% 时，即业界成长率与企业成长率相等时，才算"维持现状"。因此，只有企业成长率高于业界成长率，才能称为"实质"的增长。如果企业成长率的减少幅度小于业界成长率的减少幅度，其实质成长率必然超过 100%，表示企业业绩的减少幅度小于整个业界。

市场扩大率，原应根据市场占有率来计算，但由于此指标企业不易求得，所以常常通过掌握业界的成长率和企业的成长率，求得实质成长率，然后据此推算市场扩大率。

因此，在确定下年度市场扩大率目标值以及预测业界的成长率之后，再以下列公式求出销售收入的目标值：

下年度销售收入的目标=本年度销售实绩×业界成长率预测值×市场扩大率目标值

$$(3-17)$$

4. 盈亏平衡点确定法

销售收入等于销售成本时，就达到了盈亏平衡。盈亏平衡时对应的销售收入公式如下：

利润=销售收入−成本=销售收入−变动成本−固定成本

销售收入=变动成本+固定成本(利润为0时) $\qquad(3-18)$

销售收入−变动成本=固定成本

变动成本总额随销售收入(或销售数量)的增减而变动，故可通过变动成本率计算每单位销售收入中变动成本的变化：

$$变动成本率 = \frac{变动成本}{销售收入} \times 100\% \qquad (3-19)$$

$$销售收入(S) - 变动成本率(V) \times 销售收入(S) = 固定成本(F) \qquad (3-20)$$

可利用上述公式导出下列盈亏平衡点公式：

$$销售收入(S) \times [1 - 变动成本率(V)] = 固定成本(F) \qquad (3-21)$$

$$盈亏平衡点上的销售收入(S_0) = \frac{固定成本(F)}{1 - 变动成本率(V)} \qquad (3-22)$$

在盈亏平衡分析中，成本的区分相当重要，采用的方法有经验法、高低点法、直线趋势法、五五法、个别法等。其中，实际工作中最常用的方法就是经验法。

所谓经验法，就是逐个检查各项成本项目，凭借各项目成本习性的认识经验，区分变动成本与固定成本的方法。如表3-4所示，采用经验法可将各成本项目粗略分为变动成本与固定成本，用变动成本总额除以销售收入，即可求出变动成本率，进而计算出盈亏平衡点上的销售收入。

表3-4 成本分解表

项目	金额/元	分解标准		固定成本(F)/元	变动成本(V)/元
		区分	比例		
销售成本	250 000	V			250 000
广告宣传费	3 000	F : V	2 : 1	2 000	1 000
促销费用	2 500	V			2 500
工资	3 500	F		3 500	
折旧费	1 000	F		1 000	

当企业要实现的目标利润为P时，根据目标利润确定销售收入目标值的计算公式如下：

$$实现目标利润的销售收入(S) = \frac{固定成本(F) + 目标利润(P)}{1 - 变动成本率(V)} \qquad (3-23)$$

5. 经费倒算确定法

企业经营的各项活动，当然无法避免人事费、折旧费等营业费用的产生，至于利润更是和企业的存亡攸关。企业的一切销售成本、营业费用、利润等均源自销售毛利，它们的关系甚为密切，因而介绍此种足以抵偿各种费用的销售收入法。下面从销售毛利率公式着手导出下列公式：

$$销售毛利率=\frac{销售毛利}{销售收入}=\frac{销售收入-销售成本}{销售收入} \tag{3-24}$$
$$=1-销售成本率$$

$$销售收入目标值=\frac{销售毛利}{1-销售成本率} \tag{3-25}$$
$$=\frac{营业费用+营业利润}{销售毛利率}$$

上述方法主要以销售毛利率目标值为基准，再计算销售收入目标值。但是，若想使该值更合乎实际，可按照产品及部门的毛利来计算销售收入目标值。其计算程序如下：

(1)决定整个企业所需的毛利。

(2)决定产品及部门的毛利贡献度。

(3)分配产品及部门的毛利目标。

(4)通过产品及部门预定的毛利率计算二者的销售收入目标值。

(5)累计各产品及部门的销货收入目标值，其值是全公司的销售收入目标值。

如表3-5所示，表中的毛利贡献度就等于毛利百分比，表示甲、乙、丙部门销售毛利所占的比例，也就是表示各产品或各部门对总毛利的贡献度。

所谓部门，若以汽车经销业为例，指的是销售部门、维修部门、零件部门等。表3-5显示该企业所需的毛利总额为20 000元，则销货收入目标总额为90 000元。

表3-5 以毛利贡献度计算销售收入目标

部门	毛利贡献度	所需毛利/元	毛利目标/元	预定的毛利率	销售收入目标/元
	①	②	③=①×②	④	⑤=③÷④
甲部门	60%		12 000	20%	60 000
乙部门	25%		5 000	25%	20 000
丙部门	15%		3 000	30%	10 000
合计	100%	20 000	20 000	22.20%	90 000

6. 消费者购买力确定法

消费者购买力确定法适合零售商采用，是估计企业营业范围内的消费者购买力，用以预测销售额的方法。

使用此法，首先需要设定一个营业范围，并调查该范围内的人口数、户数、所得额及消费支出额，另外再调查该范围内的商店数及其平均购买力。

7. 基数确定法(人均销售收入计算法)

基数确定法是以销售效率或经营效率为基数求销货收入目标值的方法，其中最具代表性、比较简易的方法是：

$$销售收入目标值=每人平均销货收入×人数 \tag{3-26}$$

总计每人平均销售收入就是下年度的销售收入目标值。当然，以过去趋势进行单纯的

预测或以下年度增长率为基准来预测也可以。

8. 人均毛利计算法

这是以每人平均毛利额为基数，计算销售收入的方法，其计算公式如下：

$$销售收入目标值=（每人平均毛利×人数）/毛利率 \qquad (3-27)$$

9. 销售人员申报确定法

这是逐级累计第一线销售负责人的申报，借以计算企业销售收入目标值的方法。由于第一线销售人员（如推销员、业务人员等）最了解销售情况，所以，通过他们估计而申报的销售收入必然是最能反映当前状况，而且是最有可能实现的。当然，如果第一线销售人员的预测值和经营者的预测一致的话最为理想。当采用本法时，务必注意下列两点：

（1）申报时尽量避免过分保守或夸大。预估销售收入时，往往产生过分夸大或极端保守的情形。此时，应依自己的能力来申报"可能"实现的销售收入。身为第一线领导者的业务经理务必使销售人员明白这一点。

（2）检查申报内容。第一线销售经理除应避免过分夸大或保守外，尚需检查申报内容的市场符合性，观察申报内容是否符合过去趋势以及市场购买力，以便采用市场性的观点，调整好"由上往下分配式"与"由下往上分配式"，扮演桥梁的角色。

10. 其他方法

除了上述各种计算方法之外，也可考虑其他各种因素，如推出新产品、动态市场、实行新政策等，然后依据上述方法推测销售收入目标。

采用不同的计算方法，所得的销售收入也不同。但是不管如何，在决定下年度的销售收入时需考虑到最高经营理念、企业的利益与生存以及各利害关系人的期望要求等。另外，还要考虑到企业的市场占有地位，以及销售与市场的关系等因素，以便作为确定销售收入值时的参考。

销售收入估计值的确定，除反映企业的意识与期望之外，在最后阶段，还要依靠经营者的直觉与经验进行最终的主观判断，以决定销售收入。可见销售收入目标值，仍无法脱离主观判断的影响。但是达成目标的方法却不能过分主观，而需以客观及理性来行事。所以，对于销售收入的评价不宜以大小多寡为标准，而需将"达成的方法与手段是否适宜"作为评价标准。

企业其他各种计划如库存计划、生产计划、设备计划、人员计划以及资金计划等，均以销售收入值为基础，销售收入目标值一旦有了偏误，必然连带影响整个企业经营计划，致使计划失去可信度。所以，销售部门需要具备一定要达成销售收入目标值的信心，否则，必然会降低制造部门对销售部门的信心，并产生库存过剩及资金周转困难等问题。

3.2.3　销售目标管理流程

目标管理（Management by Objectives，MBO）是美国管理学者彼得·德鲁克于1954年首先提出来的，现已被世界各国广泛应用。

所谓目标管理，是以制定和实现目标为中心，被管理者自主控制达标过程，管理者实行最终成果控制的一种现代管理思想与管理方法。

目标管理彻底打破了管理就是对管理过程进行严格监督的观念，提倡管理者要通过科学的目标体系来进行激励和控制，放手让被管理者自我控制，自觉、自愿、自主地去实现组织目标。它强调事先通过目标进行预先控制，事后注重成果评价，而事中则完全交由被管理者实行自我控制。目标管理的思想被广泛应用于一切管理之中，它是一种计划职能与控制职能融合的综合性方法，在许多具有可衡量的明确目标的基层管理中也被广泛采用。

销售目标管理是目标管理在销售工作中的应用，它以提高绩效为目的，应用行为科学原理，组织上下级人员共同协商下级销售人员的责任范围，制定销售人员在一定时间内应完成的销售目标以及成果评价标准与优劣界限的尺度，以激发各级销售人员的潜力。

综上所述，可得出下列结论：

（1）销售目标管理是一种制度。

（2）销售目标管理以提高绩效为目的。

（3）销售目标管理以设立目标为手段。

（4）销售目标管理是行为科学的运用。

（5）销售目标管理是上下两级人员的共同合作。

（6）销售目标管理应规定期限、数值评价标准，以作为执行人员努力的方向。

销售目标管理主要是由目标设定、目标执行、目标追踪、目标修正、成果评价与奖惩五个环节形成的一个循环周期。

1. 目标设定

从销售总目标发展为各阶层销售目标的整个过程，可称为目标三角形，如图3-2所示。上端为整个公司的销售总目标，顺此而下，三角形逐渐扩大，以达成各连续阶层销售目标的制定。

图3-2　目标三角形

每一上级的销售目标发展即为其下级的销售目标，如某一部门内主管人员的销售目标，形成了主持该部门经理的销售目标。各部门销售经理连同其所属各级主管人员的销售目标之和，等于该公司的销售总目标。销售目标设定可采用由上而下或由下而上两种形式。

（1）由上而下。在设定销售的总目标、单位目标及个别目标的过程中，其程序显而易见是由上而下的。但是每一位主管在设定销售目标之前，通常均需与其直属主管磋商，然后拟妥销售目标草案，直属主管同意后才算正式定案。不过双方的协商采取侧面双边沟通的方式，即直属主管以友善的态度，处于提供意见和指导的立场，和下属订立难易适中并合乎经济原则的销售目标。因此，最后决定的销售目标反映出各级目标执行人与其直属主管的共同意见。最重要的是，目标执行人乐于接受此项期望的成果，并同意承担达成目标的责任。

（2）由下而上。所谓由下而上的销售目标设定程序，是指以个人为中心的目标管理制度，强调销售目标在制定、实施及检讨等的过程中，由部属以自我管理的方式保持完全的自主性。此种由下而上的目标设定程序固然能激发员工的创造力，使其获得工作上的满足感与挑战性，但因个人随心所欲制定的销售目标缺乏总目标的指引，因而无法结合群力而达成更高、更远的长期目标。

由此可见，销售目标设定的程序应该是先由上而下，将总目标分派成担负执行责任的单位目标及个别目标；然后由下而上，从个别目标的达成开始，逐级累积为单位目标与总目标。合理的销售目标应是由上下双方面相互沟通制定出来的。

2. 目标执行

销售目标管理的执行，其特色在于销售人员要以积极、主动的态度自我实施来落实执行目标，另一方面销售主管要以授权、协助的心态加以支持。

销售目标管理已对每位销售人员的努力方向与进度有了明确的设定，因此上级应赋予销售人员充分职权，以供其自我控制，为完成目标而努力，切忌处处加以干涉或给予不必要的指示。在执行过程中，强调销售人员的自我控制，但是销售人员是否能自我控制，主要看销售主管人员是否充分授权。自我控制并不是说销售主管可以袖手旁观，不加过问，而是采用例外管理的原则来从事销售管理活动。例如，当销售业务在正常的状况下进行时，销售主管就不必干预工作的进行；但当销售业务发生问题，与实际差异较大，或非销售人员的能力及权限所能解决时，销售主管应适时予以适当的指示或协助，以解决困难。

在目标的执行过程中，销售主管应相信下属有执行目标的能力，原则上要求下属每月提交一次综合性报告，但也不要忽略经常性的沟通工作。目标的记录应使用公司统一设计的目标卡，而每个月(或每周期)的执行记录也使用标准文书表格，以利操作。销售目标管理制度推行计划表如表3-6所示。

表 3-6　销售目标管理制度推行计划表

组别	编号	工作目标	工作要点	重要程度	备注

主管：　　　　　　　填写人：　　　　　　　填写时间：

销售目标管理制度的执行，着重于销售人员落实执行，并力求简化。虽然销售目标由销售人员加以执行，但公司仍要委任适当的管理人员负责督导。单位的销售目标，虽已有专人承担目标的执行绩效，但各级主管仍要负起督导、协助的责任。销售目标管理的执行，常采用分层负责、逐级执行的方式，逐级管理，逐级考评。例如，经理级目标由经理执行，并由总经理监管；经理级以下的基层单位及个人目标由其上一级主管监督。这样即可构成健全的目标网，达成整体目标。

3. 目标追踪

在达成销售目标的过程中，销售人员应有效执行其设定的目标。目标追踪是为了衡量工作成果，改正偏差，确保达到目标。目标追踪是目标执行过程中不可缺少的工作，它不是监视销售人员的工作，也不是严厉的控制行动，而是协助销售人员解决困难，指导其步入工作正轨的手段。

由于订立销售目标时，有若干因素未考虑到，或者环境改变，在目标实施过程中易发生困难。为使期终的实施结果与销售目标不致相差太大，应在每个阶段追踪检讨时予以修正，以维持销售目标的弹性。

一个企业或机构的整体销售目标若要实现，到期限终了时必须以原目标加以衡量，对每一个管理者所应负责达成的成果予以考评。销售人员了解销售目标的存在，更能产生工作的意愿兴趣。因此销售目标管理的追踪是激发销售人员工作士气及营造轻松愉快的工作氛围的主要手段。

追踪目标执行状况，必须拥有预计目标与实际达成两项数据资料，方能有效追踪与检讨，如图3-3所示。

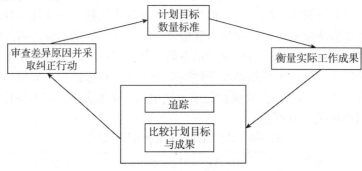

图3-3　目标执行追踪图

销售目标的追踪，应由销售人员定期将工作实际进度及检讨结果列于目标卡，呈送直属销售主管查核；或另行填写目标管理追踪卡，由销售人员、直属主管、总经理室综合检讨，并呈送最高管理阶层审阅。月度目标追踪单如表3-7所示。

表3-7　月度目标追踪单

目标与重要性	本月进度		累计进度		目标达成率	得分	自述考评（检讨与改进意见）	处理情形
	预定	实际	预定	实际				

上级主管：　　　　　（签章）　　　　　目标执行人：　　　　　（签章）

若销售目标管理实施的时间(半年或一年)能与公司会计期间一致，则更方便目标的追踪与检讨。可将目标的执行成果与财务报表揭示的有关结果和状况(如盈余、销售业绩、费用、存货等)相互印证，以达到确实追踪与控制目标进度的目的。

销售主管欲追踪销售目标进度，与销售人员讨论目标的执行过程，可通过销售目标卡加以追踪。主管人员对于销售人员填制的追踪卡，应详加审阅；对于销售人员执行目标遭遇困难的原因，要深入研究，并提供解决的意见。若销售主管敷衍塞责，则销售人员将对目标管理丧失信心与热情。

销售目标管理必须建立有效的报告制度，定期将有关的资料反馈给直属主管，以便对销售人员的工作进度及绩效进行追查与检讨，借以测知销售目标的达成是否有困难，以及是否有必要采取某些矫正措施。因此，定期的追踪与检讨，不但增加了上下主管之间意见交流的机会，还具有加强销售人员对目标承诺的作用，且由于直属主管对工作实况的了解与关怀，销售人员得以增强达成目标的动力。

4. 目标修正

目标之间相互依存，共同构成一个目标体系。假若销售部门改变其目标，势必影响其他部门的目标，一个人的目标变更，将使很多人要随着改变，容易使公司的目标体系遭受破坏。销售目标管理制度基本上也不鼓励草率修正目标。但企业在遇到下列重大变化时，就有修正目标的必要：

(1)基于外界形势变化而修正目标。例如，当公司设定某商品的销售目标时，却意外发现市场中存在一个强有力的竞争对手；或当设定降低成本的目标后，突遇石油危机，物价普遍上涨，受其波及，就需修正原来的目标，甚至变更目标。

(2)由于企业内部因素而修正目标。例如，资金或利润方面有显著的好转或恶化时，或由于经营方面的变化，目标达成体系要重新检讨时。

(3)遭遇突发事件，目标达成受到阻碍。一般企业内部所遭受的意外事故，包括水灾、火灾、爆炸、倒塌等。企业外界则有经济不景气、融资紧缩、金融风暴、石油危机、通货膨胀或紧缩。此外，公司股票的市场涨跌，亦包含其中。

在修正目标时，如发现会影响企业其他目标，或影响企业的利益，则须深入进行综合性的检讨，再决定修正目标的程度。

当销售部门修正其目标，不致影响其他部门时，可不必知会其他部门，而由该部门经理自行决定，并呈报上级同意。在修正目标之后，需新设目标卡以代替旧目标卡。如果修正销售目标足以影响整个企业，应慎重考虑，以会议方式协商。

5. 成果评价与奖惩

企业一般实行销售人员自我评价和销售主管评价相结合，共同协商确认成果的成果评价方式。目标成果评价具体分为以下几个步骤：

(1)评定"达到程度"。一般采用实际成绩值与目标值之比，根据达到率分为 A、B、C 三级。

(2)评定"复杂困难程度"。复杂困难程度通过协调确认，也分为 A、B、C 三级。

(3)评定"努力程度"。根据对达标过程中的种种条件的分析，将"努力程度"分为 A、B、C 三级。

(4)规定以上三要素在目标项内的比重，得出单项目标的初步评定值。

(5)针对达标过程中出现的非本人责任或经个人努力可以排除的不利条件，修正数值，得出各单项目标评定值。

(6)将各单项目标评定值分别乘以其在全部目标中的权数，得出单项目标的权重值，相加即可获得综合评价。再按 A、B、C 三等评定目标成果的等级。

各销售部门的目标成果也可用同样的方法进行评价。

根据评价结果，对销售人员采取公平的赏罚，包括升职、加薪、分红、培训、带薪休假、表彰等多个方面，这是激励销售人员的有效方法，也是销售目标管理能够落到实处、严格执行的关键。

情景体验3-1

某企业计划在2023年获得200万元利润，它的目标利润率是销售收入的10%，那么，销售收入目标值必须是2 000万元。如果企业产品的平均价格是50元，那么，它必须销售出40万单位的产品。如果它对整个行业的销售预计是530万单位，那么，它必须占有7.55%的市场份额。为了保持这个市场份额，企业必须建立一定的目标，例如消费者对品牌的知名度、分销范围等。因此，销售目标可以是：

①在2023年获得总销售收入2 000万元，比2022年提高9%；
②销售量为40万单位，预期占有7.55%的市场份额；
③经过该计划工作后，产品的消费者知名度从20%上升到40%；
④扩大10%的分销网点数目；
⑤打算实现50元的平均价格；
⑥销售利润率是10%，企业年获利200万元。
结合情景谈谈确定销售目标值应考虑的因素。

企业年度销售目标
完不成，错在哪里？

3.3 分配销售配额

销售配额是销售经理分配给销售人员的在一定时期内完成的销售任务，是销售人员努力要实现的销售目标。

3.3.1 销售配额的类型

企业的销售配额通常有销售量配额、销售利润配额、销售活动配额、专业进步配额，如表3-8所示。

表3-8 配额基本类型

销售量配额	销售利润配额	销售活动配额	专业进步配额
1. 金额	1. 销售总费用	1. 访问次数	1. 销售技巧
2. 数量	2. 区域（部门）销售费用	2. 新客户数量	2. 销售态度
3. 消费者类型	3. 总毛利	3. 新准客户数量	3. 销售准备
4. 消费者规模	4. 按消费者划分的毛利	4. 市场调研	4. 销售计划
5. 每种产品销售量	5. 按产品划分的毛利	5. 参加销售类会议	5. 产品知识
6. 客户平均销量	6. 净利润	6. 销售展示安排	6. 行业知识
		7. 服务电话	7. 消费者知识
		8. 收集情报	8. 竞争知识
		9. 汇报	9. 销售培训
		10. 消费者投诉处理	

1. 销售量配额

销售量配额是最常用、最重要的销售配额。目前经常使用的设置销售量配额的方法是以当地过去的销售量、销售潜力和市场预测为基础，以销售成长率来确定当年的销售配额。如果当年期望的销售成长率为 120%，每个销售人员的配额就是上年配额增加 20%，也就是上年配额的 120%。当然，仅以过去的销售量来设置销售量配额是不够的。销售经理在设置销售量配额时，必须综合考虑以下因素：

(1)区域市场状况，包括区域人口数量、当地收入状况及增长潜力等。

(2)竞争者地位，包括竞争者的类型、竞争者市场占有率、竞争者的市场定位状况等。

(3)现有市场占有率，包括绝对市场占有率和相对市场占有率。

(4)市场覆盖的客户数量和质量，包括客户类型、客户数量、客户满意度和忠诚度等。

(5)过去的销售业绩。

(6)新产品推出的效果、价格政策及预期的经济条件。

2. 销售利润配额

将销售量与利润相比，企业更重视的是利润。销售利润配额包括费用配额和利润配额。

(1)费用配额。提高利润率的关键在于对销售费用的控制，费用配额规定了销售人员销售一定数量的产品所需的最高费用限额。

设置费用配额的目的是控制销售人员的费用水平，增加销售利润。所以销售经理在设置费用配额时，一定要注意以下问题：一方面，注意费用限制不能阻碍销售业绩的提高，必须保证销售人员有相对充足的经费来开发新的客户，维持销售业务的正常进行。另一方面，销售经理要注意将费用配额与销售量配额、销售人员的薪酬挂钩，通过一定的经济手段来鼓励销售人员节约费用开支。

(2)利润配额。利润是企业生存的前提，销售经理和销售人员必须创造能为企业带来利润的销售额。利润配额具体可分为两种类型：毛利润配额和净利润配额。

【例 3-5】某公司有两个销售地区(东部地区与西部地区)，根据已知条件，确定每一个地区毛利润、净利润以及销售额与净利润的比例将表 3-9 补充完整。并说明为什么西部地区的销售额/净利润比配额与东部地区的销售额/净利润比配额有所不同？

表 3-9　两销售地区对比　　　　　　　　　　　　　　　　单位：元

项目	西部地区	东部地区
销售额	10 634 000	10 380 000
销售成本	8 507 200	8 304 000
毛利润		
销售费用	140 000	152 000
净利润		
销售额/净利润		

解析：两地区销售对比如表 3-10 所示。

表3-10　两销售地区对比　　　　　　　　　　　　　　单位：元

项目	西部地区	东部地区
销售额	10 634 000	10 380 000
销售成本	8 507 200	8 304 000
毛利润	2 126 800	2 076 000
销售费用	140 000	152 000
净利润	1 986 800	1 924 000
销售额/净利润	5.35	5.40

3. 销售活动配额

销售活动配额是用来指导销售人员其他销售活动的指标，主要包括以下几点：

(1)宣传企业及产品的活动。

(2)产品演示活动。

(3)吸引新客户并鼓励其成交。

(4)向消费者提供服务、帮助和建议。

(5)拜访潜在客户。

(6)培养新的销售人员。

(7)投标次数。

(8)参加销售会议次数。

4. 专业进步配额

专业进步配额的确定主要是为了提高销售人员的素质和销售能力，在经营活动中主要反映在销售人员的销售技巧、专业知识和熟练程度等方面。这些配额不易量化，只能作为定性指标，也很难设定和考核，一般用一些不可替代的相关指标，如与消费者的关系、客户满意度等。

5. 综合配额

综合配额是对销售量配额、销售利润配额、销售活动配额等进行综合而得出的配额，在销售经理讨论销售人员的业绩时，可以全面反映销售工作的状况。

【例3-6】张明、李小三、王旭红的年销售额如表3-11所示。首先确定实际销售额与销售配额之间的差异，然后计算每一名销售人员的绩效指数。根据你的计算结果，可以得出什么结论？

表3-11　销售额对比　　　　　　　　　　　　　　　　单位：元

销售人员	销售配额	实际销售额
张明	1 200 000	1 300 000
李小三	800 000	750 000
王旭红	1 050 000	1 100 000

解析： 根据表3-11可知，三名销售人员的绩效指数由高到低依次为张明、王旭红、李小三。

3.3.2　分配销售配额的方法

销售量配额是最重要的销售配额，这里仅以销售量配额为例列举分配销售配额的方法。

如何才能确定公正、合理，而且具有挑战性和激励性的销售配额呢？企业通常以区域为基础来确定各区域的目标销量，然后再把区域目标销量分解到每一个人。所以，确定区域销售配额是一个关键。通常，确定不同区域销售配额的方法有三种：目标市场占有率法、销售构成比法、市场指数法等。

1. 目标市场占有率法

目标市场占有率法是以目标市场占有率为基础确定销售配额的一种方法，具体步骤如下：

首先，确定各区域市场需求构成比(各区域市场容量占行业市场总量的百分比)和目标市场占有率(本企业在该区域市场上的目标占有率)。

其次，求出不同区域的市场构成比与目标市场占有率的乘积，得到区域实际占有率。

再次，把各"区域实际占有率"相加得到"企业实际占有率"，再以"区域实际占有率"除以"企业实际占有率"，计算出各"区域市场配额指数"。

最后，以"区域市场配额指数"为基准，把目标销售额或销量按区域进行分解。

根据目标市场占有率确定区域销售配额示例如表 3-12 所示。

表 3-12　根据目标市场占有率确定区域销售配额示例

区域	市场需求构成比/%	目标市场占有率/%	区域实际占有率/%	区域配额指数/%
甲	50	25	12.5	61
乙	30	20	6	29
丙	20	10	2	10
合计	100	55	20.5	100

如果企业目标销售额为 1 000 万元，则甲区域的目标销售配额 = 1 000×61% = 610(万元)，乙区域的目标销售配额 = 1 000×29% = 290(万元)，丙区域的目标销售配额 = 1 000×10% = 100(万元)。

2. 销售构成比法

销售构成比法是根据各区域近年来销售构成比的变化趋势来推测下一年度各区域的销售构成比，并以此百分数为基准将目标销售额分解到各区域的一种分配方法。这是企业最常用的一种方法。这种方法虽然考虑了历史及变化趋势，但还是具有很大的主观性，对销售经理的经验要求较高。根据销售构成比确定销售配额示例如表 3-13 所示。

表 3-13　根据销售构成比确定销售配额示例

区域	销售构成比/%					销售构成比预测/%
	2018 年	2019 年	2020 年	2021 年	2022 年	2023 年
甲	30	31	29	30	28	29
乙	50	45	40	35	30	24

续表

区域	销售构成比/%					销售构成比预测/%
	2018 年	2019 年	2020 年	2021 年	2022 年	2023 年
丙	20	24	31	35	42	47
合计	100	100	100	100	100	100

按照表 3-14 中的数据，如果企业 2023 年全年的目标销售额为 1 000 万元，则甲区域的目标销售配额为 290 万元，乙区域的目标销售配额为 240 万元，丙区域的目标销售配额为 470 万元。

3. 市场指数法

市场指数法是以各区域市场实际因素为基础来计算市场指数，从而确定分配额度的一种方法。常见的区域市场因素包括常住人口、工资收入、区域零售额等。

市场指数法是一种比较理想的配额分配方法，具体可分为单一因素法和组合因素法。

(1)单一因素法是以单一市场因素为基准来计算市场指数的方法。这种方法比较简单，假如只选择"人口数量"这一市场因素，则各区域的市场指数就是各区域市场的人口数占所有区域市场人口总数的百分比。某区域市场人口 700 万，市场总人口 13 亿，则该区域市场指数约为 5%，如果企业目标销售额 1 000 万元，该区域的销售配额就是 50 万元。

(2)组合因素法是通过多项市场因素的组合来计算个区域市场指数的一种方法。这种方法相对比较复杂，具体又分为评分法、构成比法两种。例如，企业考虑人口数量、区域平均工资水平、区域零售额三个因素，如表 3-14 所示。

表 3-14　组合因素法举例

区域	因素		
	人口数量/万人	平均工资水平/元	零售额/万元
甲	58 000	3 900	4 600
乙	39 000	1 250	1 800
丙	33 000	1 350	1 600
合计	130 000	6 500	8 000

用评分法分配销售配额示例，如表 3-15 所示。

表 3-15　用评分法分配销售配额示例

区域	因素						百分比合计/%
	人口		平均工资		零售额		
	数量/万人	百分比/%	数额/元	百分比/%	数额/万元	百分比/%	
甲	58 000	44.6	3 900	60.0	4 600	57.5	162.1
乙	39 000	30.0	1 250	19.2	1 800	22.5	71.7
丙	33 000	25.4	1 350	20.8	1 600	20.0	66.2
合计	130 000	100.0	6 500	100.0	8 000	100.0	300.0

①评分法的基本步骤如下：

首先，求出各要素的合计值。

其次，求出各区域要素值占该要素总值的百分比。

再次，计算出不同区域各要素百分比的合计，然后对各区域的合计值求和。

最后，把各区域合计的百分比值与总计百分比值相比，所得值即为各区域的市场指数，即配额指数。甲区域的配额指数 = 162.1÷300×100% = 54%，乙区域的配额指数 = 71.7÷300×100% = 23.9%，丙区域的配额指数 = 66.2÷300×100% = 22.1%。

②构成比法的基本步骤如下：

首先，求出各要素的不同区域的构成比。

其次，以区域构成比乘以各因素的权数。

最后，将区域构成比与权数的乘积进行加总，并计算出不同区域占该加总的百分比，即可得到配额指数。

如果人口、工资、零售额三种市场因素的权重分别为0.2、0.5、0.3，那么，甲区域的三种"市场因素构成比"分别是：

人口因素构成比 = (58 000÷130 000)×100%×0.2 = 8.9%

工资因数构成比 = (3 900÷65 000)×100%×0.5 = 30%

零售额因素构成比 = (4 600÷8 000)×100%×0.3 = 17.3%

合计56.2%(8.9%+30%+17.3%)，即甲区域的配额指数为56.2%。

同理，可以知道乙区域的配额指数为22.35%(6%+9.6%+6.75%)，丙区域的配额指数为21.48%(5.08%+10.4%+6%)。

销售配额下达到了各销售区域，接下来需要各区域经理将销售配额以同样方法分配给销售人员。

4. 分配销售配额应注意的问题

对销售经理而言，每年令人头疼的一个问题就是销售配额的分配，因为各区域经理、销售人员无一不想少接任务、多接费用，从而会精心准备当地市场的困难和问题，拼命夸大竞争对手的规模和实力、竞争对手投放了多少导购员，投放了多少促销品，上了多少新产品，客情关系如何好，等等。所以，在销售配额的分配工作中，一定要注意以下问题：

(1)突出重点，切忌平均分配。一是要突出市场重点，切忌销售配额在各区域之间的平均分摊。有的销售经理在分解销售配额的时候，因为涉及的产品多，区域也多，本着哪个区域都要分一点，哪个区域都不能少的原则，最后形成了销售配额在各区域的均摊局面。然而，这种分解表面上看有论有据，但很容易导致重点市场不突出，资源不能集中，让企业陷入"撒胡椒面"的陷阱之中。二是要突出资源在销售旺季的集中利用，切忌在12个月的平均分摊。很多区域经理往往把配额总量除以12，便得到每月的配额指标。这种做法很简单，但却是错误的，因为对不同的产品来讲，销售的淡旺季、货品囤仓与消化的时间规律及其他相关因素是不同的，对每月的配额要求也是不同的。如果不考虑这些问题，就很容易陷入"旺难热淡难卖"的尴尬境地。

(2)着眼于全局，着手于局部，把配额分配工作做细做透。一要做好宣传发动工作，通过良好的沟通说服人。在销售配额的分配过程中，销售经理一定要将配额的来龙去脉讲清楚，让销售人员明白企业的战略重点，明年的销售目标，要达到这个目标重点要做哪些事情，做到这些事情的质量标准，又需要多少资源的支持。二要解决好"自上而下"与"自下而上"的矛盾。在目标的制定过程中，有一个自下而上的申报过程，但如果仅以销售人员上报的目标销量为依据分配配额，肯定会出现少、漏的问题。销售人员从自身利益出发看待问题，也因为没有足够的市场研究，无法认清市场的真正走势。所以，目标的制定还有一个自上而下的过程，需要企业在分析市场环境和竞争环境的基础上来确定整体的战略目标，在此过程中，销售人员的意见只能参考而不能作为依据。三要设计三个层面的目标：保底目标、标准目标和挑战目标。保底目标是做得最差的情况下要完成的目标，是红色警报线；标准目标是没有特殊情况下必须完成的目标；而挑战目标则是超额完成的目标，为绿色警报线。如果某销售区域或销售人员每月的销量低于红色警报线或高于绿色警报线，企业就要分析其原因并采取措施，以便目标的进一步调整及年度总体目标的顺利完成。四要责权利同时分配。比如，完成了配额目标，费用标准是多少，还会有什么奖励，享有哪些权利，如果没有完成配额，会有什么处罚等。把责、权、利同时分配，并签订责任状，下属成员就会明白自己该干什么，也会明白为什么这么干。

（3）把握好配额目标粗与细的度。计划往往没有变化快，具体的实际情况无法预料，但是对于计划的制订、销售配额的分配，实际上是同竞争对手相比。也就是说，只要计划做得比竞争对手精细，比竞争对手完成的概率大，那么销售计划就有了实际意义。比如，销售经理粗略地给某个销售人员下达了半年完成300万元的配额指标，但是对计划并没有进行进一步细分，那么该销售人员就容易犯前松后紧的毛病：觉得半年时间还早，于是1、2月份的时候忙着过春节，3月份晃晃悠悠也过去了，到4月份的时候才开始着急。这时候他就非常被动，而销售经理到了4月底或5月初时，一看销售业绩才完成了一点点，于是也跟着着急，也很被动。必须明确指出，尽管计划没有变化快，但必须制订一个可供参考的销售计划，而且要尽量做细、做好，把握粗与细的度。

情景体验 3-2

某公司有一项销售人员的奖励制度，以销售量与所指定的销售定额的关系为基础来给付奖金。销售定额是由管理人员根据每个销售人员所负责销售区域的客户类型、竞争情况以及前一年公司业绩和销售员个人业绩综合计算出来的。该奖励制度在实施过程中产生了以下几个问题：

（1）目前，那些表现最好的销售人员的客户太多了。公司想缩减优秀销售人员的服务区域，并增加一些新的销售人员。但是遭到杰出销售人员的抗议，他们认为这是对他们优秀表现的惩罚。

（2）成绩最好的销售人员抱怨其定额每年都在增加，并且是以他们过去的成就为基础。他们觉得这有点类似于"鞭打快牛"。

（3）销售经理认为，公司没有取得足够的新客户。所谓的市场开发，就是吸引从未采购本公司产品的单位成为自己的客户，而这项任务往往需要在数年后才会见到成效。现行的奖励制度可能无法激励员工从事这类工作。

（4）当某销售人员所在地区的经济发展迅速时，他可能不需要很努力就获得较高的薪酬。当某地区失业率高或竞争者决定降低价格以打入新市场时，即使销售人员尽力工作，其薪酬也可能减少。

根据情景讨论如何解决这些问题。

3.3.3　销售配额的确定方法

1. 时间别分配

时间别分配是将年度目标销售额按一年 12 个月来平均分摊的方法。当然，如果同时把销售人员所在地区、产品特征和月份结合起来，效果会更好。

优点：简单易行、容易操作，目前有许多企业比较乐于采取这种方法。

缺点：忽略了销售人员所在地区的大小以及客户的多寡，只注重目标销售额的完成，无法调动销售人员的积极性。如果能将月别分配法与商品类别分配法、区域分配法和客户分配法结合起来，效果会更好。

计算步骤：收集过去三年间的月别销售实绩，将过去三年间的销售实绩进行合计，得到过去三年间的月别销售比重。

2. 地区别分配

地区别分配是根据业务员所在地区的面积和客户购买能力进行销售配额分配的方法。其分配基准系数可根据市场占有率、市场销售百分比、市场指数等来确定。

优点：可以对区域市场进行充分的挖掘，使产品在当地市场的占有率逐渐提高，因此比较容易为销售人员所接受。

缺点：很难判断某地区所需商品的实际数量，以及该地区潜在的消费能力。所以，在分配目标销售额时，必须考虑各个地区的经济发展水平、人口数量、生活水平、消费习惯等因素。

计算步骤：取得各销售区域上一年度的实际销售额资料，预计各销售区域计划年度的销售成长率，计算各销售区域计划年度销售配额。

3. 产品别分配

产品别分配是根据业务员推销产品的不同来进行销售配额分配的方法。产品别分配决定哪种产品将达成多少销售收入，其分配基准参照市场占有率、市场扩大率、销售成长率、毛利贡献率、销售预测等。

具体方法：取得产品类别销售比重，根据产品销售政策调整销售比重，用修正过的产品销售比重来设立产品类比计划。

4. 客户别分配

客户别分配是根据业务员所面对的客户的特点和数量的多少来分配目标销售额的方法。

优点：充分体现了"以客户为导向"的思想，可以使销售人员把重点放在客户身上，有利于客户的深度开发和忠诚客户的培育。

缺点：会使销售人员为了业绩而只注重老客户的维护，而忽视新客户和准客户的开发。

5. 人员别分配

人员别分配是根据业务员的能力来分配目标销售额的方法，可以根据客户需求量、业务员过去业绩、业务员能力等进行分配。

优点：有利于激励能力强的销售人员继续努力，鼓励能力比较弱的销售人员提高其销售能力。

缺点：容易使能力强的销售人员产生自满情绪，使能力不够的销售人员产生自卑感，从而产生内部矛盾。

6. 部门别分配

部门别分配是以某一销售部门为目标来分配目标销售额的方法。

优点：能够强调销售部门的团结合作，能够利用销售部门的整体力量来实现目标销售额。

缺点：过于重视销售部门目标达成，而忽略了销售人员的个人存在。因此，当企业将目标销售额分配到各个销售部门时，应该考虑这个销售部门所辖地区的特性。例如销售区域的大小、市场的成长性、竞争对手情况、潜在客户的多寡等。

在实际操作中，以上这些方法尽量不要单独使用，应该将两种或两种以上的方法结合起来使用，从而扬长避短，优势互补。

3.3.4 分配销售配额的工作程序

1. 召开配额分配动员大会

销售经理依据企业下达的销售任务及配合任务完成的激励方案，按照年、季、月、周将整个团队的任务分解细化，依据每位销售员的销售能力，对其可能的销售业绩进行初步估算。然后召开全体员工会议，向下属销售人员介绍企业制定的销售目标体系，公布企业为完成销售任务而确定的激励方案，尤其强调销售目标对个人所具有的重要意义。

销售经理介绍完任务后，应该给员工留有提问和讨论的时间，然后要求每一位销售人员提报自己的销售配额目标，作为分配销售配额的参考依据。

2. 与下属成员个别沟通

在销售人员填好自己的销售配额目标后，销售经理要与每位下属成员进行个别沟通，帮助下属成员分析其个人目前的工作状况、达成激励方案的条件及在公司未来发展的空间，引导下属成员对销售任务和未来发展进行全面的思考，激发员工的进取心，树立他们的自信心和责任心，也就是说将完成销售配额与个人的职业生涯规划相结合。

具体来说，销售经理要与销售人员就销售区域、客户管理、销售访问及自我管理等方面进行讨论与沟通，首先要求他们提出对目标和配额的看法与意见，接着在对未来前景进行分析的同时，与他们共同回顾前阶段的工作，然后与他们讨论下一阶段的目标，最后在对销售人员的看法表示理解的同时，表明自己的观点。

3. 目标定格

销售经理经过与每一位成员的个别讨论，将双方达成一致意见的目标定格，并形成书面材料，一式两份，双方各执一份。这时，销售经理应该向销售人员表示祝贺，祝贺他们有了一个新的起点、新的目标、新的前景。同时，销售人员也应清醒地认识到自己下一阶段的目标和任务，明确应该完成哪些工作，可以获得哪些资料和帮助，自己的工作权限和需要向上司报告的事项，以及如何进行自我管理等。

4. 召开团队计划工作会议

召开团队计划工作会议的目的是通过会议确定团队的目标销售配额。会议上的每一位销售人员都要向自己的同事汇报本年度或本季度的配额目标及目标的完成情况，进而陈述自己下一年度或下一季度的目标，以及对下一年度或季度目标的看法。通过会议交流，团队成员达成共识，形成集体目标。

5. 张榜公布

会后，张榜公布整个团队的目标配额、配额分解、个人目标和各期配额的分配方案。目的在于强化团队成员对配额分配方案和其在公司的发展前景的理解，促使每一位团队成员充分挖掘自身的潜能，加强自我管理，将团队的销售目标变成每一位成员的自觉行动，始终以计划指导工作，始终以计划检查工作。

情景体验 3-3

2021 年 1 月，L 某入职某连锁酒店，签订两年期劳动合同。合同约定：L 某的工资报酬与每月销售额挂钩，上不封顶、下不托底，每月完成销售定额的基础工资为当地最低工资标准 2 100 元，每超额完成 10% 增加 100 元，完不成定额，每少 10% 扣 200 元。2022 年 3 月，市场不太景气，L 某虽然很勤勉，依然连续半年都没有完成当月销售定额，每月都要被扣工资，少的月份连 1 000 元的工资都拿不到。2022 年 9 月，L 某自感没有前途，实在干不下去了，主动提出辞职。在交接工作时，L 某要求酒店按照最低工资标准补足过去半年的工资。酒店称，按照合同约定，L 某未完成销售定额时，酒店有权自主决定 L 某的工资数额。L 某感觉酒店的做法很不合理，提请劳动仲裁，要求酒店按照最低工资标准，补发工资差额。

请问，劳动者未完成销售定额，用人单位还需要执行最低工资标准吗？

3.4　编制销售预算

销售预算是企业对开展的产品销售活动费用的匡算，是企业进行产品销售活动对投入资金的使用计划。销售预算一般包括五个方面的内容：第一，销售人员的费用，如工资、提成、津贴、差旅费、交通费、交际费等；第二，销售管理的费用，如销售经理的工资、提成、津贴、差旅费等；第三，其他人员的费用，如培训师薪水、被培训者的薪水；第四，其他销售费用，如销售会议、销售促进、销售展示、目录和价格清单、招聘、销售人员离职费用等；第五，通信交通费用。

3.4.1　销售预算的编制过程

1. 确定公司销售和利润目标

通常，公司的销售和利润目标是由最高管理层决定的。为了吸引投资和贷款，公司必须保持足够的投资回报，否则公司的成长机会和生存将受到严重的威胁。公司的营销总监和销售经理的责任就是创造能达到公司最高层目标的销售额，但这样做必须考虑成本。

2. 进行销售预测

销售预测包括地区销售预测、产品销售预测和销售人员销售预测三部分。一旦公司销售和利润目标已经确定，预测者就必须确定在公司的目标市场上，是否能够实现这个目标。如果总体销售目标与预测不一致，就需要重新调整公司销售和利润目标或公司营销体系。

3. 确定销售工作范围

为了达到既定的销售目标，就需要确定潜在客户和他们的需求，设计产品，生产产品和为产品定价，通过各种方式与客户接沟通，招聘、培训销售人员，等等。销售经理不会在三个月内成熟，公司必须投入1~3年的时间来培训他们。

4. 确定固定成本与变动成本

在一定销售额的范围内，不随销售额增减而变化的成本称为固定成本，而随着销售产品数量增减而同步变化的成本称为变动成本。

主要的固定成本包括销售经理和销售人员的工资、销售办公费用、培训师的工资、被培训销售人员的工资、例行的销售展示费用、保险、一些固定税收、固定交通费用、固定娱乐费用、折旧等。

变动成本通常包括提成和奖金、邮寄费、运输费、部分税收（如增值税）、交通费、广告和销售促进费等。

5. 进行本量利分析

当区域销售经理被分配年度销售和利润目标后，他必须保持对达到目标过程的控制。这种控制最好按月进行。本量利分析法是一种有效的分析方法。

盈亏平衡点（Break Even Point，BEP）是本量利分析法中最重要的概念，它指为了使收入能够弥补成本（包括固定成本和变动成本）的最低销售量，其计算公式为：

$$BEP = FC/(P - VC) \qquad (3-28)$$

式中，BEP表示盈亏平衡点；FC表示总固定成本；P表示单位产品售价；VC表示单位产品的变动成本。

通过调控变动成本和固定成本，就可以知它们对利润的影响。

根据上一步骤，销售经理需要知道各种行动对公司盈亏平衡点的影响。当公司的价格、成本、销售量处于盈亏平衡点时，销售收入刚好弥补所有的成本费用，公司处于零利润的状态。这只是一个理论上存在的状态，很少有公司刚好处于这个点。但有些公司接近这种状态，也可以认为是处于盈亏平衡点，以便于分析和管理。

当固定成本先下降而后又上升，而价格和变动成本不变时，例如一个销售人员离开公司，固定成本下降，盈亏平衡点下降，如果销售量不变，则利润会增加。

相反，销售经理决定将2个区域分割为4个，就需要增加2个销售员，这时，固定成本会上升，盈亏平衡点时的销售量会增加。如果销售量不变，则利润将下降。

在第一种情况下，销售经理决定削减交通费用，让销售人员更多地用电话，单位变动成本会下降，假定销售量没有损失，盈亏平衡时销售量就会下降，因此利润会上升。另外，如果销售经理增加销售员的交通费用，变动成本会上升，从而盈亏平衡点也会上升，如果销售量不增加，则利润会很快下降。

6. 提交最后预算给公司最高管理层

在进行本量利分析之后，销售经理要确定为达到最高管理层制定的销售额和利润目标所必需的成本费用。他知道各种变量的变化对利润的影响，他还应该了解哪种变化是可行的。

从一定意义上讲，本量利分析是一个预测工具，预示了成本费用变化对盈亏平衡点和利润的影响。这种方法同样可以用作评估和控制工具。前面的例子过于简单化，但说明了这种分析的概念，当实际费用发生时，销售经理可以根据不同的变量对目标影响的程度来分析偏差发生的原因，进行有针对性的调控。

7. 用销售费用预算来控制销售工作

销售费用预算也是公司评价营销部门工作绩效的标准和依据。营销部门会把总体的销售费用预算再进行细化，分派到更下一级的预算单位，因此它也是营销部门内部的工作绩效评价标准。一般说来，至少每月评估一次，主要是观察预算指标与实际执行的对比情况，如果存在差异，要对差异进行分析，并找到解决的方案，所以销售费用预算同时也是一种控制工具。

3.4.2　确定销售预算的方法

1. 最大费用法

最大费用法是在公司总费用中减去其他部门的费用，余下的全部作为销售预算。这个方法的缺点在于费用偏差太大，在不同的计划年度里，销售预算也不同，不利于销售经理稳步地开展工作。

2. 销售百分比法

用销售百分比法确定销售预算时，最常用的做法是用上年的费用与销售百分比，结合预算年度的预测销售量来确定销售预算。另外一种做法是把最近几年的费用的销售百分比进行加权平均，将其结果作为预算年度的销售预算。这种方法往往忽视了公司的长期目标，不利于开拓新的市场，比较适合于销售市场比较成熟的公司。同时，这种方法不利于公司吸纳新的销售人才，因为从和长远来看，吸引有发展潜力的销售人员对公司的长期发展是必不可少的，但这种方法促使销售经理只注重短期目标，而忽视对公司具有长期意义的人才的培养。

3. 同等竞争法

同等竞争法是以行业内主要竞争对手的销售费用为基础来确定销售预算的方法。同意用这种方法的销售经理都认为销售成果取决于竞争实力，用这种方法必须对行业及竞争对手有充分的了解。做到这点需要及时得到大量的行业及竞争对手的资料，但通常情况下，得到的资料是反映以往年度的市场及竞争状况的。用这种方法分配销售预算，有时不能达到同等竞争的目的。同等竞争法下，销售费用的计算公式为：

$$销售费用总额 = 主要竞争对手的销售费用/主要竞争对手的市场占有率 \times 本企业预期的市场占有率 \tag{3-29}$$

使用这种方法的前提条件是：第一，企业必须对行业和竞争对手有充分的了解，具有竞争对手销售费用的可靠信息；第二，竞争对手的销售费用预算在行业中有较强的代表性，其做法是科学的和理智的。

4. 边际收益法

边际收益法是指每增加一名销售人员所获得的收益。由于销售潜力是有限的，随着销售人员的增加，收益的增加会越来越少，而每个销售人员的费用是大致不变的，因此，存在这样一个点：增加一个销售人员，其收益和费用接近；再增加销售人员，费用反而比收益要大。边际收益法要求销售人员的边际收益大于零。边际收益法有一个很大的缺点，即在销售水平、竞争状况和市场其他因素变化的情况下，确定销售人员的边际收益是很困难的。

5. 零基预算法

零基预算法的全称是"以零为基础的编制计划和预算方法"。

(1)零基预算法的基本原理：对于任何一个预算期，任何一项开支费用，完全不考虑基期的费用开支水平，而是以零为出发点，从实际需要和可能出发，逐项审议各项费用开支的必要性、合理性以及开支数额的大小，从而确定各项费用开支的预算数。

(2)零基预算法的主要步骤：第一步，要求销售部门的所有员工根据本企业预算期内的经营目标和各部门的具体任务，详细讨论预算期内需要发生哪些费用项目，提出费用支出的目的以及需要开支的额度。第二步，对每一个费用项目进行"成本-效益"分析，将其投入与产出进行比较，以评价各个费用开支方案，然后将各费用用开支方案在权衡轻重缓急的基础上分成若干层次，排出先后顺序。第三步，按照排出的层次和顺序，结合预算期内可动用的资金来分配资金，落实预算。

(3)零基预算法的主要优点：第一，有利于提高员工的"投入-产出"意识。零基预算是以"零"为起点观察和分析所有销售活动，并且不考虑过去的支出水平，因此，需要动员全体员工参与预算编制，这样就使得不合理的因素无法再继续保留下去，从而在投入阶段就开始减少浪费，通过"成本-效益"分析，提高产出水平，能使员工的"投入-产出"意识不断增强。第二，有利于合理分配资金。每项业务经过"成本-效益"分析，对每个业务项目是否应该存在、支出金额数量，都要进行分析计算，能使有限的资金流向富有成效的项目，使得资金的分配更加合理。第三，有利于提高预算管理水平。零基预算法极大地增加了预算的透明度，预算支出中的人头经费和专项经费一目了然，预算更加切合实际，更好地起到控制作用，整个预算的编制和执行逐步规范，预算管理水平得以提高。

(4)零基预算法的主要问题有：第一，一切工作从"零"做起，编制工作量大，费用相对较高；第二，分层、排序和资金分配时，可能有主观影响，容易引起部门之间的矛盾；第三，任何单位工作项目的"轻重缓急"都是相对的，过分强调当前的项目，可能会忽视长远利益。

6. 任务目标法

任务目标法是一种非常有用的方法，它可以有效地分配达成目标的任务。以下举例说明这种方法。

如果公司计划实现销售额140 000 000元时的销售费用是5 000 000元。其中，销售水平对总任务的贡献水平若为64%，那么，由于销售人员努力获得的销售收入=140 000 000×64%=89 600 000(元)，那么，费用/销售额=5.6%。

假设广告费用为 2 000 000 元，广告对总任务的贡献水平为 25.6%，由于广告实现的销售收入 = 140 000 000×25.6% = 35 840 000(元)，广告的费用/销售额 = 5.6%。

这种情况下，两种活动对任务的贡献是一致的。

否则，如广告的收入低，公司可以考虑减少广告费，增加人员销售费用。

这种方法要求数据充分，因而工作量较大，但由于它直观易懂，所以很多公司使用。

7. 投入产出法

投入产出法指在不强调时间性的情况下，将投入和产出进行对比，从而预测销售费用的方法。这种方法的实施步骤一般如下：第一步，收集企业在最近三年投入与产出的相关资料；第二步，分析收集的资料，并与当前的投入和产出进行对比；第三步，以分析、比较的结果为依据预测销售费用。

这种方法是对目标任务法的改进。任务目标法是一定时间内费用与销售量的比较。但有时有些费用投入后，其效应在当期显示不出来，则无法真实反映费用销售量比率，投入产出法不强调时间性，而是强调投入与产出的实际关系，因此在一定程度上克服了任务目标法的缺点。

3.4.3　销售费用管理

1. 销售费用管理的原则

销售费用管理工作应遵循以下原则：

(1)生活标准一致。销售经理应该尽量保证销售人员在各地出差和在当地工作的生活水平一致，不因出差而导致生活品质下降。合理的销售费用计划应该使销售人员的付出与收获成正比。

(2)不能妨碍新市场拓展。销售费用计划不能妨碍销售职能的履行，也不能妨碍新市场的拓展。

(3)销售费用计划简洁实用，表述明确。销售费用计划应力求简洁实用，以方便对其进行控制。有些费用应力求节约，比如行政和管理费用。销售费用计划也要表述准确，不能在管理层和销售人员之间造成误解。

(4)严格执行报销制度。销售费用计划应控制和减少费用的虚报，但同时又要避免因费用支出减少而影响销售人员的士气和热情。企业应准备一份费用分类账的样本，包括里程、住宿费、餐饮费、业务招待费以及其他可以报销的费用。企业应及时报销销售人员的开支，这样他们就不会有机会虚报本月的费用。另外，对于上次报销时遗漏的费用，企业也应该制定规定标准加以补偿。

2. 销售费用控制的方法

(1)销售人员自付费用。销售人员自付费用是指企业在制定销售人员佣金比率时，将销售费用的支出也考虑在内。销售人员费用包干，不得再向公司另外申请。这种方法处理简单，可以减轻工作强度，增强公平性，同时对公司的利润有保障，费用不会超支。但是这种方法也有其缺点，如由于销售区域、客户性质及产品项目的不同，销售人员所需支出的费用也不同，如果企业按同等的比例给予费用，这显然是不公平的。同时，这一比例的制定往往容易流于主观，也会造成不公平的现象。

（2）无限制费用报销法。无限制费用报销法包括逐项列举报销法和荣誉制报销法。

①逐项列举报销法。逐项列举报销法是指允许销售人员就其所列支的业务费用，附上必要单据，逐项列举填写，呈报主管审核后，再到财务处领取费用，不限额地予以报销销售费用。这种方法对销售人员来说比较灵活，可以根据业务的需要有效运用销售费用；同时公司也可以对销售人员进行适当的控制和指导，有效发挥销售部门的效率，减少公司和销售部门之间的摩擦。但这种方法会使一些信用较差的销售人员私账公报，也不能有效督促销售人员节约销售费用。

②荣誉制报销法。荣誉制报销法意味着销售人员不必逐项列举所发生的销售费用，只要定期在报告上注明费用支出总额，公司就会照数付款。这种方法建立在对销售人员的高度信任之上，可以提高销售人员的工作热情，同时公司和销售部门之间的摩擦减到最低。这种方法使公司所负担的风险很大，稍有疏忽就可能造成很大的浪费。

3. 销售费用控制的步骤

（1）明确目标。销售经理要确定企业是否要进行销售费用控制，在多大程度上进行销售费用控制。考虑到习惯做法等原因，如果突然进行费用控制可能会遇到很大的阻力，甚至会在一定程度上影响企业的发展。

（2）制订销售费用计划。一份良好的计划是费用控制的基础，它能帮助管理层和销售人员有清楚的认识，做到心中有数并有据可依，最好在有条件的情况下让销售人员参与计划的制订，这对费用计划的沟通与执行会有很大的帮助。

（3）注重与销售人员的沟通。通过书面或面谈的形式就公司确定的最终费用计划方案与销售人员沟通，以便销售人员清楚计划内容，消除疑惑。

（4）建立完善的费用检查和审核体系。首先，企业应当在销售费用发生之前进行合法性审核，这种审核有利于企业根据变化了的市场情况再次确定销售费用开支的合理性；同时在销售费用发生后再进行凭证性审核，防止不当开支。其次，企业还应当加强对销售费用的检查。应检查实际发生的销售费用是否与预算费用一致，实际发生的销售费用是否与规定的开支项目及开支标准一致，还应检查销售费用的发生是否符合国家财经法律法规和企业财务制度的规定，对违法乱纪行为认真查处。企业通过加强对销售费用的检查和审核，能够保证销售费用的合理性和合法性，也能加强企业核算销售费用的准确性。

费用管理：不是财务那么简单

3.5 制订销售计划

3.5.1 销售计划的内容和制订依据

销售计划的内容可理解为"六个 W"。

（1）What——销售目标（销售额）计划。

（2）Which——商品计划。

（3）Who——销售组织（销售人员计划）。

（4）When——销售时间安排。

（5）Where——销售路径计划。

（6）How——销售策略计划。

"六个 W"就是为实现企业销售目标（销售额）计划，要把什么商品（商品计划）在什么时间（销售时间安排）卖到何处（销售路径或是客户计划），以什么价格（售价计划）、由谁（组织的计划）采取什么措施卖出去（销售策略计划）。销售计划的内容如图 3-4 所示。

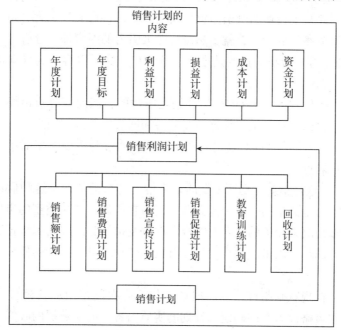

图 3-4 销售计划的内容

企业通常需要依据以下基本资料制订销售计划：第一，企业目标数据资料；第二，企业过程业绩数据资料；第三，客户以往购买情况的资料。

3.5.2 销售计划的制订程序

制订销售计划并不仅仅是确定销售数字的问题，其制订的过程还包括许多其他的内容。它是一个整体决策的过程，其基本步骤如下：

1. 调查研究，分析现状

"没有调查就没有发言权"，对数据和相关情况的调查研究和分析是制订合理销售计划的前提。调查研究、分析现状工作解决"我们向何处去"这一问题，主要分为八个部分。

（1）历史情况评价工作。历史情况评价工作是去探寻市场的长期趋势和短期变化。这种分析要应用过去的数据。例如，如果在 2022 年进行 2023 年的计划，则历史数据将包括 2022 年的和更早的信息，如 2022 年以前 5 年的信息。主要数据是综合的市场数据，如销售额和市场占有率；市场活动信息，如广告和价格；历年的成本和利润数据；技术、法规或其他的与外部环境条件变化相关的事件等。由于这些数据跨越很长的时间阶段，这就要求公司有这方面的数据储备。

（2）形势分析。形势分析是对公司在当前面临的内外部环境的详细研究，企业应该清楚地了解企业近年来在哪些细分市场较为活跃，自身的优势和弱点，还有哪些细分市场有能力进入。通过形势分析，为今后的销售工作铺平道路。

（3）销售分析。对销售情况进行广泛的研究（如分产品、地区、时间、渠道等），以了解综合数据中隐藏的问题。例如，某个系列产品（如鞋）的总体销售额的增加可能会掩盖某特定尺寸或颜色的产品的销售额下降这种事实。

（4）行业吸引力分析。由于所有的市场在竞争者、客户、技术和销售增长率等方面都是动态变化的，因此某个行业的吸引力也是变化的。进行行业吸引力分析的目的就是针对公司正在参与或打算参与的行业，就影响该行业吸引力的因素进行分析。

（5）客户分析。客户分析的目的是充分了解客户，真正以客户为导向进行公司的销售活动安排。

（6）竞争对手分析。由于所有的市场都是竞争性的，因此要分析市场上的主要竞争对手在未来可能做些什么。这是销售计划中要分析和回答的关键问题之一。

（7）资源分析。这部分是针对公司的产品品牌，通过与主要竞争对手的比较，找出在关键领域的优势和弱点。

（8）假设条件。这是指对计划所依据的未来情况进行的假设，这种假设包括的范围较广。产品的市场潜力是其中的一个关键数据，因为它体现了产品类型的市场增长情况。资源分配和其他许多与决策相关的因素的综合考虑以及市场和品牌的销售预测等都与这部分信息有关。关于外部环境因素的假设，如原材料或劳动力供给因素的假设，也都是相关的内容。

调查研究、分析现状是制订计划的准备工作，应在确定市场营销目标和策略之前进行，虽然计划期的策略、方案的确定是计划的实质内容，但对数据的收集和分析也是计划的重要组成部分，因为从背景数据获得的启示经常会使策略的选择变得更加合理。

2. 确定销售目标

这一阶段是前面谈到的内容，是狭义的销售计划。目标制定的主要内容包括以下几个方面：

（1）企业的战略目标。

（2）市场目标：现存市场；待开发的新市场（如果条件允许，还可确定市场份额和销售水平）。

（3）财政目标：销售额（目标市场的占有率）；利润；观念要求（财政目标应具有灵活性，随具体经济条件的变化而变化）。

所有的目标都应当是现实的、可行的。

3. 确定销售策略

本阶段要解决怎样实现目标的问题。销售策略是一个内涵很广的概念，它指企业借以实现其既定目标的各种方法，包括一切能够使多类产品变得适应客户需要的各种销售手段和方法。如果企业的业务活动并不限于单一的细分市场，那么针对每一个具有不同需要的消费者群体，都需要采用相应的销售策略。

在确定销售策略时，管理者常常面对多种可能的选择，每一目标可用若干种方法实现。例如，增加 9% 的销售收入的目标可以通过提高单位平均价格、增加总销售量、推销更多的高价格产品等方式来实现。子目标同样也可用多种方法实现。例如，增加总销售量可通过扩充市场或提高市场占有率获得。通过对每一目标的深入探讨，管理人员便可找出产品线可采取的主要策略。

策略的制定应在这些可选择的策略中得出一个基本的选择。每一个不同细分市场的销售策略应当用简单明了的语言来表示，它说明公司为满足这部分客户需要，保证供给的主要特色。这些特色因产品的特点和客户的需要不同而有差异。而且还包括产品的性能和价格的确定以及摊销和分销的方法等。情景体验 3-4 是分别用直接陈述形式和列出主要销售方法的形式写出的销售策略陈述书范例。

📝 情景体验 3-4

范例一：销售策略陈述书（直接陈述）

××公司为××音响产品线确定的基本策略是针对中上家庭，特别是女性购买者。将通过增加某些低价格和高价格的机型而扩大产品线，这样产品的平均价格将提高 4%。公司将展开一个新的和强大的广告攻势来增加自己的品牌在消费者和经销商中的知名度。公司将把分销渠道扩大到百货商店，但要避开折扣商店。在××音响产品线机型的研究与开发方面，公司将投入更多的资金，使其具有较好的音质和较可靠的形象。

范例二：销售策略陈述书（列出主要销售方法）

目标市场：中上家庭，特别侧重于女性购买者。

产品定位：音质最好和最可靠的组合立体声系统。

产品线：增加一种低价格机型，加上两种高价格机型。

分销渠道：重点放在家电商场和耐用消费品商店等专业商店中销售，并努力渗透进百货商店。

销售人员：扩大 10%，并采用全国账目管理系统。

服务：使服务进一步方便迅速。

广告：针对市场定位策略所选定的目标市场，开展一个新的广告攻势，在广告中注重宣传高价格的机型，广告预算增加 20%。

促销：促销预算增加 15%，以增加售货现场点，并参加更大范围的经销商贸易展览会。

研究与开发：增加 25% 的费用开发更好的机型。

市场营销研究：增加 10% 的费用提高对消费者选择过程的了解程度，并监测竞争者的举动。

在确定销售策略时，管理人员需要与其他一些人一起讨论，因为这些人的合作将影响到策略的成败。如产品经理要接触采购人员和制造人员，弄清楚他们是否能够买到足够的材料和生产足够的产品，以达到计划销售的水平；同时也要同销售经理研究，以得到销售人员的支持；最后还要与财务主管协商，以确认有足够的资金可资利用。

4. 评价和选择销售方案

这一阶段是从各种可供选择的销售方案中权衡利弊，然后选取其中一个，或综合成一个。作为最后选定的销售方案，首先必须能在较高程度上实现预定的销售目标，这是方案评价和选择的合理性标准。例如，一个公司的经理正在寻找提高50%销售额的办法。其中一个方案是通过购买某个厂来扩大生产。但是经过评估后，买下这个厂只能增加35%的销售额。很显然，这个方案未能完全合乎要求。在这种情况下，一个选择是放弃这个方案，另一个选择是先买下这个厂，再设法通过服务、价格、促销、广告等措施解决余下的15%增量的问题。这是从目标的实现程度来看的，当销售方案具有多个目标，或一个目标需通过多个指标来反映，而每个销售方案对不同目标(指标)的作用程度不同时，就必须根据企业所处的环境条件和方案的评价和选择的价值前提，分清目标的主次，把主要目标作为考虑的重点。

其次，选择方案时还必须考虑方案实施所需付出的代价与可能带来的效果的比值，即费用效果比或成本收益比。这是方案评价和选择的经济性标准。

最后，方案评价和选择过程中要妥善处理好正面效果与负面效果，以及效果与风险之间的关系。任何销售方案在带来实现目标所希望的正面效果的同时，往往也可能引起所不希望的各种负面效果。因此，在方案评价和选择过程中，需要从正、负两方面进行全面的衡量和评价，这样才能避免产生不良后果。

5. 编制销售计划书

这一阶段要解决"如何将销售方案付诸实施"。所谓销售计划书，是指销售部门为满足客户需求应做的所有工作安排。销售计划书包括企业的销售额目标、利润目标、基本方针、销售策略、业务机构计划、广告计划、营业预算等。

××公司年度销售计划书

6. 确定销售策略

销售目标的实现需要通过销售工作的开展，而销售工作的开展需要销售思路与销售手段的配合。所以，确定了销售目标，还要各个部门协同商讨销售过程中可供选择的销售方案与销售策略，如以何种方式或模式进入市场、进入哪些市场、如何确定目标群体、如何影响目标群体、信息如何传播、与客户怎样进行双向的信息沟通、以何种方式保证客户利益的满足等。

7. 实施销售计划

这是销售计划的执行问题，也是销售计划能否执行得更好的问题。销售计划一经制订，就要由各个部门贯彻执行，以实现销售目标。在实施销售计划的过程中，企业要明确各个部门、各个小组及每一个人的具体职责与任务，保证销售目标能层层贯彻落实。

销售计划书的编制
方法及范例

8. 监控销售过程

在计划的执行过程中，要有监督与控制的手段，并形成具体的评价和反馈意见，这就需要一系列制度的支持。在制度的执行过程中，销售经理要承担起对销售过程进行监督与控制的职责，通过销售日报、销售周报、销售月报、销售季报以及月度总结和季度总结实施监督工作。如果有意外事故或情况发生，销售经理要及时汇报、及时处理。如果环境或其他因素有变化，也要及时修改或调整销售计划，以适应新的情况，保证销售工作不受影响。

本章案例

"它经济"下，正在崛起的宠物食品赛道

本章小结

销售计划是直接实现销售收入的一连串过程的安排，好的销售计划可以使企业的目标有条不紊地顺利实现。销售计划体系基本内容包括需求预测、销售预测、销售计划、决定目标额(包括按产品分类、地域分类、部门分类、销售人员分类等)、销售实施计划、预测销售费用、决定销售费用、分配销售费用等。

在销售计划管理中，销售预测是制订计划的基础和关键。销售预测即销售估算，是借助企业销售的历史资料和市场需求的变化情况，运用一定的科学预测方法，对产品在未来一定时期内的销售趋势进行预测和评价。销售预测是公司进行各项决策的前提和基础。

销售目标是对企业在一段时间内，在销售领域里应完成的任务的清晰简洁的书面陈述。这种陈述应是客观的、可以衡量的，是能够促使每个销售人员更加努力去达成的。确定销售目标值应考虑市场、收益与社会性等因素，并采用定量分析方法。

销售目标管理是目标管理在销售工作中的应用，它以提高绩效为目的，应用行为科学原理，组织上下级人员共同协商下级销售人员的责任范围，确定销售人员在一定时间内应完成的销售目标以及成果评价标准与优劣界限的尺度，以激发各级销售人员的潜力。

销售目标管理主要是由目标设定、目标执行、目标修正、目标追踪、成果评价与奖惩五个环节形成的一个循环周期。

销售配额是销售经理分配给销售人员的在一定时期内完成的销售任务，是销售人员努力要实现的销售目标。

销售预算是企业对开展产品销售活动费用的匡算，是企业进行产品销售活动对投入资金的使用计划。销售预算一般包括五个方面的内容：(1)销售人员的费用，如工资、提成、津贴、差旅费、交通费、交际费等；(2)销售管理的费用，如销售经理的工资、提成、津贴、差旅费等；(3)其他人员的费用，如培训师薪水、被培训者的薪水；(4)其他销售费用，如销售会议、销售促进、销售展示、目录和价格清单、招聘、销售人员离职费用等；(5)通信交通费用。

销售计划的制定程序包括五个基本步骤：(1)调查研究，分析现状；(2)确定销售目标；(3)确定销售策略；(4)评价和选择销售方案；(5)编制销售计划书。

本章习题

一、复习思考题

1. 简析销售计划的基本内容。

2. 销售预测的定性方法有哪些？比较分析其优缺点。

3. 销售目标的确定方法是什么？

4. 销售配额的类型有哪些？

5. 销售预算编制流程分为几个步骤？

二、实训题

实训项目：

要求学生以小组为单位走访调研当地某一企业并为其制订6月份或11月份销售计划，目的是提高品牌知名度，增加消费者与产品的接触率，促进消费者购买。

实训目标：

1. 掌握制订销售计划的方法。

2. 掌握销售计划应该包括的内容。

实训内容与要求：

根据以下提纲制订销售计划：

1. 制订某企业销售计划的目标。

2. 分析当前营销及销售状况。

3. 分析机会和问题。

4. 制订销售计划。

第4章 销售区域管理

🎯 学习目标

通过本章学习，认识和了解销售区域的含义，理解销售区域管理的原则和步骤，掌握销售区域战略管理，掌握销售区域设计的方法，重点掌握窜货管理的内容，了解销售终端管理的技巧和方法。

素质目标

通过本章学习，了解窜货等渠道乱象的危害，树立正确营销观念；了解直播营销、社区团购等新零售在满足人民对美好生活的追求中的作用。

教学要求

注重通过理论讲授设计销售区域；采用启发式、探讨式教学，加强课堂案例讨论，注重对销售区域战略管理进行总结，并通过实践教学来讲授销售区域窜货管理。

引导案例

市场份额提升至59% 东风商用车在这一区域销售火爆

随着国内商用车市场逐步回暖，分散在全国各地的东风商用车有限公司营销服务人员全速出击，铆足干劲，拼抢一季度，加速"以客户为中心"的营销体系变革转型，助推全面品牌向上。精准研判形势，加大推广力度，深挖市场潜力，服务助力营销。截至目前，东风商用车湖北区域销售中重卡 1 029 辆，同比增长 33.7%，市场份额提升至 59%。其中，4 家经销网络销量过百。

1. 营销"组合拳" 热度提升

份额提升从不是一蹴而就的事，想要攻下市场，首先要有充足的"弹药"。"针对区域特点和市场需求，我们选择600马力东风天龙KX作为主打车型，协调各方资源，做好前置准备。"湖北商代处销售经理李燕飞介绍，充分的前置工作确保了客户在销售旺季也能快速提车，满足了他们的用车需求。

"在以客户为中心的基础上，我们还针对主打车型策划了一系列营销推广活动，大力宣传优惠政策，激发消费活力。'资源前置+限时促销+线上线下'齐造声势，是推动份额增长的'组合拳'。"李燕飞说道。目前，湖北区域已经开展199场推介活动，集客1 693人，线索转化率为28%。

2. 探索应变之道 精准度提升

汽车市场的竞争使得产品在变、客户在变、渠道在变。面对这样的变化，武汉东贸店顺势而动，积极践行数字化营销转型，通过线上直播、短视频营销等方式，吸引客户并挖掘购车需求。

3月23日中午，武汉东贸店前停放的东风天龙KX展车里，客户营销专员左鹏打开了自己的抖音直播："大家好，欢迎来到直播间。最近咱们东风商用车有春季活动，超实惠，特别是大马力车型……"

"我们设置了2个客户营销专员，每周直播3场、发布3条短视频，管理来自汽车行业传媒的相关线索。1—3月已收集到500多条线索，在与客户建联后进行区域划分，强化线索管理，专属业代跟踪，提升品牌传播度和线索转化率。"说起线上营销，武汉东贸店运营总监乔凯伟如数家珍。

"3月上旬，我们就提前完成了一季度销量目标。"武汉东贸店销售总监黄正茂表示，接下来他们将持续丰富营销手段，做好各类推广活动，大力推进"销服一体化"，强化销售业代的服务能力、服务技师的营销技巧，让销售端和服务端加强联动，提升客户黏度，促进销量增长。

2022年年底，东风商用车湖北商代处敏锐觉察到区域市场出现回温迹象，于是立刻协同经销网络拜访大客户、走访"车窝子"，了解客户的真实诉求、用车场景及工况等。最终，他们将目光瞄准需要大马力产品的快递快运行业。

位于武汉市东西湖区的东风商用车湖北远东4S店，周边有许多当地有名的"车窝子"。每天，销售业代们都穿梭在"车窝子"间，找线索、跑客户。

湖北远东4S店每半月都会开展3场大客户恳谈会，了解客户需求；每月开展2~3场推介会、1~2场巡展活动；每周直播3~5次，发布短视频3条以上，让客户足不出户了解行情，选购适合自己的产品。

"我们店附近的汇通物流园又被称作'司机之家'，是物流集散地，也是我们经常做巡展的地方。"湖北远东4S店市场专员邓诗亚说道。通过一次次绕车讲解、分发传单、擦车等活动，拉近了销售业代和卡车司机的距离，也带动了线索增长，"平均每次巡展都能收集到超过30条线索"。

3. 聚焦全生命周期 价值提升

区域服务策略之下，是服务网络根据自身情况的落地落实落细。湖北远东服务站就聚焦客户抱怨，展开系列行动。

"我们推行服务专员回访制度，详细记录、解决、回访客户抱怨。满意度提升小组每周召开一次例会，复盘抱怨点、关闭抱怨项。"站长罗祖建说，"管理团队每月也会研究典型案例，分析出改进方向，形成 PDCA 循环。"

3 月的江城，春雷乍动，暴雨来袭，客户曾师傅将他的东风天锦 KR 开进了湖北远东服务站。"快来帮我看看这边的车窗，怎么都关不上了！"一下车，他就拉住了维修技师，"我还有货没送完呢，能快点处理吗？"看出客户的急切，维修技师赶忙拿上工具查修，三下五除二就将问题解决了。

"不愧是阳光服务，又快又好！"在后续的回访中，曾师傅给出这样的评价。1—3 月，湖北远东服务站客户满意度同比提升 8%。

不仅如此，湖北商代处还大力推广营销协同服务协议和"订金 N 倍膨胀 东风九重礼让"新春订货会等活动，以可靠、实惠的后市场产品助力整车销售。

——资料来源：北京蓝色阳光文化传播有限公司，第一商用车网官方号，2023-3-27，有删减

✏️ **引导任务**

谈谈你对销售区域管理的理解。

4.1　认识销售区域

4.1.1　销售区域的含义及设立意义

1. 销售区域的含义

销售区域也称区域市场或销售辖区，是指在给定的一段时间及特定的地理范围内，分配给一个销售人员、一个分销点或者是一个分销商的一群当前及潜在顾客的总和。这个概念强调的是顾客而不是地理范围。销售区域所指的"顾客"，就公司的销售部门、销售人员而言是指本公司商品的经销商和分销商；就批发商而言，是指向他进货的其他批发商和零售商；就零售商而言，是指购买该商品的消费者。

销售区域可以有地理界线，也可以没有地理界线。企业一般将总体市场分为多个细分市场，通过分析企业自身优势，估计各个细分市场的潜力，选择目标市场，进行市场定位。一个销售区域可以被认为是一个细分市场，可以按照地区划分，也可以按行业划分，按产品划分，按客户名单划分等。

2. 销售区域设立的意义

销售区域设计与管理是企业销售组织战略得以实现的关键因素。建立销售区域是企业加强销售管理十分重要的一环。

（1）有利于全面覆盖市场，落实企业总体销售目标。

由于目标市场的每一个销售区域都由专人负责，所以不会有被忽略或被遗忘的销售"死角"，能够全面覆盖市场。通过销售区域的设置，可以把企业的整体销售目标（销售

量、销售额、市场开拓、新客户开发数量、货款回收、利润等）层层分解，从而使整个销售系统任务明确。而且，给每位销售人员规定严格的销售区域，并严禁窜货，销售人员会更努力地开发自己的区域市场，可以更好地挖掘所负责的客户的需求。

（2）鼓舞销售人员的士气。

销售人员是他们所负责的销售辖区的业务经理，负责保持和增加销售额。根据赫茨伯格的双因素理论，工作本身是主要的激励因素之一。对销售人员也是同样的，最主要的激励来自其销售工作本身，也就是销售工作的业绩，即工作本身的成就感和由此带来的经济收入的增加。当销售区域建立好了之后，销售人员会产生强烈的主人翁意识，会认识到他要对属于自己区域的结果负完全责任，就会更好地致力于提高工作效率，安排好访问路线等。当然，在设计销售区域的时候也要考虑到，销售区域的好坏也会造成销售人员收入的悬殊。

（3）提高销售服务质量，提升客户关系。

销售人员对辖区客户的定期访问会得到客户的信任。建立销售区域，把整体市场划分为较小的区域，可以改变企业销售管理上粗放式的经营管理方式，从而大大提高销售人员在其工作区域内的服务质量。首先，销售人员可以更快地熟悉区域内的环境，努力开发新客户，发现更多的销售机会。其次，销售人员可以更快地熟悉区域内的顾客，了解顾客的情况，定期较高频率地访问区域内的客户，对老客户进行深度营销，与之保持良好的关系。最后，销售人员可以更有效地改善区域内的市场服务，及时处理销售过程中的各种问题，提供优质的服务，使销售工作更加顺利地进行。

（4）建立有效的销售业绩控制机制。

把整个市场划分成不同的销售区域后，企业对销售人员的业绩评价和业务控制简便易行。企业在不同的区域市场中竞争地位是不一样的，如果对不同的区域市场用同一种标准评价销售业绩，对销售人员来说是不公正的，从销售管理上来说也是不科学、不严肃的。根据企业在不同销售区域的竞争现状，应分别制定相应的评价标准，建立有效控制机制，按不同的销售区域来分析评价销售状况和费用水平，在此基础上进行不同市场之间的比较，这样的机制比较科学，而且销售人员也比较容易接受。

在业务控制上，企业通过比较区域市场之间的市场占有率等数据，了解不同区域的竞争状况，在参与竞争中对不同区域有针对性地采用竞争策略。科学合理的销售区域的设置使评价和控制更切实可行，销售管理更行之有效。

（5）合理控制销售成本，降低营销费用。

科学合理设计销售区域的一个重要目的是合理控制销售成本。由于区域范围相对较小，因此在广告费用、促销费用的安排上能够更加合理，更加有针对性，运用更加有效。每一个销售区域都由指定的销售人员负责，销售人员能更加合理地设计对客户的访问路线，更加有效地分配对客户的访问时间，可以避免对客户的重复访问，减少销售人员在访问途中的时间，减少旅行和住宿费用等，从而降低销售成本。不仅如此，一对一的访问还有助于在客户心目中树立起统一的企业形象。

销售区域管理是企业销售战略得以实施的关键因素，是企业销售管理的重要组成部分。合理划分销售区域不仅可以节约销售成本，还可以节约销售人员的时间，提高销售人员的效率。企业管理层必须学会如何设计销售区域和分配销售时间，站在企业整体立场上对销售区域进行管理。

4.1.2 销售区域的分类

一般来说，销售区域的划分主要有以下几种方法：

1. 按地理区域划分销售区域

很多企业是按地理区域（以省、市、县为单位）来划分销售区域的，用这种方法划分销售区域的优点很多。第一，地理区域已经存在，不需要再花太多的人力、物力、财力和时间去研究。第二，消费者对很多产品的需求带有很明显的地域色彩，因此许多企业在产品的营销上往往以地理区域为基础。第三，很多产品需要生产厂商提供各种类型的服务，如技术服务、送货服务、促销服务等，按地理区域提供服务就可以减少企业派出技术人员的数量。可以分区设置中转仓库，减少不合理运输，及时为客户送货上门。因此按地理区域设置销售区域使企业能为客户提供更周到的服务。第四，我国区域性的中间商特别多，在某一区域内它们往往占有绝对的竞争优势，作为生产企业必须以区域为单位派出销售人员，以密切与中间商的关系。第五，有利于节省交通费用。由于每个销售人员的销售范围相对较小，交通费用自然也相对较少。

按地理位置划分销售区域包括以下两种情况：

（1）按大区划分为东北市场（黑、吉、辽、蒙）、西南市场（云、贵、川、渝）、华东市场（苏、浙、皖、沪）、华南市场（粤、琼、闽、桂）、中南市场（湘、鄂、赣、豫）等。也可以按省、市划分销售区域。目前很多大公司是以省、市为单位划分销售区域的，原因有两个：一是一些基础资料比较容易得到，如人口、购买力的统计资料，用这些资料来评估销售区域的销售潜力，比较可靠，容易把握；二是区域边界明确，理论上不容易产生区域之间的业务摩擦。

（2）按邮政编码划分销售区域。在一些特大型城市（如北京、上海、广州等），如果把它们也作为一个销售区域，由于范围太大、人口太多，显然是不合适的，因为在日常销售管理中不好控制，销售业务也很难开展。以邮政编码划分销售区域，就体现出它的优势：一是比较方便，简单易行；二是相同邮政编码的区域，往往具有类似的经济特征。

在具体拟定一组销售区域时，不能生搬硬套，还要结合实际情况，遵循一些原则来划分。这些原则包括：地区易于管理；销售潜力易于估计；可使出差时间减至最少；能为各销售代表提供足够的、相等的工作量和销售潜量。

2. 按客户划分销售区域

按客户划分是指企业将其目标市场按客户的属性进行分类，不同的销售人员负责向不同类型的客户进行销售。

客户的分类可依其产业类别、客户规模、分销渠道等来进行。根据用户类型、用户规模划分销售区域，使用不同的销售人员，使销售人员能够深入了解所接触的客户的需求状况及所需解决的问题，以利于在销售活动中有的放矢，提高成功率。但是当同一类型的客户比较分散时，则会增加销售人员的工作量，增加销售费用，影响销售业绩。因而按客户划分销售区域通常适用于同类客户比较集中的产品销售。

3. 按经济贸易区域划分销售区域

按经济贸易区域划分销售区域有两种形式：一是以区域性经济中心来设置销售区域。这是一种经济区域和地理区域兼顾的销售区域设置方式，以考虑经济区域为主。二是以贸易区域划分销售区域。很多企业特别那些依赖大批发商进行销售的生产企业都或多或少采用这种销售区域划分方式。这是基于经济上的原因，而不是地理上的原因。贸易区域的设计是考虑批发商、零售商及消费者的行为而设计的。

按经济贸易区域划分销售区域，企业可以将消费习惯、消费能力等因素相同的地区予以整合，成立销售分公司，既降低了销售成本，又使企业的销售更具有针对性和实效性。同时，企业可以利用经济贸易区域核心城市的辐射作用，带动周边区域的其他城市联动消费，形成统一的消费习性，建立同质的消费倾向。

4. 按产品划分销售区域

按产品划分销售区域是指企业将销售区域按产品分成若干类，由销售人员负责销售其中一种或几种产品。例如，食品企业按照方便面、茶饮料、乳制品、纯净水来划分。

5. 综合划分销售区域

在现实生活中，企业往往采用多种方式来划分销售区域。例如，银行在各地区设分行与支行是按照地区划分的，而各分行与支行内部仍按客户类型来划分。

🖐 **情景体验4-1**

A太阳能有限公司于2005年3月成立，其业务主要包括太阳能热水器（家庭热水解决方案）、太阳能热水系统（单位集体热水解决方案）、太阳能空调等。经过多年的快速发展，该公司已经成为全国太阳能行业的知名企业，产品广泛销往全国各地。

该公司刘总根据公司的发展前景要求，制定了公司销售业绩考核方案，将公司的销售区域按省划分，设立31个分公司，以上海、重庆、西安、北京、广州5个城市为中心城市，统筹管理各个分公司。按照公司销售业绩考核方案的要求，每个分公司必须完成年销售额2 000万元人民币方视为考核合格；公司对考核优秀者，将给予5%~10%不等的利润提成。公司规定，凡是业绩在前3名的分公司的销售经理，公司将予以提职；对于考核不合格者，公司将扣除其奖金，并予以警告，直至开除。

方案实施以后，先后有3名分公司经理得到提职、10多名分公司经理自动离职，公司的整体销售额不但没有提升，反而日趋下降。

情景讨论：

1. 为什么公司的销售业绩考核方案在实践中遭受挫败，失败的症结在哪里？
2. 如果不是销售业绩考核方案的问题，公司的销售区域划分合理吗？其标准是什么？

4.2　设计销售区域

4.2.1　设计销售区域的原则

最理想的销售区域设计是公司内所有销售人员都应有一个公平的市场潜力和工作量，使每个销售人员有足够的销售潜力取得合理的收入，使销售人员认识到销售区域的分配是合理的，使销售人员有足够的工作量。这样，在销售潜力相等的情况下，容易合理地评价和比较销售人员的业绩。但是这些目标在现实中很难同时达到。在实际过程中，销售区域的设计应遵循以下四项基本原则：

1. 公平合理原则

销售区域设计的首要原则就是要公平合理、机会均等。这一原则要求所有销售区域应具有大致相同的市场潜力，所有销售区域工作量应大致相等。只有在市场潜力大致相同时，不同销售区域的销售人员的业绩才有可比性。而所有区域工作量大致相等，则可避免贫富不均，减少区域优劣之争，提高销售团队的士气。

2. 可行性原则

销售区域设计的可行性原则，一是销售区域市场要有一定的潜力，销售经理要了解市场潜力在哪里、有多大，如何做才能使市场潜力变成销售需求，实现销售收入；二是销售区域的市场覆盖率要高，销售经理要明确与客户联系的合适方式，与企业的每一位潜在客户进行联系；三是销售区域的目标应具有可行性，一定要设立销售人员经过努力可以在一定时间内实现的目标。

3. 挑战性原则

销售区域的设置应该有挑战性，使销售人员有充足的工作量，同时保证每个销售区域有足够的销售潜力，确保销售人员能够通过努力工作取得合理的收入。要实现工作目标，每一个销售人员必须充分发挥自己的聪明才智，具备不屈不挠的精神，并为之付出艰苦的努力。

4. 目标具体化原则

销售区域的目标应尽量数字化、具体化、容易理解。销售区域目标一定要明确，销售主管一定要使每一个销售人员确切地知道自己要达到的目标，并且尽量把目标数字化。这既有利于销售经理进行日常管理，又能使销售人员比较容易理解和把握。

4.2.2　设计销售区域的步骤

企业生存的环境是经常变化的，市场潜力、竞争对手、销售人员工作负荷和预计销售前景对公司的区域结构都有影响。因此，企业必须根据环境的变化不断调整销售区域。销售区域的设计过程一般包括以下几个步骤，如图 4-1 所示。

图 4-1　设计销售区域的步骤

1. 划分控制单元

设计销售区域时，第一步就是划分控制单元，也就是将整个目标市场，如国内市场、国际市场、地区市场，按照一定标准划分为若干个控制单元。

划分控制单元时常用的标准是现有客户数和潜在客户数。利用现有客户数可以很好地估计目前的工作量，而利用潜在客户数能够预测未来销售发展潜力。此外，地理面积、工作量等也可以作为控制单元划分标准。企业还可以根据本企业实际情况设计划分控制单元的标准。

控制单元应该尽量小一点，小的控制单元有助于管理层发现销售区域的销售潜力，进行区域调整。常用的控制单元是省、市、县等行政区域或者是邮政编码区域单位。典型的销售区域可由几个控制单元组成，如一个区域可能由三个市组成，另外的一个区域可能由四个县组成。

2. 确定顾客的位置和潜力

划分好控制单元后，管理层就应该对控制单元中的现有客户和潜在客户的分布和购买潜力进行调研和分析。首先管理层通过以往的销售资料识别现实顾客的分布；通过国家机关或信用评级等有关机构，杂志、报纸、电视等有关媒体，分类电话簿、互联网等有关外部渠道，识别潜在客户的分布。然后评估企业期望从每个客户那里获得的潜在业务量，按照可获得潜在利润的大小对客户进行分类，为确定基本区域提供必要的资料。

3. 确定基本销售区域

确定基本销售区域通常有两种方法，即合成法和分解法。合成法又叫自下而上法，是由小的地理单位合并为大的地理区域。合成法特别适合于消费品厂商或者实行密集分销的公司。分解法又叫自上而下法，是根据销售潜力把整个市场分解成为近似相等的细分市场，以便使各个区域的销售潜力相等。分解法特别适合于工业品厂商或者实行选择分销的公司。

（1）合成法。合成法把基本控制单元合并成为销售区域需要考虑几个变量，例如顾客的消费类型，拜访频率，每个控制单元的拜访总数，销售人员的工作负荷能力等。合成法的基本步骤如下：

①分析目标客户。管理层可以根据以往的销售数据，结合客户不同的需要和特点，把顾客划分为若干类，每一类客户采用不同的销售策略。

对客户进行分类，一般采用的方法是用客户 ABC 分类法，其分类标准应结合企业实际确定。一般情况下，A 类客户为大客户，虽然数量较少，但其购买量较大，这类客户一旦失去，对公司销售业绩影响很大。B 类客户为中客户，数量居中，购买量也居中。C 类客户为小客户，数量虽多，但通常购买量很小。

但在一些工业商品销售中，或直复营销的销售形式中，一般不对客户分类，而假设客户都是相同的，对所有客户采取相同的销售策略。

②确定最佳拜访频率。拜访频率受许多因素的影响，如销售潜力、产品性质、顾客购买习惯、竞争特性和顾客访问成本等。因此拜访频率取决于顾客的可盈利性。最佳拜访频率的具体数值可以由管理层来判断确定或者建立数学模型计算出来。一般情况下，大客户需要 1 个月访问 1 次，中客户需要 2 个月访问一次，小客户需要一年访问 2 次。

③确定每个控制单元的拜访总数。每个控制单元的拜访总数等于控制单元中客户的数量乘以该客户的拜访次数。

④确定工作负荷能力。销售人员的有效拜访次数受到一次访问的平均时间和相邻两次访问中间的旅途时间两个因素的影响。销售人员每天拜访的平均次数乘以一年的拜访天数，就可以得出这个销售人员的工作负荷能力。

⑤初步组合销售区域。依照划分标准将每一个控制单元组合到相应销售区域，初步形成销售区域。如以客户数量为标准，要考虑各区域之间客户数量的平衡，将邻近的控制单元组合到该区域中。销售区域内各控制单元中，一年中需要拜访客户总数等于一个销售人

员所能进行的拜访总数(即为前面所说的工作负荷)。

⑥根据需要调整销售区域。在初步组合销售区域后,各个销售区域依据某一划分标准已经达到平衡,但这种基于一个标准的平衡还是不够理想的,需要在兼顾其他标准的基础上进一步调整,使之达到更高要求。比如,初步组合的销售区域具有大致相等的客户数,但是各销售区域的地理面积悬殊,销售经理希望各区域在客户数基本相等的同时,地理面积也大致相当,以平衡各区域的工作量。为此,他可以从客户规模大的销售区域中,选择一个地广人稀、客户较少的控制单元,将该控制单元重新划分给一个地理面积较小的区域,以达到新的平衡。如果面积大的区域正好与面积小的区域相邻,而且符合条件的客户正好处于两区域的交界处,新的平衡就很容易实现,否则,就可能要同时调整好几个区域才能达到平衡。

(2)分解法。分解法要求销售经理首先估计出销售量,然后分解为销售人员配额。具体步骤如下:

①确定总的销售量。通过开展市场调查和市场预测,在确定公司经营目标的基础上,进一步确定公司的总的预期销售量。

②确定每个控制单元的销售量。管理层可以采用层层分解的方法来把总的销售量分配到各个控制单元中去,从而得到每个控制单元的销售量。

③确定每个销售人员的平均销售量。为了达到赢利的目的,管理层必须确定每个销售人员必须完成的销售份额,这就涉及销售人员的销售经验和成本分析等。

④确定销售区域。总销售量除以销售人员的平均销售量可以得到销售区域的数量。这一步主要是要分解总体市场,按照销售人员都具有平等销售潜力的原则,划分销售区域,使每个销售人员拥有相等的市场潜力。因为每个区域的控制单元的销售量已经确定,管理层需要做的就是为每个销售人员分配足够数量的相邻单元。在这里,区域潜力应该等于或者大于每个销售人员的销售能力。

⑤根据需要调整销售区域。要保证市场潜力和工作负荷两个指标在所有销售区域的均衡,对初步设计方案进行调整是非常重要的。

4. 分配区域销售人员

一旦确定销售人员,管理层就可以把单个销售人员分配到各个地区。不同的销售人员在销售能力和工作效率方面存在着明显的差异。在任何一个销售队伍中,销售人员的工作效率都可能不同,他们在销售经验、技巧、年龄、身体状况、能动性等方方面面都会存在差异。销售经理应意识到,销售区域有好、中、差之分,销售人员也有好、中、差之分。同时销售区域及销售人员都有各自的特点,即使两个区域的销售潜力完全一样,一个销售代表可能在一个区域获得成功,但在另一个区域却遭到失败。要把销售区域与销售人员结合起来,使销售人员发挥最大的作用。例如,如果销售区域内的顾客大多数是文学家、艺术家,那么具有文学艺术修养的销售人员的工作效果可能会更好。

对于销售人员的分配,因为其对象是个体素质差异显著的销售人员,故而并不是单纯依靠历史数据和计算模型就能够解决的。对于那些有经验、有开拓精神的销售人员,如果被困在一个市场潜力差的销售区域内,他们会因缺乏机会而无法施展才能。如果换个新人来代替他,新销售人员在这里可以得到一个极好的学习机会,而有经验的销售人员可以派往最需要开拓的销售区域。对于市场需求仍在增长的销售区域,如果配置一个满足现状的销售人员，他可能不会积极地利用市场给予的好机会，最好把他派往成熟的、低增长的销售区域，既满足他的需要，又符合公司利益。同时分配一个积极进取、寻求发展机会的销售人员到这样的区域工作。对于面积小、市场需求密集、占有率高、潜力有限的区域，比较适合年龄较大的销售人员。

在实际应用中，许多企业将销售区域划分为大、中、小三种规模，将小区域分配给缺乏经验的销售人员，中等区域分配给有经验的销售人员，而将大区域分配给经验丰富、技巧成熟的高级销售代表。这样做既可以调节上面所说的销售人员的差异，又可以给管理层管理销售队伍带来便利。需要说明的是，这种做法并不是对销售区域设计方案的否定，同等规模的销售区域仍然有同样的要求，所以在大、中、小规模的区域设计中仍然要用到以上所说的方法。

5. 调整销售区域

随着公司和市场的不断变化，销售区域就有可能会变得不合时宜而需要进行调整。在实际工作中，随着公司规模的扩大，公司需要大量的销售人员来占有市场。当某区域的市场需求快速增长，大量的潜在客户涌入市场，以至于销售人员只能做表面的维持工作，而不能进一步地开拓市场。例如，在一个销售潜力快速增长的区域里面，某个销售人员的销售额在两年里面增长了45%，表面看是全公司增长水平最高的，但是，在这两年时间里，该销售区域的销售潜力增长了100%。由于该销售区域的迅速变大，该公司已经开始失去原先的市场份额。当区域销售人员的增多无法与销售区域的变化同步时，销售人员倾向于利润较高的工作而忽略了其他的工作，如宣传、寻找新客户等。此时，公司不得不重新分配销售力量。有时候，销售任务也会发生变化。比如顾客要求要有越来越多的附加服务，这样销售人员的销售时间就变少了，原来的销售区域的工作量便发生了变化，管理层可以缩小销售区域，并且增加新的销售人员，以便达到对原来的销售区域进行调整的目的。

此外，销售区域可能因为变小而需要调整。如果销售区域过小，或许是原来设计的问题，也可能是因为市场状况的变化或主要客户的重新定位，这样销售人员为了提高自己的销售业绩，就会越过自己的边界到别人负责的区域里面进行销售，造成区域侵犯的现象，给公司带来负面效应，如增加成本、降低效率、降低士气等。当发生区域侵犯的时候，进行区域调整就显得越发重要了。

片区经理如何凯旋

无论怎样调整区域，销售经理都应该坚持区域设计的合理性原则。在区域调整时，既要考虑公司利益，又要注意销售人员的意见，两者结合起来，才能达到区域调整的目的。

📝 情景体验 4-2

某企业要对广东市场设计销售区域，假设公司有10个销售员，每个销售员销售预测年销售额为200万元左右，实际能力有待考核。如果你是销售经理，你该如何设计销售区域？

市场潜力预测如下：广州450万元，深圳600万元，佛山100万元，东莞100万元，惠州80万元，中山80万元，珠海60万元，江门50万元，湛江60万元，阳江50万元，茂名50万元，云浮30万元，肇庆60万元，清远40万元，韶关60万元，河源30万元，梅州40万元，潮州40万元，汕头60万元，揭阳20万元，汕尾40万元。

4.3 销售区域战略管理

4.3.1 销售区域战略管理的概念

销售区域战略管理是指为实现企业整体销售目标，把握市场机会和实现商品交换而进行的，包括划分销售区域、开拓区域市场、协调区域市场、控制销售活动等一系列具体管理活动的过程。这一过程也是实现销售商品、取得销售收入、扩大市场份额的过程，是站在企业整体立场上对销售区域进行的管理。

4.3.2 销售区域战略管理的内容

1. 正确规划销售区域

我国是一个幅员辽阔的国家，各个地区在自然条件、风土人情、经济文化水平等方面都存在着很大的差异。销售区域的划分将影响企业的整体运营效率和各个销售区域的效率，因此，必须引起管理人员的足够重视。一般情况下，销售区域的划分是由企业的经营规模决定的，较小的企业销售区域划分得比较粗、范围比较大，而经营规模较大的企业的销售区域划分得比较细、范围比较小。

2. 确定每个销售人员的责任辖区

在企业依据一定的标准划分设计好销售区域后，就要根据对这些销售区域的认识和了解，结合自身企业的资源状况，确定即将进入的销售区域。企业确定要进入的销售区域也叫作目标销售区域。在选择目标销售区域的时候，要考虑以下因素：

（1）各销售区域市场容量及潜力。销售区域中某一种商品的潜在需求量可用以下简单的计算公式：

$$S_1 = f \times P_1 - f \times P_0 \tag{4-1}$$

式中，S_1 表示市场的潜在需求量；f 表示消费者的数量；P_1 表示销售率可能达到的普及率；P_0 表示现有的普及率。

以销售区域的电冰箱市场为例，该地区现有 5 000 万人，以每户 5 人计算，共有 1 000 万户。如果 2022 年的电冰箱普及率为 20%（城市与农村平均数），2023 年要达到 25%，则 2023 年电冰箱的潜在需求量为：

$$S_1 = (1\ 000 \times 25\%) - (1\ 000 \times 20\%)$$
$$= 250 - 200$$
$$= 50(万台)$$

在计算出销售区域潜在需求量后，还要计算在这一区域市场上本企业可能的销售量，可用下列公式计算：

$$S_0 = S_1 - (Q + M - X) \tag{4-2}$$

式中，S_0 表示本企业在市场上可能销售量；S_1 表示当年市场潜在需求量；Q 表示当地其他同类企业总产量；M 表示当年从外地或国外进入的数量；X 表示当地市场产品调出数量。

由上面计算已知 2023 当地市场电冰箱的潜在需求量为 50 万台，本地当年产量为 20

万台，从外地调进及国外进口为34万台，调出为8万台，则：

$$S_0 = 50 - (20 + 34 - 8)$$
$$= 50 - 46$$
$$= 4(万台)$$

在计算销售区域市场上的需求潜量时，还可以采用"连续比率法"。例如，某企业新生产某种饮料，估计在当地市场的需求潜量为：某种饮料的市场需求潜量=人口×每人可任意支配收入×可支配收入中用于食品的平均百分比×在食品的花费中用于饮料的平均百分比×在饮料中该饮料可能达到的市场占有率。

（2）地理位置。一般来说，企业对本地市场及周边市场比较熟悉和了解，容易控制和管理，是上上之选。

（3）各个销售区域的竞争状况。企业选择目标销售区域市场时不仅要看市场是否存在未满足的需求，是否有一定的购买力，还要了解竞争对手是否已经完全控制了市场。如果竞争者尚未完全控制市场，那么，企业选择这种目标市场才有实际意义。进一步说，虽然竞争者已经完全控制市场，但如果本企业有条件赶上或超过竞争者，那么也可将此作为企业的目标销售区域市场，并设法打入这一市场，提高市场占有率。总之，各个销售区域的市场竞争激烈程度是不一样的，一般应本着先易后难的原则，从市场的缝隙入手，逐步发展自己的企业。

（4）企业的自身资源状况。除了要考虑各个销售区域的市场特征之外，还要考虑企业自身实力，因地制宜，量力而为。企业实力主要包括财力、生产能力、销售能力及对销售活动的管理能力。

总之，企业要根据市场的实际情况和自身的竞争优势来选择目标销售区域。各个销售区域对企业的重要性是不同的，在确定目标销售区域之后还要将各个区域的重要性排出优先次序。首先将存在现实需求与潜在需求的所有销售区域找出来，确定为首选区域，其余区域作为备选区域。其次，在首选区域中将企业目前销售能力所能达到的区域作为目标销售区域。再次，将目标区域中本企业存在局部优势的区域确定为重点区域。最后，将重点区域中的重点即企业当前的基础区域确定为关键区域。这样，各个销售区域的优先次序从低到高依次为备选区域、首选区域、目标区域、重点区域、关键区域，各个销售区域的重要性决定了企业分配自身资源的顺序。

3. 设计销售人员责任辖区的销售路线

（1）销售路线的功能。

销售路线是指销售人员每天或每月按照一定区域内的路线，对客户加以巡回拜访，以便完成每天或每月所定的销售目标。设计并采用"销售路线"做法，具有以下功能：

①掌握每一经销店、零售店的销售态势与销货量的变化，作为设定未来销售目标的基础。

②作为新产品上市及实施促销活动的路线及经销店、零售点选择的基础。

③对客户提供定期、定点、定时的售前售中售后服务。

④作为铺货调查的依据，能彻底了解经销店、零售店的存货周转及其消化速度。

划分销售区域后销售人员必须对自己区域内的客户加以有效管理，依据各个客户的重要程度的不同、任务的不同等来安排销售拜访。一个销售人员一般负责多个客户服务。客

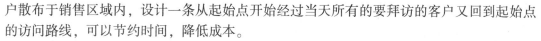

户散布于销售区域内，设计一条从起始点开始经过当天所有的要拜访的客户又回到起始点的访问路线，可以节约时间，降低成本。

（2）设计方式。

为了合理规划路线，销售人员可将所在区域的商业地图备齐，然后绘制出销售人员所在销售区域的地图。再将销售区域内各个当前客户和潜在客户一个一个地照实际地理位置标在图上，并在图上用不同的颜色标出竞争对手的经销店和本企业的经销店，绘制出销售区域的位置图。根据此地图就可以估算出本企业在此销售区域内的市场竞争力的强弱。有了销售区域位置图后，销售人员就可比较容易地规划出自己的走访路线。有效的访问路线设计方式如下：

①直线式：采用这种形式，销售人员从公司出发，沿途拜访所有客户，然后按原路或其他路线直接返回公司。

②跳跃式：采用这种形式，销售人员从离公司最远的客户开始访问，然后在回公司的途中对其他客户进行访问。下一次访问可以从相反的方向进行。

③循环式：采用这种形式，销售人员从公司开始，按圆周形式访问一圈，结束访问时正好回到公司。销售人员可以设计规模不同的循环式路线。

④三叶式：采用这种形式，与循环式相似，只是把销售区域细分成一系列叶片形式，销售人员每次访问一个叶片区域。

⑤区域式：它不是真正的路线设计技术，而是时间管理技术，可以避免重复访问，以节约时间。

借助计算机技术，人们已经设计出了大量的计算机模型，用来帮助管理层确定一条时间及成本最小化的路线。

情景体验 4-3

小王是 A 太阳能品牌海南省区的销售经理，由于海南是较晚开发的一个省，整个业务基础比较薄弱。小王的销售团队将海南省划分为三亚、东方、琼中、澄迈、文昌 5 个销售区域，并期望依托这 5 个区域的经销商将太阳能产品延伸到零售网络，扩大终端销售。海南分公司的目标是第一年内培育 60 家经销商，每个经销商掌握 60 个零售店。除销售方面的各项数据指标外，海南分公司还设置了销售区域的其他指标。

情景讨论：

1. 小王的销售团队如何进行销售区域的开发呢？

2. 为了提高销售区域的工作效率，销售团队该如何高效利用时间呢？

4.3.3　开发销售区域

1. 销售区域的 SWOT 分析

首先要了解本企业在这个地区内的优势（Strengths，S）和劣势（Weaknesses，W），所面临的机会（Opportunities，O）和威胁（Threats，T），以及与竞争对手的关系，也就是说，必须先认清市场的占有模式，明确其到底属于分散型还是相关寡头垄断型。其次，要确定本企业到底是强者还是弱者，因为两种情况下的作战方法截然不同。再次，要根据本企业的资料进行销售分析，对产品销售额、产品毛利率、客户别销售金额及毛利等都了如指掌。

最后，对往来客户，特别是信用有问题的客户，每月都要切实分析，掌握其动态。

2. 销售区隔化

一般销售区隔化遵循以下原则，销售人员对每项原则都要有深刻、清楚的认识，以利目标销售区域开拓战略的实施。

(1)顾客为何购买？这是购买动机区隔原则。

(2)顾客在什么时候需要购买哪种产品？这是购买时机区隔原则。

(3)哪些顾客在购买？这是交易主体区隔原则。

(4)顾客购买哪些产品？这是交易客体区隔原则。

(5)顾客在哪里购买？这是交易地点区隔原则。

(6)顾客用什么方法购买？这是交易方法区隔原则。

3. 设定销售区域目标

具体而言，设定销售目标就是对顾客进行地区、行业、性别、年龄的分层，对这些顾客分别设定销售量及毛利目标，并将目标具体地分配给每一个销售人员。目标必须以数量的、货币价值的计数方式来表示，目标的分配务必清楚、具体，使销售人员都能随时铭记在心，随时展开行动。同时还要设法扩大销售、提高毛利、节约销售费用，以期获得最大的成果。

4. 让业务员知道销售目标

作为销售经理，在开发销售区域的过程中，一定要明确告知销售人员所负责的区域内必须完成的销售额目标、毛利目标、每天平均访问客户数、新客户开拓数、回款率等，以免造成销售人员责任感不强，开发力度不足。

5. 采取推进策略或上拉策略

推进策略是指企业把产品信息推向批发商和其他中间商，由中间商再推荐给消费者。

上拉策略是指企业在传播媒介上宣传产品，激发消费者的购买欲望，零售商为满足消费者的要求，向批发商订购产品，批发商再向生产商订购产品。

一般来说，如果企业品牌知名度很高，批发商力量薄弱，适宜采用推进策略，要多雇佣销售人员，积极建立销售网络和铺货；如果企业品牌知名度很低，销售网络很健全，适宜采取上拉策略，应有效利用电视或其他媒体进行宣传，提高企业及产品知名度和美誉度。

6. 努力开发新客户

销售区域内新客户的开发和渗透是提升市场占有率的有效手段。作为区域销售经理，开发新客户需要遵循"MAN"原则，也就是寻找同时具备以下三个条件的新客户：M(Money)，代表"金钱"；A(Authority)，代表"购买决定权"；N(Need)，代表"需求"。

7. 积极应对竞争对手

销售经理应该指导区域内的销售人员积极应对竞争对手，攻击实力最强大、最具竞争力的对手的弱点，攻击规模不足以巩固其市场且财力不足的对手，攻击行销能力与财力不足的地区性小企业。

8. 利用销售地图进行管理

要巧妙地管理某一对象，适当的管理方法是不可或缺的。建议设置一间可以用眼睛来管理的作战室，只要踏进这间屋子，经营的各种情况即可了如指掌。在作战室里，重要的管理工具之一就是销售地图。在黑白地图上填上客户层分布情形、竞争者的据点分布情形、重点地区、访问路线、人口、普及率、市场占有率等。地图上填上顾客分布情形、据点分布、重点地区、访问路线、人口、市场占有率等内容。比如可以根据市场占有率的数据，将各地区涂上不同的颜色：40%以上用红色，35%用橙色，30%用黄色，25%用绿色，20%以下用蓝色，10%以下的用白色。红色表示大客户，橙色表示次要客户，蓝色表示冷淡的顾客，白色表示无关系的客户。销售区域开发应由"蓝→白→橙→红"的方向努力。

9. 把握市场开拓的节奏与速度

市场开拓要求企业管理者意识超前、目光敏锐、反应迅速，在开拓时考虑企业自身实力和可持续发展的要求。企业开发市场的速度和节奏既不能太慢，又不能太快，而是应该在企业能够有效控制的范围内。大多数优秀企业在开拓市场的时候是十分谨慎的，往往是成熟一个，发展一个，巩固一个。比如，可口可乐 1985 年在上海设立第一家合资企业时，将经销商严格锁定在江、浙、沪三个地区，直到 12 年后才开始在东北设厂。也有的企业缺乏严密的组织部署，逞一时之勇盲目冒进，在"井喷"式的发展后，"雪崩"式地倒塌。

不去开拓新市场而任其自然松懈下去，一年内就会损失 20% 的客户；每年开拓 20% 的新客户，才仅够维持现状。因此开拓新客户是维系企业生存的一项永无休止的活动，对潜在客户的开拓，必须连续不断地展开。

10. 区域市场的维护与巩固

创业难守业更难，企业挤进某个区域市场已经很不容易了，要维持稳定的市场份额更是难上加难。一般情况下，潜在危险可能出现在人(销售人员、客户、经销商、代理商等)、财(货款回收、价格制定)、物(商品的存储、运输、调剂、配送等)管理的各个环节。近年来，我国有的企业在这方面也出现了一些问题，主要有对销售队伍的管理和控制、铺货与窜货、货款回收困难等问题。

📋 情景体验 4-4

小林是一家矿泉水企业的员工，最近企业机构改革，重组了市场部，通过竞岗，小林成为市场部经理。企业目前主要生产桶装水，是这个地区的第一家矿泉水生产企业，但因这几年的市场变化，企业的经营观念没有改变，市场份额不断缩小，从几年前的 80% 缩减到今天的 18% 左右。小林与同事们共同研究，对企业做了一个 SWOT 分析。

优势(S)：

(1)经营团队；

(2)优质的产品；

(3)专业形象；

(4)独特卖点；

(5)能给经销商一定利润。

劣势(W)：

(1)因只生产桶装水，品牌在普通消费者中影响不大；

(2)竞争对手都有瓶装水，其品牌在普通消费者中影响大；

(3)销售网络不全。

机会（O）：

（1）总体市场份额在增长；

（2）竞争对手主要有两个，并且都是地区性企业；

（3）竞争对手注意力分散；

（4）不必再花成本构建销售网络。

威胁（T）：

（1）宏观经济不景气；

（2）竞争对手可能发起价格战。

通过SWOT分析，小林与同事把市场分成以下几个不同区域：

（1）企业所在的中心城市，也是另两家对手的所在地。这个城市人口众多，消费能力强，且对周边城市有一定的影响力。这里的经销商众多，本企业只占了15%，其他经销商可争取，但因是中心城市竞争激烈。

（2）工矿企业与学校都是一些大客户，大家都在争取。

（3）周边城市，市场过于分散，运行成本较高。

情景讨论：现在小林的难题是，要先做哪个市场？怎么去操作？

4.4 销售终端管理

销售终端是销售渠道的最末端，是厂家销售的最终目的地。销售终端管理承担着承上启下的重任，承上就是上联厂家、批发商，启下就是下联消费者。

4.4.1 销售终端货品管理的常见问题

1. 终端销售意识不强

国内一些企业对终端销售环节视而不见，认为太麻烦，太费事，不愿为此做出努力。还有不少企业宁愿一掷千金在广告投入上，注重所谓的轰动效应，而不愿采用更为节约的方式在终端销售上下功夫。不少企业在销售工作上还处于"粗放的"经营阶段，尚不懂得如何进行"精耕细作"。

2. 对终端环节的服务不到位

搞好终端销售，要求企业必须遵循市场营销原则，把终端环节的优质服务作为一项重要工作抓紧、抓好，诸如铺货要求、信息支持、管理帮助、促销配合、营业指导等，均应该进行认真研究和规划。服务不仅仅是销售部门的事情，它在很大程度上涉及企业的各个环节，因为必须在企业内部树立服务至上的理念。

3. 管理水平跟不上

管理水平跟不上的主要原因是从事终端销售人员的素质不能适应管理工作的要求。终端销售工作的管理不同于企业的内部管理，相比之下，终端销售的管理面对的环境更复杂、要求更高。对于许多企业来说，要组织一批擅长终端管理的人员并不是一件很容易的事。但无论如何，企业为了适应终端管理的要求，积极参与来自终端的销售竞争，必须在人才的培养方面下功夫，确保终端销售工作的顺利进行。

4. 对终端商家防范不严

一些终端商家不守商业信用，甚至采用转移地点、改头换面、蓄意破产、故意拖欠等方式逃避债务，使生产企业陷入困境。这就要求生产企业必须树立防范意识，并采取积极措施避免各类风险的发生。

4.4.2　销售终端货品管理的主要内容

·关于销售终端货品管理的工作，不同产品会有一些不同。下面以某专卖店的家居产品陈列为例，来介绍终端渠道货品管理的主要内容。

1. 产品店头工作

(1)销售点的设立。目前家居产品终端销售很多采用在大型家具商场如红星美凯龙、月星等设立专卖店的形式。商场是否设立在市中心或环线边、带有或没有停车场、离目标客户群体住处远或近，面积大或小，接近或远离换乘路线的方便与否，都是商场吸引人群的重要因素。如何在商场同类商品中获得优势，在同类产品中争取到更多的目标客户，必然成为关注的重点。首先要明确购物中心的顾客群体，即什么样的客户会在这样的购物中心购买家具，从而确定目标客户。

(2)销售点的设计。卖场的吸引力绝不只来源于其场地，店面的形象也是顾客最关注的因素，它包括店铺内、外布置，销售模式和服务提供，氛围营造。这些因素也是延长顾客在店内的浏览时间，并最终确定成交的关键。无论专卖店面积多大，我们都可以人为地把店面划分为形象区(货品手册架以及迷你版家居样品等)、货品陈列区(按产品风格具体分为个性区、高档区和新品推广区)、收银区等大小不同的区域。

品牌店面设计大体又可规划为以下几个部分：店面外观设计(门头及招牌)、橱窗设计、立面广告(包括大屏幕)、入口设计、门柱形象、内部空间分隔、人流走向设计、内部产品陈列搭配设计等。通常，卖场设计要基于一定的标准，业内人士普遍认可的原则是"标识高于卖场，卖场高于产品本身"。而一个卖场环境设计和谐与否关键是看其环境设计元素是否与产品特色适合，人流走向设计是否流畅，避免出现死角，以及很强烈的视觉不适感。针对不同的产品，卖场的布置具有不同的特点，沙发、床等单类产品要依据不同的产品材质、颜色等进行分区，而套房家具则在分区布置时要注意产品的配套性，尽量使成套的沙发、床、餐桌和柜类配合在一起，更好地营造温馨氛围。重点产品突出，做到主次分明、虚实相间，卖场的层次才能凸现出来。

(3)产品陈列设计。可按专区分类。

①开放式专区。四周开放，有圆柱形、方柱型和不规则型等，特点是顾客可以试坐或触摸到商品。

②端架式小区域。走道两边，特点是顾客可以触摸到商品，但陈列较为密集。

③封闭式小区域。用玻璃或其他广告画面材料将商品包封起来，特点是给人一种高档感，并能保护商品。

在产品陈列面积应用中，要做到：主推款60%，辅助款30%，精品款(促销款)10%。

(4)制造卖场氛围。卖场氛围是指通过灯光、饰品、色彩、音乐和气味设计一种环境，刺激顾客的知觉和情感反应，并最终影响他们的购买行为。许多零售商发现，营造商店的优美氛围可以补充商店设计及商品的不足之处。在整个专卖店内应提供均匀布置的背景照明，使整个展厅的各个部位都获得基本亮度的保证。目前的卖场大多采用金卤射灯和节能筒灯作为传达视觉要素的主要光源。尽量保证产品的各个角度都可以很清晰地呈现在消费者面前。卖场的色彩也是环境的重要组成因素。以不同的家具产品本身表现出来的色彩为依据，在进行环境设计时要尽可能衬托出产品的本色。如，原木本色店的色彩要尽量用一些比较沉稳的色彩，避免跳跃色；而一些板式家具或其他的带彩色的床、沙发等的店面设计就要考虑区域中色彩的搭配和谐。好的色彩搭配会营造出热烈、充满生机、富有个性的商业展示空间，使顾客增加购买欲。饰品的造型艺术和美学的运用是饰品这一事物的"特性"，而作为与家居卖场展示配套的饰品，在选择的时候，就不能从其纯审美意义上的意愿倾向来考虑，而应更多地使饰品的风格与家居系列产品的风格统一，以及考虑饰品所追求的整个卖场的效果。通过饰品的配置、摆设，强化家居产品的文化内涵和设计理念，增强对消费者的感染力，传达家居产品和展示所追求的意境。此外，个性化的休息区、店内宣传物，以及专卖店的音响及气味设计在家居专卖店的设计中也非常重要，因为个性化的休息区可以让客户在放松的情况下与导购员交谈，减少戒备心理，成功概率会高很多。

在终端卖场，产品及企业与消费者是零距离接触，产品也只有在终端卖场的角逐中制胜，才能完成使命。对产品的线性管理，不同的展示方式，不同的搭配方式带给顾客的感觉是不一样的，客户的态度也是大相径庭的。所以在家居产品的销售终端产品管理中，我们要争取按照"5S"管理方法，即整理（Seiri）、整顿（Seiton）、清扫（Seiso）、整洁（Seiketsu）、素养（Shitsuke）这种现代企业现场管理方法，提升卖场的环境质量、服务水平和员工素质。

2. 销售终端促销管理

家居行业的竞争已经不再局限于价格战，各大家居企业的品牌之间的较量日趋明显，家居企业想要在激烈的竞争中立于不败之地，还需不断创新，定位准确的战略方针，尤其是在终端销售市场要推陈出新，才能赢得消费者青睐。

在家居营销界有这样一句话"做终端是找死，不做终端是等死"，可见"终端"的重要性无法比拟，这句话也从侧面反映出了家居厂商对终端门槛日益增高的无奈。从当下情况来看，终端门店销售仍然是家居企业的主要销售渠道，作为吸引消费者的关键，家居企业在做好产品的同时还需做好展示。新款家居产品绝对不能随便摆设，要以新的产品理念去展示，家居设计师在这方面要下功夫，好的设计人员在这方面如果做得成功，就等于新产品推广成功了一半，因为好的设计效果是给顾客的第一印象，也有利于成交。

对于家居行业来说，在终端门店进行的促销是拉动销量、扩大品牌知名度的重要方法。但随着行业的发展，以往的促销手法越来越不奏效，千篇一律的促销口号和活动再不能调动消费者的购买欲，面对毫无改变的促销活动，经销商也会对门店的促销活动失去热情和积极性。

家居终端现场的促销活动要以吸引目标消费群为特色，讲解产品的"个性"，吸引现场消费者。鲜明的活动主题、有良好互动性的活动形式以及生动有趣的现场活动在打动消费者的同时还需符合区域市场的特色。只有如此才能激发消费者的兴趣，提升参与度，最终达到品牌宣传和推广的目的。

情景体验 4-5

某个经销商代理了一款饮品，在区域市场处于铺市初级阶段，让公司的销售人员进行广告宣传预热和消费者免费品尝等工作，然后开始有选择性地进行铺货。该区域市场的 A 终端店主在听取了公司销售人员小李的介绍以后就进了 10 件货。小李在该店不但做了柜台陈列、冰点陈列，还做了割箱陈列和广宣物料布置，进店后还在该店做了店内免费品尝，结果 A 终端进的 10 件货还没有一周时间就销售一空。A 终端店主对该经销商代理的产品和销售人员小李评价就很高，于是开始第二次、第三次……持续补货。

相反，该市场的 B 终端店主也通过经销商在铺货初级阶段进行的广宣预热和消费者免费品尝等对该产品产生了"事前期待"。然后通过负责该区域的销售人员小王进了 10 件产品。然而销售人员小王把 10 件货直接卸到该店的产品存放区后就收钱走了。接下来小王每次拜访该终端店时都是进店后直接问店主还有货没货，店主总是告诉小王上次进的货还没卖呢，等卖完再说吧。一个多月过去了，B 终端店进的货还被放在角落里，小王也没有管过。该店老板对产品的"事后评价"低于"事前期待"，认为该公司的产品不好卖，使得合作成为"一锤子买卖"。

3. 终端人力资源管理

企业产品经过设计生产一系列过程进入市场，仅仅走完了第一步，而产品由市场进入消费者手中，最终被用户所使用，并由此给企业带来利润才是企业最终的目的。产品或服务能够解决客户的问题并不意味着客户会主动找上门来，完成这一步的关键、具有临门一脚作用的是导购员。

导购人员的职责很简单，就三个字——卖产品。卖产品的过程实际是导购人员一系列有效活动的必然结果。导购人员的工作，就是如何在企业利益和顾客利益之间找到共同点，既让顾客得到应有的利益，也使企业的利益得以维护。导购员虽然年龄、性别不同，卖场不同，但所有的导购员都承担着相同的职责，即"四信"（传达信息、获得信任、树立信心、维护信誉）。

这里所说的信息，包括两个方面，一个是向顾客传达有关产品价格、功能、技术、性能等的专业知识，导购员首先必须了解企业，了解产品，不但了解自己的产品，也要了解竞争对手的产品。另一个是导购员要利用直接在卖场和顾客及竞争品牌打交道的有利条件，多方面收集并向公司反馈信息。

(1) 向顾客传达信息。导购人员最重要的工作之一就是将产品的知识、细节讲述给顾客。导购员在面对新顾客的时候，由于不了解顾客的心理，心里首先就比较紧张，如果再对自己的产品没有透彻的了解，面对顾客就更不敢开口。

当顾客走进家居展柜时，首先看到的是家居产品的外形、品牌名称、价格等，对外形、品牌、价格，顾客立即会建立自己的评价，并形成先入为主的态度，导购员难以对此进行改变，可以改变的是顾客不知道的信息，即顾客无法马上观察到的产品内在的细节。因此，如果能够言简意赅、有重点地、形象生动地向顾客介绍清楚产品的细节，将增加顾客新的信息，这是他们所愿意接受的。

跟娃哈哈学终端管理

另外，产品知识除了对自身产品的了解，还要了解整个行情，以及与产品相关的边缘知识，只要是有关家居的知识，比如软体家居系列，如沙发、床垫、弹簧、皮质、布艺、木料、金属等家具和材料，它们的基本原理、主要特点、优劣势都要能有条理地说出来，让顾客感到专业。

（2）提供市场和消费者信息。导购员能够将市场终端的信息及时反馈到家居制造企业，有助于及时改进，为相关决策提供有价值的参考。

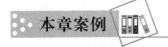

情景体验4-6

接情景体验4-3。现在，该太阳能品牌海南分公司的总部设在三亚，小王的销售团队在销售区域的开发过程中，的确选择了一些优秀的经销商或代理商。但在业务快速的拓展过程中，也暴露出许多问题，其中一个重要的问题是一些综合素质低下的中间商合作伙伴加入了区域销售网络。而且，销售区域内网络成员之间的窜货也是比较麻烦的问题。销售区域内销售网络成员的管理，已经成为小王经理需要认真面对的问题。

情景讨论：

1. 如果你是小王经理，你会如何更好地管理中间商？
2. 如果你是小王经理，你会如何有效地控制网络成员之间的窜货呢？

本章案例

看西北某地经销商操作市场的成功案例

本章小结

本章我们主要讨论了建立销售区域的重要性、销售区域设计的原则和步骤、销售区域战略管理、销售区域时间管理等内容以及销售区域内窜货问题及其管理。

销售区域也称区域市场或销售辖区，是指在给定的一段时间内及特定的地理范围内，分配给一个销售人员、一个分销点或者是一个分销商的一群当前及潜在的顾客的总和。良好的区域设计可以正确获得全面的市场覆盖，有助于落实企业总体销售目标，有助于鼓舞销售人员的士气，有助于提高销售服务质量，有助于建立有效控制机制，有助于合理控制销售成本。

销售区域的设计一般分为几个步骤：划分控制单元；确定顾客的位置和潜力；确定基本销售区域；分配区域销售人员；调整销售区域；制订区域覆盖计划。销售区域管理是指为实现企业整体销售目标，把握市场机会和实现商品交换而进行的，包括划分销售区域、开拓区域市场、协调区域市场、控制销售活动等一系列具体管理活动的过程。这一过程也是实现销售商品、取得销售收入、扩大市场份额的过程，是站在企业整体立场上对销售区域的管理。

销售区域的战略管理主要讨论了正确认识和划分销售区域，确定目标销售区域，目标销售区域的开拓战略，区域市场的维护与巩固等几个方面的问题。

销售终端是销售渠道的最末端，是厂家销售的最终目的地。销售终端管理承担着承上启下的重任，承上就是上联厂家、批发商，启下就是下联消费者。

在销售区域管理实践中，有一个让销售经理头疼的问题——窜货，也就是产品越区销售。它是分销渠道中企业的分支机构或者中间商受到利益的驱使，跨区域销售产品的行为，要分析窜货的原因，找到控制窜货的对策。

本章习题

一、复习思考题

1. 建立销售区域具有哪些好处？
2. 销售区域设计的原则是什么？
3. 建立销售区域要遵循哪些步骤？
4. 划分销售区域的方法有哪些？
5. 怎样确定基本销售区域？
6. 销售区域战略管理主要包括哪些内容？
7. 销售区域终端管理的内容？
8. 如何防止窜货现象的发生？

二、实训题

实训项目：老师给出学校所在地的实际的区域地图，同学在给定的区域中根据实训安排完成铺货路线的设计和店铺的统计，并绘制铺货路线图。

实训目标：

1. 掌握铺货行走路线的原则。
2. 了解终端商场分布。
3. 掌握规划铺货路线的方法。

实训内容与要求：

1. 以小组为单位画出区域铺货路线图。每班分为六个小组：第一组负责对连锁药店的销售；第二组负责对大中型超市的销售；第三组负责对饭店的销售；第四组负责对便利店的销售；第五组负责对运动服装专卖店的销售；第六组负责对酒店的销售。

2. 提交作业要求：

(1) 图文并茂，有详细说明。
(2) 图中要标明行走路线的箭头、店面位置(用数字代表)。
(3) 对数字有文字说明。

招兵买马篇　组建销售团队实务

第5章　销售人员的招募与培训

🎯 学习目标

　　了解销售人员数量的确定及招募销售人员的标准，掌握销售人员的招募途径与甄选的过程、方法，明确销售人员培训的内容、作用和原则，熟悉销售培训的程序与方法。

✒ 素质目标

　　通过本章学习，培养正确运用非语言沟通技巧，了解招募多元化销售人员的必要性，树立国际视野，培养全球化思维；理解培训和开发的意义、目的，掌握培训过程和培训技术，树立终身学习理念。

✖ 教学要求

　　注重通过销售案例教学，深入讲解销售人员招募、甄选和培训的内容；采用启发式、探讨式教学；加强课堂案例讨论，注重对所讲解内容的总结与归纳。

⬡ 引导案例

销售人员的招募和培训经验之谈

销售人员的招募和甄选：把那些适合本团队的人都招募过来

　　每个团队在选拔招募合适的团队成员时都会有其标准。诸如年龄、性别、身高和体重；诸如品德、气质、颜值、工作效率和销售方法；诸如表达能力、综合素养、以往业绩、适应能力、沟通能力和业务专业度。这些招募标准的核心，其实就是一句话，"我认为以他的能力和素养，完成我们的业绩是可靠的"。企业招聘的是那些适合特定企业、特定品牌、特定产品的特定人员。有些销售人员尽管很出色，但是不适合特定企业的特定产品，当然只有另寻他路。

有些企业会根据其销售岗位的特定需要而设计出岗位胜任力标准，这也是可取的选人方法。这类企业或者进行书面考核，或者进行严格面试，为的就是把合适的人员甄选到企业中来。

开展销售人员的适应性培训：完全适应本企业本岗位要求，才能指望有出色的销售业绩

对于销售人员的培训，可以分为三大类。

第一类是入职性强化培训：侧重于解决企业问题，如品牌问题、产品问题、制度问题，讲解销售策略、销售模式和工作要求。

第二类是针对性专业培训：侧重于解决销售人员某方面能力不足的问题。

第三类是提升类系统培训：侧重于解决销售人员的能力提升和系统作业技能。

上述三类不同时间、不同目的的培训，可以提高销售人员的工作胜任力。企业应该以胜任力标准来衡量销售人员是否真的已达到公司要求，以具体的培训课程的考核来保证销售人员的培训效果，以培训后的工作表现来衡量培训课程设计和讲解的科学性。

合适的带队领导，一定是适合企业的：唯有合适的营销管理人选，才能带动企业营销成长

想要打造出一流团队，团队的领导是最关键的。"兵熊熊一个，将熊熊一窝。"合适的带队领导，当然第一个指标是适合企业。在此基础上，才是这个带队领导的其他素养和能力。

身为营销部门的领导，第一个要求是个人品德与格局；第二是能够意识到领导的责任和担当；第三是能够发挥领导作用，懂得怎么管理；第四是善于确立销售管理的自主性和主导性；第五是善于分析团队、市场、客户；第六是通晓管理机制和流程；第七是心胸开阔，能够带领团队共同成长；第八是善于培训，能够通过培训为团队成员带来提升；第九是能够和大家打成一片；第十是具有管理者应有的行为标准。

一个好的营销管理者，一定是一个业绩规划师，是一个能力出众的教练员，也是一位善于平衡关系的法官，还是一个业务精英，并具有成为团队领袖的气质和魅力。

一个好的营销管理者，绝不是那种心胸狭窄、两面三刀、居心巨测、溜须拍马、能力低下的家伙。如果销售人员遇到这样的领导，最好"快闪"走人。

——资料来源：梓开工作室，2019-10-25，作者：马梓开，有删减

✏️ 引导任务

关于企业应该如何招募、甄选销售人员，你有什么见解？

在组建一支成功的销售队伍的过程中，人是最重要的因素。企业一切产品与服务的销售都必须通过销售人员来完成。在销售活动中，销售人员既代表公司，又联系顾客；既要取得销售利润，又要为用户尽责。要完成如此艰巨的任务，销售人员就必须有较高的素质。因此，如何吸收高素质的人才并加以训练，以符合企业的要求，是一项重要的工作。

5.1 销售人员的招募

招聘是企业获得合格人才的渠道，招聘工作的好坏直接决定着企业市场营销战略的成败。销售人员的招聘工作必须与企业的市场营销战略保持一致。因为，企业市场营销战略是由企业的销售人员实施的，销售人员的素质直接影响到公司的形象和利润，所以招聘和选拔优秀的销售人员对公司是至关重要的。

5.1.1 确定销售人员的需求数量

销售人员的数量与销售量和成本具有密切的联系：人员增加，销售量和成本亦同时增加。究竟多少销售人员才是最理想的数目，是一个销售经理必须确定的问题。确定人员数量时，可采用统计分析法、工作量法和边际利润法三种方法。

1. 统计分析法

统计分析法是企业首先预测总销售额，然后估计每位销售人员每年的销售额。销售人员的人数可通过预测的销售额除以销售人员的人均销售额来确定，用数学公式表达为：

$$n = s/p \tag{5-1}$$

式中，n 表示下年度所需销售人员数目；s 表示下年度计划销售额；p 表示销售人员年人均销售额。

2. 工作量法

工作量法由塔利（W. J. Taueg）所创，其假设所有的销售人员承担同样的工作量，这比统计分析法假设人均销售额水平要合理一些。工作量法具体分为六步。

（1）编制企业所有客户的分类目录。通常以每个客户的购买额作为分类标准，用 ABC 分类法对客户进行分类排序。ABC 分类法是企业管理中常用的办法。企业根据自己的实际情况选择判断标准，将大客户归入 A 类、中等客户归入 B 类、小客户归入 C 类。例如，某公司的客户按上述 ABC 原则分成三类：A 类大客户和极有潜力的客户 300 家；B 类中等规模及中等潜力客户 600 家；C 类小客户 900 家。

（2）确定每类顾客所需要的访问次数和每次访问的时间。仍沿用上述例子，公司估计对 A 类客户每两周访问一次，每次 60 分钟；B 类客户每月访问一次，每次 30 分钟；C 类客户每两个月访问一次，每次 20 分钟，那么每类客户每年所需要的访问时间为：

A 类：24×60＝1 440（分钟），即 24 小时；

B 类：12×30＝360（分钟），即 6 小时；

C 类：6×20＝120（分钟），即 2 小时。

（3）计算全年销售活动总工作量。根据 1、2 步的数据，可以很方便地计算出该公司全年销售活动总工作量。

A 类：300×24＝7 200（小时）；

B 类：600×6＝3 600（小时）；

C 类：900×2＝1 800（小时）。

总计 12 600（7 200＋3 600＋1 800）小时。

（4）确定销售人员工作时间。假定该公司销售人员每周工作 40 小时，每年工作 48 周（扣除休假、病假及临时缺勤），这样每个销售人员的年工作时间为：

40×48＝1 920（小时）

（5）计算各种活动所需的时间。确定不同工作占销售人员总工作时间的比例，计算各种活动所需的时间：

销售活动：40%×1 920＝768（小时）

非售活动：30%×1 920＝576（小时）

旅行：30%×1 920＝576（小时）

（6）计算出销售人员数目。根据已知数据，可知该公司所需销售人员总数为：

12 600÷768≈16（人）

即该公司有 16 名销售人员就可以完成为现有客户服务的工作量。

工作量法简单易懂，并且考虑了区别对待客户的问题，所需数据也比较容易获得。该方法虽没有关注到所有细节，仍不失为一种可行性强、比较精确的规划方法。

3. 边际利润法

边际利润法的基本观念来自经济学。当边际毛利大于增加一名销售员的成本时，企业的净利润便会增加，应用此方法必须具有以下资料：增加一名销售员所增加的毛利，即边际毛利；增加一名销售员的成本。

边际毛利可以从以下步骤获得：

（1）建立销售员数目与销售额之间的关系。这基本上是一条回归曲线，以每个销售区的销售额为因变量，而每个区域的销售员数目、价格和产品组合为自变量。一般而言，销售额与销售员数目有密切关系。

因增加一名销售员而增加的销售额部分受以往销售员数目的影响。换言之，若销售员由 50 名增至 51 名，其销售额增加的数目与销售员由 60 名增至 61 名时是不一样的。所以要进行第二步。

（2）企业要计算在不同数目增加销售员时，增加一名销售员所增加的销售额，再计算增加一名销售员时所增加的毛利额，即边际销售额与销售货物成本的差额。表 5-1 显示了这个计算过程。

表 5-1　边际成本的计算

销售员数目改变/人	边际销售额/元	销售货物成本/元	边际毛利/元
50→51	500 000	300 000	200 000
60→61	350 000	210 000	140 000
70→71	275 000	165 000	110 000
71→72	260 000	156 000	104 000
72→73	247 000	148 000	99 000

假设每个销售员的固定费用为 75 000，而佣金为销售额的 10%，则销售费用的计算如表 5-2 所示。

表5-2　销售费用计算

销售员数目改变数/人	边际销售额/元	销售费用(边际成本加佣金)/元
50→51	500 000	125 000
60→61	350 000	110 000
70→71	275 000	102 500
71→72	260 000	101 000
72→73	247 000	99 700

（3）比较边际毛利与销售费用，即得到边际利润，如表5-3所示。

表5-3　边际净利润的计算

销售员数目改变数/人	边际毛利/元	销售费用(边际成本加佣金)/元	边际净利润/元
50→51	200 000	125 000	75 000
60→61	140 000	110 000	30 000
70→71	110 000	102 500	7 500
71→72	104 000	101 000	3 000
72→73	99 000	99 700	−700

根据上述三种方法得出的是要完成销售目标所需的人数，在真正招募时，还要考虑需要调整的人员情况，主要有即将退休的人员、即将晋升的人员、可能解聘的人员、辞职的人员。

5.1.2　招募销售人员的标准

一般而言，招聘销售人员时应重点关注以下几个方面：

1. 品质

销售人员的职业特性，决定了其应具有以下几种基本品质：

（1）从他人角度来理解和判断局势的能力。这种品质在销售活动中有两大优势：第一，销售人员能够预测客户的想法，并对客户的可能行为做好准备；第二，可以帮助销售人员与客户建立良好的关系，如果客户感到销售人员不了解他们的需求，这种关系的建立就会受到阻碍。

（2）积极的心态。优秀的销售人员需要具有积极的心态。具备这种品质的人对工作有理性乐观的认识，所以能克服困难，在销售方面取得成功。

（3）自我调节能力。对销售人员来说，在销售过程中很容易遭受挫折，而优秀的销售人员不会因此而动摇自己的意志。

（4）诚实和正直。诚实和正直是信任的基石。如果一个销售人员难以得到他人的信任，则他的工作将很难展开。国外有一项对销售经理的调查，调查他们对销售人员品质的看法，结果诚实和正直被列在第一位。

2. 技能

销售人员代表企业推销商品、开发客户并保持与客户的联系。销售人员的职业技能包括以下几方面：

（1）沟通技能。销售工作就是与人打交道，这就需要销售人员有较强的沟通能力，也就是说销售人员必须是一个"健谈的人"。这种"健谈"不单纯是"说"，很重要的一方面是"听"。"听"是优秀销售人员最重要的特征，积极的聆听是对所获信息进行理解的过程。

（2）分析技能。沟通是一种手段而不是最终目的，销售人员要想了解客户的真正需求，就要在沟通的基础上透过表面现象深入问题的核心，这需要一定的分析能力。

（3）信息整理技能。在销售过程中，销售人员需要掌握很多的信息，但这些信息往往需要经过整理和分析才能使用。信息内容包括顾客、产品线、一般经济形势、行业情况和企业状况等，每一类信息都必须整理成有用的形式。

（4）时间安排技能。销售人员的工作特性，决定其必须有效地安排时间。我们注意到这样一个事实：一般的销售人员只花费 1/3 的时间进行面对面的推销。其实花更多的时间与顾客在一起的人更易提高销售额。"80/20"原则告诉我们，销售人员 80% 的时间要用于 20% 的大客户。优秀的销售人员往往善于分配时间，在有限的时间里获得最大的工作效率。

3．知识

销售人员的知识储备应包括产品知识、客户知识、竞争和行业知识，以及企业知识这几大类型。

（1）产品知识。产品是企业和顾客的纽带，销售人员必须对产品的相关知识十分熟悉，尤其是对自己所销售的产品。对于高科技产品或高科技行业来说，产品知识在帮助顾客解决问题时是十分重要的。

（2）顾客知识。顾客是企业销售活动中最重要的主体。因为顾客具有多样性，所以销售人员需要知道不同类型的顾客是如何使用产品而产品又是如何适合顾客的。只有了解顾客的销售人员，才能投其所好，得到顾客的喜爱。

（3）竞争和行业知识。作为一名销售人员，必须掌握同业者和竞争对手的情况，这样才能达到"知彼"。通过与同业者和竞争者的比较，发现自身的优势和劣势，提高自身竞争力。彼得·德鲁克很好地指出了这一点："竞争的精髓在于将那些难以效仿的事做好。"

（4）企业知识。对本企业的充分了解可以增强销售人员对企业的忠诚度，从而有效地开展对顾客的服务工作，培养顾客对企业的忠诚度。

5.1.3　招募销售人员的途径

销售人员招募的途径很多，从人员的招募来源看，主要有内部招聘和外部招聘两种。

1．内部招聘

内部招聘就是从企业内部人员中选聘具有销售人员特质的人来充实销售队伍。在企业内部，某些具有销售能力的人员，尤其是一些年轻人，可能目前在其他岗位工作。当销售岗位需要补充人员时，在本人愿意的情况下，可以通过一定的测评方式，把具备销售能力的人充实到销售队伍中。

（1）内部招聘的优点。

①应聘者熟悉产品类型，应聘者中相当一部分人来自生产一线，对产品的生产工艺流程、产品的包装、产品的规格等非常熟悉，所以他们从事销售工作不需要再进行专门培训。

②比外部招聘成本低。内部招聘可以使企业节省诸如广告费、会务费、代理费等直接费用的开支，如果把一些间接成本考虑进去，节省的费用可能更多。

③招聘的成功率较高，风险较小。由于对企业员工的各种能力非常熟悉，且员工愿意从事这种工作，所以这种招聘形式比外部招聘的成功率要高。同时，有调查表明，用这种方法招聘来的员工任职时间更长，员工更忠诚于企业。

④树立了企业提供长期工作保障的形象，也有助于人员的稳定。这种招聘方式向员工传达了一个信息，企业会对每一位员工负责，会把他们放到适合的工作岗位。

（2）内部招聘的缺点。

①内部招聘可能会造成部门与部门之间的矛盾。例如，某应聘者在原来的岗位可能很出色，但他更愿意从事销售工作，所以才会向销售部门应聘。但原部门会认为销售部门是在挖他们的墙脚，产生一些不必要的矛盾。

②容易出现近亲繁殖的弊端。员工在内部招聘时往往推荐与自己关系密切的人，时间久了，员工中可能会出现一些小团体，这样非常不利于销售工作的开展和企业文化的融合。

③更换岗位的员工可能会有一个适应期，销售工作是一项具有挑战性的工作，如果应聘者没有良好的心态，就会产生悲观情绪，从而影响他们的业绩。

2. 外部招聘

所谓外部招聘就是面向社会，按照公平竞争的原则公开招聘销售人员。外部招聘对企业有很多好处，它可以利用外部候选人的能力与经验为企业补充新的生产力，避免"近亲繁殖"。

外部招聘主要有两种方式：一是企业本身自己组织宣传、选拔、录用等工作；二是企将招聘的所有工作或部分工作委托给其他专业公司来做。

企业自身招聘、外部招聘的方法很多，有刊登广告、借助互联网、校园招聘、举行招聘会等，企业可以根据自己的实际情况灵活选择。

（1）通过人才交流会招聘。各地每年都组织大型的人才交流会。很多用人单位会为此花一定的费用在交流会上摆摊设点，以便应征者前来咨询应聘。如北京在首都体育馆、北京展览馆、国际展览中心、海淀体育馆等地几乎每年都举办春、秋季人才交流会，还举办特殊人才交流会和外资企业人才招聘会。这种招聘方法的主要优点是无私人纠葛，可公事公办，按标准招聘，从交流会上可直接获取应聘人员的有关资料。这种招聘会可以节省时间和精力，见效快。但是，在这种人才交流会上，小型企业很难招聘到优秀人才。

（2）用媒体广告招聘。通过媒体广告（如报纸广告）招聘费用低，信息扩散面也大，可吸引较多的求职者，备选比率大，并可使应聘者事先对本企业的情况有所了解，减少盲目应聘。

（3）网上招聘。由于信息技术和互联网的发展，越来越多的企业开始通过互联网招聘人才。我国比较有名的招聘网有智联招聘、前程无忧（51job）、应届生求职网等。企业可以通过上述网站招聘销售人才。

（4）职业介绍所。许多企业利用职业介绍所来招聘所需要的销售人员。一般认为这类介绍所的求职者，大多数是能力较差而不易找到工作的人。不过如果有详细的工作说明，让介绍所的专业顾问帮助筛选，既能使招聘工作简单化，也可以找到不错的人选。

(5)人才交流中心。它是政府劳动人事部门或企业设置的常年人才市场，它们具有人才储备、人才的介绍与推荐，以及人才招聘以及社会人才的管理等职能。北京、上海、广州、深圳、武汉等大城市的人才交流中心均为全国有影响的交流中心。

(6)行业协会。行业组织对行业内的情况比较了解，它们经常访问厂商、经销商、销售经理和销售员，掌握了大量信息，贴近人才市场，如中国市场协会、高校市场营销研究会。企业可请它们代为联系或介绍销售人员。

(7)业务接触。公司在开展业务的过程中，会接触到顾客、供应商、非竞争性同行及他各类人员，这些人员都是销售人员的可能来源。

(8)"猎头"公司。"猎头"公司是掌握高素质人才信息，并与高素质人才有密切联系的人才公司，在我国已拥有多年历史。我国目前已有若干家猎头公司，由这类公司推荐的销售人员一般具有丰富的经验。

目前企业一般会采用网络招聘这种形式。通过互联网络不仅可以发布招聘广告，一些招聘流程也可以在线完成。网络招聘需注意如下几点：

(1)确定需要招聘的职位及数量。企业首先要确定通过网络招聘的职位及数量。

(2)选择发布招聘信息的网站。企业既可以在自己的网站上发布招聘信息，也可以选择行业网站、门户网站以及专门的人才网站。企业可以通过比较各个网站的点击率、浏览网页的受众构成、各种网站的成本等多个因素进行综合考虑。

(3)决定发布信息的构成。招聘信息的构成包括内容、刊出方式、应聘方式、招聘期限及其他注意事项等。

(4)发布信息。收集简历，为下一阶段的遴选做好准备。

5.1.4　销售人员招募原则

销售人员既是企业的资源和财富，又是一大笔企业投资。要把握好销售人员招聘的这个环节，应该遵循以下原则：

(1)公开原则。当职位出现空缺，需要补充人员时，应把招聘的有关信息进行公开。这样做有两方面的好处：一是给人才以公平竞争的机会；二是使招聘工作置于公开监督之下，防止不正之风。

(2)竞争原则。为了把有销售能力的人员补充到本企业，在招聘过程中要严格考核程序、完善考核手段，通过激烈而公平的竞争，选择合适的人选。

(3)全面原则。一个人是否胜任销售工作或者发展前途如何，往往是由多方面因素决定的，在招聘过程中要对报考人员的品德、能力、知识、智力、心理、过去工作的经验和业绩进行全面考核。

(4)能级原则。一个人的能力有大小，本领有高低。销售工作也有不同的层次，就是同一层次，工作也有难易，要求也不同。招聘工作应根据职位要求来录用，做到人尽其才，用其所长。

(5)效率原则。在招聘过程中要灵活选用适当的招聘方式，每一种招聘方式都有其特点，不是尽善尽美的。因此，要遵循一个最基本的原则，那就是用尽可能低的成本录用高质量的员工。

5.1.5 招募的工作要点

销售经理在进行招聘工作时，应本着积极、自信和友善的态度，明白自己的任务和职责。但经验告诉我们，被吸收进来的人并不一定都会成功，这正是值得深思的问题。掌握以下招聘工作的要点，有助于把招聘工作做得更完美。

(1)招聘工作也是销售工作，不仅要把工作机会告诉别人，而且要把观念、目标、成果、未来的发展机会也销售给别人，应把所有销售技巧都运用到招聘中。

(2)让应聘者感到与你一起工作会很愉快。要关心他人，开朗、体贴、亲切。所以，在招聘工作中要经常检查自己的态度和行为，如有不当之处，予以纠正。

(3)做好准备，不断练习自己的招聘技巧。反复多次地演练招聘面谈的内容与技巧，有时不妨把面谈内容录下来，反复播放，纠正自己的缺点。不断练习，直至完全熟练，满意为止。

(4)确定切合实际并能达成的招聘目标。每次计划招多少人，使多少新人成为有较强销售能力的人，这些都要有一个计划。

(5)要能与人交换或分享意见。要随时向那些成功的销售主管虚心学习和交换心得体会。

(6)现身说法，吸引别人加入工作行列。让所有与你接触的人都知道你喜欢自己的工作，表现出你是一位成功的销售经理或销售主管，拥有十足的信心，并以自己的工作为荣。把自己的办公环境收拾得整洁干净，事务处理得有条不紊。

(7)要有正确的观念和态度。招聘是提供给别人良好的工作机会，不要认为是求别人为你做什么，这样才能积极努力地去开展招聘工作。

(8)分配好每天工作的时间及内容。把自己的工作时间安排妥当，不要因为招聘而延误了销售，要使两方面的工作同时有效开展。

(9)使每个适合销售工作的人都能认同并积极、热心、充满活力地从事自己的工作，使他们能独立工作，获取应有的报酬，并以这种态度、精神、活力去感染别人，吸引别人。

(10)遇到挫折切不可心灰意冷。有时会出现招聘效果不佳的情况，此时应鼓励自己坚持下去，加强自己招聘工作的薄弱环节，直至获得成功为止。

(11)不能有"来者必用"或"先做做再说"的想法。滥用新人会得不偿失，不利于组织的健康发展。

(12)建立和健全招聘新人的方式及制度，面谈时不能完全凭直觉判断。

(13)要求应聘者填写履历表并予以查证，问明转职的原因。那些在其他企业有违纪行为的人，难免在自己的企业故伎重演或旧病复发。

(14)招聘时多问少说。最好把工作性质及企业状况做基本介绍后，就观察对方的反应，以确知应聘者的意向及选择的态度。

(15)避免过多的承诺。有些销售经理或主管在招聘时常常不自觉地承诺对方，如录用后会委以何种新职位或指派去开发某个新的地区市场。但当企业认为被录用者表现不佳，对其不满意时，双方必然会产生矛盾。

(16)人不可貌相。有些销售经理或主管太相信自己的眼光及判断能力，事实上真正做好工作靠的是决心与实力，与外表、性别、年龄、身材、打扮等没有太大的关联。

（17）少用竞争者的销售人员。从竞争企业招聘销售人员，认为他在别家能干，转换企业也必定能表现优秀的想法是短视而危险的。而且，聘用竞争者的销售人员还会造成客户的迷惑或困扰。

（18）不要聘用那些只懂技术，只了解产品性能，对销售毫无兴趣或无心学习的人。

（19）不要只想聘用那些自己喜欢或欣赏的人，要知道，招聘是要寻求有销售潜力的人。

（20）那些果断、积极，有决心在销售工作上取得成功的人，才是最好的人选。

情景体验 5-1

近 5 年来，广东 A 市的汽车市场呈现快速发展的势头，汽车代理商也呈现了集中化趋势。某汽车代理集团公司便是 A 市汽车经营的龙头，目前在 A 市特约代理经营的项目有 VOLVO 4S 店、一汽奥迪 4S 店、上汽 MG 4S 店、一汽大众 4S 店、上海大众 4S 店、北京现代 4S 店、东风雪铁龙 4S 店、菲亚特 4S 店、广州本田 4S 店、东风本田 4S 店、通用五菱 4S 店、东南三菱 4S 店、法国雷诺 4S 店，同时集团公司还开展汽车租赁、二手车置换等相关业务，可以说汽车业务发展平台比较完善。

2022 年 2 月，该汽车集团公司又获得 A 市长安福特的代理权，决定在 A 市开设第二家长安福特 4S 店(第一家由 A 市另一汽车代理商经营)。毫无疑问，4S 店的前期筹备工作落到了长安福特 4S 店总经理张伟的身上，而销售人员的甄选便是前期的一项重要工作。

情景体验：

1. 假如你是张伟，你希望甄选怎样的销售人员？
2. 假如你是张伟，你如何去甄选销售人员？

5.2　销售人员的培训

5.2.1　培训需求分析

在制订培训计划时，首先要对培训需求进行估计。需求估计就是明确销售机构对培训的需求，以及确定为满足这些需求而需要达到的目标。

知名企业如何培训
大学毕业生

在对培训需求进行估计时需要考虑不同类型销售人员的具体需求。首先，应该估计新招聘销售人员所需要的初步培训和后续培训；其次，应该随时对现有销售人员的培训需求进行估计；最后，销售经理的工作职责要求他随时估计不同人员对培训的需求，以保证自己所管理的人员能够得到具体全面的培训。

1. 对组织的分析

培训主管首先将销售机构的目标和战略计划作为确定培训目标的基础和指导原则。公司的目标是什么？为实现这些目标销售机构必须执行哪些战略和策略？通过对这些问题的回答，培训师可以制定出针对销售员的具体培训目标。马氏公司的培训主管布鲁斯·斯卡盖认为，一项成功的培训工作必须坚持以下四项原则：

（1）价值。培训的重点必须放在那些能够获得最大回报的绩效领域。实际绩效与理想绩效之间的差异越大，获得改进的概率也越大。

（2）重点。培训和开发的重点应该放在数量有限的关键绩效领域，这些重点不应该随着时间的变化而发生变化。

（3）规模效应。培训和开发的关键目的是实现回报的最大化，因此应尽可能地为每一个人提供培训和开发自身潜力的机会。

（4）持续性。培训应该是一个持续性的过程。企业的培训主管可以用表5-4来理解各种关键的培训需求。

表5-4　各种关键的培训需求

销售目标/目的	关键性绩效领域	能力需求	所需求的资源
销售额增长 $x\%$	提高关键客户 X、Y 和 Z 的销售额	改善绩效所要求的知识、信息、技能	人员、资金和设备

这些需求把销售机构的目标和关键绩效领域与培训和开发需求（能力需求）联系在一起，为销售管理部门和培训部门提供了一种为改善劳动生产率而对资源进行优化配置的方法。

2. 经营分析

在经营层次上，培训主管可以通过对职位说明书和任职条件的分析，确定在培训中应该重点强调的具体能力。同时还要分析和了解实际绩效水平，以确定销售机构是否达到预定的目标，在此基础上确定哪些部门或哪些人需要培训。

3. 销售人员分析

对销售人员工作任务的分析是对具体工作行为做出的定义，这些行为是那些即将参加培训的人员为实现工作目标而必须实施的。行为目标为培训师和受训者确定了培训程序的目标。这种方法适用于所有的销售人员，无论是新销售员还是有经验的老销售员都不例外。

4. 客户培训

培训部门可以通过对客户进行调查，从具体的关键技能角度出发，预测公司销售机构对培训的需求。公司向特定的客户群体发放调查问卷，由客户对每一种技能对于维护双方销售关系的重要性以及销售人员实施每一项技能的具体情况进行评价。客户的反馈报告可以总结出他们对每一名销售人员的印象和看法以及客户的看法与销售人员实际表现之间的差异，从而说明销售人员在哪些方面还需要改进。根据客户调查结果，确定每一名销售员最需要改进的三个方面，由销售员及其销售经理以这三个方面为突破点共同制定一份具体的培训课程。

5. 进行需求评价

需求分析是制订培训程序计划的基础。需求分析是一个对培训程序不断进行调整以适应具体情况和具体需求的过程。这个过程包括以下步骤：

（1）确定某一职位的具体要求（职位说明书）。

（2）确定绩效目标和实际结果之间的差异（评估）。

（3）确定差异存在的原因。

（4）对培训程序进行调整（如果有必要的话）。

（5）制定培训目标。

（6）实施培训程序。

（7）评价培训程序。

（8）对培训程序进行调整（如果有必要的话）。

6. 收集培训信息的来源

培训经理既可以从公司的人力资源部门获取培训信息，也可以从竞争对手和客户那里获取信息。一般来说，企业可以通过以下途径收集培训信息：

（1）对销售人员发放调查问卷。

（2）对客户发放调查问卷。

（3）采访销售人员。

（4）在销售会议期间进行测验。

（5）在销售现场进行观察。

（6）对销售额、利润和销售活动报告进行分析。

有些公司还利用失败分析、成功分析以及离职面谈对培训需求进行分析。失败分析可以确定销售人员未实现销售目标的原因，通过培训可以消除导致失败的原因。成功分析则可以确定导致销售人员在工作中取得成功的要素，这些要素可能包括进行更多的销售拜访、有效利用产品样品或者采用了有效的销售展示技巧，通过培训可以把这些成功的要素介绍给其他销售人员。此外，离职面谈说明了员工对工作的态度和观点，在员工提出

企业现状考察及培训
需求分析

辞职或辞职之后可以进行离职面谈。在面谈中可提出这样的问题，如："公司采取什么样的措施可能会更有助于你在工作中取得成功？"如果离职人员能够诚实地回答这些问题，那么离职面谈在估计培训需求时可能是一种非常有价值的手段。

5.2.2　培训计划的设计

培训计划的设计应考虑到新人培训、继续培训、主管人员培训等不同类型培训的差异。培训计划需要明确以下几个问题：

1. 培训目的

培训目的有很多，每次培训至少要确定一个主要目的。总的来说，培训目的包括挖掘销售人员的潜能，增加销售人员对企业的信任，训练销售人员工作的方法，改善销售人员工作的态度，提高销售人员工作的热情，奠定销售人员合作的基础等。培训的最终目的是提高销售人员的综合素质，以增加销售，提高利润水平。

2. 培训的作用

对销售人员的培训，企业更关注提高销售额、工作效率和利润。销售培训的具体目的并不仅限于提高销售额，还有其他的特殊目的。

（1）满足员工需要。从员工的角度而言，培训可以满足销售人员提高基本知识和销售技能的需要，为其发展奠定基础。只有经过严格及系统培训的销售人员才能很好地掌握销售的基本知识和技能，才能有效地开展销售业务，不断提升自己的销售业绩。

（2）企业发展需要。从企业的角度而言，培训是企业长远战略发展的需要。可想而知，一个没有经过培训的销售队伍怎能领会管理层制定的销售战略与策略？销售战略怎能与整

个企业的发展战略相衔接？

（3）适应环境需要。从适应环境的角度而言，培训有利于销售人员不断更新知识、提高销售技术，与不断变化的竞争环境相适应。即使对最有经验、最熟练的销售人员来说，培训也是很有必要的，因为市场环境在不断变化，新产品在不断出现，顾客在不断变化。

（4）组织管理需要。从管理的角度而言，培训是改变员工的工作态度和组织态度的重要方式。培训是提高员工销售技能的需要，更是让销售人员理解企业文化与价值的需要，从而有利于改善销售人员对待工作的态度，增强企业的凝聚力。

3. 培训时间

培训时间可长可短，一般根据需要确定。在确定培训时间时需要考虑以下几点：
（1）产品性质。产品性质越复杂，培训时间应越长。
（2）市场状况。市场竞争越激烈，培训时间应越长。
（3）人员素质。人员素质越差，培训时间应越长。
（4）要求的销售技巧。要求的销售技巧越高，培训时间应越长。
（5）管理要求。管理要求越严，培训时间应越长。

4. 培训地点

依培训地点的不同可分为集中培训和分散培训。集中培训一般由总公司举办，培训企业所有的销售人员。一般知识和态度方面的培训，可采用集中培训，以保证培训的质量和水平。分散培训是由各分公司分别自行培训其销售人员。有特殊培训目标的可采用此法，结合销售实践来进行。

5. 培训方式

培训方式有在职培训、个别会议培训、小组会议精训、销售会议培训、定期设班培训和函授等。各企业可根据实际情况选择适宜的方式。

6. 培训师资

培训师资应由学有专长和富有销售经验的专家、学者担任。任教者应具备如下条件：对所授课程有全面的了解，对培训工作具有高度兴趣，对讲授方法有充分的研究，对所用教材随时进行补充和修正，具有乐于研究及勤于督导的精神。

7. 销售培训的原则

企业在培训销售人员时应当注意，务必使培训从形式到内容都与销售工作有关。因此，销售培训应当遵循一定的原则。

（1）因材施教原则。由于学历水平和身份背景不同，销售人员的业务水平与学识参差不齐，培训者必须根据受训者的智力或接受能力的不同来调整他们的学习内容与学习进程。如果培训速度太快或太慢，就不可能取得良好的效果；如果培训内容太难或太容易，也将使受训者学而无果、劳而无功。因此，培训者一定要记住：受训者的接受能力决定着他们能学什么，需要多长时间来学习，以及将取得何种程度上的效果。俗话说"量体裁衣""因材施教"，要给接受能力强的受训者安排有一定难度的、需要他们付出相当努力才能学会的学习内容，对他们时间上的要求可以紧张一些；给接受能力低的受训者安排适合他们能力的、相对而言较为容易但也要求他们付出相当努力才能学会的学习内容，对他们时间上的要求可宽裕一些。这样，每一个受训者都会因学习而有所收获。

（2）分级培训原则。分级培训原则有两方面含义：一是指不同层次的销售人员应分开培训，因为企业对不同层次销售人员要求的能力不一样，如地区销售经理与销售代表的要求就不一样，因此要针对不同层次销售人员进行不同内容的培训；二是指销售人员的年龄、经验、背景决定了其对学习内容掌握的快慢程度。因此，新老销售员、优秀销售员与一般销售人员应分开培训。

一个具有销售经验的人必定比从来没有从事过销售工作、刚刚进入这个行业的人学得快，因为他有更多的体验，即感性认识，通过学习有了理性认识，理性认识使感性认识得到质的飞跃。培训者在制订培训计划时，应当把销售人员的阅历、经验、背景、年龄等因素考虑进去。

（3）讲求实效原则。讲求实效原则是指培训的内容应与销售实际相符，要能达到效果。销售人员所学的内容与现实越贴近，效果将越好。所学的知识与现实工作联系紧密，销售人员就会认真、积极地去学，并把它应用到自己的实际工作中去。这样的学习对销售工作就会有帮助，也易于产生积极的效果。

（4）实践第一原则。销售培训不同于大学基础教育，应强调以实践为主，理论为辅。因此，在进行销售培训时，要注意让培训对象动手。人们都有这样一种体会，即一件事情，如果能够亲自动手去做，其中的细节就会记得牢，且不易忘记。如果不动手，只是机械地记住几句条条框框，不久以后便会忘记该怎样去做。销售新手在接受培训的同时还应和老销售员一起跑销售，这样老销售员可以矫正他们工作中不规范的地方，教他们把事情做得熟练、做得完善。另外，培训者应当从实例或案例分析入手来展开教学。针对某个问题，即使培训者阐述了很多，但如果没有实例或案例分析，受训者未必领悟得了。有时候对一个问题，培训者大可不必做一大堆理论阐述，用一个例子便可说明问题，这样还可使受训者掌握得又快又好，甚至触类旁通。为了遵循实践第一原则，很多公司选择有实践经验的外部营销人员和公司内部销售高手作为培训者。

（5）教学互动原则。销售培训是一种成人教育，成人教育与在校学生的教育是不同的，在校学生的教育主要是在学校的课堂上完成的，学生习惯于单向型传播的授课方式，被动学习，缺乏参与，离实践环节相差甚远。成人教育则不以课堂为主，成人在学习中喜欢双向型的教学模式，希望在学习过程中扮演较为主动的角色，希望与教师交流。销售管理者和培训者应充分认识成人教育和在校生教育的不同，用适合成人教育特点的方式做好销售员的培训工作。

（6）持续培训的原则。销售人员必须持续接受培训。因为公司的产品、技术、市场和顾客都在变化，一次培训并不能满足变化的需求，只有制订持续不断的培训计划，才能保证销售人员每次拜访都能发挥最大的效用，使销售人员在面对各种情况时更有信心。客户希望销售人员都是专家，而只有受过良好训练的销售人员才能显示出这种专业水准。

8. 销售培训中常见的问题

现代企业越来越重视培训，销售部门作为企业的关键部门，自然成了培训的重中之重，但对销售队伍来讲，投入了时间、精力和费用，但效果并不理想。企业销售培训中存在的常见问题主要是以下几个：

（1）无培训体系做依托。企业本身没有形成系统的培训体系，销售人员进来以后无法进行系统培训，销售人员也只好在本身技能、对产品的理解等都半生不熟的状况下"单飞"。部分企业是今天报到，明天开始为期两周的强化训练，然后销售人员在业绩的压力下就仓促上战场。销售人员在奔赴一线的时候，往往还认不全同事，甚至连公司的产品型号都不能背全。当然，这些仓促上阵的销售人员不会全部"阵亡"，其中一部分能够很好地成长，但是不得要领。

（2）经理忙于事务，被动应付。销售队伍训练常见的第二个问题就是经理忙于事务，对于培训只能被动应付。许多在培训中所强调的问题，依然在这些人身上重现；许多大家问过的事情，到后来也经常老话重提。

（3）不讲求必要的方式方法。从成年人的学习习惯来讲，针对销售人员的培训一般有两个方面的发展方向，也是两个不同的发展类别。第一是以观念为导向的培训。比如说跟客户打交道，你是先做生意后交朋友，还是先交朋友后做生意？其实哪个先哪个后无所谓对错，但是它代表了一种观念，这种观念会在每个销售人员的脑子里潜移默化地形成。虽然这两种方式没有好坏之分，但在销售不同的产品、面对不同的客户时，肯定会有一种观念更加适合该产品的销售。第二是以技能为导向的培训。比如说如何解释产品，如何跟客户交流，如何进行谈判等，都是以技能为导向的。进行技能培训的最好方式是演练，就是在一个小会议室或者在自己的办公室里模拟场景，模拟谈判过程，让大家在仿真的环境中去亲身感受和训练。

无论是技能还是观念，我们都能得出同样的结论，即"演练和研讨"这种方式对于培训效果来讲是比较好的，而单向的灌输式、填鸭式的培训，效果是比较差的。

（4）采用"师傅带徒弟"的单一模式。"师傅带徒弟"有两种情况，一种是由销售经理直接来带新来的销售人员，还有一种是将新来的销售人员交给某个老销售人员。"师傅带徒弟"的方式虽然有一个人带着，不至于找不着方向，但是也有很多弊端，因为销售人员不仅会受到正面的影响，同时也会受到负面的影响。

（5）忽视案例和文本化的积累。其实销售的一些经典案例，都在有经验的销售人员脑子里边，他们也愿意把这些事情说出来，但是公司没有一个机制，不能使其沉淀下来，于是从公司到个人都缺乏案例和文本化的积累。随着人员的流动、时间的流逝，这些好的操作方法和案例渐渐流失了。其实如果能很好地梳理这些方法，沉淀这些案例，形成固定文本的话，会使新来的销售人员在培养速度和培训质量上迅速提升。

（6）无视理念与行为的差距。这也是很普遍的一种现象，销售经理觉得我在课堂培训中已经强调过的事情，你们就应当能够做到。殊不知还是有距离的，这个距离是需要销售经理们反复检查，督促销售代表练习才能跨越的。

9. 培训内容

培训内容通常因工作的需要及受训者已具备的才能而异。培训内容一般包括以下几部分：

（1）企业的历史、经营目标、组织机构、财务状况、主要产品和销量、主要设施及主要高级员工等概况。

（2）本企业产品的生产过程、技术情况及产品的功能用途。

（3）目标客户的不同类型及其购买动机、购买习惯和购买行为。

（4）竞争对手的策略和政策。

（5）各种销售术、公司专为每种产品概括的销售要点及提供的销售说明。

（6）实地销售的工作程序和责任，如适当分配时间、合理支配费用、撰写报告、规划有效销售路线等。

10．培训方法

（1）课堂培训法。这是一种正规的课堂教学培训方法。一般由销售专家或有丰富销售经验的销售人员采取讲授的形式将知识传授给受训者。这是运用最广泛的培训方法，主要优点是费用低，并能增加受训者的实用知识。缺点是此法为单向沟通，受训者参与讨论的机会较少，培训师也无法顾及受训者的个体差异。

（2）演示。演示在讲授产品知识和销售技巧方面有很大优势。例如，可以向受训者示范如何处理很多难以用语言描述的复杂情况。

（3）讨论。在销售培训中，讨论有着重要的作用，它能让受训者有机会探讨自身的问题。这是受训者与授课者、受训者之间互相交流思想的最佳途径。讨论有几种不同的形式，多数是由老师与受训者一起公开探讨各种问题，主要是老师引导并激发讨论。

（4）角色扮演。角色扮演这种通过实践传授销售技巧的方法非常有效，尤其适合初级培训计划。不少销售人员在拜访客户前，会不断进行角色扮演来练习。

（5）影像加强培训。影像加强培训是利用录像带和书面补充材料培训和测验销售人员。这种方法的主要优点是节约成本和时间。例如，摩托罗拉公司用此方法进行四个不同主题的销售人员培训：产品信息、公司信息、市场信息和销售技巧。公司可将这些主题的录像带邮寄给多名用录像带和补充教材自学的销售人员，如果他们认为已经掌握了这些资料，就可以参加一次内容包括在补充材料中的开卷考试；通过测验的销售代表将在年度表彰时受到特别嘉奖；考试结果还将作为他们正式业绩与能力评定的内容。

（6）互动影像技术培训。某些公司还使用互动影像技术进行培训，这种技术将计算机、光盘和影像技术结合起来。录像为受训者模拟一个销售情境：一位扮演购买者的演员进行评论或提出问题，要求受训者从屏幕显示的可能反应中做出选择。根据受训者的选择，屏幕上会出现下一幕（另一次选择）或课程材料的回顾。整个过程，包括受训者的反应，将被录下来供受训者或培训者总结。很多公司都在互动影像技术上进行了投资，如摩托罗拉公司使用互动系统进行大客户销售培训。互动系统培训有利于节约成本，但是，它的开发成本很高。

（7）商务电视培训。利用电视和电话技术，全国各地（或世界各地）的销售人员能向屏幕上的主持者提问或与其交流看法。伊斯曼柯达公司、德州仪器公司、IBM 公司、爱依塔公司、美国电话电报公司和联邦快递公司都运用商务电视进行销售沟通和培训。

（8）在职培训。在职培训是最常用的销售培训形式。一般来说，这种培训的程序是先让受训者观察一位高级销售代表或销售主管的几次销售拜访；然后由受训者进行拜访，高级销售代表或销售主管观察并指导销售代表；随后讨论拜访中发生的情况，以及受训者如何才能更有效地进行拜访。与上述其他方法相比，这种方法将受训者置身于现实场景中。通常这种方法用于受训者销售学习的最后阶段。

情景体验 5-2

魔鬼培训——打造华为营销铁军的重要一环

华为的培训主要有三种方式：上岗培训、岗中培训、下岗培训。这三种培训是一个体系。

1. 上岗培训

接受上岗培训的人主要是应届毕业生，培训过程跨时之长、内容之丰富、考评之严格，对于毕业生来说这样的经历是"炼狱"，这样的培训又称"魔鬼培训"，主要包括军事训练、企业文化培训、车间实习与技术培训、营销理论与市场演习等。

(1)军事训练。其主要目的是改变新员工的精神面貌，达到强身健体的作用。进行军事训练的成效表现在以下方面：第一，员工的组织性、纪律性和集体主义意识明显加强。第二，员工的工作责任心得以增强。第三，培养了员工不怕吃苦、迎难而上的精神。这些素质对于营销人员来说是必须具备的。

(2)企业文化培训。主要目的是让员工了解华为，接受并融入华为的企业文化。进入公司一周以后，博士、硕士、学士以及在原工作单位取得的地位均消失，一切凭实际能力与责任心定位，对员工个人的评价以及应得的回报主要取决于其在实干中的贡献。经过培训以后，培养出来的营销人员相信自己的产品是最优秀的，而且愿意去最困难、最偏远的地区开发市场。

(3)车间实习与技术培训。对于营销人员来说，这个阶段可以帮助他们了解华为的产品与开发技术，包括产品的种类、性能、技术特点等。

(4)营销理论与市场演习。华为营销新手不一定是营销专业的毕业生，所以对其进行营销理论与知识的培训是必需的。这些理论包括消费者行为理论、市场心理学、定位理论、整合营销传播理论、品牌形象理论等。

理论需要与实践相结合。在理论知识培训结束后，华为还要为新员工进行一次实战演习，主要内容是让员工在深圳的繁华路段高价卖一些生活用品，而且商品的销售价格必须比公司规定的价格高，不得降价。

2. 岗中培训

对于市场人员来说，华为的培训不仅限于岗前培训。为了保证整个销售队伍时刻充满激情与活力，华为内部形成了一套针对个人的完整的成长计划，有计划地、持续地对员工进行充电，让员工能够及时了解通信技术的最新进展、市场营销的新方法和公司的销售策略。

培训主要实行在职培训与脱产培训相结合、自我开发与教育开发相结合、传统教育和网络教育相结合的形式。培训提升销售人员的实际能力，保证销售人员的战斗力。

3. 下岗培训

由于种种原因，有一些销售人员不能适应某些岗位，华为则会给这些员工提供下岗培训的机会，主要的培训内容是岗位所需的技能与知识。若员工经过培训还是无法适应原岗位，华为会给这些员工提供新职位技能与知识的培训，帮助他们继续成长。

——资料来源：豆丁网，2015-11-21，有删减

5.2.3 培训计划的实施

培训主管掌握以下培训计划实施要领，有助于增强培训效果。

1. 注意受训者的销售反应能力

培训主管要在不同的场合试探受训者在销售方面的反应。下面的几个要点可供参考：

(1)受训者能否适当地介绍产品的优点及好处，使客户了解而产生需要。

(2)受训者能否判断客户对其说词的反应及购买信号。

(3)受训者能否判断客户的借口或拒绝，是表示对产品有兴趣还是真的不喜欢。

(4)受训者能否在产品介绍过程中不断设法成交，并将介绍及解说一直朝取得订单的目标引导而不是在绕圈子或磨时间。

这些都是培训主管在每天培训结束后要检查的事项。培训主管可能会问："你觉得某位客户会购买吗?"也可能要求受训者解释采取某些做法的原因。展开有意义的讨论，可以打开沟通的渠道，激发创新的做法。

2. 建立双方的责任感

要注意受训者能否准时参加安排的培训。如果三次以上迟到或无故不到，培训主管在处理时态度要坚决，并明确准时是纪律，也是责任。若在有人督导时还有松懈的表现，单独作业时更会出问题。要求受训者能适当有效地运用时间。

3. 养成写报告的习惯

培训主管要强调写报告的重要性。培训主管必须为受训者做出榜样，每天都按时把评析表做好，让受训者体会到及时完成报告是一种良好的习惯。报告或分析表送达、寄出前，培训主管最好再细读一遍。

4. 注意受训者的可塑性及学习态度

在评估受训者的进展状况时要注意以下几个要点：

(1)受训者能否提出足够多的问题?

(2)已经以建设性方式指正或检查过的错误，是否会再犯?

(3)能否不断设法丰富自己的产品知识、提高心态的积极性，并改进自己的销售方式?

(4)能否每天研读资料以求绩效的全面提升?

5. 建立积极、乐观、自信的心态

高昂的士气、积极的态度，是从事销售工作成功的要件，而培训主管的做法、看法及态度对受训者有很大的影响。积极的想法或心态会产生积极的行动及效果；反之，消极的心态会导致消极的结果。培训主管应多做建设性的辅导，以诱导其向积极的方向前进。

为受训者指点一种新方法或提供一个新观念，可以增强他的信心，让其用积极的行动方案来取代消极的行动方案，建议受训者多阅读一些励志的书。

成功的培训主管会在受训者的思想及态度方面产生影响力。

6. 应对士气的不稳定

有时，受训者辛苦一天回家后，会觉得自己浪费了一天时间却毫无所获，因为一张订单也没拿到。受训者会不可避免地认为这是一种失败。培训主管要设法减弱没有收获的一天对受训者不利的心理影响。可以说每天能够拜访多少个客户已是难能可贵，而且这些努力不会白费，累积下来就会有成果，终有收获的一天。

7. 说明销售的平均数法则

这是一个销售成功的方程式，也叫平均数法则，即"拜访介绍的次数+积极的态度+不断进步的推销技巧 = 订单数"，任何成功的销售主管都知道这一方程式的真实性及妙用。等式左边的三项中变数最大的是"积极的态度"，因为销售技巧在短期内不会变化太大，但态度却可以不时改变而且变化很大。态度之所以常会改变，是因为没有销售经验的人只有在拿到订单后才会有信心，进而有成功的感觉。

培训主管要协助受训者做好心态的调整及准备，譬如在多次拜访客户却仍无收获时，可告诉对方，根据经验，每拜访多少次或多少名客户，至少就会有一个客户购买。这样可使受训者不致泄气，始终保持高昂的斗志，最后必然会有订单出现。

📋 情景体验 5-3

接情景体验 5-1。

为了尽快构建长安福特 4S 店的销售队伍，总经理张伟决定采取两种方法：一是向集团公司人力资源部打报告，申请从其他品牌的汽车 4S 店抽调一部分销售人员作为骨干；二是通过外部招聘方式补充一部分新销售人员。通过前期两个月的准备，销售队伍的人选已经初步确定。

在这支长安福特 4S 店的销售队伍里，有来自一汽大众、北京现代等其他汽车品牌的销售顾问，也有毫无从业经验的新进人员。按照长安福特的要求，4S 店一方面需要派员参加厂商统一组织的定期培训，另一方面 4S 店需要自己组织培训。总经理张伟会同销售经理、售后服务经理、客户经理及行政部经理等，一起商量销售人员的培训事宜，并要求行政部经理汤薇递交培训计划。

情景体验：

1. 假如你是张伟，你如何从销售人员培训的各环节去提升销售人员培训质量？
2. 假如你是销售经理，你应该掌握哪些常用的培训方法？

5.2.4 培训效果的评估

1. 确定需要衡量的内容

(1)需要衡量的组成部分。培训效果的评估是培训的最后一个环节，但由于员工的复杂性，以及培训效果的滞后性，想要客观、科学地衡量培训效果非常困难。所以，培训效果评估也是培训系统中最难实现的一个环节。目前，国内外运用得最为广泛的培训评估方法，是由柯克帕狄克在 1959 年提出的培训效果评估模型，即柯氏评估模型。柯氏评估模型将培训效果分为四个递进的层次，如表 5-5 所示。

表 5-5 柯氏评估模型

评估层次	结果标准	评估重点
一	反应	学员满意度
二	学习	学到的知识、态度、技能、行为
三	行为	工作行为的改进
四	结果	导致的结果

层次一：反应。

反应是柯氏评估模型的最基础评估层次，主要是评估一场培训的学员对讲师课堂驾驭力、引导力的接受度，评估学员对培训内容安排、培训形式安排的认可度，评估学员对培训场地、仪器设备等后勤工作的满意度。

层次二：学习。

销售培训是传递给受训学员实战知识、实战技能，这种知识、技能是从成功经验中提炼而来的，培训的目的是将这些经验复制给受训学员，拿来加以模仿就可以用。知识、技能的掌握决定了行为及结果的改变程度，所以，进行知识、技能接受度评估是非常重要的。

对学习评估的方法有三种：一是问卷考核，用试卷的形式对学员知识掌握程度进行评估；二是通过实战模拟演练，对销售技能掌握程度进行评估；三是通过调查问卷形式，对知识、技能进行框架型评估。

层次三：行为。

销售培训的主要目的是改变销售人员的销售行为，运用成功的销售方法提升销售业绩，这就凸显出行为评估的重要性。行为评估对销售培训来讲，就是评估知识、技能的复制程度，也就是知识、技能在销售实战中运用了多少。行为评估对销售培训来讲是最复杂、最难操作的评估项目，因为它无法及时量化。而且行为评估需要跟踪销售行为，需要耗费大量时间。销售行为评估的关键点是时间的选择，重要环节是评估内容的选择。销售评估时间的选择要考虑两个因素：很多销售培训结束后，因诸多因素导致销售人员对技能、知识没有运用空间，或者是不能及时运用。同时，很多销售技能的熟练使用，需要有一定的"磨合期"。

层次四：结果。

销售培训是以结果为导向的，销售的结果就是销量，这对于销售培训的结果评估来说十分简单，只需将受训前与受训后的销量进行对比，就能直观评估本场培训的效果。对于企业内部讲师的绩效考核，可以直接用销量的增长考核。销售培训的结果评估也可以用利润直接体现出来，此处的利润=培训后销售额−培训前销售额−追加投入金额−培训费用。

（2）需要评估的群体。为了保证培训程序的有效性和实用性，评估必须涉及培训程序的每一个要素——从培训程序的设计，到培训程序的实施，一直到取得实际工作绩效结果。通常可对以下要素进行评估：

①程序：培训程序中所包含的题目是否应该保持一致？

②培训师：培训师是否胜任工作，并成功地完成了自己的工作？

③受训者：他们对培训程序的反应如何？

④实际工作结果：培训是否对受训者的工作绩效产生了实际的影响？

（3）需要衡量的项目。根据培训目标可以确定需要衡量的具体项目。只要涉及实际的资金支出，管理人员就可以从资金数量的角度加以考虑。需要衡量的具体项目在各个公司之间可能会有所不同。但是，大多数公司会衡量培训对销售额、利润和客户满意度产生的影响。

2. 确定收集信息的方法

培训主管可以使用五种基本的数据收集技术。这五种方法分别是问卷调查法、面谈法、测试法、观察法和公司数据法。

（1）问卷调查法。这是培训主管最常使用的数据收集工具，是一种易于实施和管理的方法，问卷调查法的优点在于，可以收集销售人员的感觉、看法等。一般情况下，人们不愿意在公众场合表达个人的观点，但倾向于采取书面形式表达自己的真实感受。在可以采取匿名形式的情况下，这种倾向更强烈。

（2）面谈法。这种方法有助于收集深层次的信息。面谈法的优势在于它的灵活性。提问人可以根据受训者关心的问题调整自己的提问方式。通过这种方法很可能获取有价值的信息。

（3）测试法。这是确定受训者掌握培训内容程度最有效的一种方法。通过测试可以对培训程序的总体以及各组成部分进行评价。因此，培训主管可以根据测试的结果对培训程序的各组成部分加以调整或重新设计。

（4）观察法。这对于培训主管来说是最有价值的评价手段之一。培训主管深入工作现场了解受训者在工作中是否利用了他们在培训中学到的东西。在这个过程中，培训主管可以向现场销售经理征求对培训的意见。

（5）公司数据法。这在整个评价过程中都是不可或缺的方法。具体的收集内容包括绩效评估结果、客户满意度指数以及销售数据等。

3. 确定衡量方法

除柯克帕狄克的培训效果评估模型外，业界还有多种评估方法。参考国内外培训评估理论，以及具体企业的实践经验，我们归纳了以下几种综合性的培训评估方法：

（1）目标评价法。通常企业系统化的培训由确定培训需求与目标、编制培训预算及计划、监控及效果评估等部分组成。它们之间并不是割裂的，而是相互联系、相互影响，好的培训目标计划与培训效果评估密不可分。目标评价法要求企业在制订的培训计划中，将受训人员完成培训计划后应学到的知识、技能，应改进的工作态度及行为，应达到的工作绩效标准等目标列入其中。培训课程结束后，企业应将受训者的测试成绩和实际工作表现与既定培训目标相比较，得出培训效果。作为衡量培训效果的根本依据，企业应确定具有确切性、可检验性和可衡量性的培训目标。目标评价法操作成功的关键在于确定培训目标。

企业通常由两种方法确定培训目标。一是任务分析法。企业的培训部门可以设计出任务分析表，详细列明有关工作任务和工作技能信息，包括主要子任务、各任务的频率和绩效标准、完成任务所必需的知识和技能等。第二种方法是绩效分析法。这种方法必须与绩效考核相结合，确定标准绩效。

（2）绩效评价法。绩效评价法是由绩效分析法衍生而来的。它主要用于评估受训者行为的改善和绩效的提高。绩效评价法要求企业建立系统而完整的绩效考核体系。在这个体系中，要有受训者培训前的绩效记录。在培训结束3个月或半年后，对受训者再进行绩效考核时，只有对照以前的绩效记录，企业才能看出明显的培训效果。

绩效考核一般包括目标考核和过程考核。目标考核是绩效考核的核心。目标可以分为定量目标和定性目标。培训经理在选取目标时，应注意选取能体现岗位职责的指标——目标达到了，基本上就履行了岗位职责。过程考核是绩效考核的另一个重要内容。过程是绩效的保证，没有好的过程就不可能有好的结果。过程考核能反映员工的工作现状，它通常包括考勤。

（3）关键人物评价法。所谓的关键人物（Key People）是指与受训者在工作上接触较为密切的人，可以是他的上级、同事，也可以是他的下级或者顾客等。有的研究发现，在这些关键人物中，同级最熟悉受训者的工作状况，因此，可采用同级评价法，向受训者的同级了解其培训后的改变。这样的调查通常很容易操作，可行性强，能够提供很多有用的信息。

同其他培训效果评估方法一样，同级评价法也有缺陷，尽管同级间相互很了解，但由于存在竞争，有时会导致评估结果失真。而让上级来评估培训效果同样避免不了局限性，因为有的上级不太了解全面情况，或者会主观臆断。因此，学者设计了一种 360 度的评价法，即由上级、下级、顾客、同事，甚至培训管理者等从不同角度来评估受训者的变化。这种方法对了解工作态度或受训者培训后行为的改变比较有效。

（4）测试比较法。无论是国内还是国外的学者，都将员工通过培训学到的知识、原理和技能作为企业培训的效果。测试比较法是衡量员工知识掌握程度的有效方法。在实践中，企业会经常采用测试法评估培训效果，但效果并不理想，原因在于没有加入任何参照物，只是进行简单的测试，而有效的测试法应该具有对比性。

测试比较法有多种不同方案。其中，事前、事后测试法，主要是在参加培训前后，对受训者分别进行内容相同或相近的测试。这样可以体现出被测者受训前后的差别。但这也不乏缺陷——不能体现参加培训与未参加培训的员工间的差别。为克服这一缺点，企业可以将参加培训的员工组成培训组，另外再挑选一组与培训组素质相近、未参加培训的员工组成对照组，分别对这两组员工进行测试。

针对培训具有滞后效果的特性，测量比较法还提供了时间序列方案，即在培训后定期做几次测量，以准确分析培训效果的转移程度。

（5）收益评价法。企业的经济性特征迫使企业必须关注培训的成本和收益。收益评价法就是从经济角度综合评价培训项目的好坏，计算出培训为企业带来的经济收益。有的培训项目能直接计算其经济收益，尤其是操作性和技能性强的培训项目，但是并不是所有的培训项目都可以直接计算出它的收益。

4. 对数据进行分析，确定培训的结果，得出结论并提出建议

培训主管在使用正确的方法收集到合适的信息之后，就可以对培训结果得出结论，并对以后的培训提出改进意见。在很多情况下，不需要对培训程序加以调整。如果销售培训主管能够通过这种方法对培训程序进行有利的评价，就可以进一步强调培训部门在公司中的重要性，提高培训部门的地位，争取更多的费用预算。如果培训主管能够证明公司通过这笔投资可以获得良好的回报，就需要进一步改善培训环节的质量，从而提高销售人员的劳动生产率。

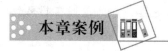 **本章案例**

佳宝科技有限公司利用内联网进行销售人员培训

本章小结

　　企业营销战略的成功实施在很大程度上取决于企业所招聘的销售人员的素质。销售人员招聘的途径很多，从大的方面看主要有内部招聘和外部招聘两种，企业一般既要采用内部招聘，也要利用外部招聘来有效地激励员工。

　　销售人员的销售技能不是天生就有的，而是后天形成的，销售人员必须接受培训。培训的目的是要培训销售员的素质，传授销售技巧，提高其销售的自信心和能力。销售人员培训是指企业为销售人员提供与销售工作有关的知识、技能、态度和行为的学习机会，旨在增加销售人员的工作绩效，更好地实现企业的整体目标。

　　企业的培训计划需要明确以下问题：培训目的、培训时间、培训地点、培训方式、培训师资、培训内容等。销售培训的关键在于培训的有效组织与实施，"讲解—示范—实践—总结"这一培训程序是一个不断重复并逐步提高的过程，每个培训项目总是始于讲解，经过示范、实践，止于总结，由总结再循环至新的讲解。销售培训的综合性评估方法有目标评价法、绩效评价法、关键人物评价法、测试比较法、收益评价法。

本章习题

一、复习思考题

1. 企业主要通过哪些途径招聘销售人员？

2. 面试的技巧有哪些？

3. 销售人员培训的原则有哪些？

4. 面试内容查核的主要方式有什么？

5. 销售人员培训效果的评估包括哪些步骤？

二、实训题

实训项目：招聘实务。

实训目标：

1. 熟悉销售人员招聘的程序和方法。

2. 训练应聘面试的基本能力与技巧。

实训内容与要求：

1. 以小组为单位，分别联系所在社区内的一位或多位销售经理，询问他们在招聘过程中所采用的步骤。

2. 总结招聘销售人员适合的做法。

第6章　销售人员的激励

学习目标

了解激励销售人员的各种理论并且熟悉激励的方式，掌握销售竞赛的基本内容，了解激励问题成员、明星销售人员以及老化销售人员的方法。

素质目标

通过本章学习激励机制，教会学生尊重销售人员的独立性，充分调动销售人员的积极性与创造性，为创造更加进步的和谐社会提供精神支柱与后续动力。

教学要求

注重通过一些生活中的案例，多层次讲解激励销售人员的原理、方式和方法；采用启发式教学，加强课堂案例讨论，注重对所教学知识和案例的总结。

引导案例

累计奖车484台！杰瑞股份用15年践行激励奋斗者们"最隆重"的承诺

在"重奖员工"方面，杰瑞股份向来不手软，今年更是不例外。2023年1月11日上午，价值800万的39辆新车在杰瑞股份2022年度"金钥匙奖"授车仪式上被现场奖给优秀员工。杰瑞用充满仪式感、尊重感的方式表达着对员工的感谢，也用实际行动践行着一场激励奋斗者们最隆重的承诺。

1月11日10点，39名杰瑞优秀员工手捧鲜花，接过"金钥匙"，笑意盈盈地与家人一同走向身披红绸的新车。今年，杰瑞股份提供了"宝马X1"和比亚迪"海豹"两款车型，供获奖员工任选。此次捧得"金钥匙奖"的39名杰瑞员工中，"80后"是主力军，"90后"有9名，其中最年轻的获奖者是出生于1996年的王海元，目前担任石油装备集团销售工程师一职，他于2019年以应届生身份入职杰瑞，入职仅3年半便喜提公司奖励的"宝马"。

"刚入职那年看到身边同事获得公司奖车，我在羡慕和惊叹的同时默默立下目标，我也一定要拿到这个奖！"谈起初次接触"金钥匙奖"，王海元仍然记忆犹新，他认为，当初毕业时做的选择非常重要，自己能够快速成长得益于杰瑞提供的一个真诚、健康的绿色平台，让员工能够放下后顾之忧，向前自在奔跑、收获成长。换句话说，员工只需尽力发光，杰瑞"以奋斗者为本"的理念会让努力付出的人获得相应的回报。

值得关注的是，为应届生设立专项奖，是杰瑞股份在今年"金钥匙奖"评选中呈现出的新变化。该公司相关负责人表示，此举不仅是向"金钥匙奖"设立15周年致敬，更是希望传递杰瑞对应届生人才培养的重视及对青年人才的尊重与渴求。

同样获得应届生专项奖的还有"90后"杰瑞国际营销集团俄罗斯及中亚大区乌哈片区总经理王亮吉，与大部分同事选择"宝马X1"不同，他"有深意"地选择了国产新能源汽车比亚迪"海豹"。之所以说"有深意"，是因为如今的杰瑞早已突破公众熟知的油气装备龙头身份，在持续深耕油气田设备制造及技术服务领域的同时，进一步聚焦油气产业和新能源产业双主业战略，通过在新能源锂电池负极材料领域的探索与开拓，积极向多元化业务转型，实现高质量、多元化、可持续发展。

"我们要为狼群中的勇士颁发重奖！"让优秀员工开着公司奖励的车回家过年，成为杰瑞与员工最暖心的约定，也是激励着奋斗者们最隆重的承诺。

受社会广泛关注的"金钥匙奖"只是杰瑞股份众多激励措施中的一个，杰瑞为奋斗者们准备了奋斗者持股计划激励、金牌日、杰瑞年度人物、冠军俱乐部、CEO团队大奖、即时激励、红黑事件等40余种激励，其中还有针对创新研发人员的"天工奖"，现场会向获奖员工颁发定制"劳力士"和10万元现金，场面也同样震撼。

"在任何发展阶段，杰瑞都会坚定'分享'的理念不动摇，杰瑞追求的是让优秀的员工获得回报，也有能力使这些奋斗者获得回报。"授车仪式现场，杰瑞股份副总裁的话掷地有声，再一次坚定地向所有"奋斗者们"许下诺言，抛出橄榄枝。该副总裁表示，在激烈的市场竞争中，只有奋斗才能撑起企业的未来。杰瑞坚定地认为中国的强盛、企业的发展都是拼搏出来的，而不是空喊出来的，超常的拼搏和付出是杰瑞的符号之一，杰瑞为此感到骄傲。同时，杰瑞追求的是超常创造、非凡分享，目前，杰瑞已连续15年设立"金钥匙奖"，累计发放轿车484辆，总价值7 300万元，实施奋斗者持股计划激励4 345人次。

年味渐浓，杰瑞股份用带有其鲜明性格特质的仪式感，尽情"宠爱"着自己的员工，为寒冬增添了融融暖意。15年风雨兼程，15年并肩拼搏，这个杰瑞与"奋斗者们"的温暖约定已然开启了一个新纪元。

——资料来源：大众网，2023-01-11，作者：蔡云飞

🎤 **引导任务**

谈谈企业应该如何有效地对员工进行激励。

6.1 激励的方式与原则

6.1.1 激励的方式

正确地实施激励除了必要的理论指导和遵循一定的激励原则外，还必须选择和采用不同的激励方式。根据国内外许多学者的总结和企业实践，对销售人员进行激励的方式主要有以下几种：

激励的相关概念

1. 环境激励

环境激励是指企业营造良好的工作氛围，使销售人员能够心情愉快地开展工作。不同企业对于销售人员的重视程度有很大的不同。有的企业只是把销售人员看成临时工，很少考虑销售人员的工作环境；有的企业则认识到销售人员对于企业的意义所在，想方设法给销售人员创造有利的环境。企业可以通过以下方式实现环境对销售人员的激励作用：

(1)美化工作环境。消除不利于健康的因素，给员工提供一个舒畅的、健康的环境，给销售人员提供必要的物质条件，使销售人员更好地开展工作。

(2)培养融洽关系。在企业内部员工之间培养融洽的人际关系，尊重优秀的员工，使销售人员在和谐的氛围中工作。

(3)定期召开会议。企业可以定期召开销售会议和一些非正式会议，为销售人员提供一个社交的场所，增加他们与公司领导交谈的机会，提供给他们在更大范围内结交朋友、交流感情的机会。企业各级管理者重视对销售人员的激励，尊重、关心和信任他们，在精神方面经常给予鼓励。

以上方式一方面可以满足销售人员社交、感情、自尊方面的需要；另一方面，良好的环境可以形成一定的竞争压力和规范，促进销售人员努力工作，形成良性竞争的环境。良好的环境氛围不但有利于销售人员个人成长，而且有利于销售队伍建设，提高销售团队的凝聚力。

2. 目标激励

目标激励是指为销售人员确定一些要达到的销售指标，以目标激励销售人员上进。企业应建立的主要目标有销售定额、毛利额、访问户数、新客户数、访问费用和货款回收等。其中，明确销售定额是企业的普遍做法，规定销售代表一年内应销售产品的数量，并按产品分类确定。销售定额的实践经验表明，销售代表对销售定额的反应并不完全一致，一些人受到激励，因而发挥出最大潜能；也会有一些人感到气馁，导致工作情绪低落。一般来讲，优秀的销售人员对精心确定的销售定额会做出良好的反应，特别是当薪酬水平按工作业绩做适当调整时，更是如此。

3. 物质激励

物质激励是指对做出优异成绩的销售人员给予晋级、奖金、奖品和额外薪酬等实际利益的激励，以此来调动销售人员的积极性。物质刺激往往与目标激励结合起来使用。研究人员在评估各种可行激励的价值的大小时发现，物质激励对销售人员的激励作用最为强烈。

4. 精神激励

精神激励是指对做出优异成绩的销售人员给予表扬、颁发奖状、授予称号等，以此来激励销售人员上进。对于多数销售人员来讲，精神激励也不可缺少。精神激励是一种较高层次的激励，通常对那些接受过高等教育的年轻销售人员更为有效。销售经理应深入了解销售人员的实际需要，不仅是物质生活上的需要，还有诸如理想、成就、荣誉、尊敬等方面的精神需要。尤其当物质方面的需要得到基本满足后，销售人员对精神方面的需要就会更强烈。如有的企业每年都要评出"冠军销售员""销售状元"等，其激励效果很好。

5. 培训激励

培训是企业发展的新动力。有些管理者错误地认为，培训是可有可无的事情，企业一直未搞培训，还是一样照常运作，这种观念实在可怕。当前市场竞争的关键是人才竞争，而人才的价值在于其积极的态度、卓越的技能和广博的知识。由于知识爆炸和科技高速发展，每个人的知识和技能都在快速老化，面对社会环境以及市场的快速变化，企业中的员工素质提高也就尤为重要。目前，管理理论家和实践家一致认为，培训是一种投资，高质量的培训是一种回报率很高的投资。如今，销售人员面对的是一个市场变化迅速、商品更新换代快的时代，随着时间的推移，销售人员的销售能力下降，知识结构逐渐老化，因此，企业应该重视对销售人员的培训，建立一套完整的培训体系，这样不仅能够满足销售人员求知、求发展的需要，更新其知识结构，而且会使销售人员在激烈的竞争压力之余感受到企业的关心与爱护，从而在精神上得到激励，使他们始终保持高昂的斗志。

6. 工作激励

说到激励，很多人就会想到薪水和奖金，这些固然重要，但是工作本身带给员工的乐趣和成就感对员工的激励作用更大。日本著名企业家稻山嘉宽说过："工作的报酬就是工作本身。"这句话深刻地道出了工作的完整性、丰富性，以及这种内在激励的无比重要性。企业员工在解决了温饱问题以后，更加关注的是工作本身是否有吸引力，工作内容是否具有挑战性，是否能显示成就，是否能发挥个人潜力，是否能实现自我价值，因此，注重工作本身所具备的激励作用，并能卓有成效地在工作中运用，是尤为重要的。

首先，在进行工作激励时应该了解每个销售人员的兴趣、专长和工作能力，再将任务合理地分配给他们。其次，在职务设计中，应该尽可能考虑到工作的多样性、完整性和独立性，建立通畅的反馈机制，使员工及时了解工作的结果，不断完善自身的行为，形成高质量的工作绩效和高度的工作满足感，培养员工的职业忠诚度。

7. 情感激励

利益支配的行动是理性的。理性只能使人产生行动，而情感则能使人拼命工作。对于销售人员的情感激励就是关注他们的感情需要，关心他们的家庭，关心他们的感受，把对销售人员的情感直接与他们的生理和心理有机联系起来，使其情绪始终保持稳定，促进销售水平的提升。

8. 民主激励

实行民主化管理，让销售人员参与营销目标、顾客策略、竞争方式、销售价格等政策的制定；经常向他们传递企业的生产信息、原材料供求与价格信息、新产品开发信息等；企业高层定期聆听一线销售人员的意见与建议，感受市场脉搏；向销售人员介绍企业发展战略等，都是民主激励的方法。

9. 销售竞赛激励

销售竞赛是企业常用的激励销售人员的工具。它可采取多种形式，充分发挥销售人员的潜力，促进销售工作的完成。

竞争能激发销售人员求胜的意志，提高销售人员的士气，开展销售竞赛是一种激励的好办法。有的销售主管没有一套严格的规章和做法，高兴起来就大奖、小奖一起发，结果花了大笔费用，达不到激励效果，反而影响士气的提高。出现这种情况的主要原因是销售主管未能很好地掌握销售竞赛的用意及要领。竞赛奖励的目的是鼓励销售人员做出比平时更多的努力，创造出比平时更好的业绩。销售人员追求可见的成功，需要主管的赞扬和鼓励。竞赛要能激发销售人员的销售热情，鼓励销售人员使出"不服输"的拼劲，即竞赛必须营造出"想赢"的氛围。在设置竞赛项目及奖励办法时，应注意以下原则：

(1) 设置奖励的面要宽。成功的奖励办法能鼓励大多数人。奖励面太窄，会使业绩处于中下水平的销售人员失去信心。

(2) 销售竞赛要与年度销售计划相配合，以有利于企业整体销售目标的完成。

(3) 要设立具体的奖励标准，奖励严格按实际成果颁发，杜绝不公正现象。

(4) 竞赛的内容、规则、办法力求通俗易懂、简单明了。

(5) 竞赛的目标不宜过高，应使大多数人通过努力能达到。

(6) 由专人负责宣传推动，并将竞赛情况适时公布。

(7) 要召开推出销售竞赛的会议，并以快讯、海报等形式进行追踪报道，渲染竞赛的热烈氛围。

(8) 精心选择奖品，奖品最好是大家都希望得到，但又舍不得自己花钱买的东西。

(9) 奖励的内容有时应把家属也考虑进去，如奖励带家属去旅游。

(10) 竞赛完毕，马上组织评选，公布结果，并立即召开总结会，颁发奖品。

6.1.2　激励的原则

1. 因人而异原则

根据人本管理的基本原理，不同人的需求是不一样的，同一个人在不同时期的需求也是不一样的，所以相同的激励措施对不同的人起到的效果是不同的。销售经理在制定和实施激励措施时，首先要查清楚每个员工的真正需求，将这些需求合理地整理归纳，再制定相应的激励措施。

一个销售团队中大致有三类员工：一是年龄较大、收入较高的老员工。其生活相对比较舒适，需求往往是工作上的安全性、成就感和被人尊重，相应的激励因素就是分配挑战性的工作，让其指导其他员工的工作，吸收参加一些高层次的决策会议。二是追求机会者。因为他们的收入不高，首先是提高收入的需求，另外是对他能力认可的需求，还要满足工作的安全性等。对这类人最主要的激励因素就是提高薪金待遇，鼓励努力工作，其次是要进行有效的沟通，帮助他们克服孤独感，沟通对他们是一个好的激励，另外通过销售竞赛，使他们的技能得到提高，还能多得奖金。三是追求发展者。因为年纪较轻，这一类人的激励因素最主要的就是良好的训练。建立一种良好的培训机制，是对这类人最大的激励。三类员工的需求与激励因素如表 6-1 所示。

表 6-1　三类员工的需求与激励因素

员工类型	主要需求	激励因素
老员工	安全性，成就感，被人尊重	挑战性工作，参与高层管理
追求机会者	提高收入，能力认可	薪金待遇，有效沟通
追求发展者	个人发展	良好培训

2. 奖惩适度原则

有的销售经理在奖惩员工的时候不按照规章制度办事，奖得过多，罚得过重，或者奖得过少，罚得也轻，这都达不到真正的激励效果。奖励对激励效果会产生重大影响，如果奖励过重，会使员工飘飘然起来，失去进一步提升自己的动力；奖励过轻，起不到激励的作用，甚至还不如不奖励。惩罚过重，员工就会失去对公司的认同；惩罚过轻，员工又会轻视公司的规章制度，轻视管理的威严性，导致重复犯同样的错误，起不到警戒的作用。

3. 公平公正原则

一忌待遇不公。待遇不公极易引起员工的不满，造成员工对公司的不信任，并且这种情绪很容易在公司中扩散，造成整体工作积极性的低落及工作效率的低下。二忌一碗水端不平。取得同样成绩的员工，定要获得同样的奖励。同理，犯了同样错误的员工，也应当受到同等层次的处罚。管理者就是宁可不奖励、不处罚，也不要一碗水端不平。管理者在处理员工问题时，一定要有一种公平的心态，不应有任何的偏见和喜好，不能有任何不公正的言语和行为。

4. 奖励正确的事情

管理学家米切尔·拉伯夫经过多年的研究发现，一些管理者常常奖励一些不合理的工作行为。他根据这些常犯的错误，归结出应奖励的十个方面：奖励彻底解决问题，而不是只图眼前利益的行为；奖励承担风险，而不是回避风险的行为；奖励善用创造力，而不是盲从行为；奖励果断的行为，而不是光说不做的行为；奖励多动脑筋，而不是奖励一味苦干；奖励使事情简化，而不是使事情不必要地复杂化；奖励沉默而有效率的人，而不是喋喋不休者；奖励有质量的工作，而不是匆忙草率的工作；奖励忠诚者，而不是跳槽者；奖励团结合作，而不是互相对抗。管理者奖励不合理的工作行为较之不奖励往往危害更大，必须奖励正确的事情。

情景体验 6-1

A 公司是一家 IT 产品和系统集成的硬件供货商，成立 8 年来，销售业绩节节攀升，人员规模也迅速扩大到数百人。然而公司的销售队伍在去年出现了动荡，一股不满的情绪开始蔓延，销售人员消极怠工，优秀销售员的业绩开始下滑，这迫使公司高层下决心聘请外部顾问，为公司做一次不大不小的"外科手术"，而这把"手术刀"就是制定销售人员的薪酬激励方案。

调查发现，这家公司的销售部门按销售区域划分，同一个区域的业务员既可以卖大型设备，也可以卖小型设备。后来，公司销售部进行组织结构调整，将一个销售团队按两类不同的产品线一分为二，建立了大型项目和小型设备两个销售团队，他们有各自的主攻方向和潜在客户群。但是，组织结构虽然调整了，两部门的工资奖金方案没有跟着调整，仍然沿用以前的销售返点模式，即将销售额按一定百分比作为提成返还给业务员。这种做法看似不偏不倚，非常透明，但没能起到应有的激励作用，造成两部门之间的矛盾，于是出现了上面讲到的现象。这种分配机制产生的不合理现象具体如下：

（1）对于大型通信设备的销售，产品成本很难界定，无法清晰合理地确定返点数。同时，很多时候由于竞争激烈，为了争取客户的长期合作，大型设备销售往往是以低于成本的价格销售，根本无利润可以返点。

（2）销售返点模式一般一季度一考核，而大型设备销售周期长，有时长达一两年，客户经常拖欠付款，这就使得考核周期很难界定。周期过短，公司看不见利润，无法回报销售人员；周期过长，考核前期销售人员工作松散，经常没有订单。

（3）大型设备成交额很大，业务员的销售提成远远高于小型设备的销售，这导致小型设备的业务员心理不平衡，感到自己无法得到更高的收入、公司对自己不够重视，于是工作态度开始变得消极。

（4）大型项目一般是团队合作，由公司总经理、副总经理亲自领导，需要公司其他部门紧密配合。如何将利润分给所有参与项目的人，分配原则是什么，这些问题都是销售返点模式难以回答的。

——资料来源：易才网，《销售团队薪酬激励的设计》，2006-12-07

6.2　销售人员的激励方式

任何一个销售集体，不论其成员多少，都是由一些同时具有优点和缺点的人组成的。所以，集体成员可能不时会出现这样或那样的问题。销售主管应密切注意下属的动向，及时了解销售人员的问题，这样可在心理上有所准备，在行动上有正确的应对措施。本节主要讨论激励问题队员、明星队员和老化队员的方法，以及如何做一名成功的激励主管。

6.2.1　影响销售人员工作状态的八大要素

1. 恐惧感

恐惧感容易发生在销售代表职业初期，销售人员在内心对客户有一种恐惧感，最核心的是害怕拒绝。此阶段的典型表现是销售人员总在准备，打电话准备、拜访准备、对着镜子照半天，可就是不出门行动；见客户的时候总是草草收场，甚至盼着客户拒绝，自己好赶紧走人。

处在恐惧感阶段的业务员无论在接触客户的数量上，还是接触客户的质量上，都存在着严重不足。

2. 挫折感

挫折感来自志大才疏，原本对自己期望很高，希望能够在同事面前自我展示一下，可到市场上一跑，才发现自己的不足，而自己内心又无法接受。

导致销售人员挫折感的根本原因是，销售人员对客户的走访只是形式，心里根本没有关注客户，只是想着拜访赶紧结束，所以效果不佳。

3. 不自信

在前两种心态的冲击下，此时的销售人员，其自信心已经相当脆弱，经理如果这时激励不当，再打击一下，或是同批来的其他销售人员出了单子，那么这个内心压力极大的销售人员就可能彻底崩溃，就会从内心深处怀疑自己的选择，怀疑自己是否应该来这家公司或自己是否适合做销售，经理此时若不及时发现并积极调整，那么结果只有一个，这个业务员就会从销售战线上彻底消失。

销售人员培养自信的
三个方法

4. 急躁、不耐烦

此种情绪一般出现在成长期，这时的销售人员一般已经掌握了一些销售的技巧，但是他们希望能力超速成长，具体表现有急躁、不愿做基础工作、总想抓大单等。在这种情绪的引导下，表面上看他们的客户工作是积极努力的，但实际上如果不进行必要的调整与控制的话，销售人员就很可能从急躁又走向挫折和不自信。

5. 得过且过

这是进入徘徊期的销售人员非常容易出现的毛病，其表象是：迟到早退家常便饭，平时拜访应付了事，表单例会能混就混。这种状况如不调整，此类人会成为"懒散队长"式的人物，最终带坏一批人。

做好销售需控制的
几种情绪

6. 不满、抱怨

爱说怪话、爱传播负面东西，自身业绩还可以，但多一点事情都不做，以上这些都是不满、抱怨的表现。并且这种不满、抱怨的情绪出现在队伍中的销售精英身上时，就更令销售经理感到棘手了。

7. 疲惫、茫然

几乎所有的销售人员，在经历徘徊期的时候，都会有这样的体会：好像自己没有了奔头，失去了方向，即便做到最好也并不令人兴奋。在这种情绪的影响下，干起活来丝毫没有创造力和动力，见到客户觉得无话可说，甚至想着：想买就买，不想买算了。

8. 飘飘然

与疲惫和茫然不同，飘飘然的销售代表，经常自我标榜。他们工作中只对那些能体现自我成就的环节感兴趣，喜欢当众发表自己的意见，有时也会抨击公司或经理。飘飘然也是一种不良的思想倾向，同样需要销售经理进行必要的激励与调整，否则对方就会过度膨胀，最终会离开这个销售职位。

6.2.2 激励问题成员的方法

一支销售队伍中总会出现一些问题成员，这些成员会有比较明显的毛病或遇到较大的困难，常常需要销售主管予以协助和监督。常见的问题成员的特征主要有：恐惧退缩、缺乏干劲、虎头蛇尾、浪费时间、强迫销售、惹是生非、怨愤不平、狂妄自大等。

销售主管应研究这些现象的产生原因及解决办法。下面针对不同类型的问题成员提出一些引导方法，以供销售经理参考。

1. 激励恐惧退缩型成员

方法主要有：帮助他建立信心，消除恐惧；肯定他的长处，同时指出其问题所在，并

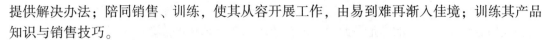

提供解决办法；陪同销售、训练，使其从容开展工作，由易到难再渐入佳境；训练其产品知识与销售技巧。

2. 激励缺乏干劲型成员

方法主要有：指出缺乏干劲的弊端；外在激励和内在激励双管齐下；陪同销售并予以辅导；更换业务销售区域；提高业务定额；以增加薪水、提供奖品做动力；给予短暂休假，调养身心。

3. 激励虎头蛇尾型成员

方法主要有：带领或陪同销售；要求参加销售演练或资料收集整理；分段式考核；多做心理辅导；规定各时段各作业区域的销售目标。

4. 激励浪费时间型成员

方法主要有：晓之以理，告知时间就是金钱，效率就是生命；动之以情，帮助他制定拜访客户的时间表及路线，分析拜访客户的次数及对客户解说的最短时间；严格要求，要求他制作工作时间表及时间分配计划书。

5. 激励强迫销售型成员

方法主要有：指出强迫销售的弊端及渐进式方法的好处；加强服务观念的教育，教授更多的销售技巧；改变只计佣金的计酬方式，开展多项目、多层次的竞赛。

6. 激励惹是生非型成员

方法主要有：指出谣言对个人及团体的危害；追查谣言的起源及用意，对造谣者予以教育；尽量避免开玩笑。

7. 激励怨愤不平型成员

方法主要有：给予劝导及安抚，将心比心；引导他多参加团体活动并充分发表意见；用事实说话，在销售绩效上比高低，使其心悦诚服；检查公司制度有无不合理之处，有则改之；若完全是无理取闹，则必须予以制止，尽量化冲突为理解，维系双方的关系。如果各种方法都无效，则可予以解聘。

8. 引导狂妄自大型成员

方法主要有：告知山外有山，天外有天，强中更有强中手，不可学井底之蛙，夜郎自大；以实例说明骄兵必败；提高销售定额，健全管理制度；肯定其成绩，多劳就多得；不搞特殊化。

6.2.3　激励明星销售人员的方法

明星销售人员一般都有些特长，或善于处理与客户的关系，或精通销售技巧，总是能取得优秀的销售业绩。这些明星队员虽然各怀绝技，但也有共同的倾向和特性。常用的激励明星销售人员的方法如下：

（1）树立其形象。明星销售人员通常追求地位，希望给予表扬与肯定，很注重自己的形象，并希望得到他人的认可，热衷于影响他人。

（2）给予尊重。明星销售人员需要别人的尊敬，特别是主管的重视，希望别人把他们当成专家，乐于指导别人。

（3）赋予成就感。起初销售人员要求的是物质上的满足及舒适，在物质需求得到满足后，他们更需要精神上的满足。此时，内在的激励就能起到更重要的作用。

（4）提出新挑战。明星销售人员一般有充沛的体力，会不断地迎接新的挑战，创造更高的销售纪录。不断提出新的目标，会激发他们的活力。

（5）健全制度。明星销售人员大多希望有章可循，不喜欢被别人干扰或中途放弃。制度要能保证充分发挥他们的潜力。

（6）完善产品。正所谓"巧妇难为无米之炊"，再能干的销售人员也要有优质的产品做后盾。明星销售人员一般对自己的产品具有高度的信心，如果企业的产品品质失去信誉或他们对产品有所怀疑，他们就可能跳槽。因此，应不断地完善和发展企业的产品。当然，这需要产品研发和生产部门积极配合。

情景体验 6-2

周长江是某经营部的零售渠道开发主管，负责零售渠道的日常管理和督导五名业务代表（即业代）。周长江大部分时间与业代相处愉快，但属下一名业代萧战却使他感到困扰。

萧战加入公司已有三年，具有很好的销售技巧和客情关系，每月的销量达成率都很好，在众多同事中十分突出，因此周长江对他颇为欣赏。

由于萧战自觉受到主管的高度重视，认为自己与其他同事不一样，开始出现一些违规行为，例如不按规定的线路拜访客户、早上迟到、不准时参加早会。虽然如此，萧战却能够完成每日的订单和每月的销量。其他业代看在眼里，向周长江投诉萧战的工作态度，声称会效仿他的行为。对于萧战近日的行为，周长江实在不能容忍。

周长江于是找萧战谈话，并指出他的行为违反了公司规定，要求他解释原因。萧战却向周长江表示："反正我有这个能力，能把你下达的目标完成，我不一定要去拜访客户嘛。你不该如此计较。"

周长江回应说："虽然你的能力和销量完成情况较其他人佳，但也不应拥有特权，你必须顾及别人的想法。"

萧战说："周主任，我当渠道业代都已三年了，说实话吧，我觉得自己的工作老是重复，没什么意思。我自己也认为不是块当主管的料，就我的能力我已经做得不错了，每月的奖金都是五名业代中最高的。我也只能这样，对吗？"

情景讨论：如果你是周长江，你会怎样做？

6.2.4　激励老化销售人员的方法

销售人员业绩停顿，心态老化，是销售主管经常遇到的难题。有些销售人员在工作了一段时间后，业绩突然停顿甚至不断下滑，这就是销售人员老化的现象。遗憾的是，大家对销售人员老化的问题了解有限，认识不多，有的销售主管不愿意承认存在销售人员老化问题；有的销售主管虽然承认有问题，但没有切实可靠的数字；有的销售主管虽然知道问题的存在，却毫无办法。销售主管一般应考虑如下问题：销售人员老化的迹象；典型老化销售人员的年龄段；老化现象产生的原因；主管如何防治老化现象；如何指导老化销售人员自我激励。

1. 销售人员老化的迹象

要防治销售人员的老化现象，必须及早发现老化问题的存在。销售人员老化最常见的迹象主要有以下几个方面：

（1）业务报表、报告常常晚交或不交，内容不完整或没有深度。老化销售人员往往认为这些东西不值得花时间去写，没有什么价值。

（2）业绩平平或大幅下降。导致销售人员业绩平平或大幅下降的原因有很多，要多加分析。有些老化销售人员常常找许多借口作为理由。

（3）拜访客户次数减少，甚至拜访新客户的数目也在减少。如有的主管发现同一客户的名字每周都出现在拜访表上。

（4）没有创新意识。经常处理一些与销售无关的事，把更多的时间花在办公室内而不是出门找客户，有时甚至连企业的新产品都忘了介绍给老客户。

（5）热情不足，懒散有余。开始缺勤、迟到、早退，吃顿午餐耗半天。对什么事都缺乏兴趣。

（6）客户抱怨增加。如平时服务态度好、服务水平高的销售人员，突然遭到客户的多次投诉，就是该销售人员老化的表现。

（7）计划准备不周。辅助销售工具、产品介绍、价目表未准备妥当，与客户约会迟到或失约，反应迟钝。

（8）不修边幅，抱怨增加。由原来的注重仪表变成不修边幅。经常抱怨企业、产品、后勤、同事，甚至对客户也有抱怨。

2. 销售人员出现老化现象的原因

销售人员出现老化现象的原因主要有以下几点：

（1）经济收入已满足。有些销售人员认为自己已挣够了钱，缺乏进一步提高业绩的动力，所以销售业绩开始下降。由此可见，一味地对销售人员实施物质激励并不是长期有效的。

（2）缺乏明确的事业发展前途。许多销售人员觉得自己的工作及职位的发展潜力极为有限。在相同的业务工作岗位上干得太久了，如果没有其他因素的特别激励，销售人员就越干越没劲。

（3）未被公司提升而感到失望。没有被公司提升，致使许多销售人员对公司不满，从而不积极工作，出现老化症状。

（4）缺乏毅力和吃苦耐劳的精神。有些销售人员宁愿少赚些钱，也不愿意辛苦拼命地多赚些钱，缺乏意志力。

（5）对公司政策及其执行方式不满意。如公司制度不健全，公司政策不确定，额外工作要求过多，执行政策不一视同仁，只拿佣金不领底薪的报酬制度等。

3. 销售主管对老化现象的防治

任何一支销售队伍在任何时候都有可能由于某种原因而出现老化现象，关键在于防治老化现象。有些销售主管对销售人员的老化现象不进行任何改善，可以说毫无办法。有些销售主管则一味用提高佣金或薪水的办法来激励队伍士气，但也只能起到短期的作用，有的甚至因此而出现更多的问题。那么，到底应该如何防治销售人员老化现象呢？

（1）物质与精神奖励。要经常运用奖金、奖杯、内部刊物发表消息及其他物质与精神奖励，对表现好的成功销售人员用肯定积极的方式予以保护。

（2）指导和鼓励。精心指导销售人员制订事业发展计划，帮助他根据企业目标来确定个人发展目标。对已经努力但不成功的销售人员要多鼓励。

（3）提倡公平竞争。可在企业设立一个正式的事业前途计划部门，成立测定及评估中心，对所有销售人员的表现加以测定，作为奖赏及升迁的参考。提升有成就且成熟的销售人员作为领导者或给予高级别的薪金待遇。注意考核必须公开公平公正。

（4）提倡团队精神。给接近老化或正在老化的资深销售人员成立资深销售人员俱乐部或进行其他类似性质的表扬是一个好办法。就企业的长期计划与目标多与销售人员沟通，多征求他们的意见与看法，这样能激发他们的团队参与意识。

（5）定期召开销售会议。每年至少举行三次分区的销售会议，以表扬先进、推广经验，并特别为老销售人员举办一次销售研习会以引起他们的注意。

（6）定期培训。对销售人员定期培训，提高他们的销售技巧，增强他们对企业及对本人的信心，不断地予以刺激，提升士气。培训应尽量针对个人需要，并要求每个销售人员在某些方面的知识与技巧均需达到相当的水准。不要重复使用大家已有的教材，要准备一些新的教材。多举办产品知识培训，并增加一些富有鼓励性的产品使用课程。

（7）缓解生活压力。尽量给予一定的底薪，但底薪和佣金必须与销售业绩及工作表现相关联。

（8）同甘共苦。与销售人员同甘共苦，打成一片，不断同他们一起追求更高的业绩，攀登更高的目标。

（9）提出新挑战。不断地给予销售人员新的工作或任务，使之感受到挑战与刺激，创造竞争的动力。

（10）适当调换岗位。允许销售人员在企业内部调换工作。如有的资深销售人员可调到培训或研发部门。他们在开发新产品的工作中可能贡献比其他人更多的价值。调换工作会使资深老化销售人员激发出新的活力。

4. 指导老化销售人员自我激励

解铃还须系铃人，老化销售人员还要自我再生。老化销售人员应如何激励自己呢？销售经理应指导他们做到如下几点：

（1）首先要承认老化问题的存在。这好像并不容易做到，许多老化的销售人员无法认识到状况的复杂性及严重性。最可怕的是老化销售人员并未认为自己已经老化或开始老化。销售经理应当直截了当地给予指明。

（2）建立一套老化趋势制度以评估各销售人员，或全年的业绩评估辅以一年多次的小型评估，使销售经理及销售人员有机会或理由相聚在一起，相互讨论每位销售人员的表现。一旦有业绩下降或出现低潮的问题，销售人员就可以借自我发现的方式或由销售经理提醒，自己采取改善措施。

（3）老化销售人员应该参加一些销售培训课程。有时，年资越久，在销售做法上的偏离可能会越远，如不加注意，很快就会忽略所有的推销基本技巧和方法。

（4）让销售人员多阅读。销售人员可以多看书报杂志，通过学习来不断提高销售技艺。

（5）销售人员要多参加与销售有关的活动及聚会等。他们看到别人怎么做后，再把自己过去的作风和目前自己的表现相比较，就会发现自己的状态。

（6）当销售人员发现自己有老化现象即应重估自己的现况。年轻的销售人员也许会发现自己不适合做销售工作，那就该改换职业了。评估后，所有不同年龄的老化销售人员应开始拟个人目标及个人在工作上的发展计划，年轻的销售人员可拟 2 年、5 年及 10 年的事业发展计划，年老的销售人员只拟 2 年或 5 年的个人发展计划即可。

(7)销售人员要设定个人计划。销售人员拟计划时，内容除了事业及收入的目标外，也应该把其他事业性的目标列入，如设法在一年内学会使用电脑等。

(8)把自己的销售区域作为自己的事业，生意的好坏完全取决于自己的努力程度，要不断地提醒自己总需有个固定工作且不能表现太差。

(9)列出自己的喜好。把自己对公司及产品的喜欢与不喜欢的地方都列出来，然后努力设法排除那些自己不喜欢的地方。

在指导老化销售人员自我激励时，最重要的是要知道如何留意老化的迹象或警戒信号，以便及时给予适当的协助。在帮助老化销售人员的过程中，销售经理的角色至关重要，要尽量与老化销售人员达成一致。销售经理及销售人员如能认识到老化问题的存在，共同努力设法寻求解决问题的方案，必然会克服老化现象，成为一支优秀的销售队伍。

科技公司的员工创新激励

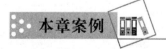情景体验6-3

A 公司销售部门有 6 名销售人员。其中一名销售人员在大学里主修历史，没有孩子，丈夫有工作，她在一个小镇长大，她的主要兴趣是帮助已有的客户解决问题，即使公司对开发新顾客给予经济上的奖励，但她对开发新客户也没有什么兴趣。

另一名销售人员自小希望像他的父亲一样成为内科医生，但后来在大学里退了学。他在奢侈的环境中长大，希望为自己、妻子和 3 个孩子维持原有的生活标准和社会地位。在工作中，他需要也想要成为最优秀的销售人员，并且多年来他在开发新业务和总业绩方面也一直保持第一名。

第三名销售人员来自偏远山区，在极度贫穷的环境中长大。每天她都工作很长时间且很努力，人也聪明工作。业绩方面，虽然不是第一名但总比上一年有进步。

第四名销售人员 55 岁左右，孩子已成人，拥有相当可观的积蓄，但墨守成规。他在公司里已工作了 15 年，做过各种不同的岗位，也干得很好，对工作很了解，感觉很自在。

第五名销售人员希望能被晋升到管理层，他也具备了必要的工作经历和教育背景，但是公司却没有空缺的职位，因而他总是表现得自以为是。

第六名销售人员是一个刚毕业的年轻大学生，关于他的情况还有些拿不准。作为新聘用的员工，他的表现符合工作要求，但他不爱谈论自己的个人情况。

情景讨论：销售经理如何针对不同的销售人员采取不同的激励方法。

本章案例

电商销售的激励手段

本章小结

激励的关键是要与被激励者的期望相符，否则再好的激励也是没有作用的，而每个人的期望又都是不同的，在每个阶段的期望也是不同的。所以，在实施激励措施时，特别是在销售管理中对销售人员激励时，首先要清楚销售人员的期望。销售人员的期望主要有：物质回报、工作愉快、不断进步、适当减压、提供帮助。

很多企业在销售人员的激励问题上认识不清，措施不到位，导致销售人员流失率居高不下。激励销售人员可以从不同的角度出发，采取不同的激励方式，通过环境激励、目标激励、物质激励和精神激励等方式来提高销售人员的积极性。同时在激励时把握以下原则：因人而异、奖惩适度、公平公正、奖励正确的事情。

任何一个销售群体都是由各种类型的销售人员组成的，他们中的一部分人会有各种各样的问题。销售主管应密切注意下属人员的动向，及时了解销售人员的问题，这样可以在心理上有所准备，并在实际行动中有正确的应对措施。这里主要是对明星销售人员、问题销售人员和老化销售人员的激励问题。

本章习题

一、复习思考题

1. 企业可以选择哪些激励方式来提高销售人员的工作积极性？
2. 销售竞赛激励设计的原则是什么？
3. 问题销售人员可以分为哪几类？
4. 如何激励明星销售人员？
5. 如何对销售人员老化现象进行防治？

二、实训题

实训项目：主管对下属的激励情景实训

实训目标：

1. 培养学生运用管理激励理论的意识与能力。
2. 通过角色扮演完成对学生的行为调整和心理训练。

实训内容与要求：

1. 以小组为单位设计一个销售主管激励不同类型下属的剧情。
2. 根据所学相关知识，提出解决问题的方案。
3. 请两位同学代表本小组完成剧情的表演。

第7章　销售人员的考评与薪酬

🎯 学习目标

　　了解销售人员业绩考核的特点、作用和原则，了解绩效考核的程序和方法，熟悉销售薪酬的激励作用和设计原则，掌握选择薪酬的方法。

✒ 素质目标

　　考查学生设计薪酬结构时能否依据我国相关法律规定，在保险等福利项目的比例及税收方面有所考虑，使学生坚定"君子爱财，取之有道"的财富观。

🛠 教学要求

　　教师要通过实际案例讲解销售人员薪酬考评的要点，注重课堂的活跃度；采用启发式、探讨式的教学，鼓励学生多思考；加强课堂案例的讨论，注重对案例和知识点进行总结。

◈ 引导案例

这样调整绩效，销量暴涨！

化繁为简，以量定薪

　　考核指标只有两项，第一是销量，以量定薪。目前仓库爆仓，销量考核不应该是以品类提成，而以销售金额提成，业务员不管卖出什么产品，只要满足销售额就按照比例提成。

　　第二是陈列，陈列达标的条件是费效比达标，即陈列费用/接货金额在费效比允许的范围之内。

总结：绩效改革之后，有效地推动了销量的增长，考核机制变简单了，大家都明白当月的工作重点，效率自然会高很多。业务员的比拼应该以销量为基准。

重做通路，精耕网点

梳理你的网点，明确哪些网点是低产出的，哪些是费效比超标的，要进行汰换。汰换掉的网点并不是要删除，而是要降低拜访频次，变为一月一访或者顺路简单拜访，不必纳入系统作业，同时也需要有部分新网点来补充拜访。

具体的绩效薪资模式是：在原有的薪资基础上额外叠加一项网点的开发激励。

激励可以这样设定：开发一个网点激励 10 元，下月回货激励 5 元，下下月再次回货再激励 5 元。此时对网点(连续 6 个月没有接货的网点)也要有要求：

(1)符合目标网点的通路属性；

(2)首次进店的必进 SKU(Stock Keeping Unit，库存量单位)，要做出规范要求；

(3)首次进店的陈列要达标；

(4)首次进店的接货金额有要求；

(5)对接货客户的规律性拜访有要求。

网点不可能是固定不变的，它是动态指标，长时间不调整的话势必积累很多无效网点，这些无效网点一方面损耗着业务员的精力，另一方面导致有效网点进不来。

以上问题解决了，效率就提上来了，效率一提高，销量不可能不提升。

激发人性，在团队内部搞 PK

具体的绩效薪资模式是：在原有的薪资基础上额外叠加一项 PK 激励。竞争性是人性的原始本能，比赛输了，钱是一方面，面子是另一方面，所以引进 PK 既可以激发团队本能活力，又可以拉开团队人员收入差异。要从以下几点着手进行操作：

(1)PK 激励要两两 PK 进行；

(2)PK 对象是平日工作表现和销量表现极为相近的人员；

(3)PK 采用占比制。

例如，PK 项有两项，分别是陈列和销量。其中陈列占比 30%，销量占比 70%，按照经销商所有销售团队排名计算综合得分进行比较。张三陈列排名第 6，销量排名第 4，综合排名为 $6×30\%+4×70\%=4.6$；李四陈列排名第 2，销量排名第 5，综合排名为 $2×30\%+5×70\%=4.1$，所以张三与李四 PK，李四综合排名靠前。

注意：

(1)如果团队人数较少，也可以团队所有成员大 PK，计算方式不变，考核的是综合排名。

(2)要设置销量和陈列等 PK 指标的底线，低于底线无激励或者激励减半。

(3)PK 屡战屡败的人员要格外关注，弄清是知识技能问题，还是情绪态度问题，是培训改善还是直接汰换，均要做好准备。

所以绩效考核不可一成不变，更不可时时刻刻大变，要循序渐进，化管理为激励，以激发人性为手段，以销量和利润的增长为目标。

——资料来源：销售与市场网，2021-03-26，作者：海游，有删改企业应该如何合理进行销售人员的绩效考评工作？

绩效考评是销售经理对销售人员进行管理的基本内容之一。绩效考评是一种正式的员工评估制度，它是通过系统的方法、原理来评定和测量员工在职务上的工作行为和工作效果。绩效考评也是企业管理者与员工之间的一项管理沟通活动。绩效考评的结果直接影响到薪酬的调整、奖金的发放及职务的升降等诸多员工的切身利益。

7.1 销售人员的绩效考评

7.1.1 销售绩效考评概述

绩效考评是指组织中的各级管理者，通过某种手段对其下属的工作完成情况进行定性和定量的评价过程。

销售人员的绩效考评是销售管理的一个重要环节，通过考评可以对员工的工作进行评价，同时考评也是给予销售人员报酬和职位提升的依据。绩效考评是一种正式的员工评估制度，是用既定的标准来衡量工作绩效以及将绩效结果反馈给员工的过程。绩效考评的有效实施，有助于激发销售人员的工作热情，提高其工作效率，通过不断地改善销售人员个人的业绩来提升企业的整体效益。

1. 销售人员绩效考评的特点

销售人员面对的是高度竞争的、瞬息万变的市场，工作性质要求他们具有灵活应变和不断创新的能力，因此他们是追求自主性、个体化、多样性和创新精神的员工群体。与企业其他员工相比，销售人员的工作有其自身的特点：为适应市场竞争的要求，销售人员要具备强烈的创新精神和创新能力；为满足客户日益增长的需求，销售人员必须善于学习，因为销售人员的工作内容以客户为主体，必须深谙社会文化心理，善于文化经营；成功的销售人员要具备全面的知识和丰富的阅历，不仅要懂产品，还要懂技术，懂市场营销，学习心理学、社会学、公共关系等人文科学，需要更高的人力投资成本；工作性质决定了销售人员要承受较大的工作压力，要具备较好的身体条件和心理素质；因其具有明确的业绩指标和衡量标准，销售人员很容易被区分出优劣；销售人员的工作个体化、自主性比较强，销售人员既可以一天24小时都在工作，也可能因为头天晚上和客户洽谈、吃饭到很晚，第二天休息，工作时间的弹性很大，用一般的考勤制度来约束他们，不是很适合的；因其工作需要与人打交道，销售人员一般性格比较外向，善于交际和沟通，容易接受新鲜事物，个性活跃，有时容易冲动；从工作职责讲，销售人员除了完成量化的业绩指标，还包括一些定性的指标，在一定程度上掌握着公司的商业秘密，需要具备一定的商业道德和做人原则。

与上述销售人员的工作特点配套，其绩效考核与其他岗位的员工相比有一些不同的特点，主要有以下特征：

（1）量化的业绩指标一般要占到整体考核的60%以上，而且这种业绩指标是与公司整体战略目标挂钩的。但是，单纯的业绩指标会造成销售人员的短视行为，甚至为完成业绩不惜牺牲公司利益，需要加入定性的指标来约束其日常行为。

（2）从团体角度出发，其考核体系里一定要加上内部沟通与协调的考核指标，包括团队协调能力、信息系统建立情况、工作态度等。

2. 销售绩效考评的意义

销售人员绩效考评的基本目的是确定各销售人员工作表现的好坏。考评在销售管理过程中的作用，具体来说表现在以下几个方面：

（1）保障销售目标的完成。销售目标是销售管理过程的起点，它对销售组织、销售区域的设计及销售定额的确定起着指导作用。这些工作完成之后，销售经理开始招聘、配置、培训和激励销售人员，促使他们朝着销售目标努力。同时，销售经理还应当定期收集、整理和分析有关销售计划执行情况的信息。这样做一方面有利于对计划的不合理处进行修改，另一方面则有利于发现实际情况与计划的差异，以便找出原因并寻求对策。可见，有效的绩效考评方案如同指南针，保证销售人员实现企业的销售目标。

（2）为销售人员的奖酬提供依据。科学的考核、公平的奖酬对激励销售人员有着重要的影响。有效的绩效考评方案是对销售人员的行为、态度、业绩等多方面进行全面而公正的考评，考评的结果不论是描述性的还是数量化的，都可以为销售人员酬薪的调整、奖金的发放提供重要的依据。而且，企业能够在客观评价的基础上给予销售人员合理的报酬或待遇，激励销售人员继续努力。

（3）通过考评发掘销售人才。通过绩效考评能够查明销售人员的实际销售能力及效果，绩效考评的结果能够对销售人员是否适合销售岗位做出客观、明确的评判。如果发现他们缺乏某一方面的能力，可以通过培训进行补充和加强；如果发现他们在某方面的能力没有得到充分的发挥，可以给予他们更具挑战性的任务，为他们提供尽展才华的机会。另外，一个具有敏锐观察力的销售管理者，通过绩效考评也可能会发现具有某方面潜能的销售人才，从而采取措施发掘和培养他们。

（4）加强对销售活动的管理。在销售管理过程中，销售经理一般每月对销售人员进行一次考评。有了每月的考评，各销售区域的业务量会有所增加，因为销售人员都希望获得较好的考评成绩。同时，销售活动的效率也会提高，因为绩效考评会让销售人员周密思考和谨慎行动，他们会用更理智的方式做事。绩效考评还能让销售经理监控销售人员的行动计划，及时发现问题。

（5）让销售人员清楚企业对自己的评价和期望，促进销售人员的发展。虽然销售经理和销售人员会经常见面，经常谈论一些工作上的计划和任务，但是销售人员还是很难确切地明白企业对自己的评价和期望。绩效考评是一种正规的、周期性的销售评价系统，绩效考评的结果是向员工公开的，员工有机会了解企业对他们的评价，从而正确地估计自己在组织中的位置和作用，减少不必要的抱怨。

每位员工都希望自己在企业有所发展，企业对员工的职业生涯规划就是为了满足员工自我发展的需要。绩效考评是一个导航器，它可以让员工清楚自己需要改进的地方，指明员工前进的方向，为员工的自我发展铺平道路。

这些不同的目的影响着企业的整个绩效考评过程。例如，确定物质奖励及奖励进步者的绩效考评应该把重点放在销售人员当前的工作及与销售相关的活动上；把销售人员提升到管理职位的绩效考评应侧重于他作为销售经理的潜在效率之上，而不只是看他当前的工作绩效。所以，必须谨慎地开发与实施销售人员绩效考评系统，以便为完成既定目标提供必要的信息。

3. 销售人员绩效考评的原则

（1）实事求是原则。实事求是就要求绩效考评的标准、数据的记录等要建立在客观实际的基础之上，对销售人员进行客观考评，用事实说话，切忌主观武断。缺乏事实依据，宁可不作评价，或备注为"无从考察""待深入调查"等意见，按客观的标准进行考评，引导成员不断改进工作，避免人与人之间的摩擦，破坏组织团结。

（2）重点突出原则。为了提高考评效率，降低考评成本，并且让员工清楚工作的重点，应该选择岗位工作的主要方面进行考评，突出重点。同时，考评内容不可能涵盖岗位工作的所有内容。考评的内容以影响销售利润和效率的因素为主，其他方面为辅。

（3）公平公开原则。绩效考评应该最大限度地减少考评者和被考评者双方对考评工作的神秘感，绩效标准的制定应通过协商来进行。考评结果公开，使企业的考评工作制度化、规范化。

（4）重视反馈原则。在绩效考评之后，企业要组织有关人员进行面谈讨论，把结果反馈给被考评者。同时，考评者应注意听取被考评者的意见及自我评价。存在问题不要紧，应及时修改，建立起考评者与被考评者之间的互相信赖。

（5）工作相关原则。绩效考评是对销售人员的工作评价，对不影响工作的其他任何事情不要进行考评。如员工的生活习惯、行为举止、个人癖好等内容，都不宜作为考评内容出现，更不可涉及销售人员的隐私。在现实的绩效考评中，往往分不清哪些内容和工作有直接联系，结果将许多有关人格的判断掺进评判的结论，这是不恰当的，考评过程应就事论事。

摩托罗拉的绩效考评

（6）重视时效原则。绩效考评是对考评期内的所有成果形成综合的评价，而不是将本考评期之前的行为强加于当期的考评结果中，也不能取近期的业绩或比较突出的业绩来代替整个考评期的绩效，这就要求绩效数据与考评时段相吻合。

7.1.2　销售人员绩效考评的程序

销售人员的绩效考评工作应严格按照一定的程序进行，具体包括收集考评资料、建立绩效标准、选择考评方法、实施绩效考评、反馈考评结果五个步骤，如图 7-1 所示。只有这样，才能对销售人员的业绩做出合理的、全面的、科学的评定。

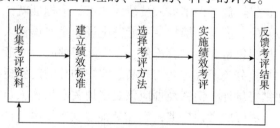

图 7-1　销售人员绩效考评程序

1. 收集考评资料

考评时必须全面、充分地收集销售人员的资料。资料的主要来源有以下几个方面：

（1）销售人员的销售报告。销售报告是最重要的资料来源，可分为销售活动计划报告和销售活动业绩报告。销售活动计划报告包括地区年度市场营销计划和日常工作计划等。

许多企业已开始要求销售人员制订销售区域的年度市场营销计划，在计划中提出发展新客户和增加与现有客户交易的方案。各企业的要求也不尽相同，有的要求对销售区域的发展提出一般性意见，有的则要求列出详细的预计销售量和利润估计。企业的销售经理将对计划进行研究，提出建议，并以此作为确定销售定额的依据。

日常工作计划由销售人员提前一周或一月提交，说明计划安排的访问和巡回路线。管理部门收到销售代表的行动计划后，有时会与他们沟通，提出改进意见。行动计划可指导销售人员合理安排工程，为管理部门评估其制定和执行计划的能力提供依据。

销售活动业绩报告主要提供已完成的工作业绩，如销售情况报告、费用开支报告、新业务的报告、流失业务的报告、当地市场状况的报告等。

（2）企业销售记录。企业内部的有关销售记录（如客户记录、区域的销售记录、销售费用的支出等）是开展评估的基本资料。利用这些资料可计算出某一销售人员所接订单的毛利，或某一规模订单的毛利等，对于评估绩效有很大的帮助。

（3）客户意见。评估销售人员应该听取客户的意见。有些销售人员业绩很好，但在客户服务方面做得并不理想，在商品紧俏时更是如此。如某公司一位销售人员负责某地区的销售业务，经常以货源紧张为由对其客户提出诸如用车等非分要求，对公司形象造成很不好的影响。收集客户意见的途径有两个，一是客户的信件和投诉，二是定期进行客户调查。

（4）企业内部其他员工意见。这一资料的来源主要来自企业内部其他有关人员的意见，比如营销经理、销售经理、其他销售人员的意见。这些资料可以提供一些有关销售人员的合作态度和人际关系技能方面的信息。

2. 建立绩效标准

要评估销售人员的绩效，一定要有科学而合理的标准。所谓绩效标准，是指企业希望销售人员所能达到的绩效水平和标准，以及如何对具体的标准进行衡量。无论是销售人员的工作结果，还是他们实际的工作行为，都应该作为绩效标准的组成部分。绩效考评的标准也就分为客观性绩效标准和主观性绩效标准。

（1）客观性绩效标准。在绩效标准中，客观性绩效标准因为是按职务标准进行的量化考评，因而也称职务考评。职务考评能够最有效地对销售人员的业绩进行评价。客观性绩效标准一般包括以下几个方面：

①销售量。大多数销售经理考评销售人员绩效的第一个标准就是销售量，抛开其他因素，销售最多的就是最好的。但是，销售量不能完全说明企业销售人员对企业利润和客户关系贡献的多少。为了使销售量评估更有价值，在实际考评时，一般将销售人员的总销售量按产品、客户或订单规模分类研究，并与产品、客户的分类定额指标相对比。

②毛利。除了考评销售量外，销售经理应该更多地关心销售人员创造的毛利。毛利是销售人员工作效率的一个更好的考评标准，它在某种程度上显示了销售人员销售高利润产品的能力，个人对利润的直接贡献理所当然是考评销售人员绩效的重要标准。

③订单的数量和订单平均规模。销售人员获得的订单数量和订单平均规模也是销售人员绩效考评的重要标准。这一分析按客户类型划分，更能了解销售人员的客户销售效率。

④有的销售人员很难从某些类型的客户得到订单，只能从其他客户那里取得订单来弥补。

⑤平均每天访问顾客的次数（日访问率）。销售绩效的一个关键因素是访问客户的数

量，销售人员如果不访问客户，就无法销售产品。通常，访问次数越多，产品卖得越好。如果某销售人员每天访问三次客户，而合理的企业销售人员日访问客户的平均水平是四次，那么有足够的理由相信，销售人员将日访问率提高到平均水平上，其销售业绩一定会上升。

⑥平均访问成功率。平均访问成功率即收到的订单数与访问次数的比率。作为绩效标准，访问的平均成功率表示了销售人员选择和访问潜在客户的能力和成交能力。将平均成功率和日访问率进行结合分析更有意义。如果访问率高于平均水平，但是订单数量低于平均水平，那么可以推断销售人员可能没有在每个客户身上花足够的时间。或者，如果访问率和访问成功率都高于平均水平，而平均订单很小，说明销售人员的销售技术有待提高，应学会如何有效地访问客户。

⑦直接销售成本。直接销售成本是销售人员所发生的销售费用之和，如出差费用、其他业务费用、奖酬等。绩效考核的成本标准一般采用销售费用率或访问费用率。如果销售人员的销售费用率或访问费用率高于平均水平，可能表示该销售人员的工作表现差，或者销售地区缺乏潜力，或者面对的是新的销售区域。平均成功率低的销售人员，通常单位访问成本也高；日访问率低的销售人员，单位访问成本也高。

⑧路线效率。路线效率即访问客户的单位平均里程，是出差里程与访问次数的比率。路线效率可以显示销售人员所在地区的客户密度或者衡量出差的效率。如果销售人员服务的市场规模和客户密度大致相同，那么单位访问里程就是显示路线效率的重要标准，如果销售人员的单位访问里程相差较大，销售经理就应该考虑控制那些较差人员的拜访路线了。

(2)主观性绩效标准。主观绩效考评也称职能考评，是销售经理使用定性因素对销售人员的销售能力进行的评价。职务标准对应于"工作"，职能标准对应于"能力"。对一个组织来说，不仅要追求现实的效率，还要追求未来可能的效率，希望把有能力的人提到更重要的岗位，希望使现有岗位上的人都能发挥其能力。主观性绩效标准主要有以下几个：

①销售技巧标准，包括发现卖点、产品知识、倾听技巧、获得客户参与、克服客户异议、达成交易等。

②区域管理标准，包括销售计划、销售记录、客户服务、客户信息的收集与跟踪等。

③个人特点，包括工作态度、人际关系、团队精神、自我提高等。

需要注意的是，在主观绩效考评中，考评者的主观因素得到了最大的发挥，考评者成了关键角色，因此在考评中使用行为等级表是非常必要的，通过对个体行为的详尽描述，从而指导考评者对被考评者做出尽可能客观的等级评价，如表 7-1 所示。

表 7-1　销售人员行为等级考评

行为等级	等级分值	行为描述
出色	10	能够做到比一般期望的更好，帮助团队更好地实现销售目标
比较出色	8	总是能够如期望的那样合作，并为团队目标做出贡献
一般	5	通常愿意合作，并参与团队销售努力之中
比较差	2	只能在一定程度上参与团队努力，对团队活动没有主动性
很差	0	不愿参与，有时甚至与团队目标背道而驰

通过就上述问题进行面谈与分析，可以发现问题，较快地提高销售人员的销售能力与业绩。有一位销售经理曾说过："定性考评有助于解释定量考评的结果。比如，如果一名销售人员的销售量很低，其原因可能是交易方法不佳。只有同销售人员一起工作，我才能确定引起问题的原因。"因此，主观考评有时可以是销售经理直接与销售人员面谈，面谈的内容可能涉及：该段时间做了多少次客户拜访；客户及潜在客户的名称；拜访的结果；拜访后预期会接到的生意或订单及其总额；何时可接到确切订单；所订购的产品或服务有哪些；失去订单或客户的情况；潜在客户流失的原因；本月无法结案的潜在客户的状况；还有哪些未完成的任务；该销售人员是否按照行动计划工作；如果该销售人员尚未达到目标，是否有迎头赶上的计划；经理能提供哪些明确的指导或帮助等。

3. 选择考评方法

根据考评内容的不同，考评方法也可以采用多种形式，从而有效地减少考评误差，提高考评的准确度。常用的绩效考评方法主要有以下几种：

（1）横向比较法。这是一种把各位销售人员的销售业绩进行比较和排队的方法。这里不仅要对销售人员完成的销售额进行对比，而且还应考虑到销售人员的销售成本、销售利润、顾客对其服务的满意程度等。

下面假定以销售额、订单平均批量和每周平均访问次数三个因素来分别对销售人员A、B、C三人进行绩效考评，如表7-2所示。

表7-2 销售人员A、B、C绩效考评

考评因素		销售人员		
		A	B	C
销售额	1. 权重	5	5	5
	2. 目标/万元	80	90	60
	3. 完成/万元	72	72	54
	4. 达成率/%	90	80	90
订单平均批量	1. 权重	3	3	3
	2. 目标/万元	900	800	600
	3. 完成/万元	720	720	540
	4. 达成率/%	80	90	90
	5. 绩效水平(1×4)	2.4	2.7	2.7
每周平均访问次数	1. 权重	2	2	2
	2. 目标/次	25	20	30
	3. 完成/次	20	17	24
	4. 达成率/%	80	85	80
	5. 绩效水平(1×4)	1.6	1.7	1.6
绩效合计		8.5	8.4	8.8
综合绩效(绩效合计除以总权重)		85%	84%	88%

由于销售额是最主要的因素，所以把权数定为 5，另外订单平均批量和每周平均访问次数的权数分别定为 3 和 2。用三个因素分别建立目标，由于存在地区差异，所以每个因素对不同地区的销售人员建立的目标是不一样的。如销售人员 B 的销售额核定为 90 万元，高于销售人员 A 的 80 万元和 C 的 60 万元。这是考虑到他所在地区的潜在顾客较多、竞争对手较弱，由于销售人员 A 所在地区内有大批量的客户，所以其订单平均批量也相对较高。每个销售人员每项指标的达成率等于他所完成的工作量与目标的比率，随后将达成率与权数相乘，就得出了各个销售人员的综合效率。可以看出，销售人员 A、B、C 的综合效率分别为 85%、84% 和 88%，销售人员 C 的综合绩效最好。

（2）纵向分析法。这是将同一销售人员的现在和过去的工作实绩进行比较，包括对销售额、毛利、销售费用、新增顾客数、流失顾客数、每个顾客平均销售额、每个顾客平均毛利等数量指标进行分析的方法。例如，对销售人员 H 的绩效考评如表 7-3 所示。

表 7-3　销售人员 H 绩效考评

考评因素	年份			
	2019	2020	2021	2022
1. 产品 A 的销售额/元	376 000	378 000	410 000	395 000
2. 产品 B 的销售额/元	635 000	660 000	802 000	825 000
3. 销售总额/元（3＝1+2）	1 011 000	1 038 000	1 212 000	1 220 000
4. 产品 A 的定额达成率/%	96.0	92.6	88.7	85.2
5. 产品 B 的定额达成率/%	118.3	121.4	132.8	130.1
6. 产品 A 的毛利/元	75 200	75 600	82 000	79 000
7. 产品 B 的毛利/元	63 500	66 000	80 200	82 500
8. 毛利总额/元（8＝6+7）	138 700	141 600	162 200	161 500
9. 销售费用/元	16 378	18 476	18 665	21 716
10. 销售费用率/%（10＝9/3）	1.62	1.78	1.54	1.78
11. 销售访问次数	1650	1 720	1 690	1630
12. 每次访问成本/元	9.93	10.74	11.4	13.32
13. 平均客户数	161	165	169	176
14. 新客户数	16	18	22	27
15. 失去客户数	12	14	15	17
16. 每个客户平均购买额/元（16＝3/13）	6 280	6 219	7 172	6 932
17. 每个客户平均毛利/元（17＝8/13）	861	858	960	918

销售经理可以从表 7-3 中了解到有关销售人员 H 的许多情况。H 的总销售量每年都在增长，但并不一定说明 H 的工作有多出色。对不同产品的分析表明，H 销售产品 B 的销售量大于销售产品 A 的销售量，对照 A 和 B 的定额达成率，H 在销售产品 B 上所取得的成绩很可能是以减少产品 A 的销售量为代价的。根据毛利额可以看出，销售产品 A 的平均利润要高于产品 B，H 可能以牺牲毛利率较高的产品 A 为代价，销售了销量较大、毛利率较低的产品 B。销售员 H 虽然在 2022 年比 2021 年增加了 8 000 元的总销售量，但其销售毛利总额实际减少了 700 元。

H 的销售费用率基本得到了控制，但销售费用是不断增长的。销售费用上升的趋势似乎无法以访问次数的增加予以说明，因为总访问次数还有下降的趋势，这可能与取得新顾客的成果有关。但是，H 在寻找新顾客时，很可能忽略了现有客户，这可从每年失去客户数的上升趋势上说明。最后，每个客户平均购买额和每个客户平均毛利在与整个企业的数据进行对比时更有意义。如果 H 的这些数值低于企业的平均数据，也许是他的客户存在地区差异性，也许是他对每个客户的访问时间不够。也可用他的年访问次数与企业销售人员的平均访问次数相比较，如果他的平均访问次数比较少，而他所在销售区域的距离与其他销售人员的平均距离并无多大差别，则说明他没有在整个工作日内工作，也许是他的访问路线计划不周。

(3)尺度考评法。这是将考评的各个项目都配以考评尺度，制作出一份绩效考评表加以考评的方法。在考评中，可以将每项考评因素划分出不同的等级考评标准，然后根据每个销售人员的表现按依据评分，并对不同的考评因素按照其重要程度赋予不同的权重，最后计算出得分，如表 7-4 所示。

表 7-4　销售人员绩效考评（尺度考评法）

项目	等级					记分	权重/%	评分
	甲（90分以上）	乙（80~89分）	丙（70~79）分	丁（60~69分）	戊（59分以下）			
工作实绩	超额完成工作任务，贡献比别人多	工作成绩超过一般人所能达到的水平	工作成果符合要求，基本如期完成	工作成果大致符合要求，有时需要帮助	一般不能完成所要求的工作任务			
工作能力	具有高超的工作技能，开发新客户能力强	具有较强的工作技能，时有建设性意见	具有完成分内工作的能力，开发新客户有效果	工作技能一般，须多加指点，很少有创见	工作技能不能应对日常工作			
工作态度	积极性很高，责任感强，协调能力较强	态度积极，总能自动负起责任	日常工作不拖延，欣然接受工作	对难度大的工作积极性不高，责任感一般	缺乏积极性，工作需要不断监督			

(4)360度考评法。传统的绩效考评法仅仅从一个角度对销售人员进行考核，这容易导致考评不够全面，甚至不够公平，在一定程度上失去了绩效考评原有的意义。如果由直接上级、其他部门上级、下级、同事和顾客对销售人员进行多层次、多维度的评价，则可以综合不同评价者的意见，得出一个全面、公正的评价结果，这就是 360 度考评体系，也叫全视角考评法。360 度考评体系，除了传统的上级评价以外，还包括自评、同事评价、委员会评价、客户评价和下级评定。360 度考评体系示意如图 7-2 所示。

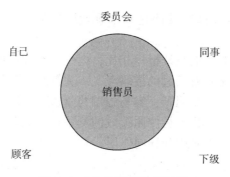

图 7-2　360 度考评体系示意

①360 度考评体系的特点如下：

首先，企业销售工作越来越多的是由团队而不是个人完成的，个体更多地服从领导小组的管理，而不是单个领导的管理。这样，员工的工作表现就不应只由一名上级来评价，凡是了解销售员工作表现的领导，都可能参与销售员的绩效考评。

其次，360 度考评体系可以使销售人员对管理者施加一定的压力，而不是完全处于被动。

最后，360 度考评体系更为全面、客观地反映了销售员的贡献、长处和发展的需要。

②实施 360 度考评体系的注意事项如下：

首先，上级担心员工利用 360 度考评体系发泄对其的不满，而下级则担心如实反映情况会被上级报复。因此，360 度考评体系最为关键的是建立考核者和被考核者之间的相互信任，且要做好考评结果的保密工作。

其次，样本的大小。为了保证考核的全面性，而且为了避免透露考评结果来源于哪个个体，考评最少需要 4~5 名下级。

最后，上级、下级、同事和客户对销售人员的各个方面不可能有同样准确的观察，所以不同评价者的评价表格是不同的，而且在综合整理各方面的评价结果时，要特别注意以事实为依据。

（5）关键绩效指标考评法。关键绩效指标（Key Performance Indicator，KPI）考评法是通过对销售人员工作绩效特征的分析，提炼出最能代表绩效的若干关键绩效指标，并以此为基础进行绩效考评的方法。确定一些关键绩效指标十分重要，这些指标必须与企业的目标之间建立紧密的结合，并能突出强调那些在吸引、扩张和保留客户方面最有效的做法。如果企业跟踪的数据过多，必然造成考评成本的上升，影响考评工作的效率。对销售人员进行的关键绩效考评通常有以下几种指标：客户满意度，如客户满意度提高率或客户投诉量；平均销售订单数额，如平均销售订单额或销售订单额增长率；货款回收，如货款回收额或货款回收目标完成率；销售费用，如直接销售费用率或直接销售费用降低率。

除此之外，依据销售人员的业务现状，还可加入团队合作、市场分析、客户关系等定性关键绩效指标。关键绩效指标是对企业及组织运作过程中关键成功要素的提炼和归纳。因此，关键绩效指标应具有以下特征：

①将销售人员的工作与公司的远景、战略相连接，层层分解，层层支持，使每一个销售人员的个人绩效与部门绩效、公司的整体效益直接挂钩。

②保证销售人员的绩效与内、外部客户的价值相连接，共同为实现客户的价值服务。

③销售人员绩效考核指标的设计是基于企业的发展战略与流程，而非依据岗位的职能。

所以，关键绩效指标与一般绩效指标相比，把个人和部门的目标与公司整体的成败联系起来，更具有长远的战略意义。关键绩效指标体系集中测量我们需要的行为，而且简单明了，容易控制与管理。对于销售人员而言，关键绩效指标体系使得销售人员按照绩效的测量标准和奖励标准去工作，真正发挥绩效考评指标的牵引和导向作用。

反对 KPI 之前，
你真的了解 KPI 吗?

4. 实施绩效考评

对销售人员的绩效进行具体的考核，一般包括以下内容：日活动情况考评、月度业绩考评、服务能力考评、工作能力考评等。

(1) 日活动情况考评。销售人员销售日报表能提供有关顾客、市场和竞争者等许多方面的信息，销售经理可从中了解销售人员的工作情况及目标的达成情况，并发现问题和不足。而且，销售日报表可以为销售经理加强业务指导、提高销售效率提供依据。

要让销售人员填好销售日报表，首先必须让销售人员认识到销售人员日报表的重要作用，其次要设计容易填写的日报表。销售人员日报表的格式应该比较固定，形式简单但内容全面，如表 7-5 所示。

表 7-5　销售日报表

日期：				天气：			姓名：	
访问顺序	访问对象	访问目的					记事	访问费用
		开拓	估价	订货	收款	服务		
访问费用合计：								
来访	来客	来访目的				来访结果		
时间记录	行动类别	8点—9点	9点—10点	10点—11点	11点—12点	1点—2点	2点—3点	3点—4点	4点—5点	合计
	准备									
	交通									
	等待									
	洽谈									
	服务									

(2) 月度业绩考评。月度业绩考评主要考核销售人员月度和年度销售业绩，包括各类财务指标，如销售额、利润率、回款率等。销售月报如表 7-6 所示。

表 7-6 销售月报表

日期	星期	销售金额	毛利	折扣额	折让额	收款金额	访问户数	洽谈时间	交通时间	等待时间	成交户数	新客户数	访问费用
合计													
本月销售目标		本月工作日数			本月工作时数				辖区内总户数				

（3）服务能力考评。当今各企业间销售的竞争从某种意义上说是服务的竞争，包括售前、售中和售后的服务。因此，所有的销售人员都必须做好对顾客的服务工作，销售人员服务能力的考评取决于顾客当月和全年投诉率，所有销售人员的投诉率不应高于 5%。销售人员的服务不仅在顾客投诉率上得到体现，还应在为其他部门提供的服务上得到反映，此项考评由各部门分别完成。

（4）工作能力考评。通过对销售人员工作行为的观察和分析，评价其所具备的工作能力。此项考评可结合销售人员职业生涯规划和当月工作计划，从其工作的计划性及目标完成的情况考评销售人员的工作效率和工作质量。工作能力考评主要有以下几项：第一项是沟通能力。作为销售人员，将经常与顾客进行沟通和交流。可以说，销售人员的交流和沟通能力在一定程度上将决定销售人员的销售业绩。第二项是创新能力。销售人员应该经常进行自我启发，对自己的销售方法、工作方式进行创新。第三项是信息能力。作为销售人员，必须具备极强的信息收集和利用能力，对顾客的相关情况都应有所了解和掌握，如顾客的生日等。

5. 反馈考评结果

销售人员的绩效考评结束后，销售经理应该将考评结果反馈给销售人员，并向他们解释绩效考评的结果，指出与标准的差距。然后，销售经理与销售人员一起分析绩效优于或低于标准的原因，为下一期销售目标的规划提供指导。

因为人们不喜欢批评，所以当面指出个人的缺点并不恰当。为了达到考评的目的，在防止销售人员损害企业利益的同时，最大程度地发挥销售人员的优点和特长，所以在考评反馈时应注意以下几点：

（1）试探性的反馈。销售经理可以提出建设性的意见，但最好不要是指令性的。

（2）乐于倾听。销售人员对自己的工作最有经验，对于自己的能力和工作表现方面的不足也最清楚，所以最好让销售人员自己发表意见。销售人员在工作中可能会有一些意见和抱怨，最好能让他们表达出来，否则带着情绪很难完全投入工作。

（3）尊重销售人员。销售经理要尽量对销售人员的意见表现出理解和接受，不要轻易否定他们的人格和价值。

（4）全面反馈。销售经理应明确指出销售人员的优点和缺点，而不能只强调一个方面。

（5）提出建设性的意见。向销售人员提供能解决问题的建议比批评和指责有效得多。

（6）不要过多地强调缺点。过多地强调缺点只会让销售人员产生抵触情绪，使销售人员处于一种自我保护的状态而不愿表达自己的观点。

7.1.3 销售人员绩效考评应注意的问题

绩效考评的根本目的是对销售人员的过去进行总结和评价，激励销售人员不断提高自己的销售效率，并以加薪、升职的形式，对那些表现良好的销售人员予以奖励。在实际考评工作中，销售经理需要进行充分的思考和分析，并以文字形式呈现为清晰、明确和公正的组织考评，并把考评结果作为一种管理工具。这就需要在考评中注意诸多问题：考评要客观、公正，科学设计绩效考评指标，考评操作过程要规范化，建立绩效考评档案。

1. 考评要客观、公正

尽管在日常生活与工作中，人们会经常用个人观点去评价别人，但是在绩效考评中，销售经理却不能用个人的观点取代客观标准。销售经理所说的每一件事情都必须围绕着销售人员的工作表现及与工作有关的情况，而对个人性格、宗教信仰和对工作风格所持有的个人观点(无论是消极的还是积极的)，只要不影响到销售人员的工作表现，就不应该成为绩效考评的内容。对销售人员考评要想做到客观、公正，就必须做到以下几点：

(1)以共同的利益、共同的理想与道德标准为基础，强调管理的科学性与人性化的结合、科学管理和全员管理的结合。

(2)业绩考评与素质考核相结合，既考评销售人员现有的工作业绩，又着眼于销售人员的发展，强调企业产出与人才造就的结合、销售业绩与企业文化的结合。

(3)在考评环节上，实行长短结合，强调过程控制与目标控制的结合。如果只顾目标考评，比如说只是年终集中考评一次，考评就会流于形式，得不到人们的重视。

(4)在考评过程中实行上下结合、纵横结合，将上级评议、下级评议、同级评议、内部评议、客户评议等多种评议方法相结合。

(5)在考评方法上，定性考评与定量考评相结合，并最大限度地量化各项考评指标，使之易于把握和衡量，从而使考评结果准确。

(6)考评结果与工资、奖金的分配及人员的任用挂钩，强调奖罚兑现。否则，考评就不会引起人们的重视，导致考评名存实亡。

情景体验7-1

周无忌是黄山电子公司的生产总监，他平时总是尽自己力量帮助下属，如：当员工出现经济困难时，他想尽办法帮助下属渡过难关；尽量不使下属失业，降低就业风险等。周无忌为下属做了不少事情，因此，他倍受下属爱戴。

快到年底了，又到一年一度考评的时候，周无忌看着考评表，下属的面孔一个一个地从脑海中掠过。

吴月玲半年来经常请假，据了解，吴月玲的丈夫去年得了重病，至今仍在家里休养，前不久，儿子又染上肺炎，还在医院，对债台高筑的吴月玲来说，无疑又雪上加霜。

周无忌决定尽可能地帮助吴月玲，借考评给吴月玲找点钱。虽然吴月玲在各方面表现都不突出，但周无忌还是在每一项考评等级上选了"优秀"。由于公司的报酬制度与业绩评价紧密挂钩，所以除了正常的生活补贴及福利提高外，吴月玲将会得到一笔丰厚的业绩资金，下一年度还有可能加薪。

其他几个下属目前没有什么难处，对他们考评相对容易些。

郑田，业务熟练，勤学好问，脑子好用，但经常"突发奇想"，别出心裁，总是想着法子将工作简单化。周无忌略加思索，在郑田的工作态度栏下填上了较差，但并没有说明原因，也没有具体展开。

王春，前一段时间，由于王春所学专业不太对口，周无忌曾提出让他换岗，但公司没有适合他的其他岗位，人力资源部提出与王春解除合同。为此，王春好多次苦苦哀求，弄得周无忌有一种负罪感。周无忌很清楚，如果现在给王春的评价差一些，王春必被"炒鱿鱼"。周无忌想，现在找份工作很不容易，还是要善待他人，想罢，给了王春较高的分数。

赵朴高，虽然工作吃力些，但在公司干了一辈子，不容易，明年春季就该退休了，给个优秀吧！以后怕是没机会了，也算是自己对启蒙老师的心意吧。

小钱，硕士研究生，工作积极，业绩突出，刚来一年多，受到同事的好评，他还年轻，以后有的是机会，先委屈一下，给个良，也考察一下他对身外之物的看法和反应。

不多时，周无忌已经把绩效评价表填好，整理妥当，脸上露出了轻松的微笑，一年一度的考评难关终于过去了。

情景讨论：

(1)周无忌对下属绩效评价存在什么问题？

(2)你认为，如何做才能避免周无忌存在的问题？

2. 科学设计绩效考评指标

在对销售人员进行考评以前，销售经理必须给他们设定目标和期望，并制定标准来衡量他们的绩效。所以，绩效考评指标的设计在企业绩效考评中具有十分重要的位置。

(1)绩效标准必须具有战略导向性。绩效考评不坚持战略导向，就很难保证其能有效地支持公司战略。而绩效考评的导向性是通过绩效指标来实现的，绩效考评能否实现导向战略，实际上就是通过战略导向的绩效指标的设计来实现的。使绩效指标具有战略导向性，就要抓住关键绩效指标。每个销售人员都可能承担很多的工作目标与任务，如果对销售人员所有的方面都进行考核，面面俱到，势必造成销售人员把握不住工作的重点与关键，从而也就无法实现绩效指标对其工作行为的导向作用。绩效考评必须从销售人员的绩效特征中找出关键成功因素，再去发现哪些指标能有效监测这些定性因素，从而确立量化的关键绩效指标。

(2)绩效考评标准的水平要适度。考评标准要达到这样一种水平，即大多数人经过努力是可以达到的。这样的标准所形成的压力，会使销售人员更好地挖掘自己的潜能，更有效地完成任务。事实表明，在这样的绩效标准的驱使下，他们干得更多、更好。但同时，考评标准又不能定得太高，令人感到遥不可及。如果这样，销售人员很可能产生沮丧、自暴自弃的情绪，压力太大，精神始终处于过度紧张，结果导致思维迟钝，效率下降。因此，考评标准的水平要适度，标准产生的压力以能提高工作绩效为限。

(3)绩效标准要有一定的稳定性。绩效标准是考评销售人员工作绩效的标尺，因此需要有相当的稳定性，以保证标准的权威性。当然，时代的变迁、技术的进步、知识的更新，对销售人员的考评标准提出新的要求。在这种情况下，有必要对标准进行一定的修订。一部好的考评标准，这种

设计科学绩效
考核的三大要素

修订也往往只是部分的，只是一种量的修订，而较少进行大的改动。

3. 考评操作过程要规范化

绩效考评是企业对被考评者的工作行为和工作业绩做出的合理而正确的评价，并以此为依据，给予被考评者合理而公正的待遇。在绩效评价过程中，受到许多因素的影响，加之操作过程不规范，考核结果与被考评者的实际工作绩效可能会出现误差，如考核指标理解误差、首因效应误差、晕环效应误差、近因效应误差、压力误差、对照误差等。要避免绩效考评过程中的误差，将绩效考评误差减至最低程度，就必须规范绩效考评的过程。

（1）要确保考评者对在业绩评价工作中容易出现的问题有清楚的了解。只有弄清楚问题，才有助于考评者避免问题的出现。

（2）选择正确的绩效考评工具。每一种考评工具，不论是横向比较法，还是纵向分析法，不论是关键绩效指标法，还是全视角考评法，都有各自的优点和不足。

（3）对考评人员进行如何避免绩效考评误差问题的培训。在培训中，为考评者设计一个关于销售人员实际工作情况的案例，要求他们对这些销售人员的工作业绩做出评价，并将不同考评者的考核结果进行分析，指出在绩效考核中容易出现的问题。

（4）减少外部因素对工作绩效考评所带来的限制。在实际绩效考评过程中，外部因素也会对考评结果产生影响，如绩效考评结果在多大程度上与工资联系在一起，工作压力的大小，员工流动率的高低，时间约束的强弱，以及对绩效评价的公正性要求的高低等。因此，应尽量减少外部因素对绩效考评所带来的不利影响，使绩效考评工作力争公正、实际。

4. 建立绩效考评档案

为了减少在进行绩效考评时的矛盾和摩擦，需要企业建立绩效档案，以记录员工在绩效管理过程中的表现，为绩效考评提供依据和参考。销售经理要为每一名员工建立一份有效的绩效档案，记录销售人员的绩效目标、绩效能力、绩效表现、绩效考核结果，以及需要改进的绩效缺陷等。

这项工作做起来会比较麻烦，可能会耽误经理的一些时间，但是这项工作又是必须得做的，在批评、处罚、解雇或提升某一名销售人员时，如果没有相应历史材料的记录，就无法让其他的人信服。一旦所采取的措施涉及争议、纠纷，这些记录和档案就成了有力的证据。没有完备的考评档案或档案记录混乱不清，都有可能给企业带来不必要的麻烦。

可口可乐销售人员的
现场管理和业绩考评

情景体验 7-2

徐坤和张超都是2015届大学本科毕业生，毕业后被广州市同一家医药生产企业招聘录用，并被派往华北地区相邻省份从事销售工作。两人工作后都积极努力，想在工作中一比高低。两年之后，两人都取得了不错的销售业绩。

公司因业务发展，意欲进一步开发华北市场，决定设立华北大区。需要从公司内部选拔一名大区副经理，负责零售终端渠道开发工作。二人因为表现突出，都进入了公司销售总经理的视野。总经理和大区经理经过一番磋商，最终选定了张超。

张超情绪高昂地为新职位去积极准备了，而徐坤则愤愤不平："我的销售额比他还要高一些。凭什么提升他而不是我？"

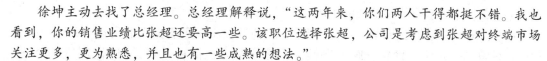

徐坤主动去找了总经理。总经理解释说，"这两年来，你们两人干得都挺不错。我也看到，你的销售业绩比张超还要高一些。该职位选择张超，公司是考虑到张超对终端市场关注更多，更为熟悉，并且也有一些成熟的想法。"

徐坤心中仍不服。原本要好的同事心中有了芥蒂。更严重的是，徐坤心怀不满，工作开始消极，并暗中跟竞争对手联系，三个月后，突然提出辞职，跳槽到了一家竞争对手的公司。

销售总经理很是遗憾，本来对徐坤还想另有重用的。没想到……

情景讨论：

(1)该公司在员工晋升上产生问题的原因是什么？

(2)如果你是该公司总经理，你会采取什么措施防止类似事件重演？

7.2　销售人员的薪酬制度

在激烈的市场竞争中，企业要生存并发展壮大，关键在于建立一支能征善战的销售队伍。作为企业综合实力的一个重要体现，销售队伍建设被看作是大多数企业销售管理工作的首要问题，而对于销售报酬制度的选择与确立，又是销售队伍建设中的关键。有人把销售报酬制度视为销售管理工作之"钢"，只要善于抓住和利用这个"钢"，就能使复杂的管理问题易于解决，正因如此，企业销售报酬制度的确立，绝不是一个战术性的问题，而应该是一项长期的战略方针。

7.2.1　建立薪酬制度

销售人员的薪酬问题，是销售管理中的一个重要课题。从管理人员的角度来看，力求销售成本的降低；从销售人员的角度来看，希望获得较高的收入；从顾客的角度看，则希望以较低的价格获得自己所需要的商品。这三者所追求目标的矛盾性，使得管理者想建立一套完整、有效的薪酬制度成为一件比较困难的事情。销售经理在薪酬体系设计时要深入领会销售薪酬的组成部分，在遵循一定的原则的前提下，通盘考虑影响销售人员薪酬的一些基本问题。销售薪酬制度必须兼具收入的稳定性，及促使销售员增加销售量、利润等的诱导性。每一种销售人员薪酬类型各有利弊，销售经理一定要结合企业的经营战略选择适当的薪酬制度。任何新制定或修正的薪酬制度经过一年或一定期间的试行后，该制度所产生的结果如何，必须详加分析与考察，以确定是否可以正式实施或有无修正或调整的必要。

1. 销售人员薪酬的含义

销售人员薪酬是指销售人员通过从事销售工作而取得的利益回报。企业销售人员的薪酬通常包括以下几个部分：

(1)基础工资。这是相对稳定的薪酬部分，通常由职务、岗位及工作年限决定，它是销售薪酬的基础，是确定退休金的主要依据。

(2)津贴。这是工资的政策性补充部分。如对高级销售职称的人员给予职称津贴、岗位津贴、工龄津贴、地区补贴、国家规定的价格补贴等。

(3)佣金。这是根据销售人员的销售业绩给予的薪酬，它有时又称销售提成。对销售人员来讲，佣金一般是销售薪酬的主体。

（4）福利。这通常是指销售人员均能享受，与其贡献关系不太大的利益，如企业的文化体育设施、托儿所、食堂、医疗保健、优惠住房等。福利一般是根据国家政策来给予的。

（5）保险。这是指企业在销售人员受到意外损失或失去劳动能力，以及失业时为其提供的补助，包括工伤保险、医疗保险、失业保险等。

（6）奖金。奖金是根据销售人员的业绩贡献或根据企业经济效益状况给予的奖励，有超额奖、节约奖、合理化建议奖、销售竞赛奖、年终综合奖、荣誉奖等。

业务代表的薪酬设计

由此可见，销售人员的薪酬不仅限于薪金，而且还包括其他方面的回报。一个企业的销售薪酬的实施对其销售竞争优势有长远的影响。

2. 销售薪酬的激励作用

销售薪酬是一种奖励，而受到奖励的行为对销售队伍的成功起着非常重要的作用，因此，设计和实施一套有效的销售薪酬制度是非常重要的。

（1）激励员工。销售薪酬不仅是销售人员的物质生活条件，也是他们社会地位的决定性因素，是全面满足销售人员生理、安全、社交、自尊及实现自我需要的基础。薪酬是否公平合理对销售人员积极性的影响很大。适度的销售薪酬能激发销售人员的工作热情，使他们超额完成任务，从而保证企业利润目标的顺利实现。因此，适度薪酬成为许多企业制定薪酬制度的出发点。

（2）保证销售人员和企业利益的共同实现。一般来讲，销售人员利益的实现主要依靠销售薪酬。销售人员的薪酬追求动机是比较复杂的，他们既要获得物质利益，保障生活稳定，又要获得事业的发展、职位的升迁和人际关系的改善。企业制定了销售薪酬制度后，能达到稳定销售队伍、完成企业销售目标的目的。

（3）简化销售管理。合理的销售薪酬制度能大大简化销售管理工作。销售活动是一种复杂的经营活动，涉及的管理方式也比较复杂。如果没有一个适度的薪酬制度，势必会使销售费用和销售人员薪金的管理复杂化，管理难度也会增大。有了薪酬制度，可以使这些复杂的管理工作变得简单，销售经理能腾出更多的时间去加强对销售活动的指导与控制，以提高工作效率。

销售薪酬是否合理是关系一个企业能否吸引、保持高素质销售员工队伍，能否有效调动销售员工积极性的重大问题。销售薪酬不合理可引起一系列不良后果，如图7-3所示。因此，企业管理人员必须高度重视销售薪酬工作，力争把它做好。

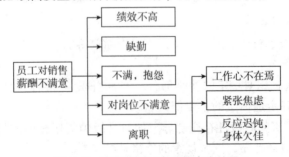

图7-3　销售薪酬不合理的产生结果

3. 销售人员薪酬设计的原则

一个企业建立了一套比较好的薪酬制度后，经过一段时间之后又会发生变化。也就是说，目前情况下令人满意的薪酬制度，一年或两年之后可能就变成无效的了。但是如果经常加以调整，不但实施起来比较困难，费用较高，而且也会令销售人员感到无所适从，因此销售人员薪酬制度的建立必须遵循一定的原则。一个理想的销售人员薪酬制度应体现以下原则：

(1)公平性原则。销售人员薪酬制度应建立在比较客观现实的基础上，使销售人员感到他们所获得的薪酬公平合理，而企业的销售成本也不至于过大。也就是说，既不让销售人员感觉到吝啬，又要不给企业造成浪费。只有这样，才能使销售费用保持在既现实又节省的程度上。销售人员薪酬制度要使销售人员的薪酬与其本人的能力相称，并且能够维持一种合理的生活水准。同时，销售人员的薪酬必须与企业内其他人员的薪酬相称，不可有任何歧视之嫌。

(2)激励性原则。销售人员薪酬制度必须能给销售人员一种强烈的激励作用，以便促使其取得最佳销售业绩，又能引导销售人员尽可能地努力工作，对公司各项工作的开展起到积极作用。当销售表现良好时，销售人员期望获得特别的薪酬。企业除了赋予销售人员稳定的岗位收入以外，还要善于依据其贡献的大小，在总体薪酬上进行区分，并给予数额不同的额外薪酬，这是销售人员薪酬制度真正实现激励作用的关键。当然，至于额外薪酬是多少，要依据综合的因素进行评定，绝不能采取简单化的做法，认为奖励越高，激励也就越大。激励性原则还表现在销售人员的薪酬制度必须富有竞争性，给予的薪酬要高于竞争对手。这样才能吸引最佳的销售人员加入本企业的销售组织。

(3)灵活性原则。销售人员薪酬制度的建立应既能满足各种销售工作的需要，又能比较灵活。理想的销售人员薪酬制度应该具有变通性，能够结合不同的情况进行调整。实际上，不同企业的组织文化、经营状况、期望水平、市场风险存在很大的差异，这种差异导致不同行业或企业之间薪酬要求的不同。因此企业在具体的薪酬方式的选择上，应对各种相关因素进行综合评估，并进行科学的决策。

(4)稳定性原则。优良的销售人员薪酬制度能够保证销售人员有稳定的收入，这样才不至于影响其正常的工作和生活。因为销售量常受一些外界因素的影响，销售人员通常期望自己的收入不会因这些因素的变动而降至低于维持生计的水平，企业要尽可能解决销售人员的后顾之忧。除了正常的福利之外，还要为其提供一笔稳定的收入，这笔收入主要与销售人员的销售岗位有关，而与其销售业绩不发生直接联系。

(5)控制性原则。销售人员的薪酬制度应体现工作的倾向性，并能对销售人员的工作指引方向，能使销售人员发挥潜能，提高其工作效率。同时，薪酬制度的设立应能实现企业对销售人员的有效控制。企业所确立的销售人员薪酬制度，不能以牺牲必要的控制能力为代价，这是企业保持销售队伍稳定性并最终占有市场的关键。为了实现这一点，企业必须承担必要的投入风险，而不能把绝大部分的风险转嫁给销售人员。

4. 销售人员薪酬设计的程序

由于行业、产品、区域、企业的差异性，世界上没有完全相同的销售人员薪酬制度，更没有十全十美的、可同时满足企业管理阶层和销售人员全部需求的薪酬制度。销售人员薪酬设计，必须尽量符合企业和销售人员双方的需求。为了使薪酬设计获得最大的效用，销售薪酬制度必须兼具收入的稳定性及促使销售员增加销售量、利润等的诱导性。

一套优良的薪酬制度，在理论上能够顾及企业和销售人员双方的利益，但在实务上很难完全顾及。虽然如此，只要在设计薪酬制度时从实际出发，遵循一定的程序，还是可以建立一套令人满意的薪酬制度的。建立销售人员薪酬体系的程序如图7-4所示。

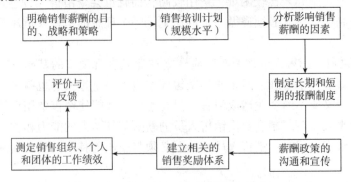

图7-4　建立销售人员薪酬体系的程序

（1）明确销售薪酬设计的目的、战略和策略，即根据销售目标决定需要多少销售人员，设立什么样的销售组织，完成多少的销售任务，从而确定销售薪酬制度要达到什么目的，采取什么战略与策略。

（2）分析影响销售薪酬的主要因素，即要分析工资水平、工资结构、销售人员的要求和管理程序等主要因素对销售报酬制度的影响。

（3）制定长期和短期的薪酬制度。长期的薪酬包括工资和福利，如基本工资、退休金、养老金和医疗保险等；短期的薪酬包括红利和奖金。薪酬制度制定后，要与销售人员进行薪酬政策的沟通与宣传。

（4）建立销售的奖励体系，即工资的升降、相关的奖励政策等。

（5）测定销售组织、个人和团体的工作绩效，即了解这样的报酬制度是否有利于销售工作绩效的提高。

（6）评价与反馈，即通过销售工作绩效的测定看现行薪酬制度是否有效，分析存在的问题与不足，提出改进建议。

销售薪酬为何总
不能让销售员满意?

5. 选择薪酬类型

根据企业的实际经验，销售人员薪酬制度的类型大体有以下几种：

（1）纯粹薪金制度，是指无论销售人员的销售额是多少，其在一定的工作时间之内都获得固定数额的薪酬。

这种薪酬制度适用于销售人员从事例行销售工作，如驾驶车辆分送酒类、饮料、牛奶、面包和其他类似产品的情况。当企业生产的是大众化的产品而且容易推广时，企业也会偏向于采用没有佣金的固定薪金制度。或者当企业销售人员需为顾客提供技术或咨询，或需负担很多销售推广工作时，单纯的薪金制度也常常被企业采用。

纯粹薪金制度的优点是：第一，易于操作，且计算简单；第二，销售人员的收入有保障，易使其有安全感；第三，当有的地区进行全新的调整时，可以减少敌意；第四，适用于需要集体努力的销售工作。

纯粹薪金制度也有其不足：第一，缺乏激励作用，不能持续扩大销售业绩；第二，就薪酬多少而言，有薄待绩优者而厚待绩差者之嫌，显失公平；第三，若不公平的情形长期存在，则销售人员流动率将增高，而工作效率最高的人将首先离去。

（2）纯粹佣金制度。这是与一定期间的销售工作成果或数量直接关联的一种薪酬形式，即按一定比率给予佣金。这样做的目的是给销售人员以鼓励，其实质是奖金制度的一种。如果公司的销售重点是获得订单，而销售以外的任务不太重要时，纯粹佣金制度应用广泛，如服装业、纺织业、制鞋业，以及医药品、五金材料的批发业等。有些没有实际产品的行业，如广告、保险和证券投资业，也采用纯粹佣金制度。

纯粹佣金制度最大的优点是对业务人员提供了直接的金钱鼓励，可以促使他们努力提高销售量。采用纯粹佣金制度，销售能力高者可较纯粹薪金制获得更多的薪酬，同时能力低者也可获得与其能力对等的薪酬。虽然采用佣金制初期，销售人员的流动率会很大，但仔细分析，离开的大都是能力低的销售人员。

佣金的计算可根据销售额、销售量、毛利额或利润净额。其计算可以是基于总销量，也可以是基于超过配额的销货量或配额的若干百分比。佣金也可以根据销售人员的销售对公司利润的贡献来定。支付佣金的比率可以是固定的，即第1个单位的佣金比率与第100个单位的佣金比率都一样；也可以是累进的，即销售量（或利润贡献等）越高，其佣金比率越高。佣金比率还应考虑到产品性质、顾客、地区特性、订单大小、毛利额、业务状况的变动等。

纯粹佣金制度的优点主要有：第一，富有激励作用；第二，销售人员能获得较高的薪酬，能力越强的人赚的钱也越多；第三，销售人员容易了解自己薪金的计算方法；第四，控制销售成本较容易，可减少公司的营销费用。

纯粹佣金制度的缺点是：第一，销售人员的收入欠稳定，在销售波动的情况下其收入不易保证，如季节性波动、循环波动等；第二，销售人员容易兼差，同时在几个企业任职，以分散风险；第三，销售人员推销自身重于销售公司的产品，因为若销售成功，下次可以向客户销售其他企业产品，这类销售人员往往身带几种名片，代表几家公司，销售不同种类的产品；第四，公司营运状况不佳时，销售人员会纷纷离去；第五，造成了管理方面的人为困难。

企业采用纯粹佣金制的支付方式，主要有三种：

①保证提存或预支账户。让销售人员预支一定金额，将来由其所得佣金偿还。如果所得佣金小于预支金额，销售人员不必归还其差额；如果所得佣金大于预支金额，超出部分归销售人员所有。

②非保证提存或预支账户。销售人员必须偿还全部预支金额，如果本期佣金不足偿还，可以递延至下期清算。所以预支金额实际上相当于一种借款形式。

③非功过暂记账户。每个月给予各销售人员一定的金额，记入该销售人员暂记账户的借方；每位销售人员每月应得的佣金，记入暂记账户的贷方。年底结算时，如果有贷方余额，应补发给该销售人员；如果借方有余额，可以注销，如同保证预支账户，也可递延至下年度结算，如同非保证预支账户。

📝 情景体验 7-3

销售薪酬纯粹佣金制的利弊

纯粹佣金制跟固定工资完全相反，一分钱的固定工资都没有，签多少单就能拿到多少提成。这种机制完全是以结果为导向的，通过很高的佣金来激励销售人员的主观能动性。

这么刺激的薪酬机制都是哪家公司、哪些行业在用呢？很多直销的快销品，或者保险行业、教育培训行业采用了纯粹佣金的薪酬机制。采用纯粹佣金制的行业，其产品特点也十分鲜明：产品特别简单，而利润率都相对较高。

很多人觉得，这种方式很不靠谱，连基本的生存需求都满足不了，能有销售愿意干吗？其实这些行业都配备了非常强大的激励机制与纯粹佣金制的薪酬机制相辅相成，比如保险公司的整套培训体系。这些行业的公司都有很强大的激励人员，带领销售员群情激昂地跳舞、唱歌、喊口号；年底也往往要公开用宝马、奔驰这些豪车来奖励金牌销售，从而来激励其他销售人员。

——资料来源：飞象网，《销售薪酬纯佣金制有哪些利弊》，2016-10-20

（3）薪金加佣金制度。纯粹薪金制度缺乏弹性，对销售人员的激励作用不够明显；纯粹佣金制度令销售人员的收入波动较大，销售人员缺乏安全感。而薪金加佣金制度则避免了前两种制度的不足，它是一种混合薪酬制度。薪金加佣金制度是以单位销售或总销售金额的一定百分比作为佣金，每月连同薪金一起支付，或年终时累积支付。

薪金加佣金制度的优点：与奖金制定类似，销售人员既有稳定的收入，又可获得随销售额增加而增加的佣金。

薪金加佣金制度的缺点：佣金太少，激励效果不大。

（4）薪金加奖金制度。该制度是指销售人员除了可以按时收到一定的薪金外，如果销售业绩好还可获得奖金。奖金是按销售人员对企业做出的贡献发放的。

薪金加奖金制度的优点：可鼓励销售人员兼做若干涉及非销售和销售管理的工作。

薪金加奖金制度的缺点：销售人员不重视销售额的多少。

（5）薪金加佣金再加奖金制度。它兼顾了薪金、佣金、奖金的优点，是一种比较理想的薪酬制度。薪金用来稳定销售人员，而利用佣金及奖金可以加大对销售人员的激励程度，以促进工作总体成效的提高。这种方法被许多企业所采用。

薪金加佣金再加奖金制度的优点是：第一，给销售人员提供了赚取更多收入的机会；第二，可以留住有能力的人员；第三，销售人员在取得佣金、奖金的同时领有固定薪金，生活较有保障；第四，奖励的范围加大，使目标容易依照计划达成。

薪金加佣金再加奖金制度的缺点：第一，计算方法过于复杂；第二，除非对渐增的销售量采用递减的佣金，否则会造成销售人员获利不成比例；第三，销售情况不好的时候，底薪太低，往往留不住有才能的人；第四，实行此制度需要较多的记录报告，因此提高了管理费用。

（6）特别奖励制度。它是规定薪酬以外的奖励，即额外给予的奖励。这种特别奖励在国外是以红利的形式出现的，它可以和前面任意一种基本薪酬制度结合使用。

特别奖励分为经济奖励及非经济奖励两种。经济奖励包括直接增加薪金、佣金，或间接的福利，如假期加薪、保险制度、退休金制等。非经济奖励的方式很多，如通过销售竞争给予销售人员一定的荣誉，像记功、颁发奖章及纪念品等。额外奖励可根据销售人员超出销售配额的程度、控制销售费用的效果或所获得新客户的数量等来决定，它一般有三种形式：

①全面特别奖金。全面特别奖金是指企业在特殊的时间里，如圣诞节、春节或年底，

不计盈利发给所有销售人员的奖金。企业可以付给每名销售人员同样数额的奖金，也可以根据现在的工资和在本企业工作时间的长短来支付奖金。例如美国普强公司向那些在公司工作了一到两年的销售人员发放一份相当于他们年薪的 1.5% 的圣诞红利，工作了两年或三年的人得到的则是年薪的 2%。这种奖励是单独支付的，与雇员的业绩无关。

②业绩特别奖励。这是一种与业绩相关的奖励，有很多种形式，按照奖励给个人还是奖励给集体，可以把它分为个人业绩特别奖和集体业绩特别奖两大类。个人业绩奖金的发放不仅可以按销售额或销售数量，还可以按毛利率、销售业绩、开发的新客户数、公司或地区销售单位的收入或销售额，以及某种产品的销售额来计算。集体业绩特别奖的发放是为了培养团队销售精神，一般是按照销售区域来发放的。发给一个销售地区的奖金数额，是把它的业绩同组织内其他销售地区的业绩相比较而确定的。然后，地区销售经理会按业绩再分给每个销售分区一定数额。分区经理则会把这份奖金平均分给全体销售人员，或是根据销售人员的个人业绩分发。

③销售竞争奖。这是一种特别的销售计划，通过给销售人员提供奖励，促使他们实现短期销售目标。这些奖励包括证书、现金、物品或旅游等。有时竞争时间会长达一年，这种奖励是除正常薪酬之外额外给予的。

特别奖励制度的优点：鼓励作用更为广泛有效，常常可以促进滞销产品的销售。

特别奖励制度的缺点：奖励标准或基础不易确定，有时会引起销售人员的不满，并带来管理方面的困扰。

一家咨询公司的
年终奖发放技巧

上述几种薪酬制度可供销售经理参考选用，具体选用哪一种要视企业的现实状况而定。

7.2.2 确定薪酬水准

确定薪酬水准是一个十分重要的问题，主管人员必须认真研究确定薪酬水准的影响因素及根据。

1. 确定薪酬水准应考虑的因素

薪酬制度不仅影响销售人员的工作意愿和流动倾向，也关系着企业的利润及竞争的强度。因此，薪酬制度的制定和调整常要同时考虑许多相关的因素，主要包括以下几个方面：

(1) 企业的特征。在考虑薪酬制度时，首先要了解企业产品的特征、行业销售方式、成本构成以及未来的发展方向等。

(2) 企业的经营政策和目标。在制定薪酬时，要根据不同时机及发展的状况考虑企业的经营目标层次及优先次序。比如，追求合理稳定的企业利润，促使业绩快速成长，增加销售人员。而在调整薪酬时要考虑：时机及景气状况；其他同业竞争者状况；销售是在上升还是下降；销售费用和企业利润的变动情况；人员流动是否太频繁；销售人员对现行制度有何意见或抱怨。

(3) 财务及成本方面的考虑。现行薪酬是否合理；是否太高或太低；企业能否负担得起；分期付款及现金销售对企业收益及资金周转的影响，两者组合比例应为多少；佣金比例是否合理。

(4) 行政方面的考虑。薪酬计算的标准、方式是否易懂且易算；是否在调整或制定前先征询销售人员及管理者的看法及意见；是否会出现误解或遇到阻力；调整方案、原因、影响等是否事先考虑稳妥，并已做好完整的记录。

（5）管理方面的考虑。现行的薪酬对于吸收新人是否具有足够的吸引力；底薪是否重要；能否保证生活费用的支出；能否留住优秀人才；是否具有挑战作用；收入是否有保障；能否要求为客户提供更好的服务；对不同年资、层级、职位的人员，是否应根据权责不同给予不同的待遇及奖励；管理者的来源是否欠缺；是否应鼓励业务人员向管理者层次发展。

（6）其他因素的考虑。是否只有高薪酬才能吸引人；企业知名度能否吸引人才加盟；销售技巧是否重要，是简单易学还是需要更多训练；产品知识的重要程度；培训的难易程度；广告促销花费的变动情况和薪酬制度的配合状况，是否有必要共同考虑；是定额支付薪酬还是超额加发，抑或阶梯式加发；开发新客户是否要支付特别薪酬；对新的销售观念及技巧是否要予以奖励，对提供市场情报是否要给予特殊奖励。

2. 确定薪酬水准的直接依据

（1）工作评价。工作评价是一种系统的方法，用来确定一个组织内各种工作的重要性及其相对价值或比较价值。工作评价旨在研究各种工作的组成部分，而不是判断各项工作的成效。工作评价是建立一种公平合理的薪酬制度的基础，而由工作分析得到的工作说明书又是工作评价的基础。

（2）同行业水准。如果薪酬水准比同行业类似工作的薪酬水准低，则难以吸引或留住可用的优秀销售人员。如果薪酬水准比同行业类似工作的薪酬水准高，则必将增加销售成本，导致产品售价提高，从而可能减少销售量。值得一提的是：参考同行业水准是有一定难度的，主要是因为同行业间各种销售工作仍有较大的差异，而可靠的资料也不易获得。

（3）企业内其他工作薪酬。确定薪酬水准也要注意参考企业内其他工作的薪酬水准。如果有失公平，则容易影响员工的工作情绪和积极性。特别要注意的是销售部门内各种工作薪酬的一致性。有时能干的销售人员的薪金加上佣金或奖金，可能比地区销售经理或销售总经理的薪酬还要高，常常使上下级关系显得尴尬。

7.2.3　选择薪酬制度的方法

企业在选择薪酬制度时，可以借用经济学的边际效用的观点，即每增加一元薪酬，销售人员带来的销售额增加有多少。从销售人员的角度来看，每增加一元薪金与增加一元佣金或奖金，其边际效用往往是不同的，因为两者的收入稳定性不同。奖金或佣金占整个薪酬的比例可高可低，企业应根据销售人员不同的工作性质和不同的实际情况来决定。

此外，销售管理者也要注意在各种薪酬制度、不同收入水平之下，企业获得的边际收入是多少。从管理方的角度来看，每种方法支付一元薪酬所产生的边际收入必须与边际成本相等。如果多付一元奖金所增加的收入大于减少一元薪金所降低的收入，则奖金的比例可增加。但在此种情况之下，奖金对收入的影响仍比薪金对收入的影响要大。

再者，固定薪金与奖金(提成)的比例对销售人员的工作有很大的影响，因此，销售管理者应掌握决定奖金(提成)比例的依据。决定奖金(提成)比例所考虑的因素可参考表7-7中的内容。

表7-7 销售人员奖金(提成)比例的决定因素

因素	奖金(提出)占全部薪酬的比例	
	较高	较低
销售人员所属企业在购买者心中的形象	一般	很好
企业对各种促销活动的信赖程度	小	大
企业产品质量与价格的竞争力	一般	强
提供客户服务的重要性	一般	强
技术或集体推销的影响范围	小	大
销售人员个人技能在推销中的重要性	强	一般
经济前景(整个市场环境)	一般	好
其他销售人员不可控制的影响销售因素	少	多

7.2.4 薪酬制度的实施及考查

1. 薪酬制度的实施

通常，薪酬制度一经确定，便应向全体销售人员详细说明，并确保他们完全了解，以免产生误解。凡薪酬中有固定薪金的，必须先行规定各销售人员的薪金高低，其高低标准应尽量依据企业所制定的一般薪金制度，不可有歧视或不公平的地方。为了避免产生误解，在实施销售薪酬制度的过程中，要做好以下几方面的工作：

销售员工想要什么?

(1)工作价值评估。工作价值评估是销售经理在对各个工作岗位进行工作描述和职责确认的基础上帮助企业确定不同工作的价值。在某些情况下，销售经理被邀请作为企业工作评价委员会的成员。

(2)协商起始薪水。在大多数情况下，企业在雇用销售人员时要协商起始薪水。销售经理应该重视新进销售人员的起薪问题，坚持公平和同工同酬的原则，根据同行业的情况和企业自身的发展战略确定合适的起始薪水。

(3)建议加薪和提升。销售经理通常会对加薪和提升提出建议，此时，科学、公正的绩效评估非常重要。带有偏见和不准确的绩效评估将会导致不公平的薪酬决策，打击销售人员的积极性，导致销售业绩下降，甚至会引发跳槽和有关法律争端问题。

(4)把销售人员工作变动情况及时通知人力资源管理部门。销售经理在调整销售人员工作的内容和职责时要及时通知人力资源管理部门，人力资源管理部门根据最新的工作状况重新评价薪金水平。

(5)帮助销售人员获得应得津贴。销售经理应该对企业的津贴政策非常熟悉，并将这些政策规定传达给销售人员。销售经理有责任帮助销售人员得到应得的津贴，即使是对即将离职的销售人员。

2. 薪酬制度的考查

考查薪酬制度的目的是检验经过试行的制度或固有的制度是否有效。任何新制定或修正的薪酬制度经过一年或一定期间的试行后，都必须详细分析并考查该制度所产生的结果，以确定是否可以正式实施或有无修正、调整的必要。考查的标准有以下几个：

（1）销售人员的绩效如何。薪酬制度不同，销售人员的绩效自然有显著的差异。

（2）预算、销售费用比率及毛利情况。将制定薪酬制度时的预计数字与实际发生值进行比较。

合理利用销售薪酬制度

（3）对客户的影响。如果薪酬制度不是很合理，则常常会出现销售人员怠慢客户的现象。

3. 明确薪酬设计的目标模式

薪酬制度是影响销售人员流动率的最主要因素之一，要想留住销售人员，并使其创造良好的销售业绩，除了企业要有发展远景规划外，还要通过"薪金"与奖励的巧妙搭配建立适当的薪酬目标模式。在当前企业销售的薪酬目标模式大体有四种类型，适合于不同的企业或企业的不同经营时期，企业可以根据实际情况或发展进程，选择不同的销售薪酬目标模式。

（1）高薪金与低奖励目标组合模式。这种模式比较适合实力较强的企业或有明显垄断优势的企业。采用这种目标模式通常是企业已经形成了良好的企业文化氛围，并为销售人员提供了良好的福利和各项保证，从而使销售人员在社会公平的比较中获得明显的优越感、归属感和荣誉感。正因为如此，即便企业所提供的额外奖励幅度较小（通常相当于岗位工资的20%~50%），该薪酬方式也能具有较大的激励作用。

（2）高薪金与高奖励目标组合模式。这种模式通常适合于快速发展的企业。这种企业发展迅速，市场扩张快，需要不断加强对销售队伍的激励力度，以扩大对市场的占有和击败竞争对手。同时，处于发展中的企业又必须加强对销售人员的行为控制，以确保企业战略的实现。实行这种薪酬模式的企业往往具有较强的凝聚力和团结作战的能力，因而要求销售人员具有较高的文化素质，能够准确理解企业的战略意图。该模式除了其岗位工资高于其他行业或企业外（甚至高于企业内其他岗位的员工），其额外奖励的幅度通常大于岗位工资的50%，甚至数倍。

（3）低薪金与高奖励目标组合模式。这种薪酬模式具有准佣金制的性质，销售人员的薪水不仅低于其他行业或企业，也可能低于公司内其他岗位的职工。这些薪金主要用于弥补正常的生活开支，甚至仅仅相当于部分促销补贴。在一些企业，其数额仅仅相当于企业平均工资的1/4~2/3。但这种模式的奖励幅度比较大，可以达到员工销售额的3%~10%。该薪酬模式通常适合保险、汽车、房地产、广告等服务行业，也适合处于衰退期的企业或产品，它有助于企业收回应有的收益或减少可能的损失。在市场竞争比较激烈、企业具有一定优势而管理力量薄弱的情况下，也可以采用这种模式。

（4）低薪金与低奖励目标组合模式。推行这种薪酬模式的企业，其经营状况一般不是太好，或者正处于企业创业的困难时期。尽管从社会的角度来看，这种薪酬方式处于劣势，但由于该模式很可能是依据企业的实际而确定的，因而如果做好宣传说明工作，也会得到销售人员的谅解。需要说明的是，企业推行这种模式的时间不宜太久，在条件改变时，要适时进行调整，否则会使销售人员失去耐心转向为其他企业在效力。许多企业在创业或困难时，销售人员没有流失，反而在企业好转或壮大时销售人员离开，其原因之一就是没有及时转变销售薪酬模式。

总之，薪酬模式要处理好薪金与奖励的关系。因为薪金的作用在于保证销售人员的基本生活，使其无后顾之忧，因而它对销售额的增加作用不大。奖励的作用在于激励销售人员，它影响销售人员的销售业绩和销售额。所以销售经理应处理好薪金与奖励的关系，确定合理薪金与奖励比例。

情景体验 7-4

决定何时开始实施绩效工资制度并不是件容易的事。事实上，薪酬专家承认，许多绩效工资方案并没有在恰当的时机启动，不管经营状况好坏，有一些绩效工资方案并没有发挥作用，即使是曾经最好的薪酬制度也需要经常检查。

电信巨头朗讯公司(Lucent Technologies)在 20 世纪 90 年代电信行业的繁荣时期里，实施一套销售薪酬系统，给顶尖的销售人员支付巨额报酬，但是，到了 2001 年中期，朗讯的市场急剧萎缩，销售人员的薪酬与公司的收入严重不协调。于是，原来的系统被停止执行。管理者发现公司有多种不同的销售薪酬制度存在，于是提出一个简单的方案，在小型会议和一对一的面谈中向员工解释说明，希望赢得员工的支持。

通常，任何一项新的绩效薪酬方案的实施，最好是这样开始向员工做好解释工作，争取赢得员工的支持与合作。但不要把薪酬制度换来换去，一项薪酬制度必须保持一贯性，如果变来变去，员工就无所适从了。

绩效薪酬制度失败的标志是非常明显的。如果公司付了钱，但是没有看到任何结果，那这个制度可能就是失败的。

不管企业经营状况好坏，都要建立一套行之有效的薪酬制度，不要奖励那些没有贡献的员工，从而使制度遭到破坏。

——资料来源：世界经济人，《重点奖励好员工》，2013-06-18，有删减

7.2.5 薪酬管理发展趋势

薪酬制度对于企业来说是一把"双刃剑"，使用得当能够吸引、留住和激励人才，而使用不当就可能给企业带来危机。建立全新的、科学的、系统的薪酬管理系统，对于企业在知识经济时代的生存和发展具有重要意义。而改革和完善薪酬制度，也是当前企业面临的一项紧迫任务。与传统薪酬管理相比较，现代薪酬管理有以下发展趋势：

1. 全面薪酬制度

薪酬既不是单一的工资，也不是纯粹的货币形式报酬，还包括精神方面的激励，如优越的工作条件、良好的工作氛围、培训机会、晋升机会等，也应该很好地融入薪酬体系中。内在薪酬和外在薪酬应该完美结合，偏重任何一方都是跛脚走路。物质和精神并重就是目前提倡的全面薪酬制度。

2. 薪酬与绩效挂钩

单纯高薪并不能起到激励作用，只有与绩效紧密结合的薪酬，才能够充分调动员工的积极性。单一僵死的薪酬制度已经越来越少，取而代之的是与个人绩效和团队绩效紧密挂钩的灵活薪酬体系。增加薪酬中的激励部分，常用方法包括加大绩效工资(奖金)和福利的比例，加大涨幅工资(浮动工资)的比例，采用灵活的弹性工资制度，把员工作为企业经营的合作者，以技能和绩效为计酬的基础而不是工作量。

3. 宽带型薪酬结构

工资等级减少，各种职位等级的工资之间可以交叉。宽带型薪酬结构可以说是为组织扁平化量身定做的，它打破了传统薪酬结构所维护的等级制度，有利于企业引导员工将注意力从职位晋升或薪酬等级的晋升转移到个人发展和能力提高方面，给予绩效优秀者比较大的薪酬上升空间。

4. 雇员激励长期化

薪酬股权化的目的是留住关键的人才和技术，稳定员工队伍。其方式主要有员工股票选择计划、股票增值税、虚拟股票计划、股票期权等。

5. 重视薪酬与团队的关系

以团队为基础开展项目，强调团队内协作的方式已越来越流行，与之相适应，应该针对团队设计专门的激励方案和薪酬计划，其激励效果比简单的单人激励效果好。团队奖励计划尤其适合人数较少、强调协作的组织。

6. 薪酬的细化

首先是薪酬结构的细化，有多元化、多层次、灵活的薪酬构成。此外，在一些指标制定过程中，也应当细化，尽量避免"一刀切"的做法。例如，职务评价、绩效考评系统，不同职位层和不同性质岗位的考评应该分别制定标准。

7. 有弹性、可选择的福利制度

公司在福利方面的投入在总成本里所占比例是比较高的，但这部分支出往往被员工忽视，认为不如货币形式的薪酬实在，有一种吃力不讨好的感觉。而且，员工在福利方面的偏好也是因人而异的，解决这个问题目前最常用的方法是采用选择型福利，即让员工在规定范围选择自己喜欢的福利组合。

8. 薪酬信息日益得到重视

外部信息指相同行业、相似规模和性质的企业的薪酬水平、薪酬结构和薪酬价值取向等，外部信息是企业在制定和调查薪酬方案时，可以参考的资料。内部信息主要指员工满意度调查和员工合理化建议。满意度调查功能并不一定在于了解有多少员工对薪酬满意，而是了解员工对薪酬制度和结构的不满到底在哪里，进而为制定与调整薪酬制度打下基础。

情景体验 7-5

该不该给她加薪

律动贸易公司的 CEO 马里奥担心将要失去销售明星李嘉。这位新招聘来的营销总监精力旺盛，工作十分努力。她拿到的订单数量之多连马里奥都认为是不可能的。然而，现在有一家公司提供包括股权在内的优厚待遇，想要挖走她。

公司目前一共有 45 位员工，人员的流动率很低，几乎没有人发过牢骚。但最近，两位设计师分别来找他要求加薪。

马里奥向自己的朋友和银行家寻求意见，意识到企业文化已经改变了。他是否应该为李嘉重新设计薪酬组合？

情景讨论： 你认为是否需要给李嘉加薪？说说你给李嘉设计的薪酬方案并给出理由。

本章案例

某高科技公司的薪酬体系

本章小结

　　良好的报酬与激励制度一方面能稳定销售队伍，另一方面能提高管理效率，调动销售人员的积极性，从而达成公司的销售目标。报酬有纯粹薪金制度、纯粹佣金制度、薪金加佣金制度、薪金加奖金制度、薪金加佣金再加奖金制度、特别奖励制度六种形式。

　　报酬制度的建立要遵循公平性、激励性、灵活性、稳定性和控制性等原则。销售报酬有高薪金与低奖励、高薪金与高奖励、低薪金与高奖励、低薪金与低奖励四种模式。应根据边际效用准则处理好薪金与奖励的关系。

　　激励在销售管理中被界定为一种精神力量或状态，发挥着加强、激发和推动的作用，并指导和引导销售队伍的行为。我们要了解激励的实质与方法，要学会采用多种激励组合模式，特别是要进行综合激励。销售文化激励在激励中有重要作用，因此在销售管理中要强调销售文化定位与运作。对企业来讲，激励的目的是提升销售人员的素质与经营水平，这正是销售文化激励管理的本质所在。

本章习题

一、复习思考题

1. 请分析销售绩效考评的作用。
2. 请简单描述销售人员绩效考评的程序。
3. 请分析销售人员薪酬设计的程序。
4. 销售人员薪酬设计的原则是什么？
5. 确定薪酬水准应考虑的因素有哪些？

二、实训题

实训项目：绩效管核体系设计。

实训目标：

1. 掌握绩效考核的方法和流程。
2. 提升学生对 KPI 考核指标的提炼和设计能力。

实训内容与要求：

1. 选择某销售公司的其中一类岗位，为该岗位设计考核指标。
2. 作业内容包括绩效考核指标设计的流程、指标的内容与权重，并撰写薪酬设计报告。

第8章　做好销售准备

学习目标

　　通过本章学习，了解销售活动的基本步骤，重点掌握如何做好销售准备的内容；了解销售前自我塑造，掌握寻找潜在客户的方法，重点掌握如何审查客户资料和理解销售前的资料准备。

素质目标

　　通过本章学习，培养学生自信的个人观、爱岗敬业的工作观、奉献诚信的社会观，通过团结协作提高学生竞争能力，提升职业道德和素养，达到"教中学、学中做"的目标效果。

教学要求

　　注重通过理论讲授客户方格和销售方格理论及其关系；采用启发式、探讨式教学，加强课堂案例讨论，注重对销售准备工作相关方法的应用和实践。

引导案例

用业绩拿下战术

一、客户开发：发掘出他们的需求

1. 横向寻找解决办法

客人不想轻易表露需求，这是常态，也是所有销售人员必须面对的一个现实问题。有

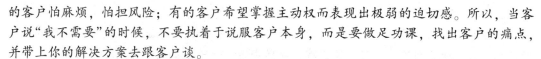

的客户怕麻烦，怕担风险；有的客户希望掌握主动权而表现出极弱的迫切感。所以，当客户说"我不需要"的时候，不要执着于说服客户本身，而是要做足功课，找出客户的痛点，并带上你的解决方案去跟客户谈。

2. 帮助客户创造需求

从策略上来说，销售员是在给客户制造"焦虑"。但是这些焦虑并不是凭空捏造出来的，而是大概率会发生的，销售员只是让客户提前知晓而已。这就是销售的最高层次，销售者要站在客户的角度，替他做一些战略规划，或者做一些提前布局，创造出一个客户从来没有想过的需求。

二、巧妙预约：做到比客户更有准备

1. 选择合适的预约方式

在沟通方法的选择上，不同的方式会产生不同的沟通效果。而用电话和微信预约客户拜访，是最基础、最方便却也最有效的预约方法。

2. 把握最佳的预约时机

（1）上午11点半到下午1点。这个时间段涵盖了客户吃午饭及饭后的一小段休息时间，避开了客户最为忙碌的工作时间。在此时间段内的客户，通常会比较清闲，思维也较为清晰、敏捷。

（2）晚上8点到9点。优秀的客户，通常会在吃完晚饭之后，对一天的工作进行思考和总结，也就是复盘，这个时间段也是预约客户的最佳时机之一。一方面，客户能静下心来和销售员沟通；另一方面，客户有时间对销售员的话进行理性判断和分析。

总之，避开客户的上班时间，是预约成功的一大秘诀。

3. 设计预约的兴趣点

销售高手们在预约客户的时候通常会说："某总，上次和您在电话里聊完之后，我受益匪浅！尤其是您对国际贸易形势的透彻分析，真是给我上了一课。我消化了大半天，其中还有几点不太明白，我今天正好路过您这儿，想再向您讨教、学习一下，您看可以吗？我现在就在您公司楼下。"

这样的预约，拜访目的十分明确：向客户讨教学习，实际上就是和客户谈签单的事情。当客户听到这样的预约后，就会对销售员的拜访产生兴趣，因为提到了他也很感兴趣甚至引以为豪的事情。

4. 想好你要说的每一句话

在拨通预约电话或者发出预约微信之前，销售员一定要事先准备好说辞，尽力使其清晰、简洁，一环扣一环，令人印象深刻。与此同时，销售员还应该准备好应付各种人、各种拒绝的方案，并和同事们讨论这些方案，将这些方案烂熟于心。

三、销售转化：最大限度地转化社交资源

加微信，对于销售跟进客户来说，已经成为一个必不可少的流程。微信已经成为深入了解客户需求和痛点，甚至直接促单拿结果的最佳方式。因此，销售人员在拿到客户微信后，要做好自己的微信营销。

1. 打好标签，设置分组

在成为客户的微信好友之后，销售员要做的第一件事，就是将客户进行标签化和分组设置。这样在以后的沟通中，能够更加方便快捷地找寻客户，同时也便于后期给客户发送有针对性的内容。

2. 通过朋友圈互动，建立一对一的关系

陌生的两个人，很难通过一次通话变得热络起来，可这一点微信就能做到。朋友圈点赞评论，讨论业务问题，一起交流困难，取得共鸣。一旦建立起这种一对一的关系，下一步自然就是维护关系，销售员可以从主动和客户打招呼做起，当客户收到信息并回复之后，销售员就要想办法将客户慢慢带入自己的销售主题。

3. 发朋友圈的时间

(1)7：30 至 9：00。大部分上班族在这个时间段在挤地铁和搭公交，这也是这部分客户一天之中最重要的信息获取时间。在这个时间段，适合发一些正能量的话，配一些"高大上"的图片，同时给客户的朋友圈点赞、评论，互动一下，有助于增进双方的感情。

(2)11：30 至 13：00。这是大多数人午餐和午休的时间，很多客户会利用吃饭的空闲时间，刷一刷朋友圈。

(3)17：30 至 20：00。这是晚高峰的时间段，此时的客户很有可能正百无聊赖地堵在路上，不妨在这个时间段发送一些广告。

(4)21：30 至 23：00。这是大多数人的睡前放松时间。很多客户的这段时间基本上在手机上度过，如刷抖音、聊微信、看公众号文章等。此时可以和客户进行一些深入交流。

——资料来源：德鲁克博雅管理，《轻松拿结果》，2023-01-15，作者：贺学友，有删改

引导任务

销售前应该做好哪些准备工作？

销售经理要带好销售队伍，就必须对整个销售活动过程有全面的认识，这样有利于对销售活动和销售人员进行有效的指导和调控。从销售人员与客户接触和交往的时间顺序来看，它包括销售准备、销售接洽(包括约见客户和接近客户)、销售展示、处理客户异议、促成交易、销售服务与跟踪六个步骤，如图8-1所示。在销售实践中，虽然会有很多因素影响销售人员的销售步骤，但是确实存在着一系列有逻辑顺序的行为。如果我们能够按照这些步骤去做，将会大大提高销售业绩。不过，销售过程的各个步骤是相互联系、相互转化的，任何一个环节的得失都会影响销售工作的成败。因此，认真做好销售各个环节的管理就显得十分重要。

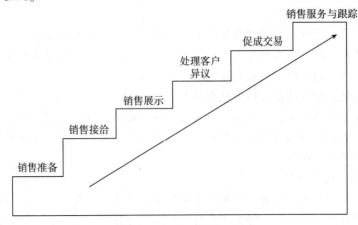

图8-1 销售流程的6个步骤

销售前的准备工作是必要的。销售准备是指销售人员在拜访客户之前所做的准备工作，一般来说，销售准备包括个人礼仪准备、产品知识准备，收集并整理目标客户资料、竞争者情况准备、销售工具准备以及制订拜访计划等。下面将分别从自我礼仪准备、产品信息研究、寻找潜在客户、审查客户资格、准备客户资料、拟订拜访计划等方面加以介绍。

8.1　自我礼仪准备

8.1.1　成功销售人员的外在特征

事实表明，成功的销售人员在个性、外貌等外在特征方面没有十分明显的特点，但是需要做好以下几个方面：

1. 端庄整洁的仪表

销售人员只有给客户留下良好的第一印象，才有利于销售工作的进一步展开。第一印象多来自销售人员良好的外部形象和得体的行为举止，因此，销售人员必须仪表整洁，举止大方得体，表现出奋发向上的精神风貌。

销售人员的着装要求

2. 谈吐清晰，有良好的语言表达能力

语言是销售人员说服客户的主要手段。在任何一次销售过程中，销售人员在介绍产品、解答疑问等各个环节都要运用语言技巧。因此，没有良好的语言表达能力，很难说服客户购买。

3. 待人接物真诚、热情

销售人员在向客户销售产品时要热情周到，使客户感到销售人员确实是在设身处地为自己的利益着想，也感受到销售人员的诚意。

4. 不急不躁，处变不惊

在销售过程中，可能发生各种情况，客户也会提出各种异议，这就要求销售人员处事稳重，不急不躁，妥善处理销售过程中的种种突发情况。

5. 有广泛的兴趣和爱好

销售人员往往会接触到各种各样的客户，而共同的兴趣和爱好是拉近人与人之间距离的有效手段，可起到事半功倍的效果。因此，销售人员应注意培养多方面的爱好和兴趣，以有效地与各种各样的客户打交道。

6. 有健康的体魄、充沛的精力

销售活动是对销售人员的体力和精力要求很高的一项工作。销售人员在销售中要时刻保持头脑清醒、思维敏捷。没有健康的身体，销售人员很难胜任工作。

7. 保持开朗乐观的心态

销售工作是很艰难的，往往在遭受多次挫折后才能迎来一次成功。因此，销售人员只有保持乐观的心态，才能在经历一次次打击后不丧失信心，继续努力。

销售代表和客户
刚见面时的得体举止

8.1.2 成功销售人员的内在特质

1. 高度自信

销售员销售的第一产品是什么？就是销售员自己。把自己成功地推销出去，你的销售就成功了一半。很难想象，一个对自己都没有信心的人，又怎么可以把公司的产品成功地销售给客户。

下面是三个提升信心的方法：

（1）想象成功。信心是可以通过对成功影像的想象来重建的。想象一下你曾经成功地说服别人，想象你曾经的恋爱经历，想象你曾经成功地说服客户达成交易的经历。让成功的影像牢牢地印在脑海里，不断刺激神经，你就会发现你已经充满活力，以昂扬的斗志迎接新的一天。

（2）总结过去失败的教训。失败不是成功之母，总结才是成功之母。通过总结，人们在失败的教训上学习到的更多。世界上从来就没有一帆风顺的成功者，成功者都是在不断总结失败教训的基础上获得最后的成功的。当贝尔发明电话的时候，有成千上万的人失败了，放弃了，只有贝尔和爱迪生离成功最近，但是，最后法院把专利权判给了贝尔。为什么？就是因为贝尔比爱迪生多做了一"点"，他把电话机上的一颗螺丝旋转了90度，从而改变了电话的音质。贝尔的成功就在于他不断失败和在失败后的总结。成功其实就是比失败多那么一"点"。

（3）集中注意力。把注意力集中到正面、积极的思维上来，充分调动积极的心态，不要让消极的情绪影响自己。消极的情绪就会在我们的思想内扩散，会在人群里传染，如果不把它消除，那么，它最终会毁了我们的事业和前途。

2. 勇往直前，不放弃

销售人员最恐惧的是什么？就是被拒绝。下面是几个问题：第一，你对被拒绝的定义。什么事发生了你才算是被客户拒绝了？第二，客户用怎样的语气对你说，你才感觉被拒绝？第三，客户的面部表情怎样的时候，你才感觉被拒绝？

设想一下，你到商场去买衣服。当你迈进商场的时候，马上就会有一位笑容可掬的导购小姐来到你的面前，不厌其烦地向你介绍各种款式、面料的服装。这时候，你神情严肃，板着面孔，目光挑剔，时不时还和她讨价还价。可是，有经验的导购小姐会怎么样？最后，她一定要想方设法地促成这笔交易。

想一想，当你鼓足勇气迈进客户的门槛，面对顾客冷冰冰的表情和语气，或者不断砍价，你是否感到恐惧？你是否还有勇气再次踏进那扇门？你是否会落荒而逃？

成功的人不断找方法突破，失败的人不断找借口抱怨。在销售管理中，我们会发现，越是做得差的销售员，他的抱怨和理由就越多；成功的销售员总是对自己的结果负责，他们总是在不断地寻找成功的方法。

3. 强烈的企图心

强烈的企图心就是对成功的强烈欲望，没有强烈的企图心就不会有足够的决心。

强烈的企图心有以下四个特征：

(1)强烈的企图心是销售人员对产品无比信任的信念。

(2)企图心的强度受环境的影响。

(3)企图心可以通过对视觉的刺激而培养。

(4)通过学习和成功者在一起，可以培养强烈的企图心。

成功的销售员都有必胜的决心，都有强烈的成功欲望。成功的欲望源自你对财富的渴望，对家庭的责任，对自我价值实现的追求。

4. 对产品的十足信心与知识

成功的销售员都是他所在领域的专家，做好销售就一定要专业，具备专业的知识。在美国，曾经有一家电厂的发电机坏了，请了一位电机专家来检修。专家来了以后，这里看看，那里听听，最后，在电机上用粉笔画了一个圈，说："毛病在这里。"工人们把那里打开，很快就修好了电机。最后，厂家付报酬的时候，专家要了 10 000 美金。大家很不服气："就用粉笔画了一个圈，就要 10 000 美金？"专家说："用粉笔画圈收 1 美金，知道在哪里画圈收 9 999 美金。"结果大家都服了，这就是专业。

销售人员除了对销售技巧要娴熟掌握以外，还应该对自己产品的知识要专业。不仅对自己的产品知识要专业，还要熟悉竞争对手的产品，熟悉行业的标准，熟悉市场的分布和前景，了解价格和促销等的变化。这样才可以知己知彼，百战不殆。

5. 注重个人成长

学习的最大好处就是：学习别人的经验和知识，可以大幅度地缩短一个人犯错和摸索的时间，使其更快速地走向成功。

顶尖的销售员都是注重学习的高手，通过学习培养自己的能力，让学习成为自己的习惯，因为，成功本身是一种习惯和能力(思考和行为习惯)。成功的销售员都是不断地通过学习超越自己，并且，在销售的团队里形成学习的氛围。学习的组织，有利于自我的提升和组织素质的提升。

情景体验 8-1

有个年轻人来到了小河边，看到三位老者在河边垂钓。过了一会儿，一个老者起身，说："我要到对岸去。"于是，老者蜻蜓点水般在水面上飞快地点了几下，就过去了，年轻人很惊讶。过了一会，又有个老者也像第一个老者一样过去了，年轻人看呆了。又过了一会，第三个老者也起身从水面过去了。这下，年轻人认为自己是遇上了神仙，他决定一定要拜他们为师，于是，他也试图像他们一样蜻蜓点水而过，谁知"扑通"掉到了水里。三个老者把年轻人救起，问他为什么到水里，年轻人把他的想法说了出来。三个老者哈哈大笑："年轻人，我们在这条河上走了几十年了，对河里的每一块石头都非常熟悉，所以，我们可以很轻松地过河。你不熟悉，怎么不会掉到水里呢？"

6. 高度的热忱和服务心

21 世纪是营销的时代，营销最重要的一个内容就是服务营销。成功的销售员不是为了完成一次交易而接近客户，而是把客户当成自己的朋友，建立长期的服务关系，并且借助客户的成功帮助自己成功。他们关心客户需求，随时随地关心客户，提供给客户最好的服务和产品，保持长久的联系。成功的销售员总是以诚相待，以信取人，以谦和的态度面对每一个客户（包括潜在的客户）。

在销售过程中，投机取巧，急功近利，甚至不惜杀鸡取卵、自断后路的行为，都是奸商的做派，是现代营销的大忌。

7. 非凡的亲和力

销售员在销售服务和产品的时候，如何获得良好的第一印象，是极为关键的事。这时候，你的人格魅力，你的信心，你的微笑，你的热情都必须全部调动起来，利用最初的几秒钟尽可能地打动客户，这就需要销员具备非凡的亲和力。亲和力是营销员无形的杀伤武器，它可以化干戈为玉帛，发挥四两拨千斤的作用，给销售员带来更多的收获。

8.2　寻找潜在客户

寻找客户是指寻找潜在可能的准客户。准客户是指既有购买所销售的商品或服务的欲望，又有支付能力的个人或组织。销售人员的主要任务之一就是采用各种有效的方法与途径来寻找与识别潜在客户，并实施成功的销售。

8.2.1　寻找客户的原则

寻找客户看来简单，其实并非易事。要科学准确地找到符合条件的准客户，销售人员必须遵循一定的规律，把握科学的原则。只有这样，才能确保寻找客户的准确化、高效化。

1. 确定好销售对象的范围

销售人员在寻找客户之前，首先要确定销售对象的范围，避免漫无边际地东奔西跑。销售对象的范围包括以下两个方面：

（1）地理范围，即确定销售品的销售区域。主要应考虑该地区的政治、经济及社会文化环境是否适合自己的销售产品。比如，人均收入低的地方就不宜销售高档消费品。

（2）交易对象的范围，即确定准客户群体的范围。这要视产品特征而定。不同的产品，由于性能、用途不同，销售对象的范围也就不尽一致。例如，高等教育书籍的销售对象应为高等学校的师生、图书馆，电工产品的销售对象就应为各装饰公司的负责人、设计院的设计师、房产公司的负责人、设计人、各电工电器商店，保险则几乎是每个有购买能力的个人等。即使是同类产品，由于品种、规格、型号、价格等方面的差异，其交易对象的范围也有所差别。

2. 寻找客户途径和方法的多样性和灵活性

在实际销售工作中，寻找销售对象的途径是多种多样的，选择合适的寻找途径，是提高寻找效率的一项重要措施。科学地选择途径或渠道，除了要考虑销售品的特点、销售对象的范围等因素外，还要根据实际善于发现、勇于创新。销售人员不要抄袭其他公司的做法，但是如果改进、模仿其他公司的做法，能使其适合自己的企业、自己的产品，那也是

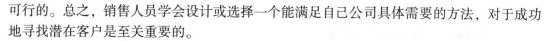

可行的。总之，销售人员学会设计或选择一个能满足自己公司具体需要的方法，对于成功地寻找潜在客户是至关重要的。

3. 建立准客户档案

为了进一步挖掘客户和管理客户，销售人员必须建立准客户档案。根据客户的实际情况及变化，对准客户按一定的规律进行分类，然后列出重点销售对象和访问路线，使销售工作标准化、程序化、规范化。日本销售大师原一平从事保险工作 50 年，积累的准客户有 2.8 万个之多。他把这些准客户依照成交的可能性，从 A 到 F 分级归类，建立了准客户档案，从而为发现和寻找合适的客户提供了很大的帮助。

4. 具有随时寻找客户的习惯

在实际工作中，销售人员要树立随时随地寻找客户的意识，注意培养敏锐的观察力和正确的判断力，养成随时随地寻找客户的习惯，要学会眼观六路、耳听八方，绝不放过任何一次捕捉潜在客户的机会。因为要想在日益激烈的竞争中为企业发掘更多的客户，就必须时刻做好寻找客户的准备。如果平时毫无用心，那么，许多潜在的客户将擦肩而过，影响销售业绩。

8.2.2　寻找潜在客户的方法

不同行业的销售人员寻找潜在客户的方法有所不同。例如，寻找房地产、汽车、机械设备等产品的客户，显然要比寻找冰激凌、服装、食品的客户困难得多。没有任何一种方法能够普遍适用，只有通过不断总结，每个销售人员才能摸索出一套适合自己的方法。

由于行业的不同，销售人员寻找潜在客户的方法也就多种多样，其中常用的方法包括逐户访问法、连锁介绍法、中心人物法、广告开拓法、委托助手法、会议寻找法、资料查阅法、电话寻找法、市场咨询法、个人观察法、设立代理法、代理寻找法、行业突击法、邮件寻找法。

1. 逐户访问法

逐户访问法亦称地毯式访问法、普通寻找法等。它是指销售人员挨家挨户，直接访问可能成为客户的某些个人或组织，从中寻找自己的客户。这种方法是最古老的方法之一，也是每个销售人员都使用过的最基本方法。逐户访问法所依据的原理是平均法则，即认为在被访问的所有对象中，必定有销售员所要寻找的客户，而且分布均匀，客户的数量与被访问的对象的数量成正比。比如，如果过去的经验表明，20 人中有 1 人会买产品，那么 200 次访问会产生 20 笔交易。因此，只要对特定范围内所有对象无一遗漏地寻找查访，就一定可以找到足够数量的客户。

逐户访问有两种不同的方式：一种是毫无选择地一家一户走访，这种方式有较大的盲目性；另一种是预先找出成交可能性较大的几家去访问，这种方式有一定的针对性，寻找到客户的可能性较大。

逐户访问法的优点有以下几个方面：

(1)销售人员可借机进行市场调查，能够客观全面地了解客户的需求情况。这是因为这种访问方法使销售人员能够广泛地与客户接触，同时，大多数情况下被访问者与销售人员不相识，不会碍于情面而说一些违心的话。

(2)有利于扩大企业和销售商品的影响。销售人员寻找客户的过程，也是传播销售信息的过程。逐户访问使销售人员能够与客户——接触，广泛地将企业及其产品的信息传递给客户，从而扩大企业和产品的影响。

（3）有利于锻炼和提高销售人员的意志，积累和丰富销售工作的经验。销售人员要面对众多的被访问者，可以培养坚韧不拔、吃苦耐劳和经受挫折的意志和精神，也有利于销售人员了解和研究各种类型、各个阶层客户的消费心理和购买特点，从而使销售人员逐步积累和丰富自己的销售经验。

逐户访问法的缺点有以下几个方面：

（1）盲目性较大。因为这种方法是在销售人员不太了解或完全不了解被访问者的情况下进行的，尽管销售人员可以在事先做一些必要的准备工作，但仍然避免不了其盲目性，并因此浪费大量的时间、精力和人力、财力。

（2）容易遭拒绝。运用逐户访问法寻找客户时，销售人员一般不会提前通知被访问者，客户通常毫无准备，许多人不太愿意被销售人员贸然访问，因此销售人员难以接近被访问者，甚至常常遭到拒绝，从而给销售工作带来了困难，影响销售工作的顺利进行。

逐户访问法比较适合于日常生活用品及服务，如小家电、化妆品、保险、家政服务等，也适用于工矿企业对中间商的销售或某些行业的上门销售。此法若能与其他方法匹配，效果将更好。目前不少企业采取的所谓"敲门进户"做调查就是逐户访问法的具体运用。

2. 连锁介绍法

连锁介绍法是指销售人员请求现有客户介绍未来可能的准客户的方法。实践表明，此方法比其他方法更有效，是运用得较多的一种方法。运用这种方法寻找潜在客户的理论依据是事物间普遍联系的法则，即世界上的万物都按一定的方式和其他事物发生联系。有着普遍联系的个人或组织有时会存在着相同的需求或者彼此了解。因此，销售人员找到一个客户后，就可以通过这个客户找到与之有联系的可能具有相同需求特点的其他客户。连锁介绍可以使销售人员的客户迅速增加。有一个研究表明，在耐用消费品领域，有50%以上的客户是通过朋友的引荐而购买商品的，有62%的购买者是通过其他消费者得到新产品信息的。连锁介绍法用图8-2表示。

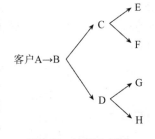

图8-2 连锁介绍法

连锁介绍法按介绍的媒介可分很多类型，主要有口头介绍、信函介绍、电话介绍、名片介绍、电子邮件介绍等。

连锁介绍法的主要运用途径有三条。第一条是通过现有客户去寻找潜在客户。这是最佳的途径。因为老客户介绍的新客户大多是其较为熟悉的个人与组织，他们之间可能平时就有较为密切的联系，有时甚至具有共同的利益，加之老客户已经购买并使用了某种产品，新客户对其介绍的信息特别能够接受，所以，容易产生寻找潜在客户的效果。通过现有的客户介绍寻找潜在客户几乎被销售界认为是最好的方法，实际上也是最常用的方法之一。第二条是通过朋友的交情去寻找潜在客户。在诸多的寻找新的潜在客户的方法中，建立关系网方式可以称得上是最可靠、最有效的。人们往往愿意与他们了解、喜欢、信任的人做生意。建立关系网关键是定位，而不是被动接触。建立关系网的目标是在每个熟人的心目中占据一个稳固的适当位置，这样当其中的某个人或是他认识的人需要你销售的产品或服务时，你是他们想到的能提供帮助的第一人选。第三条就是通过其他销售人员去寻找潜在客户。每个企业的各个事业部销售的产品不同，但有些客户是相同的。销售人员应该充分利用其他事业部的销售人员，请他们为自己介绍一些新客户。其实，有时只要销售人员留意，可能竞争对手会无意将客户信息透露出来。

连锁介绍可分为间接介绍和直接介绍两种方式。所谓间接介绍，就是销售人员在现有客户的交际范围内寻找新客户。这种介绍方式是基于人际交往和联系总是以某种共同的兴趣爱好或共同利益、需要为纽带的，因为某一交际圈的所有人可能具有某种共同的消费需求。因此，销售人员从现有客户的各种交际活动和社会联系中可以间接地寻找自己的客户。所谓直接介绍，就是通过现有客户的关系，直接介绍与其有联系的新客户。这是最常见的一种连锁介绍法。不过，无论采用哪一种介绍方法，其基本线索都是一致的，都是通过现有客户介绍未来的客户。

采用连锁介绍法寻找客户，其优点在于：不仅针对性强，从而避免一些盲目性，而且容易赢得信任，取得良好的效果。这种方法的不足在于：因介绍人一般不愿增加麻烦，更怕因介绍不当而给朋友或熟人造成不好的影响，所以难以形成得力的介绍，如果访问失败，不但会牵连介绍人，还有可能失去不少客户。有时介绍人为了顾及情面给销售人员介绍了客户，但对销售人员评价却并不理想，以致销售人员陷入被动。

基于上述情况，利用连锁介绍法应注意三个问题，即必须建立良好的人际关系，必须让介绍人感觉轻松愉快，必须感谢或回报介绍人。

连锁介绍法适用于任何产品的销售，适用性最强。

3. 中心人物法

中心人物法又称中心开花法、名人介绍法、中心辐射法，它是指销售人员在特定的范围内发展一些具有较大影响力的中心人物或组织来帮助寻找潜在客户的方法。此法实际上是连锁介绍法的延伸。在一般情况下，中心人物或组织具有较大影响力、具有特殊的社会地位，往往是消费者信任的对象。由于他们知名度极高，因此其消费行为容易形成示范作用或先导作用，这就是心理学中的"晕轮效应"。不仅如此，他们见多识广，还能给销售人员提供识别理想潜在客户的信息。

运用中心人物法寻找潜在客户的优点是：便于集中精力，有利于促成交易。但其缺点也很明显，那就是中心人物难以寻找与确定。

利用中心人物法寻找潜在客户的关键在于两点：一是一定要取得中心人物或组织的信任和合作，使他们相信销售人员和销售的产品；二是要选准消费者心目中的崇拜者或组织，否则，很有可能弄巧成拙，难以获得预期的效果。

中心人物法比较适合新产品、高级消费品，或有利于树立企业形象、扩大企业影响力的产品。

4. 广告开拓法

广告开拓法是指销售人员利用各种广告媒介寻找客户的方法，即通过大众宣传媒介，把有关产品的销售信息传递给广大的消费者，以刺激消费者的购买欲望，诱导消费者的购买行为，并借以树立企业的形象及提高产品的知名度，从而达到开拓客户的目的。

广告开拓法的优点是信息量大，传递速度快，且覆盖面广。不仅如此，广告形象、生动、逼真，易于被受众接受，说服力较强，易于提高销售效率。因此，被喻为是"印在纸上的销售术"。现代广告可以大大节省时间和精力，所以，此法是销售人员寻找客户销售产品的理想、有效的现代化手段。广告开拓法的缺点是单向沟通，有些媒体的费用也很高，不一定能够起到"立竿见影"的作用。

利用广告开拓法寻找客户，关键在于正确选择广告媒介。而选择广告媒介的基本原则是：以较少的广告费用取得较好的广告效果，最大程度地影响潜在客户。此外，选择广告媒介也要结合不同的销售对象、销售区域、产品特征等因素。

广告开拓法适合于任何产品的销售，但不得与法律规定相抵触。

🖊 情景体验 8-2

浙江杭州的"胡庆余堂"药店，试制成功一种新药品"复方抗结核片"，经过五年的临床观察，确认对肺结核病疗效显著，但却因知名度不高，打不开销路，积压 34 万瓶之多。后来，该药店在中央人民广播电台做了"复方抗结核片"的广告。仅仅两个月的时间，就收到来自全国各地 29 个省(市、自治区)要求订货的信函 5 700 多件，不仅售出了全部的存货，还打开了新的销路，赢得了众多的客户。

5. 委托助手法

委托助手法是指销售人员通过委托聘请有关人员寻找客户的方法。这些接受雇佣、被委托寻找客户的有关人员通常被称为"猎犬"。他们往往采用市场调研或提供免费服务等措施，对某些可能性比较大的销售地区进行地毯式访问，一旦发现潜在客户，便会立即通知委托人，安排销售访问。例如，有一销售住宅篱笆的销售人员，雇佣其区域内的公用事业抄表员，请他们记下那些有小孩或狗但还没有装篱笆的住宅的地址和主人姓名，因为这些住户可能就是将来购买篱笆的客户。

运用委托助手法的理论依据是经济学中的最小最大化原则，即销售人员花费最少的销售费用和销售时间，取得最大的销售效果。销售人员单凭自己走南闯北，开展销售工作，不仅会贻误市场机会，而且必将大大增加销售成本。相反，假若委托助手来发掘潜在客户，既能使销售人员及时获取有效的销售情报，开拓新的销售区域，发展大批新客户，又可以节约大量的销售费用，降低销售成本，提高销售效益。另外，行业间与企业间都存在一定的关联性，使用委托助手法还可以较早地发现销售市场先行指标的变化，从而增强参与市场竞争的能力。

运用委托助手法寻找潜在客户的优点在于：避免了陌生拜访的压力，有利于提高工作效率，便于节约销售费用和时间，提高销售的经济效益。但其最大的困难在于：理想的"猎犬"在实践中往往难以找到，再加上销售人员的销售业绩在很大程度上取决于销售助手的配合，因此，如果双方合作不利，或者助手在几家企业兼职，势必会使销售人员处于被动状态，甚至有时还可能会泄露商业秘密，不利于企业产品的市场竞争。

6. 会议寻找法

会议寻找法是指利用参加会议的机会，与其他与会者建立联系，寻找客户。

会议寻找的方法有以下几种：

(1)通过博览会与商业展览寻找。公司或政府部门经常举办新产品洽谈订货会、产品展销会、贸易年度洽谈会以及其他类型的如游艇展、家具展等展览，销售员都可以从中获得有关新客户的信息。展览时，有关的公司经常在展览会上出资设一个摊位，再配上一个或几个销售员。当人们走到摊位前仔细观看产品时，销售员有几分钟的时间观察、询问客户，然后记下他们的名字和地址，以便日后与他们在家里或办公室里接触并做示范。虽然接触时间短暂，却能与大量新客户接触。

（2）通过行业协会寻找。如果客户主要集中在某一行业，应设法进入他们的团体组织和职业协会。销售员要想寻找更多新客户，必须重视客户的组织。销售员加入职协，能从协会成员那里得到更多信息。基本上每个行业都有自己的行业协会，如软件行业协会、电子元件行业协会、仪器仪表行业协会、汽车协会、美容保健协会等。虽然行业协会只是民间组织，但恐怕没有人能比行业协会更了解行业内的情况了。如果你的潜在客户恰好是某某协会的成员，能得到协会的帮助是你直接接触到潜在客户的有效方法。

（3）通过聚会寻找。聚会是指在公司或销售员家中、饭店、酒楼等场所邀请新客户参加的，利用联欢会形式举办的产品销售活动。有些化妆品公司还招待业绩好的零售商旅行，举行特别的研究会等。同样性质的营业单位要彼此获取好处比较困难，如果行业不同，彼此就有合作共赢的可能。

7. 资料查阅法

资料查阅法是指销售人员通过查阅各种现有资料来寻找潜在客户的方法。如今网络信息技术飞速发展，各种资料门类齐全，内容丰富，为销售人员查阅各种信息资料提供了极大的方便，于是资料查阅法也就成了销售人员寻找客户的一种常用方法。

使用此法查阅资料的主要途径有工商企业名录、各级政府的统计资料、产品目录、工商管理公告、信息书报杂志、专业团体会员名册、电话簿、同学会名册、同乡会名册、职业名录等。

利用资料查阅法寻找客户，可以减少寻找客户的盲目性，节省寻找的时间和费用，同时还可以通过资料对潜在客户或准客户进行了解，为销售访问做准备，为拟订销售计划奠定基础。但是，由于当今市场瞬息万变，一些资料的时效性较差、针对性也不强，加之有些资料内容简略，信息量不大，这种寻找客户的方法运用具有一定的局限性。

8. 电话寻找法

电话寻找法是指销售人员在掌握了客户的名称和电话号码后，用打电话的方式与客户联系而寻找目标购买者的方法。

电话寻找法的优点：寻找速度快，信息反馈快，不会被拒绝。一般情况下，接电话的人肯定是全神贯注地听电话，只要掌握好讲话的内容与顺序，会收到很好的效果。因为打电话属"单线联系"，不受外人干扰。因此，电话寻找客户的方法被称为是销售人员的"金矿"。

电话寻找法的缺点：个别地区通信设施落后，电话接通率低，有时会导致较多的错漏现象；一些销售人员的方言土语在电话中难以沟通。

9. 市场咨询法

市场咨询法是指销售人员利用社会上各种专门的市场信息服务部门或国家行政管理部门所提供的咨询信息来寻找客户的一种方法。这些专门的市场信息咨询服务公司，专门从事市场调查和市场预测工作，收集各方面的市场供求信息，为社会上各行各业的销售员提供市场咨询服务，便于销售员利用咨询信息寻找客户。例如，婴儿用品销售员可以通过育儿咨询业者寻找客户。此外，国家有关行政管理部门，如工商管理部门、统计局、财税局及各行业协会或商会等，也是理想的信息咨询单位。

10. 个人观察法

个人观察法是指销售员根据自己对所接触的个人或组织的直接观察寻找潜在客户的方法。利用个人观察法寻找潜在客户，要求销售员具有良好的职业意识，即随时随地挖掘潜在客户的习惯和敏锐的观察能力。有了这种意识，销售员能在别人不注意的时间和地点找到买主。

11. 设立代理法

设立代理法是指选择恰当的企业，与之签订代理合同，确定代理业务关系，使其成为本企业的销售点来寻找客户的方法。通过该方法可获得较稳定的潜在客户。

12. 代理寻找法

代理寻找法是指利用代理人来销售商品、寻找客户。具体来说，是由代理人代理销售主体寻找客户、销售商品，并从中提取中介费用。

13. 行业突击法

行业突击法是指选择一些容易触发购买动机的行业作为销售访问的对象，进行集中性销售访问来寻找客户的方法。

采用该方法要求销售人员要关注经济发展的态势，对资金动向予以注意，关心国民经济产业结构的现状及其未来的发展趋势。采用该方法，若选择得当，销售得法，能够挖掘出大批的潜在客户。

14. 邮件寻找法

邮件寻找法是指以邮寄信函或发送电子邮件的方式来寻找目标客户。这种方法覆盖的范围比较广，涉及的客户数量较多，但成本较高，时间较长，除非商品有特殊的吸引力，否则一般回复率较低。

总之，在实际销售工作中，寻找潜在客户，每种方法各有利弊。销售人员在实际运用过程中，一定要结合实际，灵活运用，切勿死搬硬套。

情景体验 8-3

枫林健身俱乐部提供保龄球、羽毛球、网球、高尔夫和台球场地，有设备齐全的健身房、游泳池、蒸汽桑拿浴、更衣室、餐厅酒吧、停车场、购物中心等。会员证每人每年1 000元，双人每年1 600元，家庭每年2 500元。你希望通过暑假在此打工来增加自己的社会实践经验，并挣些下学期的学费。下面是你与俱乐部经理朱利有关这份工作的谈话。

朱利：我已经把有关俱乐部以及会员证的情况都告诉你了。我给你足够的会员表格和俱乐部简介。你的报酬是从会员证的销售中提取10%的佣金。如果你每天卖出一张会员卡的话，那么你一个月就可以挣3 000元。

你：我自己负担自己的开销吗？

朱利：对，你自己负担各种开销。不过你可以使用俱乐部的设备，包括我们的电话和电脑。

你：那么我的工作从哪儿开始呢？

朱利：这是你自己的事。不过，最重要的是与尽可能多的人保持联系。十个人中可能有八个人对健身不感兴趣，一个人已经参加了其他健身俱乐部。所以真正属于你的潜在客户也许只有一个。

情景讨论：

1. 请你提几个寻找俱乐部会员的好办法。

2. 你应该把精力放在哪个目标群体上？

3. 你在与潜在客户接触之前应做好哪些方面的准备工作？

8.3 审查客户资格

情景体验8-4

情景一：一位工业品销售员来到某个单位的供应科，见到大家正在吞云吐雾，说闲话。销售人员觉得来得时机不错，并且自己也抽烟，自我介绍之后，把香烟猛撒一圈。在一位女职员面前，犹豫了一下，没有递出。撒完之后，看到大家脸上有些异样。销售员也感到奇怪。这时，见那位女职员打开抽屉，拿出了自己的香烟，点上火自己抽了起来。销售员感到坏事了，得罪了这位女职员。更坏的是，女职员说："我们要开会，请您先到外边等一下。"把销售员给请了出来。原来，他没有递烟的女职员正是供应科科长。

情景二：销售设备的销售新手小王，与设备科的刘科长联系了六个月，客户还是没有下订单。最后弄清楚，与他洽谈的刘科长，只是一个副科长，采购大权握在公司副总和正科长手中。

情景讨论：谈谈这两个销售员犯了什么样的错误。

8.3.1 审查客户购买力

客户的购买力就是客户购买产品或接受服务时的货币支付能力。货币支付能力是判断一个准客户能否成为目标客户的首要条件。许多人对产品或服务都有需要，可惜的是没有钱。因此，如果没有一定的货币支付能力，也就不可能成为现实的需求。在现实的销售活动中，有些销售人员由于事先未对客户购买力进行深入仔细、全面的调查分析，所以最终出现了产品销售出去结果货款不能及时回收的状况，严重影响企业的正常运转。

准客户与现实客户
的区别与联系

以下是几种审查客户支付能力的方法：

(1)通过主管部门了解。主管部门指的是政府、司法及各业务职能部门，例如工商管理部门、税务部门、财政部门及审计部门，这些机构都能够提供具有决定性意义的信息。

(2)向注册会计师事务所了解。销售人员可以向注册会计师事务所了解潜在客户企业的资产负债表、损益表、审计结果与公布的内容等，从中看出企业整体经营状况。

(3)从销售对象内部了解。销售人员可以通过自己的人际关系或其他方法了解。

(4)通过其他同行了解。销售人员可以通过其他行业的销售人员，尤其是互补产品的销售人员，了解销售对象的支付能力与偿还款信用。

(5)通过银行了解。销售人员通过银行，可以了解到金融部门对客户企业付款信用等级的评定结果。

（6）通过大众传播媒体了解。销售人员可以通过对大众传媒中有关资料追踪了解，随时分析客户的信用状况。

（7）销售人员自我观察。销售人员可以亲自到潜在客户所在地，通过亲眼所见、亲耳所闻进行分析判断。

情景体验8-5

一位女销售员在被拉去凑数与人打麻将的过程中，知道其中的一位男士就是向本企业订购大批产品的客户公司的经理，于是立即通知本企业不要发货。不久，那位经理因涉嫌多项罪名被逮捕。后来又知道那家公司其实早已负债累累。当其他债权人追债无门时，公司的人纷纷赞扬女销售员有先见之明。女销售员却说其实很简单：打麻将时看到这位经理手带大粒钻石戒指，脖子上有手指粗的项链，全身穿的全是名牌，花钱出手很大方；听他们谈话的内容，可以看出他整天与人打麻将。所以，女销售员认为他根本没有时间与心思做生意，也不可能对公司实施精心管理。那么他为什么会有那么多钱呢？这不说明有问题吗？销售人员只要处处留心，事事留意，总能发现一些说明潜在客户支付能力的蛛丝马迹。

8.3.2　审查客户购买需求

产品销售是否成功还要看客户对产品是否有购买的需要，这就要求销售人员必须奉行以客户需要为中心的指导原则，对客户现实的或潜在的需要进行审查。如果客户根本就不需要销售人员所要销售的产品，那么对其展开强大的销售攻势肯定是徒劳的。要想准确把握客户的购买需求，并非一件容易的事情，它取决于销售人员的销售经验以及对产品的特性和客户需求的认识。有时，仅凭个别销售人员还不行，需要借助集体的力量甚至需要邀请有关专家来确定。

客户需求是多种多样、千变万化的，销售人员不应简单地以客户使用或不使用销售的产品为标准，而应仔细识别客户目前不使用其销售的产品的真正原因：既可能是客户尚未认识到产品的真正用途，又可能是受传统习惯或传统观念的影响；既可能是暂无购买的财力，也可能是对新产品了解不够，尚处于等待、观望阶段等。总之，销售人员应充分认识到：客户现在不需要，不等于将来不需要；表面上不需要，不等于内心不需要。

销售人员通过市场调查与分析，如果确认某客户真正不具有购买需求，或发现自己所销售的产品无益于客户，不能适应其实际需要，就不应该向其销售；相反，一旦确认该客户存在购买产品的可能性与倾向性，自己所销售的产品有益于客户，有助于解决客户的某些实际问题，就应该努力说服、引导其购买。

客户需求审查，不仅要审查是否需要、何时需要，还要审查客户需要的数量。因为有些客户虽然对所销售的产品需求可能性很大，但需求数量却很少。如果这样，这些客户就不是目标大客户。

总之，要运用全面、系统、发展的观点对客户购买需求进行动态、综合的分析，只有这样，才能对客户的需求做出一个全面、正确的评价。

8.3.3　审查客户购买决策权

有些潜在客户既有货币支付能力，也有购买的需求，最终却无法达成交易，究其原因，主要是他没有购买的决策权。销售人员在向客户销售产品时，一定要清楚谁是购买的决策者，如果事先不对潜在客户的购买决策权进行鉴定，就有可能事倍功半。

客户购买权力的审查对于以家庭或个人为消费单位和以企业或组织为消费单位是有区别的。所以购买人资格审查的主要内容，就是审查以家庭为主的购买者和以法人资格进行购买的角色和影响因素。

1. 家庭及个人的购买权力审查

(1)家庭购买决策类型。对于购买生活资料的家庭或者个人，资格审查是比较容易的，可以从以下几个方面进行考虑：

①家庭的开放程度。例如，比较开放的家庭一般采取协商决策型，往往以掌握信息最多的人的意见为主。

②家庭生命周期。处于不同阶段的家庭的购买决策者是不同的。

③家庭收入水平。例如，家庭收入很高，其中对家庭收入做出较大贡献的一方，往往拥有购买大宗产品的决策权。

④家庭稳定性。在稳定的家庭中，夫妻俩的气质类型多相反。比较外向的一方或比较有控制欲的一方，往往处于主动地位，因而在购买决策中起拍板作用。

⑤家庭的心理重心倾向性。例如，典型的小家庭是一对夫妇一个孩子。小孩成为家庭的心理重心，因而对家庭的购买决策有较大影响。

⑥产品类型。例如，大件商品以丈夫做主较多，日用小商品的购买主要是妻子做主。

除此之外，还有很多因素决定了家庭购买决策类型，如文化水平、居住地、信仰、价值观念、性格等。

(2)购买角色。在家庭或者个人的购买行为决策过程中，共有五个角色参与其中，他们是购买行为的提议者、影响者、决策者、协议者和使用者。研究在不同家庭阶段、不同家庭收入水平、不同商品的购买行为中五个角色的不同扮演者，对销售活动很有好处。例如，购买电脑的倡议者往往是孩子，影响者是母亲或其他对电脑比较有研究的亲朋好友，决策者和执行者是父亲和孩子，而使用者往往以孩子为多。所以，在更大的范围内向孩子进行关于电脑的促销宣传，在现场向父亲和孩子进行销售，向已经购买电脑的孩子进行电脑的升级和软盘的销售，都可能获得成功。

2. 法人资格的决策者资格审查

在法人法律资格审查通过后，大量的审查工作是对客户内部各种"购买决策角色扮演者"的资格审查。审查的主要方法如下：

(1)按照购买行为类型进行审查。客户属于重复购买类，一般由具体的办事人员按惯例进行购买决策，只需要进行人事变化审查。部分重新购买类，一般需要由企业相应的中层职能部门负责人进行决策，销售人员需要对新加入的购买者进行审查。全新购买类因为属于新客户，购买的决策过程最复杂，应该进行规范而详细的客户资格审查工作。

(2)对不同性质的企业决策者的审查。销售人员应根据潜在客户的性质类型进行分析，从而确定对购买拥有决策资格的人。

(3)不同购买组织和制度的审查。不同的企业和机构有不同的购买组织，也有不同的购买制度。例如，有的地方政府组织了采购中心，有的只是机构内部进行简单的分工。一般情况下，采购中心有严格的购买程序和审批制度；简单分工的机构，可能是通过会议的形式，对购买行为的决策权进行确定，而有的机构或者地区由一人拍板。销售人员必须认真了解和具体分析。

（4）不同购买程序阶段决策人的审查。为了防止购买发生错误，各企业，尤其是各种购买中心，都制定了购买的批准程序与制度。销售人员应了解企业的购买程序，并按程序进行审查，从而确认有购买决策权力的具体人。销售人员还应具体了解客户单位的规章制度与办事程序，确认在客户购买行为决策的各个阶段中拥有各种资格的决策人。

客户资格审查通用表

情景体验8-6

美国有位汽车销售员应一个家庭电话的约请前往销售汽车，销售员进门后只见这个家里坐着一位老太太和一位小姐，便认定是小姐要买汽车，销售员根本不理会那位老太太。经过半天时间的销售面谈，小姐答应可以考虑购买这位销售员所销售的汽车，只是还要最后请示那位老太太，让她做出最后的决定，因为是老太太购买汽车赠送给小姐。结果老太太横眉怒目，打发这位汽车销售员赶快离开。后来又有一位汽车销售员应约上门销售，这位销售员善于察言观色，同时向老太太和小姐展开攻势，很快就达成了交易。

情景讨论：这两个销售员为什么一个销售失败，而另外一个能达成交易？

8.4　准备客户资料

在寻找与客户资格审查阶段，要调查潜在客户的基本情况，目的主要是淘汰没有购买可能的潜在客户。要制订科学的访问计划，仅仅了解有无需求和购买力、有无购买决策权还不够，还必须了解更详细的资料。不过，销售人员要注意，要力求降低潜在客户背景资料准备的成本。因为，如果用于背景资料准备的成本超过可能获得的利润，背景资料准备就失去了应有的意义，除非这种努力能换来多次重复购买。那么，要准备潜在客户哪些背景资料呢？

在销售实践中，对于不同性质的客户所进行的背景资料准备的内容和重点应该有所不同。

8.4.1　对个体准客户的背景调查

个体准客户是指该客户仅代表个人或家庭，而不代表企业或团体组织。对个体准客户的背景调查应从以下几个方面着手。

（1）个人基本情况。如姓名、年龄、性别、民族、出生地、文化程度、性格、信仰、居住地、邮政编码、电话号码等。尤其是在爱好和忌讳等有关方面，更应注意，不要冒犯了客户。

（2）家庭及其成员情况。如所属单位、职业、职务、收入情况和家庭成员的价值观念、特殊偏好、购买与消费的参考群体等。尤其要将该家庭最有影响力的人物的好恶情况调查清楚。

（3）需求内容。如购买的主要动机、需求详细内容和需求特点、需求的排列顺序、可能购买的能力、购买决策权限范围、购买行为规律，等等。

对个体客户调查的重点应放在需求内容和客户的爱好与忌讳上，其调查的结果可填入个体客户资料卡，如表 8-1 所示。

表 8-1　个体客户资料卡

姓名			性别		年龄	
住址			邮编		电话	
工作单位			职务		民族	
家属	姓名	关系	年龄	职业	备注	
特长爱好						
性格						
销售方法						
访问记录						
备注						

8.4.2　对团体或组织购买者的背景调查

对团体或组织购买者的背景调查要从以下几个方面进行：

(1)团体或组织的基本情况。如法人全称、所属产业、所有制形式、经营体制、隶属关系、所在地及交通、生产经营规模、成立时间与演变经历、法定代表人及主要决策人的姓名与电话号码、电讯传真号码等。

(2)团体或组织的组织机构情况。如管理风格与水平、组织的规章制度、办事程序、主要领导人的作风特点、组织机构及职权范围的划分、人事状态及人际关系等。

(3)生产经营及财产情况。如近期及远期的组织目标、生产经营规模、生产的具体产品类型、品种与数量、生产能力及发挥的水平、设备技术水平和改造的方向、产品结构及市场反应、市场占有率与增长率、竞争与定价策略等。

(4)购买行为情况。例如：一般由哪些部门发现需求或提出购买申请；由哪个部门对需求进行核准与说明；由哪个部门对购买进行描述，选择供应商，以及确定选择供应商的标准；目前有哪些供应渠道，以及相互之间的关系和发展前景等。

对组织客户的购买情况调查，重点应放在购买行为情况和关键部门或人物情况方面。

团体或组织客户资料卡如表 8-2 所示。

表 8-2　团体或组织客户资料卡

单位名称			地址		邮编电话		
成交时间			生产规模		职工人数		
经营范围			开户银行		资金信用		
负责人	姓名		年龄		职务		
	性格		爱好		性别		
	住址		民族		电话		

续表

采购人员	姓名		年龄		性别	
	性格		爱好		电话	
	住址			与我单位交情		
使用人员	姓名		年龄		性别	
	性格		爱好		电话	
	住址			与我单位交情		
单位名称			地址		邮编、电话	
访问记录	1					
	2					
	3					
	4					
	5					
备注						

8.4.3　对老客户的背景调查

销售人员对老客户的背景比较熟悉，应继续做好背景材料的调查工作。其主要内容可以从基本情况的补充与更正以及老客户对从前购买活动的评价等方面去进行，其重点应放在对以前购买的评价上。因为客户一旦对该产品有好的评价，就会有积极的反应。相反，如果对该产品评价较差，就难以与销售人员维持长久的合作关系。这时，销售人员就应想方设法改进工作，消除不良影响。

销售方格和客户方格

情景体验8-7

销售员：这件衣服对您再合适不过了，您穿蓝色的看上去很高贵，而且这件式样也正是您这种职业所需要的。

客户（犹豫）：不错，是件好衣服。

销售员：当然了，您应该马上就买下它，这种衣服就像刚出炉的热蛋糕，您不可能买到更好的了。

客户：嗯，也许，我不知道。

销售员：您不知道什么？这是无与伦比的。

客户：我希望你不要给我这么大的压力，我喜欢这件衣服，但我不知道我是否应当买别的颜色的衣服，我现在已有一套蓝色的了。

销售员：照照镜子，难道您不认为这件衣服给您一种真正的威严气质？您知道您可以承受得了，而且60天之内您可以不必付款。

客户：我还得考虑考虑，这得花很多钱。

销售员：一分钱一分货，这件衣服绝对物超所值，我想任何一个聪明的人都不会放过这样的好机会。

客户(有点为难)：先别急吧。

销售员：好的，不过等您再回过头来时或许这件衣服已没货了。

……

情景讨论：

1. 销售员与客户的关系处理得是否恰当？如果不恰当，你认为主要存在哪些问题？

2. 根据销售方格理论，讨论该销售员比较接近哪一类销售员，试简要说明理由。

8.5 制订拜访计划

8.5.1 制订销售访问计划

销售成功的关键在于制订好切实可行的销售访问计划。这不但有助于销售人员合理安排利用时间，建立信心，还可以帮助销售人员营造销售氛围，节省时间，提升销售业绩。

一个有效的销售拜访计划应包括以下几个方面的内容：

1. 确定销售访问目标

只有目标明确，访问工作才能有的放矢。在销售实践中，客户拜访目标分为销售目标和行政目标。销售目标也会因访问对象的不同而不同：一是现有客户。其访问的目标是保持现有客户，使其成为回头客，不至于流失；其访问的手段可采取产品跟踪服务、定期维修，了解他们的进一步需求，向其介绍新产品，等等。二是潜在客户。其访问的目标应该是，通过销售人员的努力，使其转化为准客户，再从准客户转化为真正客户；使用的手段可以是了解其需求，引导其购买行为，介绍自己的产品，进而促使其进行购买决策。行政目标包括收回账款、处理投诉、传达政策、建立客情关系等。

2. 合理安排访问时间和访问路线

拖延不会给销售人员带来任何好处，销售经理要帮助销售人员合理安排访问时间，科学确定访问路线。销售人员应该每天抽出一定时间用于对客户的访问工作，以便更好地与客户保持联系，促进销售业绩的不断增长。此外，销售人员还应该对访问路线进行优化，力争在最短的时间里访问尽可能多的客户。一般来说，访问时间能够预约将有助于成功，而访问地点与环境应具有不受外界干扰的特点。

3. 确定销售策略与模式

为确保销售的成功，销售人员在制订销售访问计划时，应当在认真分析访问客户，了解客户的购买行为和需求，搞清客户为什么要购买这种产品和接受这种服务的基础上，选择并确定销售模式，如爱达模式、迪伯达模式等(见下节介绍)。此外，对不同类型的客户要制定不同的销售策略，决不允许千篇一律。

4. 制作销售工具清单

在销售时除了要带上自己精心准备的产品介绍资料，如样品、照片、鉴定书、录像带等之外，还要带上介绍自我身份的材料，如介绍信、工作证、法人委托书、项目委托证明等。带上证明企业合法性的证件或其复印件也是非常必要的。如果公司为客户准备了纪念品也不要忘记带。最后，还应放上一些达成交易所需要的材料，如订单、合同文本、预收定金凭证等。

百事可乐客户拜访步骤

如果面对的是一项较为复杂的销售任务或开发新的市场，可以成立销售小组。小组销售可以将对手的注意力分散，给每个人留下一段思考的时间，有利于观察客户的反应。小组成员可以在知识、经验上相互弥补，相互促进。如果准备组织销售小组来进行销售，那么必须制订小组销售的规划。

8.5.2　科学分配时间

时间的浪费会导致销售成本增长、销售效率下降等一系列问题。在实际销售工作中，销售人员用于业务洽谈的时间正在减少，花在路途上以及寻找客户、撰写文书等的时间正在增加。因此对销售人员的销售时间进行有计划的管理很有必要。为了更好地管理销售人员的时间，应该做到以下几点：

1. 制订时间计划

销售人员要制订出每一天、每一周和每个月的访问计划，按照计划事先与客户们订立约会、安排食宿。月计划是一个月的总体安排，包括需要访问客户的数量计划和根据重要性安排的访问顺序。周计划较为特别，包括访问客户的特定日期。日计划是在前一天晚上制订的，销售人员挑出第二天要访问的客户，确定同客户见面的时间，并准备销售演示用的材料。

2. 对客户进行分析

首先，销售人员应当确定所有的现有客户和潜在客户；其次，销售人员应当估计现有客户和潜在客户的购买潜力。根据客户的购买潜力确定销售频度模型，制订自己的销售计划，其中包括销售次数、销售时限和间隔时间。

销售人员在工作时间的安排上，亦需要考虑在现有客户和目标客户之间分配工作时间的比例。管理层应该根据与现有客户业务往来的稳定程度，适当地要求销售人员将时间和精力较多地安排在目标客户的业务开拓上。但如果现有客户的采购所占的比例不高，那么销售人员在开拓新客户的同时，也应该将时间和精力用于增加对现有客户的销售上。

3. 管理层为销售人员提供帮助

管理层对销售人员的销售工作的具体指导应包括搜集销售情报、识别决策人、安排销售宣传等方面。这样就可以节约销售人员的时间，自然而然地也就提高了其工作效率，还能使他们的工作更富成效。其结果不仅会使销售人员满意，而且也会使客户更加满意。

4. 充分利用计算机，节省时间

销售路线的确定、销售频度模型的制作、客户购买潜力分析和销售目标的确定等工作都可以由计算机来进行。此外，还可以将计算机应用于时间管理和销售人员的区域管理，借助计算机进行系统分析和计算。如利用计算机对销售人员的"时间和工作分析表"进行分析，可以帮助销售人员了解现在利用时间的状况，以提高销售效率。

管理层还要指导销售人员安排销售拜访的日程，制定在销售区域中的行程。日程安排是指确定访问客户、洽谈生意的具体时间。行程安排是指在销售区域内工作时采用的访问路线。管理层要设计出对企业和销售人员而言既可行、灵活、有利又能令客户满意的销售拜访计划。

8.5.3　确定拜访频率

客户采购人员的工作一般都很忙，过于频繁的拜访可能会浪费他们的时间，影响他们的工作，但过少的接触又可能给竞争对手乘虚而入的机会，因此拜访频率一定要适度。在确定拜访频率时必须考虑如下因素：

（1）是否有工作需要。想要留住客户，最关键的是满足对方的需求，既包括产品质量、交货安排、价格、服务等因素，也包括销售人员的拜访次数要恰当，能够满足对方采购工作的需要。

（2）与客户的熟识程度。双方熟识、关系稳固的客户，通过电话的联系能够解决工作上的需要。通过电话的接触，既可以节省双方的时间，又可以节约销售人员的交通费用。但销售人员仍然需要主动地保持与客户的接触，询问客户是否有销售上或服务上的需求。而且，在间隔一段时间之后，销售人员应该安排时间对客户进行拜访，以维护相互之间的交情。

销售流程如何改进，以提高营销效率?

（3）客户的订货周期。这就需要销售人员与客户建立良好的关系，对客户的生产经营活动有比较全面的了解，从而可以准确地判断出客户什么时候会订货。

8.6　销售模式介绍

销售模式，就是根据销售活动的特点及对客户购买活动各阶段的心理演变所采取的策略，归纳出一套程序化的标准销售形式。下面介绍常用的销售模式。

8.6.1　爱达销售模式

1. 爱达销售模式的含义

爱达销售模式是欧洲著名销售专家海因兹·姆·戈德曼于 1958 年在其专著《销售技巧——怎样赢得客户》中提出的。"爱达"是 AIDA 的译音，分别指 Attention（注意）、Interest（兴趣）、Desire（欲望）、Action（行动）这四个英文单词的首写字母。

老太太买李子

爱达销售模式是最具代表性的销售模式之一，它被认为是国际成功的销售模式。它的主要内容可简要概括为：一个成功的销售员必须把客户的注意力吸引或者转移到所销售的产品上，使客户对所销售的产品产生兴趣，这样客户的购买欲望也就随之产生，然后促使客户采取购买行动。

2. 爱达销售模式的具体步骤

爱达销售模式具体包括四个步骤：引起客户注意；诱发客户兴趣；激发客户购买欲望；促成客户购买行为。

（1）引起客户注意。引起客户注意是指销售人员通过销售活动刺激客户的感觉器官，使客户对其所销售的产品有一个良好的感觉，促使客户对销售活动及产品有一个正确的认识，并产生有利于销售的正确态度。

客户对销售的注意可分为有意注意和无意注意两种类型。有意注意是指客户主观能动地对销售活动发生注意。这类客户常采取完全主动的态度，只要销售人员把握好时机，稍加说服就能使客户实现购买行为。无意注意是指客户不由自主地对销售活动产生注意。这类客户事先没有预定的目的，对销售的注意往往是在周围环境发生变化时才产生的。如果引起注意的刺激物不能继续影响客户，则客户的注意力就会下降并转移到其他事物上。在销售活动中，客户的有意注意比无意注意会少得多。因此，如何设法引发客户的注意，并把客户的无意注意转化为有意注意，使客户愿意把时间、精力从其他事情转移到销售活动中来，是销售人员必须面临的一大考验。

现代心理学认为，客户的无意注意是在主客观特殊条件下，由一定的刺激条件直接引起的。来自客户的主观刺激条件有：第一，欲望。当客户希望得到某种东西或想达到某种目的时，很容易对某些事物产生注意。第二，情感。当客户对外界刺激产生某种心理反应时，也容易引起对购买某种物品的注意。第三，兴趣。当客户受到销售品某些性能或外观的吸引时，也会产生对销售品的注意。来自客观环境对客户的刺激条件有：第一，强烈刺激。当销售刺激明显大于周围其他事物对客户的影响时，很容易引起客户的注意。如有的商家用非常醒目的卡通人偶招徕客户。第二，变化刺激。在较长时间内适时变换销售刺激可成功地在客户身上产生影响，引起客户注意。如商店根据四季变化及时调整售货现场的环境布局。第三，新异刺激。强烈刺激和变化刺激综合发挥作用会引起客户对销售的特别注意。如圣诞前夕，销售员装扮成圣诞老人，通过精心设计的示范表演引起行人注意。

引起客户注意的常用方法有：第一，产品吸引法，即直接利用销售品的特殊功能、设计、商标、包装等吸引客户注意的方法。这种方法一般适合特色明显的有形产品。第二，语言吸引法，即利用新奇、生动、简洁、通俗和针对客户主要需求的语言来引起客户注意的方法。如有的销售员在刚接近客户时，用巧妙提问制造悬念："刘总，我有一个能让您的营业额增加20%以上的方案，不知您有没有兴趣？"第三，形象吸引法，即利用销售员的仪表形象、神态形象及刻意设计的特殊形象来吸引客户注意的方法。第四，动作吸引法，即销售员利用自己的熟练利落、潇洒得体的动作或富有戏剧意味的现场表演来引起客户注意的方法。第五，环境吸引法，即利用空间环境、气味、照明、音响等外界刺激条件营造出适合销售的气氛以引起客户注意的方法。

（2）诱发客户兴趣。兴趣是一个人对某一事物所抱有的积极态度。只有客户对销售品产生了兴趣，销售活动才算真正开始。在购买过程中，客户的兴趣与注意有着密切的联系，兴趣是在注意的基础上发展起来的，反过来又强化注意。人们不可能对没有注意到的事物发生兴趣，也不可能对不感兴趣的事物保持稳定的注意。这就要求销售人员必须在唤起客户注意的同时，不失时机地诱导和强化客户的购买兴趣。需要是产生客户兴趣的来源，利益是促成客户兴趣的动力。所以，诱导客户购买兴趣的关键是让客户充分了解购买销售品能给他带来哪些好处，认识到销售品正是他所需要的。

针对客户的不同需求和动机，诱导客户购买兴趣的方法主要有以下几种：

①示范表演法。诱导客户购买兴趣最基本、最有效的方法就是示范表演法。示范表演法是销售人员通过对销售品功能、性质、特点等的展示以

唤起客户注意

及使用效果的表演等，使客户看到购买销售品后所能获得的好处和利益，从而对销售品产生购买兴趣的一种方法。示范表演可起到加深认识与记忆的作用。心理试验调查结果也表明，人们对亲身实地参加的活动能记住90%，对看到的东西能记住50%，对听到的事情只能记住10%。可见有效的示范表演更能唤起客户的注意和记忆，极大地引起客户的购买兴趣。

示范表演法有多种类型，主要有：第一，对比法，就是将两个以上具有可比性的产品进行综合比较以供客户考察的方法；第二，展示参观法，就是通过展现销售品实体特点或请客户亲临销售品生产经营现场，观察了解销售品，以诱导客户购买兴趣的方法；第三，道具表演法，就是利用图片、模型、文字材料，或者借助事先准备好的背景材料与舞台道具、戏剧性情节等展示销售品，以引发客户购买兴趣的方法；第四，亲身体验法，就是让客户亲自接触销售品或置身于能亲自感受到销售品所带来利益的环境，以激发客户购买兴趣的方法。

✍ 情景体验8-8

通过示范诱发客户兴趣三例

● 一个钢化玻璃销售员身边总是带着一把榔头。在给客户做示范时，他用榔头猛力敲打钢化玻璃。

● 一家跨国公司的销售员，为了向客户证明公司生产的电子计算机的按键富有弹性、灵敏度高，用一根香烟触摸按键。

● 一个实心轮胎销售员，总是让客户用锤子把一颗铁钉钉进轮胎中。

——资料来源：郭奉元，黄金火. 现代销售技术［M］. 3版，北京：高等教育出版社，2014.

②情感沟通法。销售过程同时也应该是销售员与客户的情感交流过程。情感沟通法是指销售人员通过与客户的感情联络，缩短彼此间的心理距离，赢得客户的信任，进而使客户"爱屋及乌"对销售品产生兴趣的一种方法。通常情况下，在销售活动开始时，客户总是处于一种消极情感状态中，对销售的防卫心理、冷漠心理、歧视及厌烦心理等不仅使他们对销售品不感兴趣，甚至对销售人员也拒于千里之外。此时要想促使客户改变既有态度，必须从情感角度开始，改变客户的消极情感，唤起客户的积极情感。情感沟通的主要方法有：第一，坦诚相见法，就是销售人员通过如实客观地向客户介绍销售品，真心诚意对待客户，以自己朴实的品格赢得客户的信任，诱发客户购买兴趣的方法。第二，投其所好法，即销售人员先从客户的爱好和感兴趣的话题入手开始销售活动，使客户在感情上得到满足后，再逐步引导客户对销售品产生兴趣的方法。第三，换位思考法，即销售人员应设身处地为客户利益着想，体谅客户的困难和处境，使客户在情感上受到触动而诱发购买兴趣的方法。

✍ 情景体验8-9

假如要你销售一种电暖热水袋。该商品的主要特点是：①加热快，只需3~5分钟即可；②安全可靠，有特制充电接口，不会伤到人；③承压性好，不会发生破损；④不用换水，方便省事。

训练方式：1. 同桌同学分别扮演客户和销售员进行模拟示范演习，然后请两位同学上台演练。

2. 分组讨论：如何通过示范让客户对销售品感兴趣？示范应突出的重点是什么？

（3）激发客户购买欲望。购买欲望是指客户打算购买某种商品或服务以满足自己某种特定需求的愿望。通常情况下，当客户对销售品发生兴趣后，他就会权衡买与不买的利害与得失，内心常充满矛盾和疑虑，对购买犹豫不决。这时候，销售员如果不能有效消除客户疑虑，强化客户对销售的积极心态，就不能激起客户对销售品的购买欲望。因此，在这一阶段，销售员必须找到有效的方法，努力使客户对销售品产生强烈的想要拥有的欲望，从而导致客户产生购买行为。

激发客户的购买欲望具体可用到以下方法：第一，共同语言法，即销售人员先强调双方一致的观点或利益，形成共同语言以建立客户对销售的信心，进而激发客户购买欲望的方法。第二，以情感人法，即销售人员运用自己的真情和热情打动客户，使客户在情感和心理上对销售品产生购买倾向，从而激发购买欲望的方法。第三，多方诱导法，即销售人员用精心设计的系列问题，从多方面给客户一定程度的提示，诱导客户逐步悟出某些道理，以激发客户购买欲望的方法。第四，充分说理法，即销售人员运用客户的亲身经验、销售事实或销售例证等摆事实讲道理，在理智上为客户提供充足的购买理由以激发客户购买欲望的方法。第五，突出优势法，即销售人员在面对各种竞争对手时，为谋求竞争挑战的优势，针对销售品的优势、特点进行重点销售以激发客户购买欲望的方法。

✍ 情景体验 8-10

刺激客户购买欲望的三个事例

● 一位钢琴调音器销售员如此对客户说："既然您的两个孩子都在上钢琴课，我想他们的音乐水平一定在不断提高。鉴于这种情况，您一定觉得很有必要把钢琴的音调调得纯正点儿吧？眼看圣诞节就要到了，您和家人及朋友们一定想要欣赏一下即将举行的音乐晚会吧？您家里不是还有两位很有前途的钢琴演奏家吗？"

● 一个体育用品销售员这样对客户说："假如您开设一个旅行的滑雪用品商品部，您的商店可成为本市拥有各种各样用品的唯一商店。另外，销售旺季也可延长。秋天终归是比较萧条的季节，对吧？如果您开始销售冬季体育用品，就会把那些正在安排滑雪度假的人们吸引到您的商店里来。只要他们光临您的商店，那就有可能使他们对其他一些旅行用品发生兴趣。再想想附近学校里的那些小学生，他们也会来这里买东西，他们可是家里的小皇帝啊。"

● 一位传真机销售员这样做客户的工作："刘总，请想想看，使用我们这种普通纸传真机可以给您带来哪些好处？第一，可以省去购买传真机专用纸的麻烦。第二，更重要一点是能节省您的办公成本，普通 A4 纸比传真专用纸至少可降低材料成本 20%；第三，使用普通 A4 纸传真机，可以解决文件纸张大小不一致的问题，便于规范贵公司的档案管理。当然，您的意见很正确，这种传真机比其他传真机体积是要稍微大一些，不过，我想刘总的办公桌这么气派，放上这种传真机是绰绰有余的，就当多放了一台电脑吧……"

情景讨论：

1. 分析上述三例中销售员各用到什么方法来刺激客户购买欲望。

2. 除教材提到的刺激客户购买欲望的方法，想一想还有什么其他的方法？

（4）促成客户购买行为。促成购买是指销售人员运用一定成交技巧来敦促客户采取购买行动。促成客户购买行动意味着在完成前面三个销售步骤后进行最后的冲刺。促成客户购买行动不是坐等其成，它要求销售人员要善于识别客户的各种成交信号，抓住机会，不失时机地坚定客户的购买信心和行动。否则，极容易失去成交机会，前功尽弃。

促成客户购买行动应注意的问题：第一，认真观察客户的变化，把握成交时机。通常情况下，即使客户对交易条件感到满意并已在心中考虑购买了，他也不愿意主动表态。但客户的购买意向，总会无形中以各种方式流露出来。因此，销售人员只要密切注意客户的言行变化，就可以把握有利的销售时机，促使客户达成交易，提高销售活动的效率。第二，心态平稳，神情自然。在成交阶段，客户十分敏感，其心理状态很容易受销售人员不良情绪的影响。销售人员任何神情举止上的突然变化都会引起客户的猜疑。所以，在成交过程中，销售人员应保持自然的神态，沉着镇静，以平稳的心态从容迎接成交的到来。第三，坚定客户的购买信心。在接受成交的一瞬间，客户极容易因突然的犹豫而发生动摇。所以，销售人员切不可粗心大意，而应继续坚定客户的购买信心，打消客户的疑虑，使客户采取购买行动。

爱达销售模式从消费者心理活动的角度来研究销售的不同阶段，对具体的销售实践具有一定的指导意义。这种模式较适合店堂销售，如柜台销售、展销会销售，适用于一些易携带的生活用品和办公用品的销售，适用新进销售人员进行的销售以及面对陌生对象的销售。

8.6.2　迪伯达销售模式

1. 迪伯达销售模式的含义

迪伯达销售模式是世界著名销售专家海因兹·姆·戈德曼根据自身销售经验总结出来的一种行之有效的销售模式。与传统的爱达模式比较，该模式被认为是一种创造性的销售模式。它的要诀在于：先谈客户的问题，后谈所销售的商品，即销售人员在销售过程中必须先准确地发现客户的需要和愿望，然后把它们与自己所销售的商品联系起来。这一模式是以需求为核心的现代销售理念在实践中的具体运用。

"迪伯达"是DIPADA的译音，DIPADA是由 Definition（发现）、Identification（结合）、Proof（证实）、Acceptance（接受）、Desire（愿望）、Action（行动）这六个英文单词的首写字母拼成的。

2. 迪伯达模式的具体步骤

迪伯达销售模式包括六个步骤：发现客户的需要与愿望；把客户的需要与销售商品结合起来；证实所销售的商品符合客户需求；促使客户接受所销售的商品；激发客户的购买欲望；促成客户购买行动。

(1)发现客户的需求与愿望。需要是客户购买行为的动力源，客户只有需要才会产生购买动机并导致购买行为。因此，销售员应善于了解客户需求变化的信息，利用多种手段寻找和发现客户现实和潜在的需求和愿望，帮助客户明确自己的需要，并通过说服启发，刺激与引导客户，为销售创造成功机会。

销售人员发现客户需求的方法主要有提问了解法、市场调查与预测法、销售洽谈法、现场观察法等。比如，通过提问"贵公司认为目前使用的产品有哪些优点？还希望在哪些方面得到加强？"一方面可以知道客户看重产品哪些性能，另一方面又知道客户对现有产品有哪些不满意的地方，从而对症下药，为自己争取销售机会。

(2)把客户的需要与销售商品结合起来。这一步骤是由探讨需求的过程向开展实质性销售过程的转移，是迪伯达模式的关键环节。销售人员在简单、准确地总结出客户的愿望和需求之后，便应转向下一步：简明扼要地向客户介绍所销售的商品，重点突出商品的优点和性能，并把商品与客户的需求与愿望有机地结合起来。由于结合是一个转折的过程，结合的方法一定要巧妙、自然，必须从客户的利益出发，用事实说明二者之间存在的内在联系，善于从不同角度寻找二者的结合点。否则，牵强附会的结合必然使客户反感，最终丧失销售机会。实际结合时要注意区别不同情况，分别采取不同策略。

①适合需求结合法。"我所要的正是这个。"当确认客户的需求合理，而销售员也有能力满足时，就应果断承诺，迎合客户需求使其满意。

②调整需求结合法。"我所要的不是你这样的。"当客户提出的需求存在明显的不合理性、不现实性，属于过分苛求，甚至是无理与无益需求时，应以诚挚的态度与真实的信息沟通方式劝说客户，使其重新审视自己的心理期望，调整原有需求，实现客户需求与销售品的顺利结合。

③教育与引导需求结合法。"我不知道这个对我有没有用。"当客户因各种原因缺乏对所销售商品的了解而无需求时，销售人员可以科学理论为依据，以价值分析方法为手段，从客户的购买利益着想去引导客户，使客户认识销售品所具备的优点及利益差别，从而实现客户需求与销售品的结合。

④否定结合法。"我不需要这个。"当客户很清楚自己的需要，销售员所销售的商品却无法满足而产生否定需求时，销售员就不要再浪费时间和精力，应该放弃结合，果断撤退。在这种情况下，销售员如果继续死磨硬缠，不但达不到"金石为开"的效果，反而事与愿违，招致客户反感。

（3）证实所销售的产品符合客户需求。当销售员把客户需求与销售品结合起来后，客户对商品有了一定的认知和了解，但可能还存在疑虑，客户还不能确定自己的购买选择是否明智，这时候需要销售员拿出足够的证据向客户证明他的购买选择是正确的，销售品正是他所需要的。为此，一方面销售员平时要注意收集相关信息资料，事先精心准备好有关证据素材，另一方面要反复实践，不断创新方法，不断总结提高，熟练掌握展示证据和证实销售品的各种技巧。

销售实战中所用到的证据，一般可分为人证、物证、例证三类。

①人证通常是指知名度高且具有较大影响力的人士对销售品在购买与消费后所提供的证据。作为人证者应是来自专业领域的权威、知名人士、主管部门的负责人、领导人物、有声望的新闻界人士等。当然，另一类虽然知名度不高，但却是客户熟悉，或者是对客户有较大影响力的人，比如，客户的同乡、同学、战友、老师等。实际操作时可灵活处理。

②物证主要指有关职能部门或权威机构出具的证据。比如有关的获奖证书、奖章、奖杯、照片、新闻报道、标准认证、验证报告、鉴定测试报告、消费者来信等。

③例证指消费者对销售品经消费体验感到满意的典型事例。有销售行家忠告说：没有实例的销售谈话一点也不精彩！因此，销售员在平时销售实践中要注意积累素材，并精选自己的"实例库"以备所需。为了使所选的实例更加具有说服力，要注意遵守四项原则：要诚实，千万不可捏造故事；要具体，千万不要笼统；要生动，能打动人心；要相关，例子针对性强。

情景体验 8-11

小刘敲开了一位顾客的门，向他推销榨果汁机，"王先生，你的同事李先生要我前来访问，跟你谈一个你可能感兴趣的问题"。王先生打消了怀疑态度，让小刘进入室内。小刘全方位地讲解了榨果汁机的优良性能，并进行了精彩的示范。王先生表示出极大的兴趣，但是他认为操作步骤有些麻烦。小刘从容不迫地告知他："操作起来是略微有点麻烦，但是考虑到其一流的质量和低廉的价格，这不算什么大问题，不会影响使用效果。"王先生点了点头。小刘乘机说："您喜爱黄色还是绿色？"王先生挑了一个绿色的，交易很快完成了。

情景讨论：该例子是否有说服力，为什么？怎样才能使销售更具有说服力？

（4）促使客户接受所销售的商品。促使接受是指销售人员经过努力，让客户承认商品符合客户的需要与愿望。客户接受商品是销售成功的重要前提，因为除非是在物质十分短缺的年代，客户一般不会勉强自己购买不接受的商品。促使客户接受商品的方法主要有以下几种：

①试用促进法。现代销售学认为，人们从未拥有过某个产品时不会觉得没有它是一种遗憾，但当人们拥有过这个产品后，尽管可能认为它不是十全十美的，却总是不愿意失去已经拥有的产品。百闻不如一见，百见不如一试。另外，从心理上讲，客户试过商品后一般会产生一定的心理压力，觉得"我已试过，不买不好意思"。所以，经客户试用过的商品最终一般会被客户接受。

②诱导促进法。诱导促进法指销售人员通过向客户提出一系列问题并请求客户回答，从而达到让客户逐步接受商品的方法。使用这种方法，要求销售员事先必须深思熟虑，精心设计好问题，环环相扣，由浅入深，注意问题之间的逻辑性，让客户在轻松的交谈中接受商品。

③询问促进法。询问促进法指销售人员在介绍商品、证实商品符合客户需求的过程中，不断询问客户是否赞成或理解自己的观点，以此促使客户集中注意力，增强对商品的兴趣，试探客户对商品的接受程度，并及时调整思路和方法，最终促使客户接受商品的方法。

④等待促进法。这是采取以退为进的策略。在销售实践中，有时会碰到一些无法立即给出明确答复的客户，这时候就要有足够的耐心等待，否则就会欲速则不达，断送销售成功的机会。

迪伯达模式的第五、第六个步骤的内容与爱达模式的第三、第四个步骤相同，此处不再重复。

与爱达模式比较，迪伯达模式内容复杂、层次多、步骤繁，但因其销售效果好，受到销售界好评。迪伯达模式主要适用于以下情况：第一，针对老客户或熟悉客户的销售；第二，针对生产资料或无形产品的销售；第三，针对单位（集团）购买者的销售。

8.6.3　埃德帕销售模式

1. 埃德帕模式的含义

"埃德帕"是 IDEPA 的译音，IDEPA 是由五个英文单词 Identification（结合）、Demonstration（示范）、Elimination（淘汰）、Proof（证实）、Acceptance（接受）的首写字母组成的，概括了埃德帕模式的五个阶段，即把销售品与客户的愿望结合起来，向客户示范销售品；淘汰不合适的产品；证实客户的选择是正确的；促使客户接受销售品。

埃德帕模式与迪伯达模式很相近，主要适用于有明确购买愿望和购买目的客户，对零售主动上门购买的客户进行销售比较合适，也可用于向熟悉的中间商进行销售。

2. 埃德帕销售模式的具体步骤

(1)把销售品与客户的愿望结合起来。主动上门购买的客户都是有明确需求的，因此销售人员在热情接待的同时，应按照客户的要求尽量多提供客户选择的销售品，并注意发现客户的潜在需要和愿望，揣摩客户的心理，把销售品与客户的愿望结合起来。

(2)向客户示范销售品。向客户示范销售品既可以使客户更好地了解销售品，也有助于销售人员了解客户的需求，使销售工作更有的放矢。因此，按照客户的需要进行产品示范，不仅能够吸引客户的注意力，而且使客户清晰地看到了购买之后所获得的好处，迅速激发客户的购买欲望。

(3)淘汰不宜销售的产品。在前两个阶段中，由于销售人员向客户提供的销售品较多，其中一部分可能与客户的需要标准距离较大，因此要把这部分不合适的产品淘汰，把销售的重点放在适合客户的销售品上。在决定是否要淘汰某种销售品之前，销售人员应认真了解和分析客户的真实需求，不轻易淘汰销售品。

(4)证实客户的选择是正确的。证实有助于坚定客户的购买信心，因此销售人员应注意针对客户需求的不同类型，用具有说服力的例证去证明客户选择的正确性，并及时对客户的正确选择予以赞扬。注意，在销售过程中，销售员运用一定方法和策略，诱导客户做出合适的购买决策。但是，千万不能让客户感觉到"这个决定是你做的，而不是我"，应达到的效果是：客户在你的帮助下做出了正确的决策，尽管有你的作用，但决定一定是由客户自己做出的。

(5)促使客户接受销售品。这一步骤的主要工作是针对客户的具体特点促使客户接受销售品，进行购买决定。此时，影响客户购买的主要因素不是销售品本身，而是购买后的一系列问题，如运输、结算、手续办理、货物退赔等。销售人员若能对上述问题予以尽力解决，就会坚定客户的购买信心，使其迅速决定购买。

8.6.4　吉姆模式

"吉姆"是英文单词推销品（Goods）、企业（Enterprise）、销售员（Man）的第一个字母GEM的译音，也称销售三角理论。吉姆模式强调的是：作为一名销售员，必须具有说服客户的能力，销售员的销售活动应建立在相信自己所销售的产品、相信自己所代表的公司、相信自己的基础上。可见，吉姆模式的核心是自信，包括对销售的产品自信、对自己所代表的公司自信、对销售员自己自信。

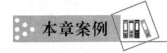

本章案例

销售行为分析

 **本章小结**

销售前的准备工作是必要的，销售准备是指销售人员在拜访客户之前所做的准备工作，一般来说，销售准备包括个人礼仪准备、产品知识准备、收集并整理目标客户资料、竞争者情况准备、销售工具准备以及制订拜访计划等。

在销售之前，销售人员需要认真了解自己公司产品的名称、性能、特点等。销售人员只有了解自己的产品，才能详细地向客户说明产品能够带给客户什么利益，产品能满足客户的哪些需求；只有了解自己的产品，才能圆满地回答客户提出的疑问，从而消除客户的异议；只有了解自己的产品，才能指导客户更好地使用、保管产品，以便客户重复购买。

寻找客户是指寻找潜在可能的准客户。准客户是指既有购买所销售的商品或服务的欲望，又有支付能力的个人或组织。销售人员的主要任务之一就是采用各种有效的方法与途径来寻找与识别潜在客户，并实施成功的销售。

在寻找到潜在客户以后，销售人员不要急于求成，而应运用一定理论，按照一定的标准，对潜在客户进行一系列的分析，把那些不符合目标客户条件的予以剔除，筛选出重点客户，然后将主要精力集中在这些重点客户上，进行有针对性的销售工作，以便提高销售工作的成功率。

常用的几种销售模式有爱达模式、迪伯达模式、埃德帕模式、吉姆模式。

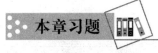 **本章习题**

一、复习思考题

1. 销售人员在拜访客户之前应该做哪些方面的准备工作？

2. 销售人员的自我礼仪准备有哪些？

3. 寻找目标客户的方法有哪些？

4. 客户资格审查和潜在客户背景调查的内容是什么？

5. 论述几种经典的销售模式。

二、实训题

实训项目：要求学生在查找资料或访问调查的基础上，以小组为单位开展讨论，明确销售人员在正式进行销售活动前应该准备好哪些物品，并简要说明理由。

实训目标：

1. 掌握销售前的物品准备工作。

2. 了解学生的细致程度。

实训内容和要求：

1. 最好以 5~7 人为小组开展活动。

2. 建议在一学时内完成，调查及资料查找环节利用课余时间完成。

3. 活动结束后，以小组为单位递交总结报告。

4. 老师可安排适当时间组织同学课内交流。

第9章 销售过程指导

🎯 学习目标

　　通过本章学习，认识销售过程的步骤，理解销售过程的概念；了解销售异议产生的原因及类型；掌握寻找潜在客户、销售展示，促成交易，销售服务和跟踪的方法；培养处理客户异议、有效进行销售过程管理的能力。

✒️ 素质目标

　　通过本章学习，培养学生勤奋努力、踏实肯干的工作作风，培养学生创新、终身学习的意识，要求学生在销售实践中发挥创新思维、不断持续性学习。

🔧 教学要求

　　注重讲授销售过程的各个环节；采用启发式、探讨式教学，加强学生实战训练，注重对销售过程中的技巧和方法进行总结。

📦 引导案例

陌生拜访，从容应对！

　　陌生拜访是销售人员的常见任务之一，对于许多销售人员而言，这也是一件比较让人紧张的事情。如何做好陌生拜访呢？本文将介绍几种方法，帮助销售人员从容应对陌生拜访。

一、充分准备

　　在进行陌生拜访之前，销售人员需要充分准备。首先要了解客户的基本情况，包括客

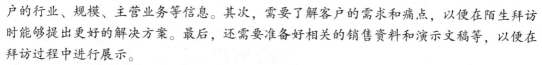

户的行业、规模、主营业务等信息。其次，需要了解客户的需求和痛点，以便在陌生拜访时能够提出更好的解决方案。最后，还需要准备好相关的销售资料和演示文稿等，以便在拜访过程中进行展示。

二、找准时机

找准时机是成功陌生拜访的关键之一。在进行拜访之前，需要了解客户的日常工作时间和工作节奏，尽可能选择客户比较轻松的时间段。同时，还需要注意客户的情绪和状态，避免在客户不方便的时候去拜访。

三、打破僵局

在进行陌生拜访时，可能会遇到客户的拒绝或者不太友好的态度。此时，需要采取一些方法来打破僵局，例如以客户感兴趣的话题为切入点，与客户进行互动交流。也可以通过讲述自己的经历或者一些有趣的事情来吸引客户的注意力，让客户更愿意与自己交流。

四、倾听客户需求

在陌生拜访中，倾听客户需求是非常重要的一步。销售人员需要认真听取客户的需求和问题，然后根据客户的反馈和需求提出相应的解决方案。在倾听客户需求的过程中，销售人员还需要注意客户的情绪和态度，以便更好地掌握客户的意图和需求。

五、建立信任

建立信任是进行陌生拜访的一个重要目标。在拜访过程中，销售人员需要以诚信、专业和真诚的态度与客户交流，以便赢得客户的信任和支持。销售人员还可以通过提供一些帮助和建议，建立良好的业务关系和口碑，以便在后续的业务合作中更加顺利。

六、跟进和维护

陌生拜访只是销售工作的一部分，销售人员需要在拜访客户后及时跟进，并进行后续的维护工作。这包括及时回复客户的问题和疑虑，定期与客户进行交流和沟通，及时解决客户的问题，以便保持良好的业务关系和口碑。

总之，陌生拜访是销售人员必须掌握的重要技能之一。通过充分准备、找准时机、打破僵局、倾听客户需求、建立信任以及跟进和维护等方法，销售人员可以更加从容地进行陌生拜访，赢得客户的信任和支持，达成更好的业务合作。

——资料来源：深维智信 Megaview，2023-04-04，作者：佚名，有删改

🖊 引导任务

如何来提高销售的成功率？

销售准备工作完成后，就进入销售活动过程的第二个阶段——访问客户（也称销售洽谈）。访问客户主要包括约见客户、接近客户等环节。

9.1 约见客户

成功的约见模式

电话铃声响了两声后，对方接起电话。

客户："喂，您好！"

销售人员："您好，麻烦您，能请尤根·克拉莫布先生亲自接电话吗？"

客户："我就是！您有什么事吗？"

销售人员："您好，克拉莫布先生！我叫格拉索，海尔曼·格拉索！是宝卡公司的专业咨询师，我们的公司位于富里达，是专门从事办公室以及仓库资源合理化业务的。克拉莫布先生……有关您扩大卡塞尔仓库面积的计划，我们宝卡公司早有耳闻了。所以我想给您看一些东西，这也许能够帮助您在新仓库里节省空间和人力消耗！您觉得咱们的这次见面安排在什么时候最合适？是下周二上午10：20，还是周三下午好？"

客户："那好吧，您星期二上午过来吧！"

销售人员："我记一下时间，克拉莫布先生。您记住我的名字了吗？我叫格拉索(Gla-sow)！拼写是 G，L，A，S，O，W！那咱们下星期二上午10：20见了，克拉莫布先生！真高兴能有机会和您见面！"

9.1.1 约见客户的作用

约见也叫作商业约见，是销售人员请求客户同意会面的行动。约见客户是整个销售活动过程的一个重要环节，它是正式接近客户的开始。约见实际上既是接近准备的延续，又是接近过程的开始。只有通过约见，销售人员才能成功地接近准客户，顺利开展销售洽谈。销售人员还可以根据约见的情况进一步进行销售预测，为制订洽谈计划提供依据。此外，约见还有助于销售人员合理地利用时间，提高销售效率。当然，在某些情况下，约见客户这个环节也是可以省略的，这要视具体情况而定。约见的意义主要表现在以下几个方面。

1. 约见有助于接近客户

事先约见客户，请求客户的允许，既表示尊重客户，又可以赢得客户的信任和支持。若客户借口推托或婉言拒见，销售人员应说明情况，取得客户的认可，争取销售的机会，也可约定改日再见。若客户答应在百忙之中挤出时间会见销售人员，这既可以节省销售人员的时间，又使客户本人免受销售人员突然来访的干扰，良好的心境有利于双方的合作，形成融洽的销售气氛。

2. 约见有助于开展销售面谈

事先约见可以使客户就约会的时间和地点做出适当的安排，对销售人员的销售建议亦会有自己的考虑。经过约见，销售人员可以扼要说明访问意图，使客户事先了解洽谈内容。事先约见客户，可以让客户积极参与销售谈判，有利于形成双向沟通，有助于宾主双方的相互了解，提高准客户购买决策的认可程度。

3. 约见有助于销售预测

销售预测，就是要根据客观事实，根据客户的初步反应，来预测未来销售活动中可能发生的各种情况。事先约见可以帮助销售人员更准确地、更客观地预测客户可能产生的异议，并据此来制定相应的销售方案，消除异议，促成交易。

4. 约见有助于提高销售效率

通过约见确定一个节奏合理的销售日程表，可增强销售工作的计划性。若销售人员不事先约见客户，盲目地制订访问计划，就可能与客户的工作计划发生冲突。而销售人员事先约见客户，然后根据各位客户的会见时间、地点等制订销售访问计划，就可以合理安排销售时间，紧紧抓住每一个销售机会，大大提高销售工作的效率。

5. 约见有助于进一步了解与补充客户资料

销售人员可以通过约见与准客户初步接触，了解准客户更多的情况，有时甚至可以做到投其所好，增加销售洽谈的机会。

6. 争取约见本身就是一种销售活动

在争取获得约见机会的过程中，主要是处理各种复杂的人际关系。争取获得约见是与客户直接打交道的第一个环节，对整个销售有极其重要的意义。

假如把销售看作一场"双赢战争"的游戏，则约见就把前一阶段的销售准备与后一阶段的销售面谈结合起来，约见起到了承先启后的作用。

9.1.2　约见客户的内容

约见客户的内容主要取决于正式接近客户和销售洽谈的需要，概括起来，通常有以下几方面：

1. 确定约见对象

要进行销售约见，首先要确定约见对象。这里的约见对象指的是对购买行为具有决策权或对购买活动具有重大影响的人。如果销售的是生产用品，那么首选约见的是拥有较大决策权力的董事长、总经理、厂长等要员，但在实际的销售工作中，销售人员一般无法直接约见决策者，而是决策者的助手，如总经理、秘书、办公室主任等，这些人虽无直接决策权，但最接近决策层，可以在公司里行使较大的权力，对决策人的决策活动有着极其重要的影响。如果销售的是个人用品，对约见对象也要认真观察，寻找机会找到家庭中具有决策影响力的人。对于一般业务而言，销售人员可以直接约见企业或有关组织的部门负责人，他们往往被赋予该部门、该领域的购买决策权。成功地约见部门负责人，不仅使有些交易可以直接拍板成交，而且也可以为约见企业决策者奠定良好的基础。最后，为了能顺利地约到决策人物，销售人员应尊重相关接待人员，设法取得他们的合作与支持，使其乐于帮助。

2. 明确约见事由

既然要约见客户，就必须有明确的、充分的约见事由。这是约见客户的一项重要内容。一般来说，客户是根据你的约见事由决定是否见你。当然，任何销售约见的目的都是最终销售产品或劳务，但每次约见的目标是不一样的，可以是销售产品或劳务、市场调查、提供服务、联络感情，也可以是签订合同、收取货款等。

销售人员要根据约见客户事由的不同和具体情况，例如销售人员是新手，客户是技术专家，销售人员可以以求教的方法约见客户；若客户是公司的老客户，而销售人员不认识客户，销售人员可以选择节假日送贺礼或服务调查等方法约见客户。

3. 安排约见时间

约见时间是否恰当，关系整个销售工作的成败。一般来说，销售人员约见客户，在确定时间时要考虑以下几个方面的问题：根据客户的特点来确定约见时间；根据访问的目的来确定约见时间；根据访问的地点和路线来确定约见时间；当客户的时间与销售人员的时间有矛盾时，应尽量迁就与尊重客户的意图；合理利用访问时间，提高销售的效率。约见时间一旦明确，销售人员就应立即记录在案，并准时到达约见地点。如果销售人员与另外客户有约在先而发生时间上的冲突，应如实向当前的约见对象说清楚。

📝 情景体验 9-2

下面举出的两种有关约定时间的问话，由于表达方式和用语的差异，其效果完全不同。

问话一："王先生，我现在可以来看您吗？"

问话二："王先生，我是下星期三下午4点来拜访您呢，还是下星期四上午9点来呢？"

十分明显，问话一的约见使销售人员完全处于被动的地位，易遭客户的推辞。问话二则相反，销售人员对于会面时间已主动排定，客户对销售人员提出的"选择题"若是一时反应不过来，便会随销售人员的意志，做出"二选其一"的抉择。

4. 选择约见地点

约见地点的选择要以方便客户和满足客户要求为原则。最经常使用也是最主要的约见地点是客户的工作单位，使用这种方式选择约见的地点，要看客户是否愿意。该地点主要适用于多人参加的约见或会谈，尤其适用于生产资料产品的销售约见或洽谈。但是，对于较为紧缺的或具有垄断性质的产品却适宜以销售人员的工作单位为约见的地点。如果销售的是日常消费品，则通常以客户居住地为约见地点。销售人员还可以根据具体情况，充分利用社交场合和公共场所，如酒会、座谈会、订货会、广场、展览厅等，进行约见。

📝 情景体验 9-3

销售人员："钟总，您好！冒昧打扰了。"

钟总："你好，你是谁？有什么事？"

销售人员："请问王新华教授，您还记不记得？"

钟总："当然记得，他是我大学时的论文指导老师，你怎么会认识他？"

销售人员："恰好他也是我的导师，我能有您这样一位有成就的师兄感到十分自豪！我现在是一家公司的业务员，正是王老师为我提供了您的电话，他说您可以帮助我。"

钟总："原来是这样，王老师的面子我不敢不给，何况我们是校友。"

销售人员："十分感谢！那请问钟总，我是星期二还是星期三来拜访您比较方便呢？"

钟总："星期二有个重要会议，这样吧，星期三下午 3 点来我办公室找我好了，我会提前与秘书打声招呼。"

销售人员："很好，就按您的意思办。再次感谢！再见。"

9.1.3　约见客户的方式

销售人员要达到约见客户的目的，不仅要考虑约见的对象、时间和地点，还必须认真研究约见的方式和技巧。在现代销售活动中，常见的约见方式有以下几种：

1. 电话约见

电话约见目前已经成为销售人员约见客户的主要方法之一。电话约见具有方便、经济、快速等优点，使客户能够免受突然来访的干扰，也使销售人员免受奔波之苦。但电话约见也存在明显的不足，那就是客户往往处于主动地位，而销售人员则处于被动地位，因而容易遭到客户的推脱或拒绝，所以销售人员要精心设计开场白，激发对方愿意继续听下去的兴趣；约见事由要充分，用词简明扼要、长话短说、突出重点；态度要诚恳，口齿清晰，要训练自己的声线，但不能成为快嘴接线员。还需注意的是，电话约见应避开电话高峰和对方忙碌的时间，一般上午 10 时以后和下午较为合适。在大家共用一个办公室或共用一部电话时，应取得大家的配合，保持必要的安静。

情景体验 9-4

陈树："你好，是捷迅彩印中心的李主管吗？"（声音自信，语速合适）

李主管（忙着别的事情）："是，你哪里？"

陈树（富有感染力的声音）："我是奥迅打印机公司。现在我们公司研制出了一种打印速度和效果都比市场上同类产品要好的打印机。为了搞好新产品宣传，我们开展了一个活动，就是以八折价优惠，并且还可以分期付款。"

李主管（停下手里的工作，表示感兴趣）："是这样啊，我们正需要打印机，但是我们有固定的供应商。"

陈树："那没有关系，我可以把打印样品带给你看看，买不买都没有关系，我们希望更多的人知道我们的产品。"

李主管："那好吧，明天下午三点可以吗？"

陈树（脸上露出笑容）："当然好，明天见。"

2. 当面约见

当面约见即销售人员与客户当面约定下次见面的时间、地点、方式等事宜，这是一种较为理想的约见方式。销售人员通过这一约见方式不仅对客户有所了解，便于充分地做好下次约见的准备工作，而且还便于信息、情感的双向沟通，缩短彼此的距离，易达成有关约见的时间、地点等事宜。但是当面约见常常受到地理因素的限制，不能对所有的客户实行当面约见，尤其当销售人员与客户素不相识时，更容易遭到客户的拒绝，影响销售工作的顺利进行。特别是当面约见团体客户的关键人士时，事前必须成功地突破客户的一些"关口"。因此，销售人员在具体使用当面约见客户这一方式时，须察言观色，随机应变，灵活运用一些技巧，以保证约见工作的顺利开展。

3. 信函约见

信函约见是指通过约见信函的寄出与反馈达到预先约定客户的目的。常见的信函约见方式有个人信件、单位公函、会议通知、请帖、便条等。

信函约见不仅具有简便、费用低等优点，还可以免受当面约见客户时的层层人为阻碍。但这种方式也有一定的局限，如信函约见的时间较长，不适于快速约见；许多客户对销售约见信函不感兴趣，甚至不去拆阅。这样，销售人员花费了较多时间和精力撰写的约见信函却杳如黄鹤，一去不复返。另外，若双方素不相识，函往往使对方感到莫名其妙，不愿接受约见。因此，销售人员在运用信函约见时，一定要讲究信函的内容，注意信函的书写技巧和诱导技巧，尤其不要在信封上盖有"邮资已付"的标志。此外，最好不要使用公司统一的印制信封。

4. 委托约见

委托约见是指销售人员委托第三方来约见客户。销售人员若能通过客户亲友的推荐、介绍进行约见，可以消除客户心理上的顾虑，使约见顺利完成。由于这种约见是建立在受托人与销售对象有一定的社会联系或社会关系基础之上，容易取得销售对象的信任与合作，还可以克服客户对陌生销售人员的戒备心理，排除销售障碍，获得销售对象的真实信息，有利于进一步开展销售工作。但是相对于销售人员亲自约见客户，委托约见有可能不太可靠，若受托人不负责任，常常会引起误约。由于不是销售人员亲自约见，委托约见易使客户产生非正式商谈的感受，导致客户对此不够重视。另外，受委托人的数量和范围也限制了这一方式的运用。

5. 广告约见

广告约见是指销售员利用各种广告媒体约见客户的方式。常见的广告媒体有广播、电视、报纸、杂志、邮寄、路牌等。利用广告进行约见可以把约见的目的、对象、内容、要求、时间、地点等准确地告诉广告受众。在约见对象不具体、不明确或者要约见的客户大多的情况下，采用这一方式是比较有效的；也可在约见对象十分明确的情况下，进行集体约见。

6. 网上约见

网上约见是指销售人员利用互联网与客户在网上进行约见和商谈的一种方式。这种约见方式具有快捷、便利、费用低、范围广的优点，但受到销售人员和客户对网络技术掌握程度等方面的局限。因此，销售人员要努力学习并掌握有关网络知识，利用现代化的高科技工具开发潜能，提高销售的科技含量。

情景体验9-5

王强是飞达公司的销售人员，主要销售客户管理软件。该软件能为销售人员和销售经理提供工作上的便利，所以很受企业销售部的欢迎，这同时意味着由于销售部喜欢使用，公司老板会借机获得存入电脑中的所有客户信息。

宏业公司是一家国外办公设备的代理公司，王强曾经打电话给宏业公司的行政管理部，主管采购的马先生说公司没有采购计划，拒绝约见。但通过电话，王强得知宏业公司目前还采用纸质文档的方式管理客户信息，根据王强的经验，一家以销售为主的公司用这种方式管理客户信息非常不方便，因此，他觉得有必要和宏业公司谈一谈。

9.2 接近客户

情景体验 9-6

加德纳正准备把他的汽车开进车库。由于近来天气很冷，斜坡结了厚厚的一层冰，给行车带来了一定的困难。这时候，一位过路行人走过来帮助，他又是打手势又是指方向，在他的帮助下，汽车顺利地绕过了门柱。他凑过来问加德纳："您有拖缆吗?"加德纳回答说"没有。"然后加德纳又补充道，"不过，我一直想买一条，但总是没有时间。怎么啦? 是否您的汽车坏了?"过路人回答说："不是的，我的车没有坏，但我可以给您提供一条尼龙拖缆。经实验，它的拉力是 5 吨。"这个过路人的问话立即引起加德纳的注意，并且使他意识到他确实需要一条拖缆。这个过路人采用这种方法销售了很多拖缆。

当销售人员已经寻找到合格的客户，并且做好了约见客户以及其他一系列销售的准备工作之后，就要想办法去接近客户。所谓接近客户是指在实质性洽谈之前，销售人员运用技巧和智慧与客户接近并互相了解，以拉近彼此之间空间距离和心理距离的过程。

9.2.1 接近客户的任务

作为整个销售过程的一个阶段，接近客户有其特定的任务。

1. 验证事先所得的各种信息

经过寻找与评估阶段和制订洽谈计划阶段，销售人员掌握了有关客户的各种信息，并据此准备了相应的销售方法。但是，信息是否全面、准确、有效，还是未知数。销售人员应利用初步实际接近客户的机会，运用观察、提问、倾听等方法，验证事先收集的信息是否准确。如果发现原有的信息错误，就应迅速纠正。尤为重要的是，要及时修正根据原有信息所制定的销售方法。

2. 吸引客户的注意，消除客户的心理隔阂

在接近阶段，许多客户的注意力由于种种原因分散于不同事物之中。对于这类客户，是很难开展有效的说服工作的。因此，作为销售人员必须在洽谈一开始就设法集中其注意力。能否吸引客户注意力，是决定销售洽谈能否深入进行下去的关键。假若能够成功地吸引客户的注意，就可以使客户更快地了解产品的特征与功能，可以使客户更好地理解销售人员的陈述，为激发客户的购买欲望奠定基础。

能否吸引客户的注意，取决于多种因素。销售人员必须重视客户的第一印象。因为第一印象可以产生"首因效应"，即客户对销售人员某一方面的行为印象好坏，影响到对销售人员接下来行为的认识和评价。因此，销售人员一定要注意自己的言行举止，给客户留下良好的第一印象。

3. 培养客户的兴趣

有些销售人员善于吸引客户的注意，但不善于培养客户的兴趣。其实，培养客户的兴趣更为重要。如果在引起客户的注意之后，不能很快使客户对产品产生兴趣，不仅会使客户的注意力重新分散，更难以激发客户的购买欲望。因此，在接近客户的过程中，一定要想方设法培养起客户的兴趣。

4. 顺利转入实质性洽谈

引起客户的注意和兴趣，并不是接近客户的最终目标。从销售过程的发展来看，接近的主要任务是引导客户自然而然地转入实质性的洽谈，以便促成交易。不过话题的转换不能太突然，否则，可能引起客户的不安，给实质性洽谈造成障碍。

9.2.2 接近客户的基本策略

销售人员正确设计和运用接近策略，是销售展示顺利进行的重要保证。

1. 投其所好策略

销售人员应以不同的方式、身份去接近不同类型的客户，并依据事先收集的信息或接触进行瞬间的判断，选择合适的接近方法。销售人员应该改变自己的外在特征，扮演客户乐于接近的角色。销售人员的语言风格、服装仪表、情绪都应随之做出一定的改变。例如：玩具销售人员针对孩子销售时可以用各种戏剧性的方式接近客户。但是如果针对某百货公司总经理销售，也以同样的方法效果就不会好，销售人员换一套正式的职业装、带齐所有的销售资料效果会更佳。

2. 调整心态策略

在与陌生客户的接近过程中，销售人员紧张是很普遍的。许多人害怕接近，以种种借口避免接近，这就是"销售恐惧症"。其实有时候客户的冷漠和拒绝是多方面原因造成的，应该对客户充分理解并坦然接受。成功的销售人员应学会放松和专注的技巧，它能让自己设法克服压力。销售人员应该想象可能发生的最坏的情况，然后做好如何反应的准备。可能发生的最好的事也应想象一下。总之，积极的心态能够带来成功。

3. 减轻客户的心理压力策略

销售人员必须尽快减轻客户的心理压力。在接近过程中，当销售人员接近时，客户会产生一种无形的压力，似乎一旦接受销售人员就承担了购买的义务。正是如此，一般客户害怕接近销售人员，冷淡对待或拒绝销售人员的接近。这种心理压力实际上是销售人员接近客户的阻力。销售人员只要能够减轻或消除客户的心理压力，就可以减少接近的困难，顺利转入后面的展示。减轻客户压力的方法有很多，销售人员要善于研究并灵活运用。

4. 控制时间策略

销售人员必须善于控制接近时间，不失时机地转入正式洽谈。接近的最终目的是进一步的洽谈，而不仅仅是引起客户的注意和兴趣。有些缺乏经验的销售人员，总不好意思谈论自己的销售话题，等到客户要走了还没开始谈论正题，这种接近其效果是可想而知的。如何把握时间的长短，销售人员应视具体情况而定，通常不能太长了。

9.2.3　接近客户的方法

在销售实践中，接近客户的方法有很多，概括起来主要有以下 15 种：

1. 商品接近法

商品接近法又称实物接近法，是指销售人员直接利用所销售的产品引起客户的注意和兴趣，从而顺利转入销售洽谈的接近方法。这种方法主要是通过产品自身的魅力与特性来刺激客户的感官，如视觉、听觉、嗅觉、触觉等，通过产品无声的自我销售，引起客户的注意和兴趣，以达到接近客户的目的。

这种方法的运用存在一定的不足，它不仅要求产品必须是有形的实物产品，更要求产品具有独特的魅力和明显的差别优势，如质量优良、不易损坏、精美轻巧、便于携带等。只有这样，才能刺激客户的感官，引起客户的注意和兴趣。

情景体验 9-7

小于进了一批验钞笔，最初几天，毫无战果，一支验钞笔也没卖出去。一双腿却快跑断了。

这一天，小于改变了策略，她背着装验钞笔的包出了家门，来到了一个烟酒小卖部。一位四十来岁的中年男人向她打招呼，问小于买啥，她说是来请他帮忙的。小于拿出两张100 元人民币，请他鉴别哪一张是假的。他接过两张 100 元人民币，左看看，右看看，无奈地摇了摇头。小于问他："真假人民币不易分辨，您收到假人民币怎么办？"他说："我也没办法。"小于说："这里有一种验钞笔，可以分辨出真假人民币。"她说着，拿出准备好的验钞笔，在两张人民币上各划一下，一张人民币上出现了淡黄色，另一张出现了黑色。小于趁机递给他说明书，微笑着说："出现淡黄色的人民币是真的，出现黑色的人民币是假的。"中年男人流露出浓厚的兴趣，问："多少钱一支？""10 元一支""好，我要 10 支。"

2. 赞美接近法

赞美接近法是指销售人员通过赞美客户来达到接近客户的一种方法。喜欢被人赞美是人之共性，在他人的称赞中可树立自尊和自信，获得被别人承认和接纳的满足感。卡耐基曾经说过："人性的弱点之一，就是喜欢被别人赞美。"每一个人都有值得夸耀的地方，销售人员在了解客户的基础上，若能适时、巧妙、真诚地赞美客户，就可以达到缩短双方心理距离，调动客户积极心态，融洽面谈气氛，成功接近客户的目的。

销售人员赞美的对象既可以是客户周围的环境，如办公室、居住环境等，也可以是客户的外表、知识、修养、品质等。但不论赞美客户的哪一个方面，都应本着尊重客户的原则，讲究赞美的方法，真心实意、态度诚恳、语气真挚、切合实际，使客户在一种自然亲切的气氛中接受赞美。切勿将赞美歪曲为巴结、玩弄、溜须拍马等不良的做法。

情景体验 9-8

有一次，一名保险销售人员向一位律师销售保险。律师很年轻，对保险没有兴趣。但销售人员离开时的一句话却引起了他的兴趣。

销售人员说："安德森先生，如果允许的话，我愿继续与您保持联络，我深信您前程远大。"

"前程远大，何以见得？"听口气，好像是怀疑销售人员在讨好他。

"几周前，我听了您在州长会议上的演讲，那是我听过的最好的演讲。这不是我一个人的意见，很多人都这么说。"

听了这番话，律师有点喜形于色了。销售人员请教他是如何学会当众演讲的，他的话匣子就打开了，说得眉飞色舞。临别时，律师说："欢迎您随时来访。"

没过几年，他就成为当地非常成功的一位律师。销售人员和他保持联系，最后成了好朋友，保险生意自然也越来越多。

3. 利益接近法

利益接近法是指销售人员利用客户的求利心理，强调销售的产品能给客户带来某些实质性利益而引起客户的注意和兴趣，以接近客户的一种方法。在一般情况下，客户之所以购买产品，是因为它能给自己带来某些实质性的利益，如增加收入、降低成本、提高效率等。而在实际销售活动中，许多客户并不太了解销售的产品所蕴含的各种利益，又不愿主动询问这方面的问题，从而对产品利益没有正确认识。销售人员如能及时解决这些问题，将有助于客户正确认识产品的利益，引起客户的注意和兴趣，增强购买欲望，达到接近客户的目的。

销售人员在运用这一方法接近客户时，要坚持实事求是的原则，不可夸大其词，更不可无中生有，欺骗客户，否则会失去客户的信任，带来不良的后果。另外，销售的产品必须具有可比性，使客户认识到它比市场上同类产品具有明显的优势，能给自己带来更多、更好、更实际的利益。

情景体验 9-9

销售人员向客户销售产品一般是为了解决问题或者提供某种利益，利益接近法就是从这一点出发而设计的——描述客户所能获得的利益。通常情况下，只有一种或两种购买刺激能特别影响购买决策。这种购买刺激必须明确地界定，并且要将这种刺激付诸实施。如：

"李经理，你是否发现我们的控制器使你在一年中节省了25%的能源？"

"李经理，你是否在昨天的报纸上看到一家独立的调研公司断言，有越来越多的消费者更喜欢我们的产品而非其他产品？"

"李经理，你是否知道通过我们的服务，你们公司可以比其他公司更快地将产品从青岛运到广州！"

4. 介绍接近法

介绍接近法是指销售人员通过自我介绍或由第三者推荐介绍而接近客户的一种方法。介绍接近法通常有两种形式：

(1)自我介绍。这是指销售人员通过自我介绍的方法达到接近客户的目的。在实际销售活动中，一般采用口头形式或书面形式进行自我介绍。

(2)他人介绍。他人介绍指销售人员通过与客户熟悉的第三者的介绍来达到接近客户的目的一种方法。他人介绍可以缩短销售人员与客户的心理距离，比较容易引起客户的注意与信任。接近客户时，销售人员只需递上介绍人的便条或信函或一张名片，或者只需介绍人的一个电话或者介绍人当面的一句话，便可以接近客户。一般情况下，介绍人与客户之间的关系越密切，介绍的作用就越大。因此，运用这一方法来接近客户，关键在于销售人员能否找到与客户关系较为密切的第三者充当自己的介绍人。

5. 馈赠接近法

馈赠接近法是指销售人员通过赠送礼品来引起客户的注意，进而达到接近客户目的的一种方法。把礼品作为销售人员和客户之间传递感情、沟通思想的媒介，对于拉近彼此的距离、形成融洽的商谈气氛具有重要的作用。但销售人员运用这种方法接近客户，必须注意：其一，通过调查，了解客户的嗜好和需求，按照投其所好的原则来选择赠品，确定赠送礼品的内容和方式。其二，明确赠品的性质。赠品只能当作接近客户的见面礼，而不能当作是恩赐客户的手段。其三，礼品的内容和金额必须符合国家有关法律法规和纪律的规定，价值不宜太大。其四，赠品最好是与销售品或本企业有联系的产品。另外，赠品最好经久耐用，以便给客户留下深刻的印象。

情景体验 9-10

一位销售人员到某公司销售产品，被拒之门外。女秘书给他提供一个信息：经理的宝贝女儿正在集邮。

第二天销售人员快速翻阅有关集邮的书刊，充实自己的集邮知识，然后带上几枚精选的邮票又去找经理，告诉他是专门为其女儿送邮票的。一听说有精选的邮票，经理热情相迎，还把女儿的照片拿给销售人员看，销售人员趁机夸其女儿漂亮可爱，于是两人大谈育儿经和集邮知识，非常投机，一下子熟识起来。

6. 问题接近法

问题接近法也称询问接近法，是指销售人员直接向客户提出有关问题，以引起客户注意和兴趣，从而接近客户的一种方法。现代销售是销售人员不断帮助客户发现需求方面的问题，进而分析问题，寻找最终解决问题的办法的过程。运用这一方法的关键是要发现并适时提出问题。问题要明确具体，有的放矢，切中要求，针对性强。所以，这种方法通常要与其他方法结合起来，融会贯通，灵活运用，才能取得满意的效果。

7. 请教接近法

请教接近法是指销售人员利用拜访或求教客户的理由来达到接近客户目的的一种方法。例如，"听说您在该领域是专家，我刚接手此项工作，您能给予指点吗?"这种方法体现了满足客户自尊的销售思想，在实际工作中加以运用效果较好，尤其是对那些个性较强，有一定学识、身份和地位的专家型客户，这种方法很奏效。

求教的问题可以是销售品经营方面的问题，也可以是人品修养、个人情趣等方面的问题。但不论请教什么问题，销售人员务必应本着谦虚诚恳，多听少说；赞美在前，请教在后；请教在前，销售在后的思想。

情景体验 9-11

格林先生是一家杂货店的老板，他非常顽固保守，非常讨厌别人向他销售。这次，香皂销售员彼得来到店铺前，还未开口，格林先生就大声喝道："你来干什么？"但这位销售员并未被吓倒，而是满脸笑容地说："先生，您猜我今天是来干什么的？"

杂货店老板毫不客气地回敬他："你不说我也知道，还不是向我销售你们那些破玩意儿的！"

彼得听后不仅没有生气，反而哈哈大笑起来，他微笑着说："您老人家聪明一世，糊涂一时。我今天可不是向您销售的，而是求您老向我销售的啊！"

杂货店老板愣住了："你要我向你销售什么？"

彼得颇为认真地回答："我听说您是这一地区最会做生意的，香皂的销量最大，我今天是来讨教一下您老的销售方法。"

杂货店老板活了一辈子，其中大半生的时间是在这间小杂货店中度过的，还从来没有人登门向他求教过，今天看到眼前这位年轻的销售员对他是如此的崇敬，心中不免得意万分。

于是，杂货店的老板便兴致勃勃地向彼得谈其生意经，谈他的杂货店，从他小的时候跟随父亲做生意，谈到后来自己接过这间小店，最后一直说到现在："人都已经老了，但我仍然每天守着这个杂货店，舍不得离开它。在这里我可以每天都能见到那些老朋友、老客户，为他们提供服务，同他们一起聊聊天，我过得非常愉快。"

老人家与销售人员聊了整整一个下午，而且聊得非常开心，直到销售员起身告辞，刚到门口，老头子突然想起什么来了，大声说："喂，请等一等，听说你们公司的香皂很受欢迎，给我订30箱。"

8. 调查接近法

所谓调查接近法，是指销售人员假借调查研究的机会接近客户的方法。销售员在实际应用中，可直接向客户提出调查要求，并说明调查的目的是了解所销售的产品是否符合客户的愿望、是否能解决客户的问题。

由于调查接近法使客户直观了解销售人员认真负责的工作态度，以及销售人员热忱为客户服务的精神，因而较易获得客户的信任与支持，能成功地接近客户。调查接近法一般适用于对大型生产资料的销售。

情景体验 9-12

"张厂长，听说贵厂准备利用电子计算机进行科学管理，这是企业管理现代化的必然趋势，您可是先走一步了！我公司经营各类电子计算机，品种多，性能好，但不知贵厂适用哪一种型号的。您知道，如果不适用，再好的设备也是废物。为了提供最佳服务，我想先进行一些实际调查，您看怎样？"

"李院长，您认为贵院一些实验室里应该安装空气调节机，这一点我已经知道。不过，我想进一步了解有关情况，您是否能花几分钟时间介绍一下？"这位销售人员在事先已经做

好充分接近准备的基础上提出进一步调查的要求，使得客户不好拒绝。

9. 好奇接近法

好奇接近法是指营销人员利用准客户的好奇心理达到接近客户之目的的方法。在实际营销工作中，与准客户见面之初，营销人员可通过各种巧妙的方法来唤起客户的好奇心，引起其注意和兴趣，然后说出销售产品的利益，转入营销面谈。唤起好奇心的方法多种多样，但营销人员应做到得心应手，运用自如。

📓 情景体验 9-13

一位英国皮鞋厂的销售人员曾几次拜访伦敦一家鞋店，并提出要拜会鞋店老板，但都遭到对方拒绝。这次他又来到这家鞋店，口袋里揣着一份报纸，报刊上刊登了一则关于变更鞋业税收管理办法的消息，他认为店家可以利用这一决定节省许多费用。于是，他大声对鞋店的一位售货员说："请转告您的老板，就说我有路子让他发财，不但可以大大减少订货费用，而且还可以本利双收赚大钱。"销售人员向老板提赚钱的建议，老板怎么能不动心呢？他立刻答应接见这位远道而来的销售人员。

国外一位科普书籍销售人员见到客户时说："这本书可以告诉你，丈夫的寿命与妻子有关。"客户立即好奇地拿起书来翻阅，从而达到接近的目的。

10. 震惊接近法

震惊接近法是指销售人员设计一个令人吃惊或震撼人心的事物来引起客户的兴趣，进而转入正式洽谈的接近方法。利用震惊接近法的关键在于销售人员要收集大量的事实材料，并且对材料进行分析，提炼出一些具有危害性、严重性的问题，并且刚好自身产品可以采取防范措施杜绝或降低上述问题的发生概率。因此，如何选择好问题是重中之重。当然问题也要尊重事实，不可信口开河。

11. 提问接近法

所谓提问接近法，也叫问答接近法或讨论接近法，是指销售人员利用提问或与客户讨论问题的方式接近客户的方法。

在实际销售工作中，问题接近法可以单独使用，也可以和其他各种方法配合起来使用。例如，好奇接近法、利益接近法等都可以用提问作为开头。销售人员可以首先提出一个问题，然后根据客户的回答提出其他一些问题，或提出事先设计的一组问题，引起客户的注意和兴趣，引导客户去思考，环环相扣，一步步达到接近的目的。

提问时，营销人员可以先提一个问题，然后根据客户的反应再继续提出其他问题。例如："张经理，你认为企业目前的产品质量问题是由什么原因造成的？"产品质量自然是经理最关心的问题，营销人员这一提问，可能会引起营销人员与张经理之间关于提高产品质量的讨论，无疑将引导客户逐步进入营销面谈。

营销人员也可以一开始就提出一连串的问题，使得客户无法回避。

📓 情景体验 9-14

美国某图书公司的一位女销售人员，总是从容不迫、平心静气地提出下述问题来接近客户："如果我送您一套关于个人效率的书籍，您打开书后发现内容十分有趣，您能读一读吗？""若您读了以后非常喜欢这套书，您会买下吗？""若您没有发现其中的乐趣，您将书籍塞进这个包里给我寄回，行吗？"此销售人员的开场白简单明了，使客户几乎找不到说"不"的理由。

12. 搭讪与聊天接近法

搭讪与聊天接近法是指利用搭讪和聊天的形式接近陌生客户的方法。搭讪与聊天接近法不会很快进入聊天程序，有时要用很长时间追踪与寻找机会，因此要花费很多精力。在实际销售中，我们要选准接近客户的时机，面对一些非常重要的客户，在没有其他办法或者机会接近的情况下，搭讪和聊天是一种接近客户的方法，同时销售人员在了解客户生活习惯的情况下，要积极主动创造机会与之搭讪，聊天内容要紧扣主题。

13. 社交接近法

社交接近法又叫接近圈接近法，是指销售人员扮演客户所属社会阶层与接近圈的人，去参加客户的社交活动，从而与客户接近的方法。接近圈是指有一定范围的、有一定内容的社会联系。同一接近圈的人，以满足各自的需求为出发点建立起互相联系的关系。

情景体验 9-15

有一家鼓风机企业的销售员到沈阳一家工厂去销售产品，销售员几次约见该厂的厂长都未果，始终没有机会和厂长接触。后来销售员得知该厂长喜欢钓鱼，便买来渔具学习钓鱼。

之后，销售员成了该厂长钓鱼圈里的一员，接触的次数多了，很快就和这位厂长成了朋友，后来厂长一次就购买了近100万元的鼓风机。

14. 服务接近法

服务接近法是指销售人员通过为客户提供有效并符合需要的某项服务来博得客户的好感，赢得客户的信任，从而接近客户的方法。销售员通过为客户提供有价值并符合客户需求的某项服务来接近客户，具体的方法包括维修服务、信息服务、免费试用服务、咨询服务等。

采用这种方法的关键在于服务应是客户所需求的，并与所销售的商品有关。例如，医药代表可以这样说："李老师，听王主任说，您最近正在研究××疾病的药物经济学问题，我这里带来了一些关于这方面的最新资料，我们花10分钟一起来探讨它，可以吗？"

另外，在客户没有看产品或者我们不知道客户的需求时，最有效的方法就是用友好而职业的微笑试探客户，如单刀直入地向客户询问："您好，您想看看什么产品？"若碰到不愿打扰和随便看看的客户，千万注意不要紧随客户或紧盯着他的一举一动，只需用视线的余光照顾到客户就行了。如果遇到脾气较暴躁、刺头型的客户，最好随他自由选择，待对方发问时再上前介绍。

15. 反复接近法

反复接近法又称连续接近法，是指销售人员利用第一次或上一次接近时所掌握的有关情况实施第二次或下一次接近的方法。

在客户开发过程中，有些客户一次接近就可以成交，有些客户则需要多次接近才能转入实质性的洽谈。有些优秀的销售人员为了成交一笔生意，常常要花费几年时间进行接近准备，多次接近客户。由于现代客户开发环境复杂多变，购买活动技术要求越来越高，就连一般的客户也往往需要反复接近，才能最后成交。因此，现代销售人员必须学会重复接近同一位客户的方法。

总之，销售人员接近客户的方法很多，各种方法之间并没有严格的区别，也没有统一的模式。销售人员在实际销售实践中，可以使用一种方法接近客户，也可以配合使用多种方法，还可以自创独特的方法来接近客户。

9.3 销售展示

销售人员在成功地接近客户之后，就应该迅速转入销售展示阶段。所谓销售展示，就是指销售人员利用语言陈述、可视辅助手段和各种方式，向客户传递产品信息，并说服客户购买的过程。

1. 销售展示步骤

一般情况下，销售展示应该遵循下列三个基本步骤，如图 9-1 所示。

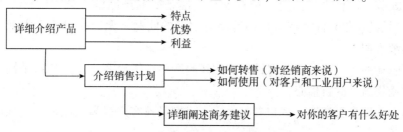

图 9-1 销售展示中的三个基本步骤

（1）详细介绍产品。详细介绍你所销售产品的特点、优势和利益。对此，销售人员应该进行完整的描述，充分利用费比模式进行展示。

（2）介绍销售计划。对批发商来说，这就是如何转售产品的建议。对最终用户来说，则是如何使用产品的建议。

（3）详细阐述商务建议。这一步涉及产品的价值与成本的关系。你要让客户意识到，买你的产品比其他产品更合算。

2. 销售展示组合

销售展示组合是指各种展示方法的有效组合。在通常情况下，销售人员销售时并不仅仅使用某一种展示方法，而是不同程度地使用多种展示方法。但对每一种方法要给予何等程度的重视，完全由个人来决定。这取决于销售访问目标、客户概况和客户受益计划。销售展示的主要手段如图 9-2 所示。其中可销售陈述为一类，主要是依靠语言展示；其他为另一类，为非语言展示。

图9-2　销售展示组合的主要手段

销售展示主要通过两种方式实现：销售陈述（劝导性沟通）和销售演示（示范性沟通）。

9.3.1　销售陈述

销售陈述是销售人员通过语言向客户传递信息，沟通销售理念和思想的过程，销售陈述的方法很多，下面介绍几种常用的方法。

1. 记忆式陈述

记忆式陈述是指销售人员按照企业预先计划好的、结构固定的标准方案进行产品介绍。在记忆式陈述过程中，销售人员背诵事先准备好的产品解说词。销售人员的讲话占80%~90%，只是偶尔允许潜在客户回答事先定好的问题。无论面对什么类型的客户，都使用相同的解说词。

记忆式陈述的优点是：能确保销售按照逻辑顺序介绍给客户，避免新手销售时的词不达意，增强销售新手的自信心。

其缺点是：缺少灵活性，客户参与太少，且容易被客户视为高压销售，从而不利于交易达成。

2. 公式式陈述

公式式陈述又叫劝说型陈述，主要是利用爱达模式或费比模式对客户进行销售陈述。公式式陈述与记忆式陈述比较相似，不过公式式陈述词的内容结构不像记忆式陈述那样固定。使用该法时，销售人员必须了解有关客户的情况。在进行陈述时，应当遵循陈述要点进行陈述，充分利用费比模式和爱达模式，开场白可以用费比模式介绍产品的特点、优势和利益，然后用各种技巧引导买方发表意见，最后销售人员重新控制话题，处理异议并提出成交要求。

公式式陈述一方面保持了记忆式陈述的主要优点，同时又增强了灵活性。这种方法使销售人员只要记住有关此次陈述的主要内容梗概就可以在现场进行发挥，这就保证了销售陈述的要点不会被忽视，同时还能营造和谐、友好的交流气氛，使买卖双方有时间进行交流。但公式式陈述相对于记忆式陈述，销售人员控制谈话的时间和强度都稍弱。

3. 满足需求式陈述

满足需求式陈述是一种灵活的相互交流式的销售陈述。这种陈述的解说词并不是事先设计的。销售人员的第一个任务是提出一个探究性的问题，来讨论潜在客户的需求，比如："你在投资资产中寻找什么?"然后根据客户的需求,来确定销售重点。但由于每一位客户的需求不同,因此,陈述的内容也没有固定的结构。

在满足需求式陈述中,通常谈话的前50%～60%的时间(即开发需求阶段)都用在讨论买方的需求上。一旦意识到了潜在客户的需求(认识需求阶段),销售人员就要重述对方的需求以弄清情况,从而控制谈话。在销售陈述的最后一个阶段,也就是满足需求阶段,销售人员说明产品将怎样满足双方的共同需要,从而达到成交的目的。

满足需求式陈述的内容虽然没有固定的结构,但具体步骤可采用迪伯达模式来进行。

4. 解决问题式陈述

解决问题式陈述是指销售人员与客户一起分析问题,并提出解决方案的一种陈述方式。解决问题式陈述相当于根据客户的需要定制一个解决方案,特别适合销售高度复杂或技术性极强的产品,比如,企业财产保险、工业设备、办公设备、大型软件系统、各配套项目等。利用此法时,销售人员通常需要进行几次销售访问,进行潜在客户需要情况的详细分析,然后制定解决问题的方案。解决问题式陈述包括以下六步:

(1)说服潜在客户允许销售人员进行分析。

(2)进行认真的分析。

(3)就存在什么样的问题达成一致意见,确定买方想解决的问题。

(4)准备解决潜在客户需要的建议方案。

(5)根据分析和建议准备销售陈述。

(6)进行销售陈述。

解决问题式陈述的理论基础是合作销售理论,即合作双方如果能很好地配合,就能真正确定客户的需要并最终实现购买。

5. 费比(FABE)模式

费比模式是由我国台湾中兴大学商学院院长郭昆漠教授总结出来的。"费比"是FABE的译音,它是由特征(Feature)、优点(Advantage)、利益(Benefit)、证据(Evidence)的首写字母拼成的。费比模式的步骤如下:

(1)详细介绍销售商品的特征。销售人员在向客户进行销售活动时,要以准确的语言介绍销售品的性能、构造、作用、价格、外观、使用的简易及方便程度、耐久性、经济性等特征,加深客户对销售品的认识,引起购买兴趣。鉴于上述内容繁多难记,销售人员可以事先设计好富有特色的广告式宣传材料或卡片,以便在向客户介绍销售品特征时分发给对方。这也是费比模式的一个主要特色。

(2)充分展示销售商品的优点。销售人员在详细介绍销售品特征的基础上,进一步挖掘销售品的特殊作用、特殊功能以及与相关产品的差别优势,并把它们用精确、形象、简练的语言介绍给客户,并配合熟练的示范表演,强化客户的购买兴趣,让客户产生联想,激发其购买欲望。

(3)告知销售商品给客户带来的利益。把销售商品的特征和优点逐一转化为购买利益,并投其所好,用客户喜欢的方式把它们展示出来,是打动客户购买的有效途径。因此,销售人员在充分了解客户需求的基础上,应把销售品能给客户带来的利益尽量多地列举出来。不仅要讲实体上的利益,更要讲产品给客户带来的内在的、实质的及附加的利益,使客户认识到购买销售品可以得到各种利益。这是费比模式中最重要的步骤。

(4) 用有力的证据说服客户购买。销售人员在前一段工作的基础上还需用真实的数字、实物、实例等证据进一步证实物有所值，同时证明销售人员的真诚人品，解除客户的各种疑虑，促成客户购买行动。

情景体验 9-16

斯塔丽公司独家代理销售法国莱沙蒂的美发用品，如洗发香波、护发素、定型水、亮发摩丝、特效发乳等。但斯塔丽公司并不是把所代理的美发用品销售给各大百货公司的化妆品柜，也不是销售给各大超市，再由它们出售给消费者，而是把消费者对象定位为理发店。斯塔丽公司的销售信条是，一定要使本公司销售的美发用品受到理发店的欢迎和好评。因而，斯塔丽公司的销售人员不断地进出各个理发店，就莱沙蒂美发用品的优点与特点进行说明，并使相当数量的理发店开始使用。而理发店一旦确定使用这一品牌的美发用品后，到理发店的客户也就随之成为这种美发用品的消费者。

同时，由于这种美发用品是理发师所选用的，无形之中，使莱沙蒂公司的品牌有了特殊的吸引力，使消费者感到这种美发用品比起其他商店能够随便买到的同类用品更具魅力，进而对这一品牌产生了好感，大大扩大了知名度。

斯塔丽公司通过把消费者定位在理发店，让消费者通过消费本身来进行有效的销售证明，取得了很大的成功。斯塔丽公司所经销的莱沙蒂美发用品从不随意通过一般的渠道销售。

9.3.2 销售演示

销售演示是指销售人员利用客户的视觉系统，通过操作示范或演示的途径介绍产品的一种方法。销售演示主要有以下几种类型：

1. 产品演示

产品演示是指销售人员通过直接向客户展示产品本身来劝说客户购买的洽谈方法，这种方法形象生动，弥补了语言陈述的不足，刺激了客户的多种感觉器官。产品演示的展示与前面讲的产品接近法类似，所不同的是产品接近法的目的主要是接近客户，而产品演示的目的是说服客户购买。

运用此法时应注意：选择适当时机演示产品，选择适当的地点和方法展示产品，吸引客户参与。有些产品不用过多携带，销售人员可用模型代替。

2. 戏剧表演演示

戏剧表演演示是指利用惹人注目的夸张方式介绍或展示产品的方法。例如，有一个著名的工业品销售人员，用演示法销售钢铁行业使用的润滑油。钢铁业中最愿使用的是抗高温油脂。销售人员所在企业用新型增稠剂开发了一种抗高温油脂，这种增稠剂使油的悬浮力比竞争产品更强。为了演示这个特点，该销售人员把一个装馅饼的罐倾斜45度放在点着的酒精灯上边，把一小块该企业油脂和几块知名品牌的竞争产品放在罐里。在饼罐被加热的过程中，油从每种竞争者的油脂中分离出来，沿着饼罐淌下来，却没有油从该企业产品中分离出来。这一戏剧性演示表明：与主要的竞争产品相比，这种适合钢厂使用的油脂具有抗高温性能。通过这样的演示，最终引起了用户的购买欲望，打开了产品的销路。

3．证明演示

证明演示是指利用证明材料来进行展示的方法。产品的生产许可证、质量鉴定书、获奖证书、客户的表扬信、产品销量证明等，都是证明演示的好材料。

应用证明演示时应注意：每次销售前应准备好具有专业水平的、权威性的、足够的证明材料；所有证明材料必须是真实有效、合理科学的。

4．客户参与演示

客户参与演示是指让客户参与销售展示的展示方法。通常有四种方法：第一，合理提问；第二，使用产品；第三，用可视辅助工具吸引；第四，参加示范表演。

让产品自己说话

当然，要成功地完成销售演示，销售人员还应注意：演示的产品应完美无瑕；强调产品特色；演示应由浅入深，让客户做一些简单的事情，让客户参加与购买动机联系最密切的性能演示。

9.4　处理客户异议

在销售过程中，客户对来自销售人员关于产品价格、质量、功能等方面的任何意见、观点、建议，都不可能毫无意见、完全接受。所谓客户异议，就是指在销售过程中被客户用来作为拒绝购买理由的各种问题、意见和看法。据美国有关机构的一项调查资料表明，几乎完全不拒绝的客户只占销售成功率的15%。可见，在销售过程中，客户提出异议是常见的，没有异议是极少的。作为销售人员应当学会正确对待客户异议，应当充分认识到，客户异议既是成交的障碍，也是成交的信号。只要认真加以分析，针对不同的异议类型，运用不同的方法与策略予以处理，"坏事将会变为好事"。

情景体验 9-17

"李经理，您好，又来拜访您了。我这次来主要是想谈合同的事情。我们的资料您也看过了，产品您应该是比较满意的。"

"产品你们做得是不错，就是太贵了。要知道 A 公司的同类产品就比你们便宜不少嘛。你们的产品只能打折吗？这样吧，你帮我打七折我就买了。"

9.4.1　客户异议产生的原因

客户异议产生的原因是指引起客户异议的根源及相关程度密切的影响因素。引起客户异议的原因是多方面的，但概括起来主要有以下四个方面。

1．客户对销售活动的警惕

（1）要求销售人员提供更多信息。有时潜在客户好像是提出异议，实际上是请求给予更多的信息。潜在客户可能已处在被激起购买兴趣的阶段。他们想要产品，但又不相信产品好，或者不相信你是最好的供货商。如果真是这样，销售人员可以间接提供他需要的信息，证明销售产品的质量和企业的实力，让潜在客户放心购买。

（2）要求获得更好的有利条件。有时潜在客户的异议是以销售条件的形式出现的。例如有些客户说："如果你满足了我的要求，我就买。""你降低10%，我就立即下订单。"如果销售人员感到异议是更有利条件，那么，请尽快确定你是否能设法帮助潜在客户满足它。若不能的话，就礼貌地结束会面。

（3）难以接受转换消费或使用产品。对许多客户来说，认为长期使用熟悉的产品，比使用新产品更好、更有效，某些新产品有时甚至被认为具有恐惧性或缺乏可预知性。因此，当销售人员向客户销售新产品时，客户往往一时难以接受，甚至以种种理由加以拒绝。因此，销售人员在每一次向客户说明购买新产品时，应着重强调新产品与客户熟悉产品的相似性，先谈客户熟悉产品的优点，再谈所销售的产品的优点，强调变化和改变并不太大。

（4）周围人的压力。有些客户虽然对某一产品或价格等均满意，但害怕自己决策失误。还有些客户虽然很有主见，但害怕购买某些产品对周围人产生不良影响。对前类客户应想办法证明你是个把客户利益放在心上的诚实的人，进行简单的自我展示。对后类客户异议，应先向他周围的人销售，或先让潜在客户帮助你向他周围的人销售。一旦他周围的人进行了购买，潜在客户就能很快购买。

2. 来自客户主观和客观的原因

（1）客户的消费偏见和购买习惯。客户的生活环境和长期的消费习惯会形成对某些东西的抵触和对某类东西的"情有独钟"。这种消费偏见和习惯，很可能会导致客户提出异议。对于这类客户异议，销售人员应该考虑客户的情感，做好转换与耐心的解释工作，巧妙地宣传新的消费观念和消费方式，让客户接受你的观念后再销售商品。

（2）客户未发现自己的需求。这主要是客户尚未意识到自己对某些东西的需要。这就需要销售人员去启发、引导和教育，也就是去创造客户的需求。

现代科技飞速发展，新产品层出不穷，对有些新产品，尤其是科技含量稍高的产品，许多客户不能充分认识到它的好处和给自己带来的方便，因此，销售人员应用深入浅出的语言，有效与客户沟通，并说服客户。

（3）客户的支付能力。客户的支付能力是实现购买需求的重要物质基础，如果客户缺乏支付能力，就会拒绝购买或希望按照延期付款、分期付款或赊销等结算方式作为购买的条件。常见的情况有：一是客户经济状况一直不好，没有足够资金支付货款。对于此类客户，销售人员应慎重销售。二是客户暂时出现经济困难，一时难以筹措资金。在此情况下，销售人员可在客户有抵押、保证等条件下做好销售。三是客户以缺乏支付能力为借口，向销售人员施加压力，希望争得更多的交易利益。对于这类客户，销售人员可在不损害己方利益的前提下，适当让步，以达成交易。

（4）客户的自我表现。有的客户由于个人性格方面的原因，经常会在销售人员产品介绍之后，提出一些似是而非的异议，借以显示自己的能言善辩、见多识广、消息灵通、反应敏捷、成熟老练等。出于这种目的的客户异议，销售人员应以包容精神对待。

（5）客户有固定的采购渠道。大多数客户在长期的生产经营中，会形成较为固定的购销合作关系。当新接触的销售人员不能令客户相信他会得到更多的利益与更可靠的合作时，客户是不敢冒险随便丢掉原有的老关系的。

(6)客户的决策权。一般来说，无论是一个家庭还是一个企业，都有决策中心。如果销售的对象无权决定购买什么产品或者购买多少，他就可能借故对购买条件、购买时间等提出异议。例如，客户说"做不了主""领导不在"等。决策权异议也有真实或虚假之分。营销人员在寻找目标客户时，就已经对客户的购买人格和决策权状况进行过认真的分析，也已经找准了决策人。对没有购买权力的客户极力销售商品是营销工作的严重失误，是无效营销。在决策人以无权作为借口拒绝营销人员及其产品时放弃营销，更是营销工作的失误，是无力营销。营销人员必须根据自己掌握的有关情况对决策权进行认真分析和妥善处理。

(7)客户的私利与社会不正之风。一些存有私心的人在社会不正之风的影响下，企图为销售商品设置障碍，从中捞取好处费，导致一些交易商借机销售假冒伪劣的产品。这些违反市场经济规律和国家法律的行为，都会使客户对销售提出各种异议。对于此类异议，销售人员一方面要遵守国家法律和政策，另一方面应在现行策略允许的范围内，灵活做好销售工作。

(8)客户的偶然因素。在销售过程中，会遇到一些来自客户的因无法预知的偶然原因而造成的客户异议。如家庭失和、情感失落、晋升受挫、身体不适等原因，造成客户心情不好、因客户的偏好与销售人员发生对立情绪等，都会导致异议的产生。对此，销售人员务必细致观察，及时判断可能会产生异议的时间、地点、情景和环境。必要时立即中断销售，选择适当时候从头开始。

3. 来自销售方面的原因

(1)产品问题。由于产品问题而产生异议主要表现在两个方面：一是产品的用途与客户需要不相符；二是产品的质量、功能、品种、价格不适当等。对前一个原因产生的异议，如果是真实的应立即停止销售，若是客户的误解、偏见造成的，销售人员应尽量解释清楚。对第二种原因，企业应进行适当的改进。销售时应该强调产品的实用性及带给客户的利益，不要过于强调质量。定价的高低都应该有一定的道理，过高或过低都易导致异议。

(2)销售信息问题。在销售过程中，当销售人员没有向客户提供足够的、具有说服力的有关信息时，客户会感到信息不足或对销售证据半信半疑而难以做出购买决策，因而会提出各方面的异议。对此。销售人员必须掌握大量有关信息，并选择恰当的传递方式，向客户提供充分的销售信息和具有较强说服力的销售证据，克服因销售信息不足所带来的客户异议。

(3)销售人员问题。有些销售人员素质不高、信誉不佳、销售技巧欠缺等，也很容易导致客户异议。对于这些异议，企业应加强销售人员的培训和教育工作，提高本企业销售人员的素质和技能。

(4)服务质量问题。在日益激烈的市场竞争中，客户对销售服务的要求越来越高。服务作为附加产品，是买方市场条件下有效的竞争手段。如果生产经营企业及销售人员不能提供比竞争对手更多、更优质的服务，给客户更多的附加利益，客户提出服务异议也就在所难免。因此，销售人员只有向客户提供优良的销售服务，才能有效地预防服务异议，才能赢得更多的客户。

情景体验 9-18

（1）客户："嗯，听起来不错，但我店里现在有 7 个品牌 21 种型号的牙膏了，没地方放你的高露洁牙膏了。"

（2）客户："这种鞋设计太古板，颜色也不好看。"

（3）客户（一中年妇女）："我这把年纪买这么高档的化妆品干什么，一般的护肤品就可以了。"

（4）客户："给我 10% 的折扣，我今天就给你下单。"

（5）客户："算了，连你（推销员）自己都不明白，我不买了。"

4. 来自价格方面的原因

由于价格方面的原因导致客户提出异议的情况在销售中是比较常见的。价格异议是指客户以销售产品价格过高而拒绝购买的状况。无论产品的价格怎样，总有些人会说价格太高、不合理或者比竞争者的价格高。例如："太贵了，我买不起。""我想买一种便宜点的型号。""我不打算投资那么多，我只使用很短时间。""在这些方面你们的价格不合理。""我想等降价再买。"当客户提出价格异议，表明他对销售产品有购买意向，只是对产品价格不满意，而进行讨价还价。当然，也不排除以价格高为拒绝购买的借口。在实际营销工作中，价格异议是最常见的，营销人员如果无法处理这类异议，就难以达成交易。

价格异议处理的理论基础

价格异议的处理技巧如表 9-1 所示。

表 9-1　价格异议的处理技巧

异议成因	处理技巧	举例
客户支付能力	若经济状况差，则放弃；若暂时资金紧张，建议采取其他的支付方式	客户："价格太贵。" 销售员："您能接受的价格是多少？"
与同类产品或代用品价格比较	强调产品优势，强调一分价钱一分货	客户："这件衣服太贵了，我朋友买的更便宜。" 销售员："这是名牌，面料、做工都是国内一流的，您这身材穿上它更潇洒。"
与竞争者相比	强调本公司优质的服务和提供更多的承诺	客户："别人的价格比你们低。" 销售员："哦，这有可能。如果我们也不提供这种特殊功能的话，我们比他们更便宜。"
认为产品不值	强调物有所值	客户："这种产品根本不值这么多钱。" 销售员："是的，它用料不多，但很费工，让我们看看它的生产工艺吧。"

9.4.2　客户异议的类型

客户异议的类型按不同的分类方法有不同的类型，主要有两种分类方法，如图 9-3 所示。

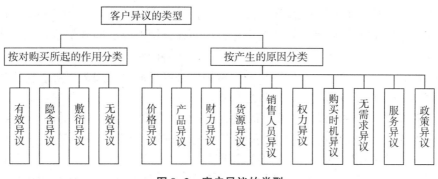

图 9-3　客户异议的类型

1. 按对购买所起的作用分类

(1)有效异议。有效异议是指客户对销售活动的真实意见和看法。因此，又称为真实异议。对于这种异议，销售人员要认真对待、正确理解、详细分析，消除异议，有效地促进客户的购买行为。

(2)隐含异议。隐含异议是指为了掩盖另一种真实异议而提出的异议。有时候客户提出产品质量有问题，实际上是认为价格太高，希望降价。对于这类异议，销售人员必须用询问法将客户的真实异议挖掘出来，然后进行处理。

(3)敷衍异议。敷衍异议是指为了打发销售人员而提出的异议。如："让我想想。""下次再说吧。"通常他们不谈对某一产品的真实异议，因为他们担心异议会触犯你，或者他们可能认为你的销售访问不值得重视，因此采取了敷衍的行为。对于这类异议，销售人员应该同处理隐含异议一样挖掘客户的真实异议。

(4)无效异议。无效异议是指客户用来拒绝购买而故意编造的各种反对意见和看法，是客户对销售活动的一种虚假反应。无效异议并不是客户的真实想法，因此，销售人员不需要处理，即使处理了也不会对购买行为产生促进作用。所以，无效异议又称为虚假异议。一般情况下，对于客户的无效异议，销售人员可以采取不理睬或一带而过的方法进行处理。

2. 按产生的原因分类

(1)价格异议。价格异议是指客户认为销售的产品价格与自己估计的价格不一致而提出的异议，主要是指价格过高。如："我没那么多钱！""这么一个小小东西卖那么多钱，太贵了！"由于价格与客户的利益密切相关，因而客户对此十分敏感。因此，作为销售人员一定要给客户一个明确的解释，以消除客户心中的疑虑。否则，极易引起误解，形成销售障碍。价格异议是客户异议中最常见、最普遍的异议，销售人员务必高度重视。

(2)产品异议。产品异议是指客户认为产品本身不能满足自己的需要而形成的一种反对意见。例如："我不喜欢这种颜色。""这个产品造型太古板。""新产品质量不太稳定。"还有对产品的设计、功能、结构、样式、型号等提出异议。产品异议表明客户对产品有一定的认识，但了解还不够，担心这种产品能否真正满足自己的需要，因此，虽然有购买条件，就是不愿意购买。为此，营销人员一定要充分掌握产品知识，准确、详细地向客户介绍产品的使用价值及其利益，消除客户的异议。

(3)财力异议。财力异议是指客户认为缺乏货币支付能力的异议。例如："产品不错，可惜无钱购买。""近来资金周转困难，不能进货了。"一般来说，对于客户的支付能力，营销人员在寻找客户的阶段已进行过严格审查，因而在营销中能够准确辨认真伪。真实的财力异议处置较为复杂，营销人员可根据具体情况，或协助对方解决支付能力问题，如答应赊销、延期付款等，或通过说服使客户觉得购买机会难得而负债购买。对于作为借口的异议，营销人员应该在了解真实原因后再进行处理。

（4）货源异议。货源异议是指客户认为不应该向该营销人员购买产品的一种反对意见。例如："我用的是某某公司的产品。""我们有固定的进货渠道。""买国有企业的商品才放心。"客户提出货源异议，表明客户愿意购买产品，只是不愿向该营销人员及其所代表的公司购买。当然，有些客户是利用货源异议来与营销人员讨价还价，甚至利用货源异议来拒绝营销人员的接近。因此，营销人员应认真分析货源异议的真正原因，利用恰当的方法来处理。

（5）销售人员异议。销售人员异议是指客户认为不应该向某个营销人员购买销售产品的异议。有些客户不肯买销售产品，只是因为对某个营销人员有异议，他不喜欢这个营销人员，不愿让其接近，也排斥此营销人员的建议。但客户肯接受自认为合适的其他营销人员。比如："我要买老王的。""对不起，请贵公司另派一名营销人员来。"营销人员对客户应以诚相待，与客户多进行感情交流，做客户的知心朋友，消除异议，争取客户的谅解和合作。

（6）权力异议。权力异议是指客户以自己无权决定购买产品而提出的一种异议。如客户这样说："领导不在，我不能做主。""这个事情不属于我们管辖的范围。"权力异议有两种情况：一是真实的异议；二是虚假的异议。销售人员对于这种异议，同样要认真分析，有针对性地采取不同的方式处理。

（7）购买时机异议。购买时机异议是指客户对购买产品的时机提出的不同看法。如客户会说："我想要，但不是现在购买。""我们现在还有货，等以后再说吧。"购买时机异议有时是客户的一种拖延战术。产生购买时机异议的原因有很多，可能是客户一时拿不定主意，也可能是客户一时资金周转有困难，还可能是客户个性所决定。克服购买时机异议必须有耐心，有时不得不等待。

（8）无需求异议。无需求异议是指客户主观上认为自己不需要你所销售的产品而提出的一种异议。这是较为常见的客户异议。比如说："我根本不需要这种产品。""我们对现有的产品感到很满意。"产生无需求异议的原因很多，如客户安于现状而没认识到自己的需要，销售人员介绍不够详细，客户对新产品缺乏较为全面的了解，客户对本企业产品有成见等。

（9）服务异议。服务异议是指客户对购买销售产品能否获得优良的售后服务表示不信任而提出的异议。如"空调坏了怎么修呀？到哪里去找你们呀？""这种空调有没有免费送货上门服务呢？"服务异议大多源于售后服务。

（10）政策异议。政策异议是指客户对自己的购买行为是否符合有关政策的规定有所担忧而提出的一种异议，也称为责任异议。对于这种异议，销售人员在进行销售准备时就应该对有关政策有所了解，进而在实际销售活动中有的放矢地解决客户的问题。

情景体验 9-19

小黄为一家公司销售新型打印纸时，一般客户还没听说过这种产品，虽然该公司产品的质量人人信得过，但消费者用惯了其他品牌的打印纸，谁都没兴趣为买这点小东西而多跑几家厂，多比几家货。

小黄最初上门销售时，除了一个客户正巧旧打印纸用完，为了偷点懒不去商店才买下一批以外，其余的客户都摇摇头说："我们不需要。"

"我可以用你的打印机吗？"第二天，小黄来到客户办公室寒暄之后，第一句就这么问。

客户怔了怔，便点点头："当然可以。"得到了允许，小黄就把自己带来的打印纸夹到打印机里，然后在电脑前坐了下来，在屏幕上输入这么一行字："您用普通打印纸，能打出这么清晰的字吗？"接着便发出打印命令。

小黄从打印机上取下打印纸拿给客户看："您不妨把它跟您用的普通打印纸比较一下。不用多说，您就会相信我们的新型打印纸一定适合于您。"客户仔细地比较了一番，非常信服地看着小黄："你们的质量的确一流。"说完后，爽快地向小黄订购了一批新型打印纸。

随后小黄来到前些天说不需要的客户那里，用同样的办法销售，结果客户纷纷表示愿意购买新型打印纸。

9.4.3　处理客户异议的技术

1. 处理客户异议的基本策略

处理客户异议的方法是多种多样的，也是千差万别的。但是，有些规律性的原则和策略是销售人员应该掌握的。

（1）欢迎并倾听客户异议。客户异议既是销售的障碍，也是成交的信号。若客户对产品毫无兴趣，根本不会提出任何异议。客户的异议，有利于销售人员发现客户的真实需求和想法。如果能及时、准确地把握和有效地处理客户异议，往往能直接促成交易。认真倾听客户的异议，一方面是对客户的尊重，另一方面通过分析客户的异议，能够对症下药。

（2）避免争论和冒犯客户。销售过程本质上是一个人际交往的过程。销售人员应该与客户保持良好、融洽的关系，使客户觉得你是他们的助手和顾问，可以向他们提供许多帮助和建议。与客户争论或冒犯客户是销售洽谈的一大禁忌，争论往往会使双方不欢而散。一旦争吵，无论谁胜谁负都只能表明销售失败。

（3）预防和扼要处理客户异议。销售人员针对特定的销售环境，应该能预先了解或意识到某些特定的反对意见，然后在潜在客户尚未提出时，即领先一步适当地予以回答；或者先想好答案，等合适的机会再回答。

处理客户拒绝或
抱怨的原则

对于客户的异议，销售人员不要夸大，或在某个异议上纠缠太长的时间，简明扼要地回答完异议后，继续你的展示或要求成交，对于那些次要异议和无效异议可以策略性地不予处理。有时客户异议是随口说的，你越对它关注，客户越认为确有问题。

2. 处理客户异议的时机选择

选择好处理客户异议的最佳时机也是处理客户异议的技术之一。它与答复内容、答复技巧具有同等的重要性。

（1）预先处理客户异议。预先处理客户异议是指在客户提出异议之前，即先行处理。例如：在开始展示之前，你就知道王女士是这样一位有特殊需求的客户，她希望 60 天后才付款，而你公司的规定是付款期为 30 天。洽谈时，销售人员为了防止王女士提出付款期限的异议，销售人员可以这么说："王女士，我们的商品质量好，价格也相当合理，操作上还有其他的重要特点，以您的身份，您也知道我们之所以能够维持合理价格的方法之一，就是高效率的操作，以及采用同行业惯用的一般做法，如请求客户在 30 天之内付清货款。客户对此政策虽然略有抱怨，但是由于我们以较低廉的价格来提供更好的商品，这将更有助于增加客户的实际利益。"

预先处理客户异议这种先发制人的处理技巧有许多好处：

①可以赢得信任。这样做会使客户认为你是个诚实的人，也很善解人意。

②利于化解异议。自己主动提出异议，措辞慎重，有利于淡化异议。

③省时、高效。可以节省大量的时间，提高洽谈的效率。

（2）推迟处理客户异议。推迟处理客户异议是指在客户提出异议后，过一段时间再处理。其目的是避免销售人员立即回答可能造成的客户强烈抗拒的结果。例如："王先生，你是说价格吗？他远远超出你的意料之外，先让我告诉你它的特性，以及怎样帮助你降低经营成本。"销售人员通常在五种情况下推迟处理客户异议：

①当即不能给出满意答复。不能立即给客户一个满意的答复，或者没有足够的资料进行说服性的回答，应当暂时将客户异议搁下，等时间成熟时再具体答复。如此处理，说服销售人员对待客户异议持谨慎态度，不会影响客户对销售人员的信任。相反，客户会觉得该销售人员稳重、老练，值得信赖。

②马上答复对论点不利。如果立即答复客户异议，极大可能会对销售洽谈的说服工作产生不利影响，影响销售计划的有步骤实施。

③异议的处理随后将涉及。如果客户异议会随着销售洽谈的不断深入而逐渐转化、淡化或消失，则没必要马上回答客户的异议。

④离题太远。如果客户异议远离销售主题，或者对这一异议的回答会涉及一些对客户来说没有任何实际意义的问题，销售人员可以不马上答复。

⑤策略性的安排。如果销售人员预计推迟回答异议，可以降低客户的抵触情绪，或者客户会替销售人员回答，可以不马上答复。

（3）不处理客户异议。对客户反对意见不太强烈或者不太显著的异议，可以不予处理。对无效的异议也同样不需要处理。当客户异议只是一种自我表现时，销售人员最好不予反驳，因为让客户感觉正确比否定客户更有利于产品销售。当客户情绪不佳时，提出异议是客户发泄的一种有效方法，此时客户需要的只是倾听。销售人员要勇于充当"受气包"，全神贯注地倾听客户诉说。当客户情绪平静下来时，就会产生歉意或内疚感，在他们看来，购买产品是感情方面补偿销售人员的一种最佳选择。

（4）立即处理客户异议。一般说来，客户都希望销售人员能够尊重和听取自己的意见，并立即给出满意的答复。在产品销售过程中，对直接影响客户购买决策的异议，销售人员要及时予以答复，否则客户就会认为销售人员无法解决这些问题，对销售人员提供的产品信息的真实程度产生怀疑。

情景体验 9-20

欧洲某国的 AC 电话公司曾遇到过这么一件事情：公司的客户爱尔森初涉商界，可并不顺利，然而业务电话却用了许多，收到电话账单后见到话费数额很大，明显超过以前，于是打电话给 AC 电话公司，对接听电话的人大发脾气，指责该公司收取高额电话费用。爱尔森扬言要到法院告状，且真的一纸诉状告到当地法院。

AC 公司接到这一电话，初期认为爱尔森是无理取闹，在知道他向法院告状时，经过分析之后，决定派一名干练的业务员充当"调解员"，去会见这位客户。见面后，爱尔森仍滔滔不绝地又说又骂，业务员却始终洗耳恭听，连声说是，并不断对爱尔森所遇到的不顺利表示同情，就这样，在几个小时内，让爱尔森这位暴怒的客户痛快淋漓地发泄了一番。

如此这般，在一周内，业务员上门了三次，经历了三次相同的会面之后，爱尔森冷静了，并渐渐地友善了。最后，爱尔森照付了电话账单上的费用，撤回了诉状，甚至有些不好意思。

9.4.4 处理客户异议的方法

1. 询问处理法

询问处理法是利用客户异议来追问客户的一种方法。此法的目的是将客户的虚假异议（隐含异议和敷衍异议）转变成真实的异议（有效异议或无效异议），或者把一般性的客户异议转换成具体的客户异议。

为了尽己所能把问题弄清楚，销售人员可以考虑使用如下技巧：

（1）用一个问题询问理由，"您这么说一定是有道理的，我可以问问是什么理由吗?"即使引出的是另一种虚假异议，你仍然可以按照同样方式询问，然后要对方做出承诺："如果我能解决这个问题，您就买我的产品吗?"客户要么同意购买，要么把真实的反对意见告诉销售人员。还有的问题如："怎么才能让您信服呢?""请告诉我，您心里究竟有什么想法?"

（2）可使一般性异议转化为具体异议。例如当客户说："这布料太粗糙了。"销售人员回答："您认为就精致的布料而言，这种商品太粗糙了，是吗?""您心目中理想的布料是什么样子呢?"

2. 转折处理法

转折处理法是指先表示理解客户异议，再用事实和理由来否定客户异议的一种方法。此法的目的是先表示理解客户以消除客户的敌对心理和疑问，然后转变到自己的立场上来。例如："我同意原来那种儿童用的塑料游泳圈容易坏，使用一个夏天即破，就变成无用之物，但是我们现在所使用的制造方法，恰恰可以减少这些问题。"

转折词的使用要尽量婉转。心理学家研究表明，转折词"但是"的使用，会使客户感觉不柔和，销售人员最好选择"3F 法"。

所谓"3F 法"是指利用感觉（Feel）、感受（Felt）、发觉（Found）三个词组来转折处理客户异议的陈述方法。这种方法克服了用"但是"一词的生硬，会使客户心理感觉更好，容易获得客户的信任。例如："许女士，我很了解你的感觉，以前我访问过的许多人也有同样的感受，然后这就是他们试用之后所发觉的……"

转折处理法能够比较有效地处理客户异议，容易创造良好的销售气氛，适合武断性、陈述性的客户。该法不太适合客户探索性和疑问性异议。注意转折词后面的陈述一定要围绕新的销售重点，给客户提供大量信息。

情景体验 9-21

销售员："这种童装系列是专家针对儿童的特点专门设计的，您看这色彩、款式都很时尚。"

客户："这种款式童装我很喜欢，可惜布料太薄了，现在的孩子都很淘气，这种衣服恐怕穿不到两天就会破，一般人不会买的。"

销售员："看到这套服装的客户都担心它不经穿。这种布料看上去很薄，其实它是用一种高级纤维织成的，穿在身上轻飘、凉爽，但耐磨力和抗拉力都相当好，客户知道了它的优点是会喜欢的。"

3. 补偿处理法

补偿处理法是指销售人员利用客户异议以外的该产品的其他优点或长处对客户异议涉及的短处进行补偿或抵消的一种方法。补偿处理法适用于客户的反对意见确有道理的情况，这时销售人员采取否认的态度和反驳的策略是不明智的。在销售实践中，当客户冷静地提出一些确实存在的购买异议时，销售人员应客观对待，通过详细的产品介绍使客户既看到产品的缺点，也清楚地认识到产品的优点，并且确信优点大于缺点，该产品值得购买。例如："让我们来比较一下商品的优点与缺点，我相信您会同意……"

当客户提出的异议是有效的认知异议时，例如："东西好，就是贵了一点。"销售人员只能用补偿处理法，不能用直接反驳、转折等方法。

使用该法时，销售人员应该注意及时提出产品优点和带给客户的利益进行有效补偿，还应注意要对客户的主要购买动机进行补偿。销售人员对待异议和利益要采取不同态度，淡化异议，强调主要动机所对应的利益，调整客户的价值观。

情景体验 9-22

销售员："您可以看一下这种饼干，老少皆宜，很受消费者喜欢。"

客户："这批饼干还有两个月就过保质期了，我不要了。"

销售员："这批饼干是一个老客户订购出口的，由于客户方面出了一些问题，没有履行合约，所以挤压下来。这批货其他都好，就是保质时间短，所以现在打五折啊。"

4. 利用法

利用法是指利用客户异议本身的积极一面来处理异议的方法。此法的目的是把客户的异议转换成购买的理由。例如："你说平时工作太忙，更需要听听这种设备可以为你节省很多时间的理由。""是的，这产品又涨价了，下个月还会继续上涨，为什么不多买一点备用呢？"

使用该法时应注意不要引起客户的反感和抵触情绪，语调、神态不要让客户感到不受尊重。

5. 直接否定法

直接否定法是指直接否定客户异议的一种方法。该法特别适合于回答客户用问句形式提出的异议或不明真相的揣测陈述。例如：

客户："这颜色在阳光下会褪色吗？"

销售人员："不，决不会，试验多次，我可以担保。"

当客户对你公司提出不切实际的指责时，销售人员应该策略性地运用直接否定法。例如："恐怕别人提出的信息不准确吧，实际上我们……"

使用该法时应该自信而不失礼貌。反驳应该有理有据，令客户信服。该法不能用于无效异议，也不能用于太敏感和自我表现欲很强的客户。

情景体验 9-23

销售员："现在好多家庭都装这种分体式空调机，噪声小、功能多。"

客户："这种分体式空调机只负责上门安装，又没说上门维修，坏了都不知道怎么办。"

销售员："您只是害怕这一点吗？那么您尽可以放心，生产这种空调机的企业，在我市有特约维修服务部，随时可以上门维修、保养。您看商品说明书上都说明了维修服务部的地址和电话的。"

6. 举证法

举证法是指销售人员通过列举人证、物证等来处理客户异议的方法。在现实生活中，大多数客户出于自尊、自信的需要，喜欢自己对事物进行判断，但受所掌握的知识、经验和判断能力等方面的限制，他们面对复杂的事物又显得手足无措，常常拖延购买决策。那些被客户羡慕的看法或做法，以及那些被客户认为经营有方的企业的做法，常常被他们所推崇，或者认为值得借鉴，认为他们是证明自己的判断或选择正确的有利证据。

使用该法时要注意：他们购买或使用产品的例证对客户来说是可信的；例证要具体，并且可以考证，销售人员不能随意编造故事来欺骗客户，例证必须是真实的、已经发生的。

情景体验 9-24

客户："你们公司生产的外墙涂料日晒雨淋后会出现褪色的情况吗？"

销售员："经理您请放心，我们公司的产品质量是一流的，中国平安保险公司给我们担保。另外，您是否注意到东方大厦，它采用的就是本公司的产品，已经过去 10 年了，还是那么光彩熠熠。"

客户："东方大厦啊，我知道，不过听说你们公司交货不是很及时，如果真是这样的话，我们不能购买你们公司的产品，它会影响我们的工作。"

销售员："经理先生，这是我们公司的产品说明书、国际质检标准复印件、产品价目表，这些是我们合作过的企业以及它们对我们公司、产品的评价，下面我将给您介绍一下我们的企业以及我们的产品情况……"

7. 冷处理法

对于客户一些不影响成交的反对意见，销售员最好不要反驳，采用不理睬的方法是最佳的。当客户抱怨你的公司或同行时，对于这类无关成交的问题，都不予理睬，转而谈你要说的问题。

国外的销售专家认为，在实际销售过程中 80% 的反对意见应该冷处理。但这种方法也存在不足，不理睬客户的反对意见，会引起某些客户的反感。且有些反对意见与客户购买关系重大，销售员把握不准，不予理睬，有碍成交，甚

老太太买砖

至失去销售机会。因此，利用这种方法时必须谨慎。

处理客户异议的方法很多，各种方法均有其特点。销售人员在实际工作中需要根据具体情况灵活处理，注重各种方法的配合使用，还要注重创造新的方法。

9.5　促成交易

9.5.1　识别成交障碍

促进成交就是促使客户采取购买行动，这是整个销售过程中具有决定意义的环节。成交是指客户接受销售人员的销售展示，并立即购买或签订正式协议的行动过程。因此，成交包含两层含义：一层是一种肯定和接受，另一层是一种行动过程。成交也有广义和狭义之分。广义的成交既包括客户产生成交意识和发出成交信号，也包括成交的行动；而狭义的成交是指达成交易的那一刻的行动。本书中的成交是指广义的成交。

许多销售人员害怕提出成交要求，并且提出的时机也难以把握，但这恰恰是非常重要的。

成交应该是很自然的事情，客户要买，销售人员要卖，但许多时候成交有障碍。这些障碍有的来自客户方面，有的来自销售人员方面。来自客户方面的成交障碍主要是客户对购买决策的修正、推迟等行为，来自销售人员方面的成交障碍主要是心理和技巧两方面。

1. 客户的修正、推迟行为

在成交阶段，客户常常受风险意识的影响而修正、推迟已做出的购买决策，或者避免做出购买决策，使销售人员的努力付诸东流。在客户的潜意识里，任何购买都有一定程度的风险，因为他们无法确定购买行动的后果。要降低客户的风险意识就要求销售人员极具耐心，并谙熟客户的心理和促进成交的方法。

2. 销售人员的心理和技巧

（1）害怕失败。有时销售人员越想成交，越害怕提出成交要求，害怕客户说"不"。有时害怕促进成交时过于勉强而冒犯客户，故而面部表情过于紧张，让客户也觉得不舒服，造成成交失败。

其实客户与你一样需要成交，有一个恰当的结果。客户也希望再次得到保证，希望你说他们的决策是正确的，"买下它，没问题"。若把成交看成是满足买主的需要和购买欲望的话，那成交就更轻松了。

（2）职业自卑感的心理障碍。有的销售员总认为做销售低人一等，上门销售形同乞讨，自己看不起自己，更看不清自己所从事职业的真正意义。因而，不可能热爱自己的职业，更不可能把销售当作自己的事业全身心地投入。正确的销售观应该是，销售员在了解客户需要的基础上，当好客户的参谋，让客户买到称心如意的商品。销售员通过提供良好的服务满足客户的需要，获得属于自己的正当利益也就是完全应该的。

（3）成交期望过高的心理障碍。这是极不利成交的心理状态。如果销售人员对成交的期望值过高，就会在无形中产生巨大的成交压力，破坏良好的气氛，引起客户反感，结果事与愿违，导致成交失败。说到底，这是销售员不成熟的表现。有经验的销售员懂得这样的道理：即使不能说服某个客户购买，一定还有其他客户购买；只要全力以赴，即使没有成交，也没有遗憾。

（4）坐等客户主动成交的心理障碍。通常情况下，客户在交易活动中属于被动的一方，即使很想购买，也会一再拖延。如果销售员在时机成熟时不积极主动地促成交易，就会失去交易成功的良机。

（5）单向沟通。销售人员像做广告一样一个人滔滔不绝，说个没完，没有试探性的询问，没有倾听，没有注意购买信号，这就是所谓的单向沟通。双方缺乏交流，自然难以成交。

（6）缺少训练。成交既需要丰富的知识，也需要严格训练，经常实践。盲目、仓促上阵，难免出问题，成交时需要掌握一定的技术与策略，只有经过大量的实践，销售人员才能把握成交工作中的方方面面。

（7）计划不周。成交只是销售过程的一个环节，因此，促成力量的大小将依据销售人员所拟订的销售计划的周到程度。若销售计划欠周到，就难以成交。拟订计划时要回答下列问题：你了解潜在客户吗？接触是否在合适的情况下进行？你调查过客户的需求欲望及他们的问题吗？你所销售的产品能满足他们的要求吗？等等。销售展示是否充分，是否让客户满意，也是成交能否成功的关键。

（8）强迫销售。许多不称职的销售人员，毫不在意客户的感受，总是催促客户即刻购买，这无异于强迫客户向你说"再见"。不知大家听过这个故事没有，有一个主人想把自家的牛拉回家，主人越拉牛越往后退，后来这家的主妇看见了，用搅菜的手伸到小牛嘴里，小牛含着手指轻快地回家了。因此，销售人员要懂得客户习性，要注意引导客户。所有的人都希望自己做决定，而不喜欢他人强迫自己做事。

9.5.2　促成交易的基本策略

1. 敏锐捕捉购买信号促成交易

成交信号是指客户通过语言或行为显示出来的，表明他可能采取购买行动的信息。如果客户已经产生购买意图，那么这种意图总会有意无意地通过语言、表情、行动流露出来。尽管成交信号并不必然导致成交，但可以把成交信号的出现当作促进成交的有利时机。

业务员是如何卖车的?

成交信号是多种多样的，一般可以分为两类。

（1）语言信号。当客户有采取购买行动的意向时，销售人员可以从客户的语言中发现。一般说来，客户的语言成交信号可以总结为以下几类：

①询问更多有关产品的细节，如运输、交货时间、地点、保管等。如："如果更换这种设备，需要停机多长时间？"

②了解售后服务问题。如："假如产品超过保修期出了问题怎么办？"

③询问产品的使用性能及注意事项和零配件供应问题。如："这种墨盒可以打印标准A4 纸多少张？"

④询问价格折扣问题，开始讨价还价。"这种产品现在有什么促销优惠？"

⑤对产品的一些次要方面，如包装、颜色、规格、款式等提出不同意见与要求。如："这种衣服面料还行，不过我不喜欢 V 字领，还有其他领子的吗？"

⑥给予一定程度的肯定或赞同。"这个自动水果机用起来倒是蛮方便的！"

⑦用假定的口吻与语气谈及购买。"我要是今天购买这种台空调，最迟哪天可帮我安装好？"

⑧提出一个购买异议。如："这个组合柜做工、颜色还可以，但只怕油漆掉了就难看了。"

（2）动作、神态信号。销售人员也可以通过观察客户的动作、神态识别客户是否有成交的倾向。因为一旦客户拿定主意要购买产品，就会出现与销售人员介绍产品时完全不同的动作和神态。

①由静变动。原先客户采取静止状态听销售人员讲解，这时会由静态转为动态，如动手操作产品，仔细触摸产品，翻动产品等。

②有签字倾向动作。如客户找笔，摸口袋，靠近订货单，拿订货单看等，这就是很明显的购买动作信号。

③神态由紧张变放松。原来倾听销售人员介绍，身体前倾并靠近销售人员及产品，这时变为放松姿态，或者身体后仰，或者做其他舒展性动作等。

④面部表情兴奋。如眼睛发光，变得神采奕奕，眼球转动加快；腮部放松，由咬牙深思或托腮沉思变为明朗轻松，活泼友好；面部由冷漠、怀疑、深沉变为自然、大方、随和。

（3）事态信号。事态信号的表现，比如客户主动提出转换洽谈环境地点，由门厅换到客厅，由大会议室换到小会议室，或者把销售员带到具体办事员身边；客户主动要求改变洽谈程序，如要求销售员住下来，让有关人员为销售员安排吃住事宜；询问销售员的日程安排，并与自己的日程对照，然后提出找个时间再谈；等等。

2. 选择成交环境促成交易

成交环境也是影响销售能否成功的重要因素，要予以高度重视。一般说来，合适的成交环境要符合三项原则。

（1）成交环境要安静舒适。洽谈场所的环境布局，包括室内墙壁的主色调、采光设计、装修风格等要给人以舒服、轻松的感觉；周围没有污染，特别不能有令人刺耳的噪声，对大型商务洽谈，室外最好有足够的空间，必要时可供代表休息。通常在成交阶段，应尽量远离电话、门口和其他人员，以免被外界干扰，分散双方的注意力。

（2）成交环境要适合单独洽谈。有时在洽谈的关键阶段，需要与对方重要代表单独沟通，这样，在安排洽谈场所时，应考虑能否满足需要。比如，一些商务宾馆就针对洽谈需要，专门设计了类似套间形式的商务会所，既有小型会议厅可以集体商谈，又设有单间以方便个别交流，还有娱乐室、茶室可以提供中途休息，十分周到、便利。

（3）成交环境要注意迎合客户心理。成交环境的选择要尽量考虑客户的需要，迎合其心理，投其所好，个别情况出于谈判策略的考虑例外。比如，同样是谈生意，有的人喜欢在办公室，有的喜欢在家里，还有的喜欢在其他社交场合；多数人喜欢白天谈生意，晚上休息，也有人刚好相反。有的人看到现场悬挂欢迎自己的条幅，心理上很满足，而有些人则做事低调，不喜欢这一套。通常，选择客户熟悉的场所，如客户工作单位的会议室、办公室或客户家中，能减轻客户的心理压力，增强客户的自信心。

3. 帮助客户权衡利弊促成交易

众所周知，世上没有十全十美的东西，作为销售人员同样也要利用到这一点，积极向客户介绍买与不买的利与弊，当销售人员确实能够清楚地向客户表明利远大于弊时，客户就不会无动于衷了。比如客户埋怨说："你的价格也太高了，像××这样的公司，它的产品和你的产品质量差不多，但价格便宜了一大半。"此时，销售人员可以说："确实如您所说，我们的价格是高了点，可能您也知道，××公司的产品的使用期只有两年，而我们公司的产品的有效使用期是四年。实际上我们的产品比它的产品便宜多了。"客户在权衡利弊后，也会有所体会和改变。

4. 积极诱导、主动出击促成交易

通常客户为了保证自己提出的交易条件，往往不愿主动提出成交，这时需要销售人员主动和自信地提出成交。通常第一次提出成交就成功的概率是 10% 左右。因此销售人员必须坚持多次要求成交，调查研究表明，4~5 次的成交要求是比较好的。

成交步骤如图 9-4 所示。

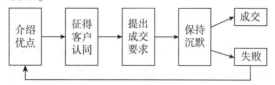

图 9-4　成交步骤

先是向客户介绍产品的优点、特点，然后设法征得客户对优点的认同，再提出成交要求。一旦提出成交要求，销售人员要保持一段时间的沉默，至少 30 秒钟的时间。这需要销售人员的勇气，毕竟双方沉默的时候，销售人员的感觉是不舒服的，但这对成交有利。如果成交失败，销售人员就应该返回第一步，就新的优点和特点进行介绍，然后再次征得认同和提出成交要求，直到成交为止。

5. 提前准备，充分利用最后的成交机会

大量研究表明，许多生意是在销售人员与客户即将告别的时候成交的，尤其是当这个销售人员给客户留下良好印象时。客户拒绝购买，销售人员反应得体，又准备告辞，客户一方面感觉轻松，另一方面又有些歉意。销售人员若把握好这最后的机会，成交的概率会有所提高。有一位销售保险的女孩，她经常带一些小丝巾等礼物去约见客户，当客户不买时，她就起身告辞，临走时她就拿出一条小丝巾送给对方作为礼品，然后讲一些轻松的话题。这时有些客户会要求销售人员再等一等，让他与家人再商量一下，然后买下了保险。有些客户会说："下个月来，我一定买。""以后我要买保险一定找你。"无论如何这对销售人员来说都是有利的。

6. 提示销售重点，保留一定的成交余地

保留一定的成交余地，也就是要保留一定的退让余地。任何交易的达成都须经历一番讨价还价，很少有一项交易是按卖主的最初报价成交的。尤其是在买方市场的情况下，几乎所有的交易都是在卖方适当让步之后成交的。因此，销售人员在成交之前如果把所有的优惠条件全部端给客户，也就没有退让的余地了。所以，为了有效地促成交易，销售人员一定要保留适当的退让余地。

9.5.3　促成交易的方法

客户是否购买受其自身的类型与特点、销售条件以及销售员所能给予的种种有益的暗

示的影响。有经验的销售员能够灵活运用所掌握的促成交易的方法。一般来说，促进成交的方法有如下几种：

1. 假定（假设）成交法

假定成交法是销售人员在假定客户已经同意购买的基础上，通过讨论一些具体问题而促成交易的办法。例如销售人员认准一个客户有购买意图，就不失时机地问："你打算一次进多少货？""明天下午交货可以吗？"不要问要不要进货，而是假定客户肯定要进货，只是还不能最后确定进多少、何时进等。假定成交法适用于老客户、中间商、决策能力层次低的客户和主动表示要购买的客户，对于不太熟悉的客户要慎用。

假定成交法最大的优点就是节省销售时间，可以提高销售效率。这一优点表现在三个方面：一是它将洽谈直接带入实质性阶段；二是它逐步深入地进行提问，可提高客户的思考效率；三是它使客户不得不给出反应。

情景体验 9-25

销售人员将一部汽车开出去给客户看过了，而且感到完成这笔交易的时机已经成熟。这时销售员趁热打铁对客户说："杨先生，现在你只要花几分钟工夫就可以领取牌照，把过户的手续办妥，再有半个小时，你就可以把这部新车开走了。如果你现在要去办公事，那么就把这一切交给我们吧，我们一定会在最短的时间内把它办好。"这时，如果客户根本没有决定要买，他自然会向销售员说明。但如果他仅仅是因为觉得领取牌照与办理过户等手续相当麻烦而仍在犹豫的话，那么销售员这番话肯定会打动他，成交是十拿九稳的事了。

2. 直接（请求）成交法

直接（请求）成交法就是用简单、明了的语言，直接要求潜在客户购买的方法。这是一种最简单、最基本的成交方法。例如，销售人员可以说："王经理，我们已经讨论了很长时间，我想你也同意我们企业的产品对于贵公司拓展市场是非常有利的。买下它吧，真不错。"在运用直接成交法时，销售人员应切忌过于自信，以免客户产生反感而导致成交失败。

这种方法适用于客户已有明显购买倾向但仍在拖延时间的情况，也适用于一开始提出很多问题，经过销售人员解释已提不出什么异议，但仍不愿主动开口说购买的客户。

直接成交法的优点是：可以有效地促成购买，借要求成交向客户进行提示并略施压力，从而节省时间，提高了销售工作效率。这是一种最基本和最常用的方法。

情景体验 9-26

一位家庭主妇对销售员推荐的家用电热水器很感兴趣，反复询问它的安全性能和价格，但又迟迟不决定购买。这时销售人员可以用直接成交法帮助她决策，可以说："这种电热水器既实用又美观，价格上可以给您九折优惠。买下它吧，您一定会感到满意的。"

3. 选择成交法

选择成交法即销售人员为客户设计出一个有效成交的选择范围，使客户只在有效成交范围内进行成交方案选择，因而，也称缩小选择成交法。这是假定成交法的一个具体应用。例如一个销售人员问一位客户："我给你送20打还是送30打？""是要小包装还是要大包装的？"

选择成交法的优点是：具有假定成交法的全部优点，而且，由于提出几个很实际的方案让客户进行挑选，既可以使客户减轻心理压力，又使销售人员有回旋余地。同时，由于把客户的思维与选择限制在几个有效而又有限的成交方案中，无形中使客户无法拒绝成交。

情景体验 9-27

销售员对来店里挑选服装的客户说："对，快过年了，都要给乖宝宝买新衣服的呀。店里品种齐全，有毛衣、棉衣，还有皮衣；有时尚的广州货，也有实惠的武汉货。请问您比较喜欢哪一种？"

4. 总结利益成交法

总结利益成交法是指销售人员总结能引起潜在客户兴趣的主要特点、优势和利益，然后要求成交的方法。销售人员以积极的态度来总结这些益处，使潜在客户同意自己的话，然后提出订货要求。

总结利益成交法可能是要求订货时使用最普遍的方法。这种方法由三个基本步骤组成：在展示中确定能使潜在客户感兴趣的产品的主要益处；总结这些益处；提出建议。这种方法的优点是使客户处在兴奋和积极状态，易于成交。

情景体验 9-28

假定潜在客户王小姐在你做销售展示时表示喜欢你的边际利润、交货时间和信用条件。

销售人员："王小姐，您说你喜欢我们提供的毛利率、快速交货和信用政策，对吗？"（总结，然后做试探性成交）

潜在客户："是的。"

销售人员："根据你们商店的客户数量、按正常营业额推算的我们产品的预期销量以及我们的销售计划，我建议您买（说出产品和它们的数量）。这样可以满足你们客户下两个月的需求，同时也给您带来了您希望自己的产品赚得的利润。下一周早些时候我就能把货送给您。"（现在等待回答）

5. 小点成交法

小点成交法也称为次要问题成交法或避重就轻成交法。如"这件衣服你穿很合适，你看我给你包装好，带走吧"，而不去提价格、质量问题。

小点成交法的优点首先是可减轻客户心理压力。先在客户认为是次要的问题上达成协议，避免了就大的问题进行讨论而引起客户敏感。因为是小问题，客户会认为先同意也无大碍，于是会在无心理压力情况下达成协议。其次，在客户犹豫不决时不直接提出成交，避免给客户造成心理压力，而是通过一系列的试探性提问逐步消除客户心中的疑虑，循序渐进，积少成多，逐步接近目标。这样既不会吓跑客户，又能帮助客户决策。最后，小点成交是销售人员合理利用与确认客户成交信号的机会。当销售人员提出一些很次要的问题要求客户同意时，如果客户答应较为爽快，销售人员就可以把小点成交看成是整个成交的信号。多个小点成交可以转为大点成交的机会，最终促成成交。

情景体验 9-29

客户来到摩托车店看了很久，拿不定主意具体买哪一台好。销售员说：

"您需要的是女式摩托车吧？"

"喜欢白色，对不对？"

"要求省油一点，而且刹车性能要可靠，对吧？"

……

"说到底就是这一款最适合您了，请过来看看。"

6. T 形成交法

T 形成交法又称为"优点-缺点"成交法，是指通过对产品的优点和缺点进行分析促使客户购买的方法。销售人员应准备一个 T 形图，一栏是缺点，一栏是优点，如图 9-5 所示。通过罗列产品的缺点，使潜在客户相信销售人员在陈述、展示产品没有任何偏见，然后列出更多的优点，最后加以总结。这种方法可以吸引潜在客户。例如，可以这样表述："田小姐，从这张表中我们可以看出，产品优点要远远多于缺点，所以购买这种产品你能得到更多的好处。我们现在就签约好吗？"

优点	缺点
快速交货 可观的利润 良好的信用	花色品种少

图 9-5　T 形图

7. 分段成交法

这是一个把成交过程分为多个阶段的方法。一些重大的业务可能难以一下子谈成，于是销售中可以根据事先了解的情况，拟出洽谈计划，定出分段洽谈目标。通过实现分段目标，达到最后通盘成交的目的。如："我们已谈妥培训问题，再谈服务问题，下次我们再谈价格问题。"

分段成交法的优点是把大的、难谈的问题放在后面，减轻了客户的心理压力，易于促成成交，有利于营造良好的洽谈气氛。

8. 克服异议成交法

克服异议成交法是销售人员利用处理客户异议的机会直接要求客户成交的方法，也可称为大点成交法。因为客户提出的异议，尤其是客户认为重要的异议，大多是购买的主要障碍。异议处理完毕如果立即请求成交，往往收到趁热打铁的效果。如："我们已经提供了你所需要的折扣，现在让我们来签订合同吧！"

克服异议成交法的优点是：有利于销售人员抓住一切成交机会。在处理客户异议后立即提出成交，就不会失去任何一个成交的机会。

9. 最后机会成交法

最后机会成交法也称选择成交法、唯一成交法等，是销售人员直接向客户提示最后成交机会，促使客户立即实施购买的一种成交方法。如："今天是最后一天降价，赶紧购买吧。"

最后机会成交法的优点是：利用了人们对机会限制的紧张心理，可以造成很有利的成交气氛；可以把客户的注意力集中到成交上，使客户产生一种内在的成交压力；可以限制成交内容及成交条件，可以达成一种成交的时间及心理紧迫感，使客户在一定范围内较快成交；可以形成交叉销售感染力，如告诉客户"这批货卖得很快，这是最后一批货"等，客户会产生"这个企业不错"等联想，有时会促成大笔交易。

情景体验 9-30

某电脑经营部打出这样的广告："凭优惠卡在本店购买指定品牌的笔记本电脑，即可获得三大优惠：1. 内存由原来的16G免费升级到32G；2. 硬盘由原来的500G免费升级到1200G；3. 免费赠送精品电脑背包一个。以上优惠仅在本周内有效！"

10. 从众成交法

从众成交法是销售员利用客户的从众心理，促成客户立即决定购买的方法。心理学研究表明，从众行为是一种普遍的社会心理现象。人们购买商品时，不仅受自己的购买动机支配，同时会受到周围环境的影响，常常以大多数人的行为作为自己行为的参照。

从众成交法主要适合具有一定时尚程度的商品销售，且要求销售对象具有从众心理。如果商品流行性差，号召力不强，又遇到追求消费个性、自主意识较强的客户，就会产生相反作用。运用从众成交法时要注意三个问题：第一，谨慎判断目标客户是否具有从众心理，对独立意识强的客户不用这种方法。第二，先期发动广告攻势，利用名人宣传品牌，造成从众声势。第三，寻找具有影响力的核心客户，在取得核心客户合作的基础上，利用他们的影响力和声望带动、号召大量具有从众心理的客户购买，这样可以起到以点带面、事半功倍的效果。

情景体验 9-31

服装店营业员对一位正在试穿的年轻女士说："这位姐姐，您真是太有眼光了！您看这件衣服式样新颖、美观，是今年最流行的款式，大小正合适，您这么有气质，身材也特别好，穿上它一定很漂亮！我们昨天才进了5套，今天就只剩下2套了。"

11. 优惠成交法

优惠成交法是指销售人员通过向客户提供某种优惠条件而促成客户购买的一种成交方法，也称让步成交法。这种方法充分利用了客户的求利心理动机，直接向客户提供一些优惠的交易条件或做出一些让步，以促使客户成交。优惠条件一般包括价格折扣、送货上门、延迟付款、赠品、人员培训、产品包装、设备安装等。销售员使用这种成交方法时要慎重，一要充分考虑到因为让步破坏了惯有的交易规则而可能造成的负面影响，二要估计成本上升带来的影响。

情景体验 9-32

某空调代理商为了在经营淡季鼓励所辖的各经销商多进货，减轻库存压力，对经销商打招呼："如果订货金额达到100万元以上，则可在原有进货差价的基础上，另外给予2%的优惠！如果按100万元计算，一次就可比以前节省2万元支出，也相当于多赚了2万元！"

12. 试用成交法

试用成交法是销售人员先把产品留给客户试用一段时间以促成交易的方法。国外有实验表明，产品留给 10 家试用，往往有 3~6 家购买。试用成交法主要适用于确有需要，但疑心又较重、难下决心的客户。

13. 保证成交法

保证成交法是指销售员通过向客户提供某种成交保证来促成交易的一种成交方法。这种方法是基于对客户成交心理障碍的正确认识，通过给客户提供某种保证来降低客户的购买风险，使客户消除疑虑，通过解决客户的心理障碍达成交易。如商品质量保证、"三包"保证等，给客户吃一颗"定心丸"，让客户放心购买。

情景体验 9-33

销售员对迟疑不决的客户说："您放心，我们这里绝对是全市最低价，如果你发现别家的货比我们的便宜，我们保证以差价的两倍赔偿你。"

14. 饥饿成交法

饥饿成交法是一种通过让商品处于一种供不应求的状态来促成交易的方法。使用这种方法时要注意两个问题：一是这种方法多用于名优产品；二是时间要控制好，避免客户因"饥饿"时间太长而"饥不择食"去购买其他替代产品。

15. 激将成交法

激将成交法是销售员用激将语言刺激客户购买，来促成交易的一种成交方法。例如，一位服装店老板对客户说："昨天正巧你们公司一位姓刘的女士也看上了这一款衣服，当时她简直是爱不释手，不过她嫌价格太高没有买。"使用这种方法的关键是要把握好尺度，不要伤了客户的面子，否则，会弄巧成拙。

9.6 售后跟踪

销售是一个连续、循环的过程，销售人员与客户成交签约后，并不意味着销售活动的结束，而是"关系销售"进程的开始，应及时做好售后服务和货款回收以及关系沟通。

9.6.1 维护商誉

凡与所销售商品有连带关系且有益于购买者的服务，均属于商品的售后服务。售后服务最主要的目的是维护商品的信誉。一件品质优良的商品，在销售时总是强调售后服务的。在类似或相同商品销售的竞争条件下，售后服务也常是客户决定取舍的重要因素。一般商品的维护工作有下列三种：

（1）商品品质的保证。销售人员在出售商品之后，为了使客户充分获得"购买的利益"，必须常常做些售后服务，这不只是对客户道义上的责任，也是维护自身商誉的必要行动。

（2）服务承诺的履行。任何销售人员在说服客户购买的当时，必须强调与商品有关，甚至没有直接关联的服务。这些服务的承诺，对能否成交是极重要的因素，而如何履行销售人员所做的承诺则更为重要。

（3）制定商品的赔偿制度。商品在销售过程中，由于生产与消费之间的矛盾以及生产方面的原因，必然会产生售后退货现象，对此，销售人员要妥善处理退货与不良品，帮助企业建立赔偿制度。

情景体验 9-34

德国著名的奔驰汽车公司的销售服务措施可以形容为两张网。第一张网是销售服务网：任何一位客户或潜在的客户在它的销售处或销售人员那里，都可以对其汽车的样式、性能、特点等得到全面了解。而且，根据客户的不同需求和爱好，对诸如车型、空间设备、车体颜色，甚至不同程度的保险钥匙等，都可以通过定制满足。在德国的公路上，平均不到 25 千米就有一个奔驰汽车的维修站。维修站的工作人员，技术娴熟，态度热情，修车速度快。在任何一条公路上，汽车出了故障，车主只要向就近的维修站打个电话，维修站就会派技术人员来修理，或者将车拉到站里进行修理，一般的修理项目当天就能完成，不影响车主使用。

9.6.2　收回货款

出售产品或服务与收回货款是销售活动全过程中必不可少的两个部分，缺一不可。购销合同的签订只表明销售人员完成了销售的前期成交工作，但是企业不是单纯为了成交而活动，它的主要目的在于通过销售将产品或服务转化为货币，投入再生产。显然，从这一角度来看，收款同样是销售人员的一项重要工作。

1. 对付"强硬型"债务人的策略

这种债务人最突出的特点是态度傲慢。面对这种债务人，要想得到较好的清债效果，应避其锋芒，设法改变认识，以达到尽量保护自己利益的目的。

（1）沉默策略。沉默是指在清债实践中，观察对方态度而不开口。上乘的沉默策略会使对方受到心理打击而造成心理恐慌，不知所措，甚至乱了方寸，从而达到削弱对方力量之目的。沉默策略要注意审时度势、灵活运用，运用不当，效果会适得其反。如一直沉默不语，债务人会认为你是慑服于他的恐吓，反而增添了债务人拖欠的欲望。

（2）软硬兼施策略。这个策略是指将清债班子分成两部分，其中一部分成员扮演强硬型角色，在清债某一问题的初期阶段起主导作用。另一部分成员扮演温和的角色，在清债某一阶段的结尾扮演主角。这种策略是清债中常见的策略，而且在多数情况下能够奏效，因为它利用了人们避免冲突的心理弱点。如何运用此项策略呢？在与债务人刚接触并了解债务人心态后，担任强硬型角色的清债人员要果断地提出还款要求，并坚持不松口。此时，承担温和角色的清债人员则保持沉默，观察债务人的反应，寻找解决问题的办法。等到空气十分紧张时，温和角色出面缓和局面，一面劝阻自己伙伴，另一方面也平静而明确地指出，这种局面的形成与债务人也有关系，最后建议双方让步，促成还款协议或只要求债务人即还清欠款，放弃利息、索款费用。

需要指出的是，在清债实践中，充当强硬型角色的人，在要威风时应紧扣"无理拖欠"这份理，切忌无中生有、胡搅蛮缠。此外，各种角色配合要默契。

2. 对付"阴谋型"债务人的策略

企业之间经济往来应以相互信任、相互协作为基础进行公平交易。但在实践中，有些人为了满足自身的利益与欲望，常利用一些诡计或借口拖欠债务，甚至是"要钱没有，要命一条"的无赖样。下面介绍几种对付策略。

（1）反"车轮战"策略。此处的"车轮战术"是指债务人一方采用不断更换接待人员的方法，使债权人精疲力竭，从而迫使债权人做出某种让步。对付这种战术的策略有以下几个：

①及时揭穿债务人的诡计，敦促其停止车轮战术的运用。

②对更换的工作人员置之不理，可听其陈述而不表述，挫其锐气。

③对原经办人施加压力，以促其主动还款。

④紧随债务企业的负责人，不给其躲避的机会。

（2）"兵临城下"策略。这种策略意思是，对债务人采取大胆的做法，看对方如何反应。这一策略虽然具有冒险性，但对于"阴谋型"的债务人时常有效。因为债务人本身想占用资金，无故拖欠，一旦被识破反击，一般情况下会改变态度。例如，对一笔数额较大的贷款，债权人企业派出十多名清债要员到债务企业索款，使其办公室挤满了债权人的职工。这种做法必然会迫使债务人尽力还款。

3. 对于"合作型"债务人的策略

"合作型"债务人是清债实践中人们最愿接受的，因为他们的最突出特点是合作意识强，能给双方带来皆大欢喜的满足。所以对付"合作型"债务人的策略思想是：互利互惠。

（1）假设条件策略。在清债过程中，向债务人提出一些假设条件，用来探知对方的意向。这种做法比较灵活，使索款在轻松的气氛中进行，有利于双方在互利互惠基础上达成协作协议。例如："假如我方再供货一倍，你们前面的缺款还多少？""每月还款10万元，再送货2吨棉纱怎样？"

需要指出的是，假设条件的提出要分清阶段，不能没听清债务人意见就过早假设。这会使债务人在没有商量之前就气馁或使其有机可乘。因此，假设条件的提出应基于了解债务人打算和意见。

（2）私下接触策略。它是债权企业的清债人员或业务员等有意识地利用空闲时间，主动与债务人一起聊天、娱乐，目的是增进了解、联系感情、建立友谊，从侧面促进清债工作的顺利进行。

4. 对待"感情型"债务人的策略

在国内企业中最常见的人是属于"感情型"。在某种程度上，"感情型"的债务人比"强硬型"债务人要难对付。"强硬型"债务人容易引起债权人警惕，而"感情型"债务人则容易被人忽视。因为"感情型"性格的人在谈话中十分随和，能迎合对方的兴趣，能够在不知不觉中把人说服。

"感情型"的人一般对人友善、富有同情心，专注于单一的具体工作，不适应冲突气氛，对进攻和粗暴的态度一般是回避的。针对以上特点，可采用下面几种策略：

（1）以弱为强策略。商谈时，柔弱胜于刚强。因此，要训练自己，培养"谦虚"习惯，多说："我们企业很困难请你支持。""我们面临停产的可能。""拖欠货款时间太长了，请你考虑解决。""能不能照顾我们厂一些。"由于"感情型"的人的性格特点，对方会考虑还款。

(2)恭维策略。"感情型"的债务人有时为了顾及"人缘"而希望得到债权人的承认，受到外界的认可，同时也希望债权方了解自身企业的困难。因此，债权企业清债人员及时说出一些让债务人高兴的赞美话，对于具有"感情型"性格的人非常奏效。如："现在各企业资金都困难，你们厂能搞得这么好，全靠你们这些领导。""像你们这个行业垮掉不少小公司了，你们还能挺过来，很不错。""你们对我们厂的支持，我们厂领导是公认的。"

(3)在不失礼节的前提下保持进攻态度。在索款一开始就营造一种公事公办的气氛，在感情方面保持适当的距离。与此同时，就对方的还款意见提出反问，以引起争论，如"拖欠这么长时间，利息谁承担"等，使对方感到紧张。但不要激怒对方，因为债务人情绪不稳定，就会主动回击，一旦撕破脸面，债权人很难再指望商谈取得结果。

5. 对待"固执型"债务人的策略

"固执型"的债务人在清债中也常会遇到。这些人最突出的特点是坚持所认定的观点，有一种坚持到底的精神。这种人对新的主张、建议很反感，需要不断得到上级的认可、指示，喜欢照章办事。对这种人不妨采用以下策略：

(1)试探策略。这一策略是用以摸清"敌情"的常用手段，其目的是用来观察对方反应，以此分析其虚实和真正意图。如提出对双方都有利的还款计划，如果债务人反应激烈，那就可以采取其他方式清债(如起诉)；如果反应温和，就说明有余地。

运用这一策略，还可以试探"固执型"接待或谈判人的权限范围。对权力有限的，可采取速战速决的方法，越过他，直接找到其上级谈话。对权力较大的"固执型"企业负责人，则可经采取冷热战术。一方面以某种借口制造冲突，或是利用多种形式向对方施加压力，另一方面想方设法恢复常态。总之通过软磨硬抗的方法达成让对方改变原来想法或观点的目的。

(2)先例策略。"固执型"债务人所坚持的观点不是不可改变，而是不易改变。为了使债务人转向，不妨试用先例的力量影响他、触动他。例如，向债务人企业出示其他债务人已成为事实的还款协议，法院为其执行的判决、调解书等。

6. 对待"虚荣型"债务人的策略

爱虚荣的人一般具有如下特点：自我意识较强，好表现自己，对别人的暗示非常敏感。面对这种性格的债务人，一方面要满足其虚荣的需要，另一方面要善于利用其本身的弱点。具体策略如下：

(1)以熟悉的事物展开话题。与"虚荣型"债务人谈索款，以他熟悉的东西为话题，效果往往比较好，这样做可以为对方提供自我表现的机会，同时还可能了解对手的爱好和有关资料，但要注意到虚荣者的种种表现可能有虚假性，切忌上当。

(2)顾全面子策略。索款可事先从侧面提出，在人多或公共场合尽可能不提要款，而满足其虚荣心。不要相信激烈的人身攻击会使对方屈服。要顾全对方的面子，同时把自己顾全其面子的做法告知债务人。当然，如果债务人躲债、赖债，则可利用其要面子的特点，与其针锋相对而不顾情面。

(3)制约策略。"虚荣型"最大的一个弱点是浮夸，因此债权人应有戒心。为了免受浮夸之害，在清债谈话中，对"虚荣型"者的承诺要有记录，最好要他本人以企业的名义用书面的形式表示。对达成的还款协议等及时立字为据。要特别明确奖罚条款，预防他以种种借口否认。

9.6.3　销售跟踪

销售跟踪是指对客户的跟踪，实质上就是维持客户关系。跟踪客户的目的主要有以下两个方面：

1. 感情联络

由交易而产生的人际关系，是一种自然而融洽的关系。人们常常因为买东西而与卖方交上朋友，销售人员及其销售组织同样因为与客户的交易形成了深厚的友谊，于是客户不但成为商品的购买者、使用者，而且也变成销售组织的拥护者与销售人员的好朋友。因此，销售人员应该经常保持与客户联系。一般与客户进行感情联络的方法主要有以下几种：

（1）拜访。经常去拜访客户是很重要的事。拜访不一定非要销售商品，主要是让客户觉得销售人员关心他，也愿意对所销售的商品负责。销售人员的拜访不一定有任何目的，也许只是问好，也许是顺道而访。

（2）书信、电话联络。书信、电话都是销售人员用来联络客户感情的工具。当销售人员需要将有些新资料送给客户时，可以用书信方式附上便笺；当客户个人、家庭及工作上有婚丧变故时，致函示意，贺年、贺节、贺生日等，通常客户对销售人员的函件会感到意外和喜悦。以电话与客户联络所发挥的效果是不可忽视的，偶尔简短几句问候，会使客户觉得很高兴、很贴心。

（3）赠送纪念品。赠送纪念品是一种常见的招徕手法，有些销售组织对其客户一直提供很周到的服务，经常给老客户赠送一些纪念品，即便纪念品的价值不一定很贵。赠送纪念品主要发挥两种作用：一是满足普通客户喜欢贪小便宜的心理；二是可以使纪念品成为销售人员再次访问客户或探知有关情报的手段或借口，这是成功销售的捷径。

2. 追踪客户新需求

追踪客户新需求可以说是售后服务的另一个目的。许多精明的销售人员利用各种售后服务增加与客户接触的机会，以实现搜集情报的目的。因此，销售人员应该把握任何一次售后服务的机会，尽量去发掘有价值的客户，搜集任何有益于商品销售的情报。

在跟踪调查中，销售人员能了解不同类型客户对不同产品的满意程度及他们的其他喜好，能了解到商品的不足，还能了解到这类客户的朋友的一些情况和竞争对手的情况。

本章案例

调味品企业解决终端第一扇门

本章小结

作为专业的销售人员，除了做好销售拜访前的准备工作，还要熟悉约见客户和接近客户的方法。约见客户的内容包括确定约见对象、明确约见事由、安排约见时间、选择地点。约见客户的方法包括电话约见、当面约见、信函约见、委托约见、广告约见、网上约见。接近客户是销售流程中的最难点，因为销售人员是带着销售的目的去接近一个陌生人。但是销售人员成功地完成接近工作，就为销售工作的顺利完成奠定了良好的基础。接下来，就要进行销售陈述和销售展示，吸引客户注意并让客户产生兴趣。

销售展示主要有两类：一类是销售陈述，另一类是销售演示。销售陈述主要是用语言去说服客户的展示方式。销售演示主要是利用客户的视觉系统，启发诱导客户的展示方式。销售展示的基本步骤包括：详细介绍产品的特点、优势和利益；介绍销售计划；阐述商务建议等。

在销售展示过程中，客户自然会提出各种各样的问题和意见，这些问题和意见、看法都属于客户异议。客户异议产生的原因有四个方面：客户对销售活动的警惕、来自客户主观和客观的原因、来自销售方面的原因、来自价格方面的原因。

客户异议的分类方法有二：一类是按对购买所起的作用分类，另一类是按异议产生的原因分类。处理客户异议的基本策略是欢迎并倾听客户异议，避免争论和冒犯客户，预防和扼要处理客户异议。

选择处理客户异议的时机包括预先处理、推迟处理、不处理、立即处理四个。处理客户异议的方法包括询问、转折、补偿、利用、直接否定、举证、冷处理。销售人员要学会灵活机动地处理各种客户异议。客户异议处理结束，销售人员应立即提出成交的要求。

促进成交就是促使客户采取购买行动。成交的主要障碍来自客户和销售人员两个方面。销售人员妥善把握成交时机也非常重要，当客户发出购买信号时，就是提出成交的最好时机。

销售人员必须科学运用成交的基本策略、成交的技巧和方法，加强售后服务，做好销售跟踪工作，这是维系客户的主要保证。

本章习题

一、复习思考题

1. 什么是销售过程？它可分为哪几个步骤？

2. 制订销售访问计划的主要内容是什么？销售约见的内容和方法是什么？

3. 怎样理解接近的含义？其基本任务和策略是什么？接近的方法主要有哪几类？

4. 销售展示的步骤有哪几步？销售展示有哪两大类？

5. 何谓客户异议？导致客户提出异议的原因有哪些？处理客户异议的策略是什么？

6. 处理客户异议有哪几种时机选择？处理客户异议的方法有哪些？

7. 什么是成交？成交的主要障碍有哪些？其基本策略有哪些？如何判断客户的成交

信号？

8. 成交的步骤有哪几步？促使成交可采取哪些方法？销售服务与跟踪对企业销售有何影响？

二、实训题

实训项目：要求学生实行上门销售，正确对待客户异议。

实训目标：使学生接触到各种类型的客户和客户异议，掌握正确处理客户异议的原则和方法。

实训内容与要求：

1. 将班级同学每6个人分成一个小组，每小组销售一种小商品（具体如圆珠笔、墨水，以及生活小用品等，可以到当地批发市场上购买，量不要大，重点放在销售体验上）。

2. 销售地点可以选择在校园内、校门口，或到附近的居民区。

3. 实训时间集中在某双休日，销售时间为一天左右。

4. 各小组完成项目后写出总结，全班交流经验。

第10章　直播销售技巧

🎯 **学习目标**

通过本章学习，了解直播营销的话术设计，了解直播间的氛围管理方法，了解直播间的商品介绍，了解直播间的促销策略。

✏️ **素质目标**

通过学习直播销售技巧，学生掌握脚本制作的方法和技巧，培养创新意识和创造精神，促进德智体美劳全面发展。

⚔️ **教学要求**

注重通过理论讲授直播销售的方法和技巧；采用启发式、探讨式教学，加强课堂案例讨论，注重对直播销售方法和技巧进行实战训练。

📦 **引导案例**

靠直播走红的品牌，注定难以长久

这两天 T97 咖啡挺火。我每次刷视频，都会刷到类似直播剪辑和模仿，特别是那句魔性洗脑的"咖啡你冲不冲，冲冲冲冲冲冲"。

网红"大嘴"夸张喊麦式的表演，浮夸的装扮形象让人久久不能忘怀，也让品牌成功破圈。独特主张(USP)，能够给消费者带来不同的价值利益，品牌/产品要有精准的人群定位及与之匹配的核心利益。

1. 人气带不动销量

《营销管理》中有一句话这么说："时尚是无法长久的，因为它们通常不能满足强大的需求。"简而言之，流行不创造需求，种草①、直播可以给品牌带来短期爆火，但长期来看，随着消费者的理性，这种模式的可持续性有待商榷。

但这样的场景却没在 T97 咖啡直播间上演。据新榜数据显示，T97 咖啡旗舰店近一个月每场直播的场均销量在 2 500~5 000 件，场均销售额在 7.5 万~10 万元。显然，尽管 T97 和有的直播间人气相当，销售额却天差地别(不考虑类目及客单价情况下)。

广告的意义就在于，如何说服客户相信并购买产品。在当下信息更透明、更高效的市场环境下，消费者掌握的信息越来越全面，也越来越难被说服。当下单纯靠名人效应和网红的造势、不断的节点活动去吸引众人打卡消费，当然这也是它的绝对短期优势。客户不是去吃饭的，而是去打卡/秀朋友圈的，他满足的是社交认同需求。如果从餐饮消费的角度来讲，本身就是违背逻辑的。

未来，如果不去打造一些特色菜品和特色化体验等能够让客户复购的发展方向，总有一天客户也会厌倦，趋于平缓。事实证明，尽管放飞式的直播风格及网红 IP 光环有助于品牌破圈，但大多数消费者是理性的，没那么容易"上头"买单。

2. 品牌价值难树立

一个新产品之于市场，要么微创新(口味或者包装的物理层面的创新)，要么开创新品类，要么开创新场景。T97 咖啡主打高品质、高性价比精品咖啡，其实就是盯住了下沉市场。而 T97 咖啡的创新更注重营销宣传模式，客户对其价值的感知微乎其微，这也是众多电商网红品牌的特点。

那么消费者为什么买 T97 咖啡？

消费者对品牌接触最多的场景就是直播，而直播好处很明显，简单直接，省去中间环节，万人直播间，直接下单，大大提升销量和效率。但直播对品牌价值的传播有限，大部分人只是看个热闹，并不会对 T97 咖啡的产品及文化产生记忆。如今的火爆主要是依靠主播夸张、搞笑的直播方式，而非产品本身，一旦消费者对此产生疲劳感，T97 直播间也将陷入沉寂。

3. 加盟模式惹争议

品牌，说白了就是口碑。从百度搜索词条推荐来看，T97 咖啡的消费者认知几乎没有关于产品的，而是"加盟、大嘴妹、直播见、骗局"等。

——资料来源：中国营销传播网，2022-11-11，作者：文峰

✎ **引导任务**

谈谈你所理解的直播销售模式。

———

① "种草"为网络流行语，指专门给别人推荐好货以吸引人购买的行为。

10.1 直播活动的脚本方案

直播活动的脚本方案，俗称"直播脚本"，可以理解为直播内容的策划方案，是直播团队通过结构化、规范化及流程化的说明，它为主播在直播间的内容输出提供线索，以确保直播过程的顺利进行及直播内容的输出质量。

直播脚本可以分为整场脚本和单品脚本。接下来，介绍这两种脚本的策划方法。

10.1.1 整场脚本策划

整场脚本策划，即直播团队策划并撰写直播过程中的每一个具体环节的关键内容。一个简洁的策划方法是，先规划时间，再整合工作内容，完成脚本策划。

规划时间，即根据直播的目的，确定直播过程中的各个环节及关键环节，并根据直播时间预算，为每个环节规划时间。

在此，以 2 小时直播推荐 5 个商品的直播计划为例，进行整场脚本策划说明。

1. 计算每个商品的推荐时长

假如预热时长和互动时长等非推荐商品时长预计为 40 分钟，那么，这 5 个商品的总推荐时长是 80 分钟，平均每个商品的推荐时长是 16 分钟。将这个时间改为浮动时间，即可设计每个商品的推荐时长为 10~20 分钟。

2. 设计每个商品的具体推荐时长

假如这 5 个商品分为 1 个特价包邮的引流款商品、1 个高性价比的印象款商品、2 个靠"走量"来盈利的利润款商品、1 个限购的"宠粉"款商品。那么，在这场直播中，印象款商品和利润款商品需要主播进行更多、更全面的介绍；引流款商品、"宠粉"款商品，由于价格低廉，限时限量，主播可以安排较短的介绍时长。如此分析后，即可设计这 5 款商品的推荐时长，如表 10-1 所示。

表 10-1 5 款商品的推荐时长

分类	引流款商品	印象款商品	利润款商品 1	"宠粉"款商品	利润款商品 2	商品总推荐时长
时间	10 分钟	20 分钟	20 分钟	10 分钟	20 钟	80 分钟

3. 设计非推荐环节的时长

一场直播中，除了推荐商品外，还有开场后的打招呼环节、暖场环节、活动剧透环节、福利抽奖环节、主播讲故事环节、下期预告环节等，主播可以按照剩余总时长对这些环节进行适当分配，如表 10-2 所示。

表 10-2 其他环节的时间规划

其他环节	打招呼	暖场	活动剧透	福利抽奖	主播讲故事	下期预告	非商品推荐总时间
时间	3 分钟	7 分钟	5 分钟	10 分钟	10 分钟	5 分钟	40 分钟

在实际操作中，由于直播时长通常在两个小时以上，主播可以适当增加福利抽奖、主播讲故事的时长，以增强用户对直播间的黏性；也可以新增加一个"清空购物车"环节，在紧张的氛围中快速提升直播间的销售成绩。

4. 各个环节的时间规划

经过以上分析，即可确定各个环节的时间规划，如表10-3所示。

表10-3　各个环节的时间规划

环节	打招呼	暖场	活动剧透	福利抽奖	介绍引流款商品	介绍印象款商品
时间（开播）	0~3分钟	3~10分钟	10~15分钟	15~20分钟	20~30分钟	30~50分钟
环节	介绍利润款商品	主播讲故事	福利抽奖	介绍"宠粉"款商品	介绍利润款商品	下期预告
时间（开播）	50~70分钟	70~80分钟	80~85分钟	85~95分钟	95~115分钟	115~120分钟

整合主题和分工，策划整场脚本根据直播过程中各个环节的时间规划，结合直播主题、直播目标及参与人员的工作内容，即可策划整场脚本。在两个半小时内介绍三款产品的直播活动的整场脚本，如表10-4所示。

表10-4　直播活动的整场脚本

直播活动概述	
直播主题	春季护肤小课堂
直播目标	"吸粉"目标：吸引10万名用户观看 销售目标：从直播开始至直播结束，直播中推荐的3款新品销量突破10万件
主播、副播	主播：××，品牌主理人、时尚博主 副播：××
直播时间	2022年4月1日，20：00—22：30
注意事项	①合理把控商品讲解节奏； ②适当提高商品功能的讲解时间； ③注意对用户提问的回复，多与用户进行互动，避免直播冷场

直播流程				
时间段	流程安排	人员分工		
		主播	副播	后台/客服
20：00—20：10	开场预热	暖场互动，介绍开场截屏抽奖规则，引导用户关注直播间	演示参与截屏抽奖的方法；回复用户的问题	向粉丝群推送开播通知；收集中奖信息
20：10—20：20	活动剧透	剧透今日新款商品、主推款商品，以及直播间优惠力度	补充主播遗漏的内容	向粉丝群推送本场直播活动

20：20—20：40	讲解商品	分享春季护肤注意事项，并讲解、试用第一款商品	配合主播演示商品使用方法和使用效果，引导用户下单	在直播间添加商品链接；回复用户关于订单的问题
20：40—20：50	互动	为用户答疑解惑，与用户进行互动	引导用户参与互动	收集互动信息
20：50—21：10	讲解商品	分享春季护肤的技巧，并讲解、试用第二款商品	配合主播演示商品使用方法和使用效果，引导用户下单	在直播间添加商品链接；回复用户关于订单的问题
21：10—21：15	福利赠送	向用户介绍抽奖规则，引导用户参与抽奖、下单	演示参与抽奖的方法	收集抽奖信息
21：15—21：40	讲解商品	讲解、试用第三款商品	配合主播演示商品使用方法和使用效果，引导用户下单	在直播间添加商品链接；回复用户关于订单的问题
21：40—22：20	商品返场	对三款商品进行返场讲解	配合主播讲解商品；回复用户的问题	回复用户关于订单的问题
22：20—22：30	直播预告	预告下一场直播的时间、福利、直播商品等	引导用户关注直播间	回复用户关于订单的问题

从表 10-4 中可以看出，整场脚本是对整场直播进行内容规划，其核心内容是直播间的商品介绍逻辑、用户互动的安排及直播节奏的把控。

为了把控直播节奏，在整场脚本方案完成后，主播可以按照既定的互动时间和商品特点设计具体的互动方案，如聊天主题和内容、才艺展示等。

10.1.2　单品脚本策划

单品脚本是概括介绍单个商品的脚本，其内容包含商品的品牌介绍、商品的功能和用途、商品价格等内容。在一场时长为 2~6 小时的直播中，主播需要推荐多款商品。因此，单品脚本需要以表格的形式罗列多款商品的特点和利益点。

单品脚本的模板如表 10-5 所示。

表10-5　单品脚本的模板

××月××日直播的单品脚本(共5款商品)									
序号	商品名称	商品图片	品牌信息	品牌介绍	商品卖点	使用场景	市场价	直播间商铺价格	优惠模式
1	(引流款)	—	—	(品牌理念)	—	—	标签价	9.9元	9.9元包邮
2	(印象款)	—	—	(品牌理念)	—	—	标签价	优惠后价格	3件三折
3	(利润款)	—	—	(品牌理念)	—	—	标签价	优惠后价格	3件三折
4	("宠粉"款)	—	—	(品牌理念)	—	—	标签价	1元	1元"秒杀"
5	(利润款)	—	—	(品牌理念)	—	—	标签价	优惠后价格	1件八折

情景体验10-1

作为观众，当你在直播间看到以下哪些内容时，你会产生沉浸感，甚至在结束时会有所留恋？为什么？

(1)多位明星的联合采访。

(2)某企业高管在产品发布会上念稿子。

(3)学校门口餐馆的日常(由监控摄像头采集)。

(4)英雄联盟(LOL)职业联赛年度总决赛直播。

(5)教你如何化妆、如何搭配服装的视频。

(6)某品牌组织100人在摄像机前吃水果、睡觉。

10.2　直播销售话术设计

直播团队需要提前设计好直播营销话术，以便让进入直播间的用户在很短的时间内了解"直播间在销售什么商品""这个商品好在哪里，如何体现"，以及"今天有什么福利，怎么兑现"。

10.2.1　直播销售话术的设计要点

直播营销话术的最终目的是获得用户对主播和主播所推荐商品的信任与认可，让用户意识到自己的消费需求，从而产生购买行为。当然，直播团队在为主播设置话术时，一定要规避平台和政府规定的敏感词汇，切忌出现过度夸大宣传、虚假宣传以及恶意宣传等违禁行为，直播团队为主播设置话术时一定要诚实守信，要站在用户的角度上思考，只有获得更多的顾客满意，主播才能够树立更好的形象。

直播团队需要根据用户的期望、需求、动机等，以能够满足用户心理需求的表达方式来展示直播商品的特点。直播团队设计直播营销话术时，需要考虑以下五个要点：

1. 话术风格应符合主播的人设

主播的人设不同，在直播间的说话风格也应有所差别。

例如，"专家"或"导师"人设的主播，需要传递"干练""理性"的感觉，说话风格应更强调观点，简洁明了，不过多重复，不拖泥带水；有"高情商"人设的主播，则需要多使用鼓励、赞美和"自嘲"式的话语；有"朴实"人设的主播，语言要平淡，尽量不使用华丽的词语，但需要把平淡的话语说出深意，以显现"大智若愚"的感觉；有"才女"或"才子"人设的主播，其词汇量要丰富，措辞要准确，对大小事件都点评精准；等等。

2. 介绍商品特点时多使用口语化的表达

商品的文案风格多是严肃而正式的。在直播间，如果主播直接念品牌方撰写的商品文案，用户可能记不住商品的特点。而如果主播能将这些文案用更符合日常交流情景的口语来表达，可能更容易让用户了解商品。

例如，某品牌智能摄像头的文案是"无惧黑夜，高清红外夜视：采用 8 颗 OSRAM 专业纳米环保 LED 红外补光灯，夜间在全黑环境下也能呈现高清画质"。在直播时，主播只需用更通俗的话语说清楚，为这段文案的关键内容描述一个使用场景。主播可以说："这款摄像头，因为有红外夜视，晚上即使关了灯，拍的视频也是很清楚的。"这样一段浅显易懂的日常话语，加上直播现场的操作演示，能够让用户更容易了解商品的使用价值，从而更容易产生购买行为。

3. 话术需要搭配合适的情绪表达

直播就像一场电视节目，主播就如表演节目的演员，演绎到位才能吸引用户。演绎到位即意味着，主播不仅要说好"台词"，还需要为台词配上能打动人的面部表情和丰富的肢体动作。试想一下，如果主播情绪平淡地说着商品的某些特点，用户会感觉到什么信息？而如果主播在介绍商品时面露兴奋，语调欢快，言语间尽是赞美之词，用户又会得到什么信息？答案显而易见，前者所说的商品"没什么特别之处""主播都懒得介绍"；而后者所说的商品，可能真的是"值得去抢"的商品。

可见，在直播间，主播在介绍商品时的情绪，远比"台词"本身更有感染力。主播要尽可能站在用户的角度去看待商品，去发现商品的独特价值。

4. 不同的话术需要不同的语速

主播在直播间推荐商品时，语速不能太慢，慢语速适应不了用户获取更多信息量的需求，也容易让用户对主播产生无精打采、懈怠、拖沓的印象；但语速也不宜过快，过快的语速会让用户听不清内容，来不及思考，影响内容的接收。

对于日常生活中非常熟悉的语言，在几秒的时间内，人耳的接受程度可以达到每秒七八个字；而在较长的时间内，人耳的接受程度是每秒四五个字，即每分钟 240~300 字。不同年龄、不同文化程度、不同职业的用户，对语言的理解能力是不同的。因为，如果按照兼顾大多数用户的原则，每分钟 250~260 字的语速是比较合适的。在此范围内，主播还可以根据直播内容灵活切换语速。例如，在催促用户下单时，语速可以适当快一些，提高到280 字/分钟左右，以营造紧张的气氛；如果要讲专业性较强的知识，语速可以稍微慢一些，降到240字/分钟左右，以体现内容的权威性；讲到关键之处时，可以突然放慢语速或增加停顿，以提醒用户注意倾听。

5. 整场话术设计要有节奏感

一场直播从开场到结束，从氛围的角度，可分为"开端""舒缓""提神""释放"四个阶段，每个阶段的话术所对应的作用依次是"吸引用户""舒缓情绪""刺激下单"及"留下悬念"。直播中四个阶段的话术要点如表10-6所示。

表10-6　直播中四个阶段的话术要点

阶段	话术目的	话术要点
开端	营造用户对直播间良好的第一印象	用热情的话术欢迎进入直播间的用户，用互动感强的话术活跃气氛，用有吸引力的预告话术提升用户期待感
舒缓	舒缓直播间的气氛，舒缓主播和用户的情绪	主播通过讲笑话、唱歌、聊天等形式，调节直播间的气氛，缩短主播和用户的心理距离
提神	活跃气氛，吸引流量，促成转化	以兴奋、激动的语气和话语进行抽奖送福利、惊喜价促销、"宠粉"秒杀，或推出让用户兴奋的高品质商品等活动
释放	提升用户的满意度，为下期直播积累用户	真诚地向用户表示感谢，提升用户的满意度；介绍下期直播最有吸引力的商品和活动，让用户对下期直播产生期待

10.2.2　开场阶段的话术参考

开场是直播的重要环节，是决定用户是否会留下来的关键时间段，即使是简短的开场，也需要调动直播间的气氛，否则主播将无法在后续的直播中取得良好的效果。一个良好的开场是展示主播风格、吸引用户的关键。

1. 暖场欢迎话术

在正式开始直播前，用户陆陆续续进入直播间，主播需要用一些话术来暖场。可参考的暖场欢迎话术如下所示。

(1)欢迎朋友们来到我的直播间，主播是新人，希望朋友们多多支持、多多捧场哦！

(2)欢迎各位同学，大家晚上好，大家能听见我的声音吗？已经进入直播间的朋友们可以在评论区回复"1"。我看到××已经来了，你好。

(3)感谢××的小红心，欢迎关注××，每周六晚上8点有免费公开课。

(4)废话不多说，先来抽一波奖！

(5)欢迎大家来到直播间，大家正在听的不是一般的课程，这可是有道一年一度官方最佳精品课程！

(6)首先欢迎大家来到我们××的世界，今天是一个需要改变的日子！

(7)Hello，大家好，欢迎来到××直播间！

(8)欢迎××进入直播间，这名字有意思啊，是不是有什么故事？

(9)欢迎××进来捧场，看名字应该是老乡。

(10)欢迎××的到来，我直播间第一次见到这么厉害的账号，前排合影留念啊！

(11)欢迎××来到直播间，每次上播都能听到你的声音，特别感动，真的。

(12)喜欢我的朋友们请动动你们的小手，点击"关注"按钮，就能随时随地来看我的直播啦！

（13）欢迎大家来到我的直播间，接下来正式给大家带来今晚的"干货"哟！

2. 自我介绍话术

直播时，通常会有很多新用户进入直播间。因此，主播需要做一个能够展示个性的自我介绍，从而让用户快速记住。可参考的自我介绍话术如下所示：

（1）秋叶 Word 姐的自我介绍："大家喊我大宝、喊我 Word 姐都可以，Word 姐是我的艺名。

有个小传统说一下，凡是 Word 学得好的同学，可以点播一首歌，我下课唱给你们听。"

（2）秋叶大叔的自我介绍：我是秋叶老师，他们说课讲得好的老师一般普通话不太好，请大家多多体谅；我是秋叶老师，给大家看看我最近做的一个介绍，就是最近在阿里发布会上呈现的："我叫秋叶，从事教育行业有 20 年的时间，我们的网课帮助全国上百万年轻人学 Office、学职场技能，让他们找到工作，升职加薪，甚至自主创业"；"大家好，我是秋叶大叔，就是微信公众号'秋叶大叔'的那个秋叶大叔"。

3. 开场话术

正式开场时，主播可以先向用户透露与用户相关的利益，从而留住用户。可参考的开场话术如下所示：

（1）效果引导：今天晚上 60 分钟的课程，我会给大家带来三点收获；我讲的这门课，我的一个企业朋友说，如果在大学提前学到，就不用上班后交那么多学费了；今天来给大家分享几个汽车保养小技巧，你学会了也可以成为汽车保养"达人"。

（2）福利引导：废话不多说，先来抽一波奖；今晚有福利环节，肯定给大家发红包。

（3）目标引导：欢迎大家来到我的直播间，今天晚上我要给大家分享的课程是 45 分钟的 Word 课，帮你轻松搞定毕业论文的排版。

4. 引导关注话术

主播及助理需要在直播过程中引导用户关注直播间，从而将直播平台的公域流量转化为自己的私域流量。可参考的引导关注话术如下所示：

（1）喜欢××的就请关注我们的直播间哦！

（2）关注我们的直播间，我们每晚 8 点在直播间不见不散！

（3）关注我们的直播间，待会儿抽奖被抽中的概率更大哦！

（4）想学习更多关于××的知识，关注我们的直播间，每天直播都有新"干货"哦！

（5）今后直播间还会给大家带来非常多的好东西，一定要先关注我们的直播间哦！

（6）谢谢大家的关注，喜欢我们团队的直播，记得分享给你身边的朋友哦！

（7）欢迎××进入直播间，点关注，不迷路！

（8）欢迎朋友们来到我的直播间，主播是新人，希望朋友们多多支持、多多捧场哦！

（9）刚刚进入直播间的同学，记得点击一下屏幕上方的订阅选项，每次有福利，我们会第一时间通知您！

（10）今天我们会在关注直播间的小伙伴中，抽出一个超级大奖，还没关注的同学赶紧关注哦！

10.2.3　推荐商品阶段的话术参考

直播营销的核心是推荐商品。而在推荐商品阶段，主播也需要事先设计好一定的话术，以尽可能引导用户产生购买行为。

1. 氛围话术

氛围话术，即主播通过一定的话术调动用户的情绪，以及让直播间的购物气氛保持活跃。可参考的氛围话术如下所示：

(1)我们直播间的商品比免税店的商品还便宜！

(2)所有女生，你们准备好了吗？3、2、1，链接来喽！

(3)天呐！这也太好看了吧！好好看哦！

(4)如果这个抢不到，就可以直接睡了，其他应该也抢不到！

(5)学完这门课，真的，你的领导不会再嫌弃你的PPT难看了！

(6)你看看我的眼睛，我像不像你导师生气的样子！

(7)这个真的好省钱啊！整整便宜了一半！

(8)当你下次给领导汇报工作的时候，你就用这个功能，一秒搞定。

(9)这款商品的专柜价为179元，到手价为139元，我们还送好多赠品……

(10)还有7 000个，还有3 000个，好了，没货了，卖完了。

2. 荐品话术

荐品话术，即商品描述话术，是主播告知用户一款商品的亮点在哪里，和其他竞品相比好在哪里。可参考的荐品话术如下所示：

(1)走在大街上，人们都想多看你一眼！

(2)阳光打到皮肤上的时候，折射出非常漂亮的光泽感。

(3)我从来没有感受过这么薄的唇釉。

(4)这是下过小雨的森林里的味道。

(5)果肉很新鲜，不是风干的那种，而是酸酸甜甜的口味，你们都会很喜欢吃。

(6)可以买给家长，爷爷、奶奶、爸爸、妈妈，完全不会有腻腻的感觉。

(7)我非常喜欢，好想吃，性价比超高，你买回去，你妈妈肯定说你非常会买。

3. 导购话术

导购话术，即主播告诉用户为什么要买这款商品，为什么现在就要下单。可参考的导购话术如下所示：

(1)这个是××(主播)还没推荐的时候，他们家就卖得特别好的商品！旗舰店已经销售两万份了！

(2)这款商品在小红书有10万篇"种草"文章，只要你买过，你就会想把这款商品推荐给身边的人！

(3)之前我们在直播间已经卖了10万套这款商品了！

(4)××(主播)一直在用的商品，真的特别好用！

(5)我已经用了10盒，出差也天天带着！

(6)这个商品在开售之前，已经有10万人提前添加购物车了！

(7)超市49元一盒，××(主播)直播间只要39.8元就能买两盒。买它，超划算！

(8)所有女生，这个一定要买!

4. 催单话术

催单也是导购的一个环节。关键是主播如何给用户制造紧迫感，促使用户马上做出决策并下单购买。可参考的催单话术如下所示:

(1)能加货吗?我们再加 1 000 份。最后 1 000 份啦，赶紧下单哦!

(2)×××最近都没货，可能下个月才会带给大家!

(3)今晚我的直播间，这款商品只有×万份，卖完就没了!

(4)今天晚上××(主播)直播间的商品，真的是全网最低价，可能以后再也不会有这样的价格了!

(5)原价 138 元一瓶，××(主播)直播间 108 元两瓶!

(6)这一款商品数量有限，如果看中了一定要及时下单，不然等会就抢不到啦!

(7)这次活动的力度真的很大，错过真的很可惜!

(8)还有最后三分钟哦，没有购买到的赶紧下单哦!

(9)刚刚放出来优惠，就已经有×××人抢着报名了。这些同学，你们真有眼光。

(10)不想错过优惠的同学，剩下的名额不多了。12 点过后，我们马上就恢复原价了。

5. 转场话术

主播推荐完一款商品，需要自然过渡到推荐另外一款商品或另外一个环节。主播这时就需要使用转场话术。可参考的转场话术如下所示:

(1)下一节我们要讲×××，也很实用!

(2)好，我们来看下一个商品，×××(商品名称)××(主播)特别喜欢!

(3)下面我要教大家 1 分钟搞定×××，这个在职场特别有用，因为能解决很多问题。

(4)好，那我下面教你们一招好不好?学会这一招呢，就能够搞定×××。

(5)讲到这里我突然想起一个故事，你知道吗?

(6)好，我跟大家说一个案例，这个案例呢，可能每一位观众都特别有感触。

(7)好，我们再来玩一个很简单的游戏。

(8)你们知道吗?我们前一段时间又收到一个小伙伴的信息。

(9)再跟大家讲一点"干货"。

(10)来，我给大家看几个例子，你们就知道做××真的好简单!

(11)现在给大家讲一个我们职场办公经常会遇到的挑战。

(12)我最近在朋友圈还看到一个非常有意思的广告。

(13)好，下面我们看一下这个操作，你们会用多长时间解决?

(14)刚才提到的问题，我听到好多人都说不知道，来看一下××。

6. 互动话术

互动话术，即主播引导直播间的用户与自己互动，包括点赞、转发、在评论区留言。可以参考的互动话术如下所示:

(1)今晚，××(主播)就是来送礼物的，我争取今天晚上一个小时送完，好吗?

(2)今天我邀请了一个神秘嘉宾来到我的直播间，大家猜一猜是谁?

(3)我看一下评论区，认识××(主播)和××(嘉宾)的打"1"，不认识××(主播)和××(嘉宾)的打"2"。

(4)各位同学，你们回忆一下自己童年最高兴的时候，在评论区用一句话描述一下！

(5)现在直播间有1.59万人。到1.6万人，我截图送个大奖，好不好？大家把直播链接分享出去！

(6)大家在评论区输入"一年顶十年"，小助手截图，截到的同学全部中奖，好不好？

(7)你们觉得这个方法好用吗？那你觉得你学得会吗？

(8)我给大家准备了一个Word水平等级小测试，非常简单。我们可以一起来看一下，好不好？

7. 提升用户价值感的话术

主播如何让用户觉得在直播间学到了知识或抢到了好物，并且下次还想来？这就需要主播提升用户观看直播及在直播间互动的价值感。可参考的提升用户价值感的话术如下所示。

(1)下面××(主播)说的每句话都特别重要，大家一定要认真听！

(2)学会这一招，你已经赢了99%的大学生！

(3)学习的目的是什么？不是我告诉你知识，而是我引导你发现，知识原来很有趣。

(4)没有比学会Word更实用的职场技能了，学到就是赚到！

(5)学会这些内容还可以解决你×××问题，一通百通！

(6)这就是我们讲的一个快捷键，在Excel训练营里，我们就只教你一个快捷键。

(7)让你满意？你满意我们还不满意——必须让你们学会100个！

(8)什么是学习、什么是成长呢？那就是你了解一个未知的领域，并且通过它找到一扇新的大门，今晚我们就来打开这扇大门。

(9)遇见了问题就要直面问题，不要把Office想得有多难，跟我学，就会了。

(10)如果你们把这个方法用到我们的工作中，领导会不会觉得你做得太棒了？其实如果能够早点学会，你就能早点得到领导的肯定，而很多人没有意识到这一点。

8. 引导认同话术

主播如何用话术引导用户认可自己推荐的商品或观点，让其产生认同感与信任感？可参考的引导认同话术如下所示：

(1)大家觉得刚才我说的对不对？

(2)有没有道理？有道理！

(3)同不同意？同意！

(4)你要不要做×××，那你要不要用到×××？

(5)我还要强调一遍×××。

(6)刚才给大家推荐的这本书，大家觉得实用吗？

(7)大家觉得刚才教的方法，好不好用？

(8)你在工作中有没有遇到过这样的问题？很简单，记住三步，方便吧！

(9)你觉得秋叶老师给大家拆解的方法好懂吗？——好懂！那你觉得这个方法你学不学得会？——学得会！

(10)大家说好还是不好呢？如果觉得好，请一起点赞！

10.2.4 结束阶段的话术参考

直播的结尾也非常重要。在结束阶段，主播及助理需要感谢用户的点赞、转发和关注，感谢给主播送礼物的用户，也需要预告下一场直播，还需要感谢直播团队的辛苦配合。可参考的结束阶段的话术如下所示：

（1）大家尽量早点来××(主播)直播间，谢谢你们的支持！

（2）我每天的直播时间是从××点到××点，风雨不改，记得每天准时来看哦！

（3）非常感谢各位朋友的观看，希望今天的分享能让大家有所收获！

（4）感谢朋友们今天的陪伴，感谢所有进入直播间的朋友们，谢谢你们的关注和点赞。

（5）非常感谢所有还停留在我直播间的朋友们，没点关注的记得点关注，每天准时来看哦！

（6）非常感谢大家，已经看到有600多人来到我们的直播间了，希望有更多的小伙伴来到我们的直播间，也感谢很多小伙伴的评论。

（7）感谢这位小伙伴给我打赏，我们也是非常需要鼓励的，那么这位打赏的小伙伴待会儿可以到微信群提一个问题，我保证给你回答。

（8）下次直播给你们送礼物，给你们多送一点。

（9）下一次直播的商品有哪些呢？有……我们暂时先预告这些给大家。还没关注的朋友，单击直播界面左上角关注一下直播间。

（10）觉得我们讲得不错的，记得关注直播间，下一周我们还有×××分享。

情景体验 10-2

东方甄选于 2021 年 12 月 28 日开启农产品直播首秀，2022 年 3 月 25 日双语带货基本成型，6 月 9 日，董宇辉老师凭借双语知识带货突然走红，东方甄选实现火速出圈。东方甄选是新东方教育集团旗下开设的直播间。新东方集团作为教育培训机构的龙头企业，在中小学教育"双减"政策的大环境下，难以独善其身。在创始人俞敏洪的带领下，新东方转型乡村振兴，成立东方甄选抖音直播间带货，2022 年 6 月销售额迅速起爆。东方甄选直播间观看总人次自 6 月 9 日开始节节攀升，在 6 月 18 日达到顶峰 6 167.3 万人，迎来流量红利期。随着直播间访客越来越多，东方甄选销售额也一路飙升，6 月日度销售额最高达 6 675.3 万元。

10.3 直播间的氛围管理方法

直播时，主播不能只是按照准备好的话术自顾自地介绍商品，还需要根据直播间的实际情况，引导用户积极互动，以提升直播间的互动氛围。在任何一个环节，热烈的氛围都可以感染用户，吸引更多的用户进入直播间观看直播，吸引更多用户在直播间参与互动，甚至产生购买行为。

直播间的互动玩法主要包括派发红包和送福利。

10.3.1 派发红包

主播在直播间派发红包，可以让用户看到具体、可见的利益，是聚集人气、激发互动气氛的有效方式。

1. 派发红包的步骤

派发红包有两个步骤：约定时间、在直播间发红包。

（1）约定时间。约定时间是指在正式派发红包之前，主播要告诉用户，自己将在 5 分钟或 10 分钟后准时派发红包。这样的预告，一方面可以活跃直播间的气氛，另一方面可以快速提高直播间的流量。在此基础上，主播还可以建议用户邀请更多的小伙伴进入直播间，参与抢红包的活动。

（2）在直播间发红包。到约定时间后，主播就要在直播间发红包。主播可以与助理一起，为派发红包开启"倒计时"，以增强活动的气氛，同时也可以让用户产生领取红包的紧张感。

此外，为了将公域流量转化为私域流量，主播还可以邀请直播间的用户加入粉丝社群，并告知用户，主播和助理会于固定时间在粉丝社群发红包。

2. 在直播间派发红包的策略

直播间的在线人数不同，主播派发红包的方式也有所不同。这里以在线人数不足 50 人的新直播间和在线人数超过 200 人的成熟直播间为例，介绍派发红包的不同策略。

（1）在线人数不足 50 人的新直播间。新直播间前期粉丝数量很少，主播使用派发红包的方式可以提升直播间的人气，解决直播间在线人数太少、无人互动的尴尬局面。

在人数较少的直播间，主播可在推荐完一款商品后就派发一次红包，以延长用户在直播间的停留时长。具体方法是，主播推荐一款商品，待感兴趣的用户下单后，邀请用户加入粉丝群，并说"现在又要开始我们的派发红包环节了，我们马上就会在粉丝群发放大额红包，没有进群的朋友们赶紧进群了。进群方法是，点击直播间……朋友们快点入群，主播马上就要发放大额红包了！"

在介绍进群方法时，主播或助理可以拿着手机，对着镜头演示如何进入粉丝群。随后，主播进行 10 秒倒计时，让粉丝群内的用户做好准备，倒计时结束时发红包。红包发过后，主播或助理可以在镜头前展示抢红包的画面和抢红包的人数。

（2）在线人数超过 200 人的成熟直播间。一般情况下，当直播间在线人数超过 200 人时，主播就不需要在粉丝群发红包了。直播间已经拥有一定的人气基础，主播直接在直播间派发红包的效果可能会更好。主播在直播间派发红包，可以参考以下策略：

首先，主播可以在流量节点或互动节点发红包，如点赞数满 10 000 时发红包。这样，用户参与转发或互动的积极性会更高，能够更快地提升直播间的人气。需要说明的是，主播不宜在指定的时间节点发红包，以免用户只在指定时间进入直播间抢红包，抢完红包就离开。

其次，红包的金额不能太低，一般不宜低于 200 元。例如，点赞数满 10 000 时，主播可以说："感谢朋友们的点赞，主播要发红包了，红包金额不低于 200 元。朋友们赶紧做好抢红包的准备……"同时，主播或助理可以拿着手机对着镜头演示如何抢红包。可以多次重复，但耗时最好不超 5 分钟。发完红包之后，主播或助理要对着镜头展示抢红包的数据，让用户知道"有多少人抢到了红包"及"红包金额有多少"，以展示派发红包活动的真实性，激发用户更大的参与热情。

主播在直播间除了发放现金红包以外，还可以发放口令红包。口令红包是指主播在红包中设置输入口令，口令一般是商品品牌的植入广告语，用户需要输入口令才能抢到红包，这样可以增强用户对品牌的记忆。

口令红包可以是现金红包，也可以是优惠券。相对来说，优惠券更有利于销售转化。优惠券需要用户按照一定的条件来购买商品，否则就没有任何作用。因此，在抢到优惠券以后，用户往往会选择购买商品。

10.3.2　送福利

送福利也是主播在直播间常用的互动技巧。送福利的首要目标是让用户在直播间停留，营造直播间的互动氛围；其次才是吸引用户关注直播间并产生购买行为。

为了实现这两个目标，送福利的设计要遵循以下两个原则。

首先，作为福利的奖品应该选择主播推荐过的商品，可以是新品，也可以是前期的爆品，这样奖品对用户才有吸引力。

其次，整个送福利的过程要分散进行，主播不能集中送福利。主播可以设置多个福利奖项，每到达一个直播节点，如进入直播间的人数、点赞人数或弹幕数达到多少，就送出一个福利奖项。这样，主播就可以多次利用送福利不断地激发用户的参与兴趣，从而尽可能保证整场直播的活跃。

基于这两个原则，主播可以在直播间发起三种形式的"送福利"：连续签到送福利，回答问题送福利，点赞送福利。

1. 连续签到送福利

连续签到送福利，即主播按照签到天数抽奖。每天定时开播的主播，可以在直播间告知用户：只要用户连续七天都到直播间评论"签到"，并将七天的评论截图发给主播，当助理核对评论截图无误后，即可赠予用户一份奖品。

2. 回答问题送福利

回答问题送福利，即主播可以根据商品详情页的内容提出一个问题，让用户到商品详情页中找答案，然后在评论区评论。主播和助理从回答正确的用户中抽奖，被抽中的用户，可以得到主播送出的一份奖品。

采用这种送福利的形式，有三个方面的好处。首先，因为用户需要查看商品详情页寻找答案，所以可以提高商品详情页的点击率；其次，用户在寻找答案的过程中，需要详细看商品的介绍，从而加深对商品的了解，提升购买的可能性；最后，用户通过评论与主播进行互动，会提升直播间的互动热度。

3. 点赞送福利

点赞送福利是指主播给用户持续的停留激励，可以让黏性高、闲暇时间多的用户长时间停留在直播间，而黏性一般的用户也会因为送福利活动而不断进入直播间，并在直播间点赞。这样就会提高直播间的用户回访量，从而增加直播间的观看人数。

进行点赞送福利时，对于人数少的直播间，主播可以设置每增加 3 000 个点赞就抽奖送福利一次；而对于人数多的直播间，主播可以设置每增加 20 000 个点赞就抽奖送福利一次。

相对来说，点赞送福利看起来很简单，但要求主播有较强的控场能力。因为点赞数量达到规定数量的时间不固定，可能会与直播间的"秒杀"活动重合。当两者的时间重合时，主播就需要与用户沟通，承诺在完成"秒杀"活动之后立即进行送福利活动。

此外需要注意的是，每一次的送福利环节，主播都需要在直播间告知用户三件事：首先，在送福利之前和之后，都诚意邀请用户关注直播间及粉丝团；其次，公布本次送福利的结果，即"给谁送出了什么样的福利，价值多少"；最后，告知用户下一次送福利的条件。

情景体验 10-3

在有的直播间，播主对产品信息介绍得十分到位，而且话术能力比较强，能更深层触动和影响用户内心的消费决策。

比如，介绍安耐防晒霜时，亲自涂抹到手上体验，展示吸收效果，并结合自己的体验，传达产品功能。说到某全脂高钙纯牛奶时，闲话家常般地说出"澳洲70%的家庭选择它"的广告语，并解释全脂牛奶对缓解老人骨质疏松问题的好处，顺势推荐产品。

10.4　直播间的商品介绍

直播间的商品介绍，是直播营销变现的重要手段。商品介绍，并不是主播简单地介绍商品是什么，而是需要根据用户的心理需求，使用一定的话术，打动用户，促成交易。

10.4.1　商品介绍的策略

主播进行商品介绍时也需要采用一定的策略。在此主要介绍"FAB 法则"和"生动描述法"。

1. FAB 法则

FAB 法则是在销售领域经常被用到和提及的一种商品介绍方法。随着直播"带货"的发展和兴起，FAB 法则也被越来越多地运用到直播"带货"的过程中。

FAB 法则，即属性、作用、益处的法则。FAB 是三个英文单词 Feature（属性）、Advantage（作用）和 Benefit（益处）的首字母缩写。主播按照这样的顺序介绍商品，对说话的内容进行排序，让用户信任主播介绍的商品并达成交易。

FAB 法则的逻辑为"因为……（属性），所以……（作用），这意味着……（益处）"。这样的介绍模式符合用户的思维习惯，因而会让用户觉得主播对商品的介绍有理有据、有说服力。

在 FAB 法则中，商品的"属性"和"作用"往往是固定的，而"益处"则因人而异。

2. 生动描述法

生动的描述是影响用户对事物的认知和判断的一个重要因素。从心理学上看，相对于平淡的信息，生动的信息更容易被提取，也更容易被回忆，因而，用户在判断和决策时会更容易受生动信息的影响。

在直播间，主播可以通过以下两种方法提升商品介绍的生动性：

（1）营造场景。通常情况下，主播将一个商品推荐给用户时，用户的心理活动和状态往往是："与我无关，完全无感。""它是干什么的？我用得着吗？"……场景因为拥有情绪唤醒和记忆联想两个功能，恰好可以回答用户的这类问题。

情绪唤醒：用户的情绪和感受基本都是由场景中的外部刺激产生的。因此，重现情绪产生时的场景，能够快速激发用户的情绪。

记忆联想：用户的记忆大多是由场景中的各种片段和细节构成的，主播描绘场景中的细节或特点，能够唤起用户的情节记忆，引发用户的联想。

例如，在进行商品介绍时，营造使用场景。例如："涂上这款口红，会提升使用人的气场，适合在重要的场合使用。"

在直播间，主播对商品使用场景的描述，相当于在提醒用户"会在什么场景下使用它/需要它"，从而让用户觉得这个商品正是自己所需要的。

（2）巧用"参照与类比"。在推荐商品时，主播还可以使用"参照与类比"来增加商品的使用价值。

当主播需要去解释一个陌生的概念时，为了方便用户听懂，需要选择用户熟悉的事物进行解释，从而让用户清楚理解所表达的信息。

例如，在直播间介绍商品时，会使用"参照与类比"话术：在介绍某品牌口红时，会说这是"红丝绒蛋糕"的感觉；在介绍某品牌面霜时，会说这是"像冰激凌融化后的触感"；等等。

这样的"参照与类比"话术，是将商品的某些特点，用大多数用户熟悉的人物形象或事物印象来进行具体化的描述，从而让用户对商品的某些特点产生具体化的认知。如果这种认知能让用户产生美好的感觉，那么用户可能会更愿意购买这款商品。

10.4.2　商品介绍的逻辑

在直播间，主播需要依据用户的心理需求，有逻辑地进行商品介绍。在实际操作中，可以参考以下四个步骤：

1. 构建信任

信任是人和人之间建立良好互动关系、进行商业合作的基础。在直播间销售商品，主播首先需要构建用户对自己的信任。构建信任的方法有很多，在此主要介绍两种方法。

（1）展示与用户的相似性。人们总是更容易信任与自己相似的人。这个"相似"，包括相似的习惯、相似的兴趣、相似的经历、相似的认知等。因此，在直播间，很多主播会展示自己与用户之间的相似性。主播可以尝试站在用户的角度，用"以前，我也不相信/我也不敢/我也认为/我也经历过/我也喜欢/我也说过"这样的话作为开头，讲述大多数用户经历过的事情，从而吸引用户的注意，将用户的思维引导至已经设定好的语境里。

主播在讲述相似经历时，要尽可能"多说一点"。主播说得越多、越具体，越容易增强用户对自己的好感度和信任度。

（2）引导用户理性思考。直播间是一个容易促成用户冲动消费的场景。很多在直播间消费的用户，一开始并没有明确的消费需求，而是在主播的引导下突然就"冲动消费"了，收到商品后才发现实际用处不大，要么退货，要么闲置。因此，相对于很多希望用户多多做出冲动消费决策的品牌商和主播来说，能够在直播间提醒用户理性消费和理性思考，将会更容易赢得用户对自己的好感和信任。

例如，一个播主在直播间会以专业美妆师的视角评价每款商品的使用场景，并经常提醒用户理性消费："这只口红的颜色很常见，如果你已经有类似的颜色，可以不买它。""这个品牌，你只需要买这两个色号，其他的不需要买。"采用这样的商品介绍和商品推荐方式，会让用户更加信任他，从而更加相信"跟着××的建议买就对了"。

用户对于主播的信任，并不是一次直播就可以构建的，而是长期的、各个渠道互动的结果。因此，除了在直播间，主播也需要在其他平台为自己塑造真诚、守信的形象。

2. 介绍商品

在拥有一定的信任基础后，主播就可以为用户推荐商品了。推荐商品时，可以使用前面所述的"FAB法则"或"生动描述法"，重要的是告诉用户，这个商品能解决他们的什么需求，商品的哪些"配置"或"配料"能解决这些需求，这些配置和配料是哪些其他商品所没有的。

在此基础上，主播再简单讲述商品的辅助卖点（如设计等方面的优势），以提升商品的附加价值。

3. 罗列背书，打消顾虑

主播可以罗列各种与商品有关的背书，以给予用户安全感。在直播间，主播可以参考的商品背书有以下三种：

（1）名人背书。名人可以是商品的代言人、推荐人，也可以是商品的技术研发团队、品牌的推荐人，还可以是与商品研发相关的权威组织或其他有公信力的组织机构。

（2）数据背书。数据主要是指用户使用效果的统计数据。例如，主播在推荐洗手液或香皂时，可以比较不同洗手方式的除菌效果，并用数字来呈现两者的差别；在推荐手机时，可以进行该手机与其他手机的耗电量对比、处理器跑分对比、各种应用打开速度对比等。这些数据都有助于用户相信主播正在介绍的商品使用了更好的配料或拥有更高的配置。

需要说明的是，数据的出处要有依据，最好是由具备公信力的第三方机构（非品牌商）出具。

（3）用户案例。列举典型用户的使用案例和正面反馈，可以增强用户对商品的信任。例如，秋叶团队的"Word姐"在直播间推荐"Word排版速成攻略视频课"的课程时，就采用了列举典型用户案例的方法，具体如下：

> 我有个大学生学员特别机智，靠给学长、学姐做毕业论文排版，每份收费150元，一个月赚了2000多元，还提升了自己的职场技能。这种兼职方法大家觉得好不好？想不想学？

一个用户群的需求往往是一致的。主播通过列举典型用户的案例，更容易获得其他用户的信任。

4. 对比价格，促成交易

最后一步，是主播通过价格对比话术，让用户相信在直播间购买商品是划算的，从而完成在直播间购买商品的行为。主播可参考的价格对比话术主要有以下三种：

（1）竞品价格对比。竞品包括直接竞品，也包括解决同类需求的商品。例如，主播推荐的商品是小米电动牙刷，可以用来进行价格对比的商品就包括其他品牌的电动牙刷、传统牙刷和漱口水。在这些可以对比的商品中，主播需要选择对比结果能体现小米电动牙刷价格优势的两三个竞品，在直播间公开对比。

（2）价格均摊。价格均摊，即主播把商品的价格按照使用时间均摊到更小的时间单位中。例如，一个 180 元的商品，在直播间并不便宜；但用户每天使用，可以使用三个月，均摊到每天，相当于一天只需要 2 元。这样算起来，就不那么贵了。在此基础上，主播还可以进一步进行价格引导，例如"一天只需要花费××元，就可以让你拥有××"，在这样的对比下，用户就会更关注商品的使用价值，而不是价格。

（3）价格转化。价格转化是主播将商品的价格与其他常见商品的价格进行对比，以增强用户对商品的使用感知度。例如，主播在向用户推荐一本书时，可以将书的价格与用户的日常消费进行对比。主播可以说："在××（主播）直播间，这本书只需要 20 元，只是一杯奶茶的价格。用喝一杯奶茶的钱，来买一本书，了解一些××方面的知识，解决××方面的困惑。"主播若是将价格均摊与价格转化的方法结合起来，就更容易让用户多关注商品的使用价值，而不是价格。

情景体验 10-4

1. 两大品牌三方引流，特色海报抓足眼球

美赞臣了解到当代父母对宝宝睡眠问题的重视，认为宣传不仅要足够有干货，还要足够逗趣。为迎合新一代宝妈们的口味，美赞臣携手京东科学实验室栏目和帮宝适，用画风俏皮的插画作为直播活动预告载体，诙谐有趣。再搭配京东站内资源支持，以具有夜色氛围感的电商平台页面作为跳板，联合两大品牌的京东自营店铺直播间和睡眠相关的明星单品，实现三方共同高效引流，流量反哺两大品牌的完美联动。

2. 两大母婴品牌强强联合，种草转化一站搞定

两大母婴品类头部品牌强强联合，从优质内容共创到在线直播互动，再到将能够解决妈妈们十分关心和头疼的哄睡难题的产品放在同一个直播间里实现一站式种草转化，都在展示着优质内容营销的新方向——不同品类针对同一育儿场景，各自贡献本品类的专业知识和成果，相互结合，互相补充时，能够给消费者带来的是更全面更科学，也更容易掌握的育儿知识。对这两大品牌来说，能够深入洞察并切实为用户提供帮助，也有助实现有效圈粉以至转化。这是品牌和用户的共赢，也是品牌间的双赢。

3. 线上开派对氛围爆棚，互动吐槽样样有料

这场线上睡衣派对直播，从一开始，特殊的布景和主播的衣着就抓住了宝妈们的眼球。播主一改常规直播的正式着装，以精致淡妆搭配家居服亮相，在温馨陈设的直播间内在线连麦 CP 品牌帮宝适，双方用优质科普内容，直击妈妈们极为关心的哄睡痛点，宝妈们直呼"学到了"！

除此之外，主播更在直播间里开起了吐槽大会，引导宝妈们一起线上畅聊"哄睡的那些事儿"，不仅拉近了品牌与用户的距离，也帮助宝妈们认识到，哄睡不是自己一个人面对的难题，育儿知识的学习之路更不孤单。成功实现新客圈粉转化。

10.5　直播间的促销策略

开展促销活动，是提升直播间商品销量的有效方式。然而，由于竞争激烈，各个渠道的商家进行促销活动的周期越来越短，这就导致用户对普通促销活动的兴趣越来越低。因此，直播团队要尽可能策划与众不同的促销活动。

10.5.1 节日型促销策略

直播间的节日型促销，是指利用春节、元宵节、劳动节、儿童节、端午节、母亲节、父亲节、国庆节、中秋节、元旦等传统及现代的节日开展促销活动，以吸引大量用户到直播间购物。

对于各种线上和线下的零售渠道而言，每一个节日都是一个促销机会。但节日不同，促销策略也应有所差异。开展节日型促销，需要做好以下三方面的工作。

1. 确定促销时间

虽然是节日型促销，但并不意味着促销活动只能在节日当天进行，也不意味着促销活动只有一天。甚至对于某些节日来说，节日当天反而并不是最佳的促销时间。

以春节为例，在春节开展促销，并不是在"大年初一"开展促销，而应该在"春节前七天"就开展促销，因为这段时间是人们采购过年物品的主要时间。

2. 确定促销主题

不同的节日有不同的促销主题设计方法。可供参考的节日型促销主题关键词如表10-7所示。

表 10-7　可供参考的节日型促销主题关键词

节日	促销主题关键词	举例
春节	过年、红包、送礼	送给父母的过年礼物，年货节好物清单
元宵节	猜谜	共设谜语××条，猜对谜语赠送礼品
情人节	浪漫、爱情、甜蜜	情人节女士礼物篮，情人节男士礼物篮
劳动节	长假、福利	五一小长假福利，五一长假低价总动员
儿童节	儿童节、童年、快乐、回忆	给孩子的礼物，找回童年
母亲节/父亲节	母爱/父爱	给母亲的礼物/给父亲的礼物
教师节	恩师	教师节"走心"礼物，致敬可爱的老师
国庆节	国庆、长假	国庆放"价"，国庆福利
中秋节	金秋、中秋、团圆、月饼	金秋"豪"礼
元旦	新年、元旦、跨年	跨年福利大放送

3. 确定促销商品和价格

确定促销主题后，即可依据主题选择符合主题的商品，并确定合适的促销价格。

在此需要注意，促销价格需要有吸引力，但并不是价格越低越好。在促销活动中，让利幅度应控制在合理的范围以内，直播团队要根据直播间的定位风格、产品的价值，确定合理的促销价格。如果直播间的定位是推荐有品质的商品，那么超出合理范围的低价，可能还会破坏老用户对直播间的信任感，要么觉得直播间以前的商品定价过高了，受到了欺骗；要么觉得这次超低价商品的品质可能会略差一些。

因此，在确定促销商品和价格时，直播团队要通过准确定位、诚信选品、适当让利的方式让用户觉得在直播间购物是"划算的"，从而相信直播团队。

10.5.2　时令型促销策略

在直播间，时令型促销分为两种，一种是清仓型促销，另一种是反时令促销。

1. 清仓型促销

清仓型促销，是在一个季节过去大半时，将前段时间的热销商品进行一波"清仓大甩卖"；或者是对销量不太好的商品以"甩卖""清仓"的名义让喜欢低价的用户前来"抢购"；或者是在新品即将上市时，将上一代商品以"尾货清仓"的名义降价销售；抑或是在年底集中进行"年末清仓"。例如，某服装品牌以"年底大清仓"为主题在抖音平台进行直播。

2. 反时令促销

反时令促销，是指销售与季节需求不符的商品。大多数用户的消费习惯都是按时令需求进行消费，缺什么才买什么。销售商品的商家一般也是如此，即按时令需求供货。这就造成有明显夏季和冬季需求属性的商品，在一年中仅有3个月的销售期。商家错过这3个月，这些商品就会积压在仓库。这就增加了商家的经营成本。因此，对于生产厂商而言，很可能愿意以较低的价格出售仓库里的过季商品。而直播团队与这些商家合作，也就更容易得到有吸引力的价格支持。

而对于不那么注重"流行元素"的用户来说，能够以较低的价格买到未来几个月后需要的商品，会觉得很划算。因此，当主播在直播间以极有吸引力的价格销售这些反季节的商品，例如在夏季销售羽绒服、大衣、取暖电器等冬季常用的商品时，很多用户往往会因为价格便宜而购买。

当然，这样的促销方式不宜常用。大多数用户的消费观念是"买新不买旧"。尤其是年轻用户，相对于价格来说，他们更看重的是商品带给自己的心理满足，因而更关注也更喜欢购买新上市的商品。

 **情景体验 10-5**

2023年如约而至。开年以来，各地民生小店重启。眼下，在浙江海宁的电商直播基地，每天都有上百场直播带货。主播周某介绍，自己每天直播时长基本6个小时，日均订单在1 000单左右。冬季本来就是皮革城的销售旺季，加上元旦春节推出的促销活动，2023年开年第一天，她的单日销售额达到了近百万元。眼下，直播基地里已经出现了主播紧缺的现象，于是"共享主播"应运而生。主播们不仅要为自家带货，甚至还要帮其他商家带货。开年以来，海宁皮革城直播基地累计直播场次5 000多场，销售额超5亿元。

本章案例

抖音直播："××&×××夫妇"直播解析

本章小结

直播活动的脚本方案，俗称"直播脚本"，可以理解为直播内容的策划方案，是直播团队通过结构化、规范化及流程化的说明。它为主播在直播间的内容输出提供线索，以确保直播过程的顺利进行及直播内容的输出质量。直播脚本可以分为整场脚本和单品脚本。

直播营销话术的最终目的是获得用户对主播和主播所推荐商品的信任和认可，让用户意识到自己的消费需求，从而产生购买行为。直播团队设计直播营销话术需要根据用户的期望、需求、动机等，以能够满足用户心理需求的表达方式来展示直播商品的特点。包括开场阶段的话术、推荐商品阶段的话术参考、结束阶段的话术等。

直播时，主播不能只是按照准备好的话术自顾自地介绍商品，还需要根据直播间的实际情况，引导用户积极互动，以提升直播间的互动氛围。直播间的互动玩法主要包括派发红包和送福利。

直播间的商品介绍，是直播营销变现的重要手段。商品介绍，并不是主播简单地介绍商品是什么，而是需要根据用户的心理需求，使用一定的话术，打动用户，促成交易。

开展促销活动，是提升直播间商品销量的有效方式。直播团队要尽可能策划与众不同的促销活动。

本章习题

一、复习题

1. 直播营销话术的设计要点有哪些?

2. 假设自己是一个主播，请为自己设计一个自我介绍的话术。

3. 简述在直播间派发红包的技巧。

4. 简述在直播间送福利的方法。

5. 简述直播间的用户管理方法。

二、实训题

实训项目：直播销售实训。

实训目标：自选一种直播模式，进行注册、完善信息、实名认证等一系列操作，并尝试写脚本，进行一次完整的直播。

实训内容与要求：

1. 分小组自主选择一种直播模式。

2. 做好直播前的准备工作(例如注册、实名认证等)。

3. 尝试写一段脚本。

4. 尝试进行一次完整的直播。

共赢发展篇　提升客户关系实务

第11章　客户关系管理

学习目标

学完本章后，学生应了解客户关系管理的含义和内容，掌握客户分析的内容，学会对客户进行信用调查，掌握应收账款管理的要点。

素质目标

通过学习，学生应该掌握客户关系管理的基础理论和具体应用方法。将专业教育与思政教育相结合，既要让学生掌握专业技术技能，又要培养学生良好的综合素质，使其成为素质与技术并重的人才，培养分析及解决问题的能力及良好的沟通能力。

教学要求

重点通过一系列相关的案例，围绕核心点讲述客户关系管理的基础知识。课堂教学当以启发式与探讨为主，与学生之间形成互动，加强课堂案例讨论，充分调动学生的积极性。

引导案例

华为战略的客户关系营销与管理

华为认为营销的本质不是单纯的、机会式的交易关系，也不是短期的、局部的利益交

275

换关系，而是在战略引导下对客户进行"选择、聚焦、渗透与规范的科学和艺术"。整个过程可分为以下四步来实现。

第一步：系统算法，理性选择。

随着华为的成长，选择客户的方式方法更加系统与科学，华为从自身的周期性战略定位和主航道方向出发，按时间延续、综合价值两大维度对客户进行系统性算法，具体包括行业算法、经营分析、运营评估、组织洞察与管理解读等多个层面。同样分为四类客户，根据类别配置资源的比例却是7∶3∶0∶0或8∶2∶0∶0，前两类重点客户，华为称之为S类战略客户和A类伙伴型客户。A类是金牛型客户，在持续性的时间轴上能给公司带来稳定的现金流，但从长远看，持续增长空间有限。S类是具有较大未来发展空间的高潜质明星型客户，具有成为行业性或区域性领军企业的特质，这类客户与华为具有相互引导或驱动的能力，深度合作则能长期共赢，是华为发展战略的支点。

第二步：超级压强，聚焦痛点。

选定战略客户后，就要把有限的资源聚焦起来，运用压强原则及重兵突破的战法，满怀激情与真诚。华为人以此精神，与战略客户建立信任关系。

所谓压强原则是指"以超过主要竞争对手的强度配置资源，要么不做，要做就极大地集中人力、物力和财力，实现重点突破"。简单说，就是对战略客户，要敢于投入，不计成本，通过聚焦资源，把自身总体上的不足转化为局部的优势，以实现快速突破。商场如战场，在早期营销中，为攻克黑龙江省的本地网，华为派出200人的营销团队，密集进攻，而竞争对手爱立信在该省只有三四个员工，孤掌难鸣。1996年在北京举行的全国交换机产品订货会，华为看准时机，派出400名营销经理与骨干，最后取得了可观的订单。

第三步：渗透文化，构建生态。

华为战略客户关系的建立与深化一般要经过三个阶段：一是赢得客户对华为的感性认知，通过展览会、参观企业、初次合作，客户对华为留下了良好印象，建立了初步关系；二是华为不断通过创新服务，提升客户赢利能力，结成利益共同体；三是双方在战略层面深度合作，高层定期交流，凝聚共识，同舟共济，联合研发与制造，优势互补，共创辉煌。

通信行业的特殊性是其技术标准、频率波段多样，会出现多种产品，后期还需要大量的维修费。从常识来看，这样产品的类型越多，后期的服务费也越多，客户需要支付的费用就会越多，就越有利于供应商。但华为却不这样看，华为认为要换位思考，才能满足客户的需求，就是要站在客户的立场上，研究如何降低成本，帮助客户省钱。从这个角度出发，华为把多套标准整合到一个机台的设备中，帮助客户节省一半的成本。这样，客户赚到了更多的钱，需要拓展更多的业务或研发更新的产品，又会寻求与华为的进一步合作，双方的战略合作关系得到加强，进入良性循环。

第四步：规范流程，周期评估。

华为把客户关系管理概括为"一五一工程"，即打造一支营销队伍，采用五种方式，包括参观样板点、展览会、技术交流、管理和经营研究、参观公司等，建立一个资料库。华为设立营销管理委员会，下设的客户关系管理部专门负责研究、评估并督促客户关系的建立和改善，率先将关系营销发展为帮助运营商发展业务，创建与有实力、有价值的战略客户和伙伴客户的新型关系，在实践的摸索中，逐步系统化、科学化、标准化、规范化、流程化。

例如，为了增强战略客户对华为的感知，华为销售人员会热情邀请客户到华为考察，整个考察过程流程规范、细心周到。在客户考察前两天，华为客户工程部的工作人员会先与客户电话沟通考察的安排，并征求客户的意见，了解需求，必要时调整接待内容。在当天的考察活动中，华为会派出礼宾车提前在车站、机场等处接待，全程陪同，对礼宾车司机从驾驶技术、形象气质、着装礼仪等，都进行精心准备。第一站一般先带领客户参观产品展厅和企业展厅，厅内设有显示欢迎字样的电子标示牌，专业人员讲解产品与服务，现场设有互动和体验，增进客户对华为的感性认知，并安排全体来访人员合影。在客户离开展厅前往别的区域参观时，每名来访人员会收到合影的相框。然后，华为会安排客户参观立体物流基地、华为大学、华为百草园等处，每处都有专业人员给予讲解。整个接待密切了与客户的关系和感情，让客户印象深刻。对于国外的客户，华为不仅让其近距离感知华为公司，还安排其感知中国，一般设计两条线路，一条为北京—上海—深圳—香港，或者为香港—深圳—上海—北京，以此增进客户对公司的全方位感性认知。

华为客户关系营销的四部曲，即选择、聚焦、渗透与规范，总体上体现了华为市场拓展的战略与战术的有机融合与切换，既给企业带来了短期在战术上的流量与利润，同时又为企业长期的可持续发展奠定了坚实的基础。

————资料来源：销售与市场网，2019-1-22，作者：吴越舟，有删减

✎ **引导任务**

谈谈客户关系管理对企业未来发展的指导性作用。

随着互联网技术的逐渐普及，越来越多的商家开始选择互联网作为它们主要的销售精英模式，这无疑给传统经营模式带来了极大的挑战，也逐渐改变了商家与客户之间的传统关系。随着市场营销学的发展及整个市场环境的演进，企业已从最早期的卖方市场转向了买方市场，从而使营销管理工作也逐渐转向以客户满意为中心的客户管理。在日益激烈的市场竞争中，谁能把握、响应并迅速满足客户的需求，谁就是赢家；谁能吸引新客户并保留住老客户，谁就能取得最终的胜利。

11.1　客户关系管理概述

"关系就是生产力"，这句话深刻体现了企业在营销环境中能够生存下来的重要含义。虽然每个人对"关系"的解读可能各有千秋，但这并不妨碍我们对营销领域里的"关系"一词的统一解释。粗略来看，客户关系管理中的"关系"就是要求企业与客户之间保持长久可持续性的关系，并在此基础上为企业盈利，显然，企业的营销管理也要将此"关系"化为营销活动中主要关注的侧重点。从微观角度看，企业的各职能部门，例如销售部门、市场部门、客户服务部门、生产技术部门等都需要协同作战，为打造一个面对客户的前沿平台而奋斗。从宏观角度来看，整个企业，从高层至底层，都必须要全面树立以客户为中心的管理理念及指导思想，将客户关系、客户满意和客户忠诚等渗透至整个企业，融入企业文化之中，并最终形成企业在未来发展道路上的一贯宗旨以及奋斗目标。

11.1.1 客户关系管理的含义

客户关系管理其实早在商业行为活动产生的时候就已经诞生了，最初的时候，街边水果铺的老板通过顾客们的购买习惯，记得每一位前来购买水果的顾客的偏好，逐渐形成了客户关系管理的雏形。当然，这只是最古老的方式，并且在记忆的过程中容易产生错误，所以现在真正运用于企业的客户关系管理显然要复杂得多，不过管理的方法也更为科学。

在现代经济社会里，客户关系管理（Customer Relationship Management，CRM），是指通过培养企业的最终客户、分销商和合作伙伴对企业及其产品更积极的偏爱或偏好，留住它们并以此提升业绩的一种营销策略。它的操作过程是采用先进的数据库和其他信息技术来获取顾客数据，分析顾客行为偏好，积累和共享顾客知识，有针对性地为顾客提供产品或服务，发展和管理与顾客的关系，培养顾客长期的忠诚度，以实现顾客价值最大化和企业收益最大化之间的平衡。

客户关系管理是一种旨在改善企业与客户之间关系的新型管理机制。一方面，通过向市场营销人员、服务人员以及相关技术人员提供系统、完整、个性化的客户资料，强化了企业的跟踪服务与信息服务能力，建立并维护了企业与客户之间一对一的关系，从而使企业提供更快捷、更周到、更准确的服务。另一方面，通过这一系列客户信息的共享以优化商业流程，从而有效地降低企业经营成本。为了便于更深层次地理解客户关系管理，我们可以将其分解成以下三部分：

1. 客户——收集客户信息，探索客户需求，挖掘最有价值的客户

任何一个企业在其成长和发展的过程中，都会有数以万计的客户群体，可是每一个客户群体的需求是千差万别的，而他们能够带给企业的价值也是完全不同的。所以，了解这些客户究竟最终的需求是什么，他们能否为企业创造价值，都是企业所要思考的问题。因此，收集客户有关信息是客户关系管理的第一步。那么，企业收集客户哪些信息呢？归纳起来主要有以下几个方面：

（1）基础资料，即客户的最基本的原始资料，主要包括客户的名称、地址、电话，所有者、经营管理者、法人代表及他们个人的学历、能力、兴趣、爱好、性格、年龄、家庭、创业时间、业务、资产，与本公司交易时间、企业组织形式等。

（2）客户特征，主要包括经营理念、经营方向、经营特点、经营政策、企业规模、服务区域、销售能力、发展潜力等。

（3）业务状况，主要包括经营管理者和业务人员的素质、销售实绩、与其他竞争者的关系、与本公司的业务关系及合作态度等。

（4）交易现状，主要包括客户的销售活动现状、保持的优势、存在的问题、未来的对策、企业的形象、声誉、交易条件、信用状况以及出现的信用问题等。同时，每一个企业都期望追求利益最大化，因此面对客户庞杂的信息时，企业的关键问题是分析和满足客户需求并在这个过程中挖掘最有价值的客户，创造更多利润。

2. 关系——与客户形成忠诚的、战略型的伙伴关系

在商业交往中，关系的发展与形成是一个重要的过程。企业既有只做一次生意的客户，也有多次重复交易的客户，既有对企业非常满意的客户，也会有进行投诉的客户。在面对这些客户时，企业如果能够加深对客户的了解和服务，全面提升客户满意度，就会与一些客户

建立良好的合作关系，并最终形成战略型的伙伴关系，这也是企业发展的必然趋势。

3. 管理——实现客户价值和企业利润最大化的手段

管理是系统的概念，企业的发展离不开管理，客户的发展也离不开管理，管理才能规范化，管理才能出效益，管理才能实现客户价值，管理是实现客户价值和企业利润最大化的必要手段。综上所述，客户关系管理就是挖掘最有价值的客户，与之形成全面满意的、忠诚的、战略的伙伴关系，从而实现企业利润的最大化。

综上所述，客户关系管理所涉及的功能非常多，它既是一种企业营销的管理机制，也是一种企业营销时所奉行的管理理念，更是一套管理软件和技术。利用客户关系管理系统，企业不仅能搜集每一位顾客的资料，也能跟踪和分析每一位重要客户的信息，从而深入了解客户的实际需求和想法，同时还能观察和分析客户行为对企业收益的影响，使企业与客户的关系更加牢固，企业利润最大化。

星巴克的客户关系与
品牌管理

11.1.2 客户关系管理的原则和作用

1. 客户关系管理的原则

企业在进行客户关系管理时，不能一味地根据自己的想法去实施，也不可以天马行空，必须在实施的过程中遵循以下基本原则：

客户关系管理的提出

（1）动态管理原则。客户的情况与需求是不断变化着的，所以客户关系管理的重要作用之一就是为企业各部门提供全面、最新的信息，而这些信息能够协助企业内部的各部门尽快制定出相应的决策以及具体的实施方案。因此为保证信息的准确，企业的客户资料要经常更新及调整，及时做好补充工作，对客户的变化进行实际的走访和跟踪，确保客户管理时刻保持动态性。

（2）突出重点原则。在这个信息爆炸的时代，当我们通过互联网上的搜索引擎随意输入一个简单的字或词，都会有不计其数的信息出现。对于企业而言，如果他们所收集的资料数量过少并且又不丰富的话，很容易造成企业在营销决策中的判断失误，并且很可能会给企业造成无法弥补的损失。反之，如果收集过多的资料，又有可能造成企业在决策过程中的信息干扰。因此，企业在进行客户关系管理时，务必要保证在各部门间资料的共享及相关重点信息的突出，以做到最准确和最有效地为企业的决策者提供完整而真实的信息，帮助相关人员在最短的时间内做好客户分析，为选择客户、开拓市场提供更大的帮助。

（3）灵活运用原则。企业收集并管理客户资料的最主要目的就是在市场营销的过程中加以运用，所以企业工作人员在建立客户资料数据库后，应该以较为灵活的方式提供给所需要的其他相关人员。当然，除了资料除了灵活以外，还应该要更加详细、全面和及时，使他们能进行更详细的分析，从而提高客户管理的效率。

（4）专人负责原则。客户资料是企业最为珍贵的资产之一，它对于企业的重要作用是不言而喻的，因此在客户关系管理平台中必须规定具体的管理办法，确保客户关系管理系统由专人负责和管理，严格控制客户情报资料的利用和借阅，以防止客户信息被泄露和丢失。

2. 客户关系管理的作用

客户关系管理一方面是通过对业务流程的全面整合来达到企业资源优化并合理配置，从而降低整体运营成本的作用；另一方面的作用是通过不断改善其现有产品和服务质量，设计并开发出新的产品，用来保持和吸引更多的客户，以此增加市场占有率。因此，客户关系管理的作用主要体现在以下几点：

（1）提高企业客户管理能力。客户关系管理的对象是客户，主体是企业，创造稳定的客户关系是客户关系管理的出发点，也是重要目标。与客户建立稳定关系的前提是在众多客户中明确企业的目标客户、关键客户、一般客户和应淘汰的客户，以及每一类客户之间不同的个性特征以及需求偏好，例如价格倾向、消费地点、消费时间、消费方式、购买习惯等。通过对客户关系进行管理，企业能够根据客户的行为变化在第一时间做出反应并制定相应的可实施方案，牢牢处于客户关系管理的主动地位。

（2）整合企业内部资源。在企业内部，职能部门的管理通常比较分散，很少会有一个职能部门能够全面掌握客户的整体信息，例如，销售部门掌握着客户基本状况和购买信息，财务部门只掌握资金方面的信息，生产部门则只会根据订单进行生产，物流部门只要根据运输单进行配送即可，各部门之间由于信息不共享，在沟通方面比较有限。然而，对于客户关系管理的首要作用就是打破各职能部门之间的壁垒，整合原本属于各部门间分散的客户信息，将它们通过 CRM 系统整合并汇入同一个信息中心，这个中心能够为一线员工、客服人员以及企业各工作人员提供业务指导、技术支持和信息保证，使企业各部门真正成为一个整体，实现了内部整合和资源优化配置。

（3）实现企业长远发展。从客户关系管理的大方向上我们可以看出，它的主要作用是能够使企业与客户之间维持良好而长久的关系，从而使企业扩大销售、增加市场占有率，进而获得更多的利润。但从深层次来看，客户关系管理所起的作用绝不仅仅是帮助企业多发展几个新客户、多留住一些老顾客，其独特之处在于通过实现前端的供应商管理和后端的客户服务，使企业与其上游供应商和下游客户之间能够形成多方的良性互动。另外，在维护和发展客户的同时，企业同时也与业务伙伴及供应商建立良好的合作关系，最大限度地挖掘和协调企业资源，拓展企业的生存空间，提升核心竞争力，从而帮助企业实现长远发展。

11.2　客户分级管理

站在超市门口注意仔细观察，会注意到有的客户只提着一两件物品走出，有的客户手上拎了满满几大袋子的商品，有的客户甚至是装满了车的后备厢；有的客户只选择了最普通的饼干，而有的客户却选择了一些高端品牌的进口饼干……这些现象说明了一个简单的道理，那就是并不是所有的客户都能为企业创造等同的价值，他们会因产品购买的数量、购买频

客户组合的确定

率、对产品价格敏感度等的不同而创造不相同的价值。那么，只有当企业能够清晰地对客户进行组合、分析与筛选后，才能较为准确、有针对性地提供产品或服务顾客，从而获得更高的客户满意度以及为企业创造更大收益。

11.2.1　客户分析

许多企业拥有先进的设备、优质的产品和服务，可最终都不能在市场上占领一席之地，也无法扩大其市场份额，造成这种后果的主要原因就在于企业并没有对客户资料进行比较细致的划分及分析，导致企业没有对他们的目标客户和目标市场做出正确的选择。因

此，企业必须要在获得客户资料后对这些客户进行有效具体的分析，从中选择能够为其企业获利的有效顾客群体。

1. 客户的界定

对客户进行分析之前，首先应确定谁是自己的客户以及客户的性质。一般来说，依据与企业关系不同，客户可以划分为下面几类：

（1）个人客户。个人客户是指购买最终产品与服务的零售客户，通常是个人或家庭，大多数人充当的是个人客户的角色。

（2）集团客户。集团客户通常是另外的企业形成的购买主体，其批量购买企业产品后用于自己再加工或生产。如学校就是联想电脑公司的集团客户，它从联想公司采购大批量的电脑作为为学生和教师服务的工具。

（3）渠道客户。渠道客户指的就是产品经过的渠道中的代理商和分销商服务商等。也就是单独的代理销售客户，比如机票代理销售航意险、家政协会售意外险、旅游公司售旅客意外险，等等。

情景体验 11-1

如何赶走"错的客户"

大多数企业将工作重点放在改变消费者预期上，不过，判断哪些消费者并不适合自己的业务也很重要——排除错的、找到对的。这似乎违反直觉。公司的一般逻辑是：我们拥有一款非常棒的产品，我们希望每个人都像我们一样喜欢它，我们希望大家马上购买它！但有件事情必须认清，那就是不可能所有人都喜欢你的产品，你只应该吸引"对的人"；花时间和资源去培育适配性差的客户群无异于浪费。

有三条策略能够帮助公司"去糟粕客户，引优质客户"。第一，强烈表达，建设品牌区别度。在市场营销策略、官网上的文字乃至公司出品的各种内容里，不仅要表现"你们是谁"，更要表达"你们喜欢谁"。譬如，市场营销机构 Velocity Partners 就把目标客户定位为有点急躁和怪癖、喜欢冒险的人。看看这家公司是如何描述自己的："我们是一群古怪的国际化的不合群分子，在一个冰冷、冷漠的，认为真心热爱内容营销、技术市场、B2B 公司以及讲故事等不可思议的世界里，为了寻求温暖挤成团。如果你觉得这听起来很讨厌，不要邀请我们。"

第二，将全部的事实讲出来。相信很多公司是诚实和一往无前的，但是有些公司利用异乎寻常的透明度来突出自己的诚实，即便会暴露一些弱点，却能赢得信赖。

第三，直接列出哪些客户恐难合作。公司可以在官网的 FAQ（Frequently Asked Questions，常见问题）里直接写明难以达成合作的客户情况及其原因。以营销顾问公司 The Sales Lion 为例，其在官网设了个单独页面，罗列了一些不太适合开展合作的客户类型，如"你想要外包公司的营销工作"，或者"你想要外包社交媒体内容"。

2. 客户档案的内容

客户管理的对象就是企业的客户。客户本身就具有多变性的，所以客户资料管理的内容也同样是丰富多彩的，但归纳起来主要有以下几项：

（1）基础资料。基础资料即客户最基本的原始资料，主要包括客户的名称、地址、电话，经营管理者的性格、兴趣、爱好、家庭情况、学历、年龄、创业时间，与本企业交易时间，企业组织形式、业种、资产等项目。这些资料是客户管理的起点和基础，它们主要是通过销售人员进行的客户访问收集来的。

（2）客户特征。客户特征主要包括服务区域、销售能力、发展潜力、经营观念、经营方向、企业规模、经营特点等。

（3）业务状况。业务状况主要包括销售业绩、经营管理者和业务人员的素质、与其他竞争者的关系、与本企业的业务关系及合作态度等。

（4）交易现状。交易现状主要包括客户的销售活动现状、存在的问题、优势、未来的对策、企业形象、声誉、信用状况、交易条件以及出现的信用问题等。

当然，客户资料卡的内容依企业需要、产品类别而分别设计。客户资料卡的内容除包括客户的姓名、住址、职业、所购产品名称与购买日期以外，有关其家庭成员的情况也是资料卡的重要内容。除此之外，竞争品牌产品的购买量、产品记录、地区记录、修理记录、寄发促销 DM（快讯商品广告）记录等均应记入客户资料卡中。

3. 客户分析的内容

客户并不是越多越好，而是越准确越好，因为每一个客户群人数的增加都会造成所需成本的投入，所以企业必须采用科学的分析方法对客户进行有效的分析及慎重的选择，适当限制客户范围以提高经营效率。客户分析方法主要包括客户类别分析和客户差异分析。

（1）客户类别分析。企业要能够对客户进行归类分析，抓住其共性和个性特征。客户类别可以作如下划分：

①按客户的性质分，可以分为政府客户（以政府采购为主）、公司客户、渠道客户、个人客户和交易伙伴。

②按交易程度划分，可以分为潜在客户、现有客户和曾有合作关系的客户。

③按交易数量和市场地位，可以划分为主力客户、一般客户和零散客户。

④按地区划分，以中国为例可以划分为东北、华北、华中、西北、西南、华南等区域客户。

⑤按产品特点划分，如葵花药业的产品，它的客户可以分为男性客户、女性客户、儿童客户。

⑥按行业划分，如电脑软件设计的客户可分为银行金融业的用户、公共管理类用户、医疗卫生服务业等。

按照不同的标准划分出的不同类型的客户，其需求特点、需求方式、需求量各不相同，对其管理也要采取不同的方法。企业需要注意客户类别的变化，特别是要关注客户中出现的新类别，时刻把握市场机会。

销售人员要注意客户类别变化的动态，特别是要分析客户中新出现的客户类别，因为它可能会带来一个潜在的大客户类别。销售人员也应认识到每年将会流失一些客户。根据西方国家的经验，每年流失的比例约为10%。要千方百计留住老客户，参与流失客户联系，多做调查研究，分析原因，采取相应措施。

（2）客户差异分析。从客观角度来看，不同客户之间的差异归纳起来主要有两点：对企业贡献的价值不同以及对产品或服务的需求不同。企业对客户进行有效的差异分析，主要是为了帮助企业更好地进行资源的配置和优化，使企业的商品和服务在改进的过程中更加具有成效。至于客户对企业所贡献的价值，企业可以用每个客户的平均收益率、较高利润的产品或服务的使用百分比、销售或订单的增降趋势等来计算和评估。

在企业衡量价值时应该明白，客户的个性化需求是造成客户差异化的主要原因。越来越多的市场选择为客户提供了个性化的需求空间，反过来这些客户对企业提出了更高的要求，企业为满足这些需求，就在力所能及的范围内为客户提供了更多的选择，这构成了一个企业和客户之间互相提升的个性化需求循环。在这个循环中，企业要清楚地了解每个重要客户的现实和潜在需求，这样才能维系客户，得以生存。

情景体验 11-2

M 公司的销售经理在开发客户时常常出现撞单、飞单、丢单等现象，管理者对于业务员手中有多少跟单、有多少重点跟单、跟进到什么程度都无法具体了解，更无法了解每个客户的真实情况。客户经理对于突然出现的销量下降、投诉等无法进行预警，更无法进行业务对比，种种问题制约着业务发展，使企业面临业绩难以增长的瓶颈。

M 公司要求销售经理、客户经理每周递交工作报表，通过客户拜访次数、会议纪要表、周报表、月报表、客户资料表等信息来了解项目进程。但实际情况是，这些经理把大量的工作时间用在填写表格上面，实际的工作得不到有效开展。而且大量的表格极容易形式化，通常应用到最后就会变成假表，里面的信息都是销售经理或客户经理坐在家里想出来的。对于客户资料的收集，也仅停留在简单的表格信息，如客户的名称、地址、联系方式、经营状况等，没有收集客户的品行、性格、喜好、特长以及销售跟进情况，且对于资料归档、整理也没有专人负责，形成无法统一管理，造成大量客户档案缺失。

11.2.2　客户的筛选

客户关系管理是一种动态的管理，因为企业所面对的客户是不断变化的，一个赢利的客户可以在很短的时间内失去价值，而一个普通的客户也可以在一定条件下转变成企业利润的主要来源，因此企业应该不断地对客户进行准确、有效的筛选。客户筛选是将重点客户或具有发展潜力的客户保留，而淘汰无利润、无发展潜力的客户。在筛选时，可以参考以下标准：

（1）客户一定时期内的购买额。可以将其各阶段购买量加总，进行排列、比较和分析。同时还应进行趋势分析，避免忽略那些虽然当前购买量有限，但购买一直呈上升趋势的潜力型客户。

（2）收益性。要看客户对企业毛利额贡献的大小。

（3）安全性。主要包括此客户是否能够严格按照合同规定的信用期限准时、足额付款，同时对于中间商客户，还要看其会不会发生"倒戈"行为。

（4）未来性。企业要深入了解客户在同行中的地位及经营方法，以分析和预测其发展前途。

（5）合作性。企业要综合评价客户在交易中的表现，看其是否能和企业良好配合，不故意对企业的产品和服务吹毛求疵。

针对上述衡量指标，企业要对其分别赋予不同权重，然后根据客户的实际情况逐一打分，进行比较、筛选，剔除低价值客户，找出未来需要关注的重点客户。

例如，某企业在筛选其客户时确立的筛选标准有五项指标，如表 11-1 所示。

表 11-1　某企业的客户筛选标准

指标	重要程度
1. 对此产品（或服务）需求旺盛	5
2. 对企业毛利润贡献大	4
3. 客户企业发展前景好	3
4. 有及时付款的能力	2
5. 有良好的合作声誉	1

把这些标准的重要程度按 5 分制进行评分，5 分表示企业认为这项指标最重要，1 分表示企业认为这项指标最不重要。根据这些指标企业可以对客户同样按 5 分制进行评价。然后，以指标重要程度为权数，累计求和，取得对每个客户的评价总分。例如，该企业有A、B、C、D 四个客户，他们在这五项标准方面的得分如表 11-2 所示。

表 11-2　四个客户的五项标准方面的得分

指标	A	B	C	D
1. 对此产品（或服务）需求旺盛	5	4	3	5
2. 对企业毛利润贡献大	5	3	2	5
3. 客户企业发展前景好	4	5	2	4
4. 有及时付款的能力	3	4	2	4
5. 有良好的合作声誉	4	2	2	5

四个客户的加权平均分如下：

A：$5×5+4×5+3×4+2×3+1×4=67$

B：$5×4+4×3+3×5+2×4+1×2=57$

C：$5×3+4×2+3×2+2×2+1×2=53$

D：$5×5+4×5+3×4+2×4+1×5=70$

通过以上分析，客户的最佳顺序为 D、A、B、C。

由此可知，D、A 两客户可作为企业的目标顾客，企业可以针对这两个客户采取营销措施，充分满足他们的需求。

六招手把手
教你如何筛选用户

11.2.3　重点客户管理

目前，许多企业的重点客户管理还存在问题，主要体现在：第一，许多企业往往偏向于新业务、新客户的发展，与老客户的沟通不够，重点客户的需求不能很好地收集反馈，致使不能为重点客户提供高期望值的服务，往往会导致老客户的满意度下降，从而导致重点客户市场的不稳定因素。第二，缺乏有效的管理方法，难以对重点客户市场竞争做出准确的管理和预测。这往往会造成重点客户流失，而事后补救必将付出巨大的代价。

重点客户管理过程主要包括建立、发展和维系重点客户关系三个方面。

1. 建立重点客户关系

（1）选择客户关系的类型。企业在具体的营销实践中，建立何种类型的客户关系，必须针对其产品和客户的特征来选择。美国营销学大师菲利普·科特勒认为，根据关系水平、程度的不同，可以将企业建立的客户关系概括为五种类型。

①基本型。销售人员把产品销售出去后就不再与客户接触。

②被动型。销售人员把产品销售出去，同意或鼓励客户在遇到问题或有意见时联系企业。

③负责型。产品销售完成后，企业及时联系客户，询问产品能否满足客户的要求，有何缺陷或不足、有何意见和建议，以帮助企业不断改进产品，使之更好地满足客户需求。

④能动型。销售完成后，企业不断联系客户，交流有关改进产品的建议和新产品的信息。

⑤伙伴型。企业持续地与客户进行沟通，帮助客户解决问题，支持客户的成功，实现共同发展。

这五种客户关系类型之间并不具有简单的优劣对比度或顺序，因为企业所采用的客户关系类型取决于它的产品以及客户的特征，不同企业甚至同一企业在对待不同客户时，有可能选择不同的客户关系类型。通常来说，公司应当将客户分类，对于重点客户，至少应当保持能动型的客户关系；对于非常重要的重点客户，则应该选择最紧密的伙伴型的客户关系。

（2）找准客户接触点。企业在识别了重点客户，并为其选定了客户关系类型之后，就要考虑采用何种方式与客户进行接触了。对于现代企业来讲，每一个可能的接触点，都可能会成为发现客户需求、反映客户意见，进而建立牢固客户关系的基点。企业应当首先从企业流程的角度对公司现状和现有的影响客户关系的运作方式进行分析，并对自身与客户的接触点进行全面管理，使其保持完整性、系统性、继承性和共享性。为此，企业应当做到以下三点：

①加深各职能部门和决策部门对客户接触点的认识。要让涉及企业业务前后端的员工真正明白客户关系管理系统的设计和实施。

②企业在针对客户接触点的改进和管理的过程中，最重要的措施是增加集成度和信息共享。

③接触点的重要性在企业中的体现，要从领导和决策层开始。只有在企业中形成了由上到下都重视客户接触点的氛围，企业才能真正改进客户接触点管理。

（3）与客户达成共识。建立重点客户关系需要与重点客户进行零距离接触，并达成共识。从某种程度上可以说，重点客户关系的建立是一个动态的、持续的过程，不可能一蹴而就。企业应当通过对客户定位、接触点、满意度和忠诚度等方面的管理来为企业开展全面的重点客户关系管理奠定基础，实现客户关系与企业价值链的良性循环。

情景体验 11-3

随着中国市场经济的快速发展，消费品领域的零售渠道出现日益集中化的趋势。例如，沃尔玛、国美、苏宁等零售巨头通过自身扩张和并购，快速控制了零售终端。为了顺应中国消费品市场发展趋势，雀巢、飞利浦、强生等跨国公司纷纷成立了专门的重点客户管理部门，在这些大型跨国公司的销售额中，重点客户销量占比达到 60%~80%。在重点客户管理的过程中，这些大型企业总结出了一套行之有效的管理系统和方法，并且通过对这个系统的推广和培训，直接提升了员工的业务能力和公司的业绩，据有关机构统计，重点客户管理方法和系统的使用使企业重点客户的销售业绩提升了 40%~60%。在当前的市场环境下，学习和应用重点客户管理方法和系统对于国内企业变得日益重要。

2. 发展重点客户关系

事实上，重点客户管理不仅是一个程序或一套工作方法，更是一种管理思想理念，一种如何挑选重点客户并发展与其关系的业务处理方式。公司必须针对重点客户的特点和企业的实际制定切实可行的重点客户管理模式，制定关键的管理制度和管理流程，不断发展与重点客户的关系。发展重点客户关系关键要做好以下几点：

(1)真正关心重点客户的利益。企业要设身处地为重点客户着想，而不是将重点客户关系仅仅看成是一种经营手段。比如在购物时，很多商家有凭发票保修一定时间的承诺，然而真正到需要保修的时候，才发现有诸多不便。经过一年半载的时间，要找到当初的发票多半不容易，因此起初的保修承诺很难兑现。从法律的角度看，这也许是消费者自身的责任，但是从为客户利益着想的角度看，商家就应该设计一种更加人性化的管理方法，让客户减少不必要的麻烦。问题的关键往往在于企业到底把客户的利益放在什么位置上。要想取得客户，尤其是重点客户的信任，就必须从理念上认识清楚这个问题。

(2)对重点客户进行差异化的服务。对重点客户一定要在服务程序和内容上与一般客户有所不同。不仅如此，重点客户之间也应当体现出服务的差异化。因为不同的重点客户的关注点不同，要努力为他们提供真正意义上的个性化服务。只有这样，才能体现出对重点客户的重视，从而让重点客户获得与众不同的收益。企业可以创造性地采取各种措施，逐步建立具有自己特色的 VIP 服务体系，并定期评估和不断修正自己的 VIP 服务体系，推陈出新，真正实现良性互动。

(3)让重点客户参与企业的管理。企业可以采取以下做法：第一，在企业进行重大的技术或者管理活动时，邀请客户参与和见证活动过程；第二，将公司内部管理过程透明化。

(4)采用多样化的沟通手段。众所周知，信息渠道的开拓是销售业务的开端，对每个销售组织或个体来说，信息渠道的建设与信息共享至关重要，对重点客户的管理同样如此。作为客户经理，一项重要的工作就是充分获得客户及竞争对手的信息，并对这些信息进行准确判断。但在现实生活中，大多数信息往往无法通过与客户面对面的交流获得，而是需要多层面、多渠道的信息共享与沟通。作为一个有经验的客户经理，在获取信息时不能只听一面之词，一定要采取多样化的沟通手段，才能确定信息的可靠程度。同时，多样化的沟通手段对销售成功具有很大的促进作用。每个人获得信息的途径不同，对重点客户尤其应该注意沟通方式的多样性。

(5)防止重点客户背离。维系重点客户关系不仅要提高客户忠诚度，而且必须防止重点客户背离。通常情况下，重点客户背离的原因主要有以下两方面：

①不可控因素，包括重点客户业务发生收缩或者扩张，重点客户突然遭遇重大意外事故倒闭等。其中，重点客户的业务收缩主要是由于重点客户的经营方向调整、经营范围缩小或由于重组的原因而出售部分企业等，导致重点客户对原来的产品需求减少或不再需求；而业务扩张主要是由于重点客户直接进入企业所在的上游领域，成为竞争对手，而与企业终止业务往来。

②可控因素，包括竞争对手的进攻，企业提供的产品或服务不能满足重点客户的需求，重点客户的投诉和问题得不到解决等。其中，竞争对手的进攻主要表现在竞争对手以更低的价格、更好的产品、更优质的服务，利用强大的宣传推广攻势等各种竞争手段进攻，赢得重点客户。企业提供的产品或服务不能满足重点客户的需求主要表现在企业研发力量薄弱，自身产品发展跟不上重点客户需求的发展。重点客户的投诉和问题得不到解决主要表现在渠道冲突、售后服务、产品质量等问题发生后，企业没有及时采取有效的方式给予解决，导致重点客户背离。

必须认识到，并不是所有的重点客户背离都能制止。重点客户管理的重点是应对可控因素带来的客户背离。要正确分析重点客户背离的原因，针对问题的症结采取相应的措施。

3. 维系重点客户关系

维系重点客户关系就是要提升重点客户的忠诚度。而客户忠诚的基础是客户通过企业长期的服务表现产生了信任感，以至于即使有多家供应商可以选择，客户仍然心甘情愿、一如既往地继续与该企业合作。维系重点客户关系需要做到以下几点：

(1)实行重点客户经理制。重点客户经理制是为实现经营目标所推行的组织制度。由客户经理负责对客户的市场营销和关系管理，为客户提供全方位、方便快捷的服务。重点客户只需面对客户经理，即可得到一揽子服务及解决方案。客户经理可以通过数据分析出某类重点客户是什么类型偏好的消费群，其消费热点是什么，然后派出销售代表在该客户群中开展有针对性的营销活动，以增加业务推介成功的机会，提高重点客户服务的工作绩效。客户经理还应为重点客户提供免费业务、技术咨询，向重点客户展示和推介新业务；要根据重点客户的实际需求向重点客户提供适宜的建设性方案，为重点客户提供优质高效的服务，使重点客户最大限度地提高工作效率。

(2)建立重点客户管理系统。重点客户管理系统是在重点客户的整个生命周期中，为重点客户的市场开拓、信息管理、客户服务及营销决策提供的一个综合信息处理平台。要建立重点客户管理系统，企业必须了解重点客户构成与整个客户群体构成的差异，并按客户的自然属性进行分类，挖掘出影响重点客户的关键自然属性，使企业准确地掌握市场动态，并根据市场需求及时调整营销策略。要做好重点客户服务工作，首先，要在众多的客户群中找准目标，辨别出谁是重点客户，谁是潜在重点客户。其次，要摸清重点客户所处的行业、规模等情况，建立完善的重点客户基础资料。同时，要依据资料提供的信息，对重点客户的消费量、消费模式等进行统计分析，对重点客户实行动态管理，对重点客户使用情况进行连续跟踪，为其提供预警服务和其他有益的建议，尽可能降低客户的风险。

(3)建立以重点客户为中心的组织流程。实施重点客户管理是一项系统工程，涉及企业经营理念、经营战略的转变，关系企业的各个部门、企业流程的各个环节，要求企业拥有能及时进行信息交互与信息处理的技术手段，因此企业应建立起以重点客户为中心的更为灵活的组织结构体系，将组织资源投入最能满足重点客户需要的方面，并在考核制度、薪酬制度、激励制度等方面贯彻以重点客户为中心的思想。生产制造部门要把好质量关，人力资源部门要培养高素质的员工、完成高水平的服务，销售部门、财务部门、运输部门都应以重点客户为中心组织活动。要以重点客户需求作为流程的中心，重新整合企业流程和业务操作方法，使各部门的行动保持一致，彼此协调，积极投入为重点客户提供满意的服务中去，从而提高为重点客户服务的效率。

（4）实施重点客户全面服务。重点客户管理除需要管理人员掌握广泛的知识和技能，具备销售人员的基本知识与技能，如了解产品与市场、了解客户、处理人际关系、陈述与谈判、自我组织与时间管理、独立的自我激励等之外，还必须能够进行战略策划、管理变革与创新、项目管理、精确分析和监控、帮助客户开发其市场等。企业可以建立专门的重点客户服务团队，团队成员彼此互补、相互促进、具备跨职能部门的执行能力，与重点客户之间建立方便和有效的联系，确保为重点客户提供及时而周到的服务。

情景体验11-4

M公司客户群按经营性质分为国企、中外合资、私企等，但因M公司的母集团是央企，所以国企被划分为最具有价值的客户，这显然失之偏颇了。从销售角度来看，某客户的交易数额大、重复购买并且有长久的合作关系，应该是企业的重要客户。但从财务角度分析，付款周期长，且付款拖延严重，利润率非常低，这样的客户不能视为最有价值的客户，比如某些国企。

在M公司还经常出现这样的状况，有很多客户打电话咨询商旅合作，但销售经理忙活半天后客户跑了。这种在开发客户时眉毛胡子一把抓、芝麻西瓜一齐捡，最后可能给企业带来管理问题。对于一些食之无味、弃之可惜的客户，如半休眠客户，甚至半年以上都没有交易的客户，M公司忍痛割爱，甚至还会主动让给竞争对手。

11.3　客户信用管理

在现代市场经济中，信用无处不在，信用销售的比例和范围越来越大，给交易双方带来了更大的不确定性，这种不确定性就是信用风险。

信用销售又称赊销，是指厂家在与客户签订购销协议后，让客户将企业生产的成品先提走，客户则按照合同规定的付款日期付款或以分期付款形式逐渐付清货款。

在市场交易中，并非所有的交易都涉及商业信用，在世界上的很多地区，赊销交易方式采用的比例并不高。比如，与一个由企业信用管理部门确定为风险比较大的客户做一笔销售业务，必须要求客户先付款然后发货，即以"先款后货"方式交易。与一些尚未建立信用的新客户做小量的业务，也可以要求客户发货即付款，即以货到付款方式交易。客户信用管理主要包括确定客户资信、制定信用政策、应收账款管理等。

情景体验11-5

A公司是广东一家以生产电器开关为主的乡镇企业，创办于20世纪80年代初，经过40多年的发展，已经成为拥有600多名员工、年产值近亿元的中型企业，在当地小有名气。前些年，由于A公司的"示范效应"，周围陆续办起了十几家同行企业，从产品到市场，几乎与A公司完全重合，A公司感到了前所未有的市场竞争压力。为了维持已有的市场优势，A公司对销售队伍进行了大幅度扩充，同时规定对于新老客户允许不同比例的赊销额度。但是随着竞争日趋激烈，越来越多的客户要求增加赊购比例甚至全部赊购，否则就停止进货。无奈之下，公司对赊销的限制越来越松，许多销售员为了多拉客户、提高销售业绩，在对客户资信状况没有充分调查了解的情况下贸然签订赊销合同。到 2022 年年底，A 公司的应收账款已经超过 5 000 万元，而其中还包括大量显然已无法收回的货款。对 A 公司来说，已经实在无法支撑如此巨大的财务包袱，资金周转陷入了困顿。公司总经理考虑今后一律禁止赊销，但这又在公司管理层和销售部门中引发了激烈的争议，包括销售经理在内的一些销售业务骨干甚至表示一旦不允许赊销就集体辞职。A 公司陷入了两难的境地。

11.3.1 确定客户资信

客户资信是指构成客户偿付能力的要素总和，反映客户的客观状况，是通过客户自身经营管理的相关信息资料表现出来的，如财务状况、经营状况等。凡是经营成功的企业，必是一个资信状况优良的企业，否则将遭受巨大的信用风险损失。因此，确定客户资信是任何一个企业都不应忽视的核心管理问题之一。

1. 客户资信调查

(1)客户资信调查的形式。客户资信调查一般包括通过金融机构(银行)调查、利用专业资信调查机构调查、通过客户或行业组织进行调查和内部调查四种形式，如表 11-3 所示。

表 11-3 客户资信调查方式

调查形式	优点	缺点
金融机构(银行)调查	可信用比较高，所需费用少	很难掌握客户的全部资产情况及具体细节；调查时间可能会较长
专业资信调查机构调查	短期内完成	经费支出较大
客户或行业组织调查	可以进行深入具体的调查	地域性限制，难以把握整体信息，难辨真伪
内部调查	操作简单，了解全面	资信收集不够专业并受内部调查人员素质影响

(2)调查结果的处理。调查完成时要出具调查报告。调查报告必须在指定时间内提交给主管领导，按照企业统一规定的格式和要求编写。调查报告应客观，要用事实说话，调查项目应尽量保证准确全面。

调查报告的时间要求依不同类型的客户而有所区别。如对于 A 类客户每半年一次即可，A 类客户是指规模大、信誉高、资金雄厚、属超一流公司的客户。对于 B 类客户每三个月一次，B 类客户是信用状况一般、信誉较好的客户。对于 C 类客户要求每月一次，这类客户主要包括一般的中小客户、新客户、口碑不佳的客户。

2. 客户信用要素"5C"分析

"5C"学说是美国银行家爱德华 1934 年在"3C"和"4C"学说的基础上提出的，它是用 5 个以字母"C"开头的英文单词代表进行企业信用分析的 5 个要素。

(1)品质(Character)。品质是指企业在经营管理活动中表现出的信用行为特征。其具体可由企业基本情况、企业的历史、经营管理者个人情况、企业经营战略和方针、企业的组织管理状况、银行往来、信用评价来判断。

企业信用管理部门应该从众多的客户信用申请中找出品质好的客户，向这些客户提供信用销售。有经验的信用管理经理人员普遍认为，客户的品质因素应该放在信用申请审批过程中的首位进行考虑。客户品质的好坏，主要根据客户过去的信用记录来确定。

（2）能力（Capacity）。能力是指企业在经营活动中表现出的信用能力特征，包括经营者能力、基础设施条件、企业规模与设备条件、员工能力、生产能力、销售能力。

能力主要根据客户的经营状况和资产状况来判断。具有较好的经营业绩、较强资本实力和现金流量合理的客户，会表现出良好的偿付能力。在标准的企业资信调查报告中，被调查对象的经营状况变化和它的固定资产情况可以说明其能力。

（3）资本（Capital）。资本是指企业在经营管理活动中的财务支付能力特征，可以由如下因素来衡量：资本构成、资本关系、增资能力、财务状况。资本状况可以通过企业的财务报表和比率分析得出。标准的企业资信调查报告提供企业的上一期财务报表和重要的比率情况。

（4）担保品（Collateral）。担保品是指企业在接受信用融资时，可以提供的足以偿还授予信用价值的担保品的情况，包含如下因素：授信状态、担保品状态。对于有资产抵押的客户，其信用条件可以适当放宽。对于没有信用记录和有不良信用记录的客户，以一定的合法资产作为抵押是必要的。

（5）环境（Condition）。环境是指影响企业经营管理状况的外部环境特征，包括政府鼓励与限制政策、行业发展状况、市场供需状况、被评估企业在行业中的地位、行业竞争状况。

对上述各个要素的分析，应当建立在对客户更为详细、具体的信息搜集基础上，其中每个因素都应当从客户的实际经营管理活动中获得，并加以说明或测量。另外，客户的交易信用也可从该客户与其他合作伙伴的交易中得到验证。这些方面的信息可以由行业间的交流和信息沟通、专业信用记录、银行记录、诉讼记录等各种渠道获得。

3. 客户财务状况分析

通过对客户的财务状况，特别是偿付能力和流动性的分析，企业可以对客户的资信有一个客观的评价。

信用分析人员在财务报表中寻找信息，必须表明客户能否产生按时还款所需的足够现金。在分析客户财务状况时一般要关注以下几个方面：

（1）资产项目分析。

①现金：流动性最好的资产，反映客户的短期偿债能力。

②应收账款：代表最近的现金来源，可成为偿还短期债务的主要资金来源。应收账款数额、到期日、客户分布是重点考察项目。

③存货和短期投资：反映客户的短期偿债能力，但流动性相对较差。

（2）负债项目分析。对负债项目的分析旨在揭示客户已有负债及期限结构。如果客户已有大量的负债，且偿还期限分布集中，借款人的偿债能力就值得怀疑了。同时还应注意客户的或有负债，它有可能在没有任何预警的情况下突然转化为负债，极易影响客户的偿还能力。

（3）股东权益分析。该项目反映了客户的资本、留存收益等状况，不但显示客户的实力和未来经营策略，也是显示客户偿债能力的一个重要标志。

（4）利润表分析。客户的利润表反映资产负债表报告的资产的质量以及经营的稳定程度和管理效率。客户申请销售货款的信用期限越长，利润表分析越重要。

（5）现金流量表分析。现金流量表是评估客户短期信用销售货款偿还能力的一个重要依据。客户的偿债能力会随现金来源的不同而发生变化。如果客户的现金来自净收入增加，这种净收入又是由投资规模的扩大、存货的增加以及管理效率的提高带来的，那么这种现金流动形式是可靠的，它能实实在在地增强客户的偿债能力。相反，如果其现金来自应付账款和应付票据，或来自短期贷款，信用分析人员就应该怀疑该客户现金流动的真实状况，在这种情况下，客户的偿债能力是不可靠的。

（6）财务比率分析。财务比率分析是根据财务报表提供的有关信息，计算出各种不同的比率，以揭示客户经营状况的一种分析方法，它是信用分析中技术性最强的部分。正确的比率分析能够揭示客户的经营状况并借此预测其未来经营趋势。比率分析中最常用的比率有流动性比率、作业比率、财务杠杆比率以及盈利能力比率四种。流动性比率包括流动比率和速动比率；作业比率包括总资产周转率、固定资产周转率、应收账款周转率、存货周转率；财务杠杆比率包括债务对资产比率、债务对净资产比率、固定费用偿付能力比率；盈利能力比率包括营业收入利润率、净边际利润率、资产收益率、普通股产权收益率。

4. 客户信用分析

在对客户信用进行分析后，可以对客户信用进行评价。根据上述对客户"5C"分析和财务状况分析，可以将其量化，建立客户信用评价的指标体系。下面以中小企业为例，说明客户资信调查内容，如表 11-4 所示。

表 11-4　客户资信调查

关键指标		分值/分			权重/%
		0~2.0	2.0~4.0	4.0~5.0	
定性指标	表面印象				3
	主要负责人简历				2
	市场竞争性				3
	组织管理				5
	厂房所有权				2
	供应商评价				3
	过往付款记录				8
	产品及市场				5
	发展前景				4
	地区信用状况				2
	付款担保				10
	可替代性				3
小计					50

续表

关键指标		分值/分			权重/%
		0~2.0	2.0~4.0	4.0~5.0	
定量指标	经营时间/年	<2	2~10	>10	3
	雇员人数/人	<200	200~1 000	>1 000	3
	流动比率	<1.8	1.8~2.2	>2.2	8
	速度比率	<0.8	0.8~1.2	>1.2	8
	流动资金/万元	<100	100~1 000	>1 000	5
	资产负债率	>1.3	1.3~0.7	<0.7	5
	净资产/万元	<500	500~5 000	>5 000	5
	销售收入/万元	<1 000	1 000~10 000	>10 000	2
	应收账款周转率	<6	6~12	>12	3
	存货收益率	<3	3~8	>8	2
	资本收益率/%	<5	5~10	>10	3
	赚取利息次数/次	<2	2~8	>8	3
小计					50
合计					100

在不同行业中，这个信用评价指标体系的某些指标及其权重需要调整，也可在实践中不断完善。需要特别指出的是，在评价客户信用时，要关注客户某些重要信息的披露、突发事件、法律纠纷等，注意分析客户的潜在危机，及时调整客户的风险评级。

5. 客户风险分类及对策

在对客户信用评价后，应依据客户不同的风险程度采取不同的信用对策，如表11-5所示。

表11-5　客户风险分类及对策

风险等级	加权分值/分	风险程度	信用对策
CA1	4.1~5.0	很低	进行信用交易，放宽付款条件
CA2	3.1~4.0	较低	进行信用交易
CA3	2.1~3.0	中等	进行信用交易，加强监管
CA4	1.1~2.0	较高	进行信用交易，严格控制额度
CA5	0.0~1.0	很高	现金交易

（1）CA1、CA2级客户。特点：这两个级别的客户一般实力雄厚、规模较大，可能占本公司业务相当大的一部分。这两类客户的长期交易前景都非常好，且信誉优良，可以放心地与之交易，信用额度不必受太大的限制。对策：企业对这两类客户在信用上应采取较为宽松的政策，并努力使这两类客户不流失，建立经常性的联系和沟通，是维护与这两类客户良好业务关系的必要手段；同时，企业也应当定期地了解这些客户的情况，作为一种

正常的信息沟通。

（2）CA3 级客户。特点：这个级别的客户具有较大的交易价值，没有太大的缺点，也不存在破产征兆，可以长期与之交易，也可以适当地超过信用额度进行交易。对策：企业对这类客户在信用上应做适当的控制，基本上应以信用额度为准。这类客户往往数量比较大，企业应努力争取与其建立良好的客户关系并不断增加了解。对这类客户定期地进行信息搜集是必要的，尤其应当注意其经营状况和产品市场状况的变化。

（3）CA4 级客户。特点：这类客户一般对企业吸引力较低，其交易价值带有偶然性，一般是新客户或交易时间不长的客户，企业占有的信息不全面。通常企业不会与这类客户交易，一旦需要与其交易，应严格限制信用额度，而且可能会寻求一些额外的担保。对策：对这类客户，在信用管理上更加严格，应对其核定的信用额度打一些折扣；维护与这类客户的正常业务关系难度较大，但对新客户应当关注，争取发展长远的合作关系；对这类客户的调查了解应当更加仔细，在业务交往中除了要求其出具合法的文件之外，还应进行一些专门调查，如实地考察或委托专业机构调查，以增加了解。

（4）CA5 级客户。特点：这类客户信用较差，或者很多信息难以得到，交易价值很小。企业与这类客户交易的可能性很小。对策：对这类客户，企业应当尽量避免与之进行交易，即使进行交易，也应以现金结算方式为主，不应采用信用方式。这类客户不应成为企业客户资源的重点，有些甚至可以放弃；企业可以保留这些客户的资料，但不应投入过多的人力和财力来搜集这些客户的信息，在急需了解的情况下，可以委托专业服务机构进行调查。

情景体验 11-6

几年前，东欧一新客户开始和格兰仕企业（集团）公司海外市场部接触，希望从格兰仕大批量购买微波炉。海外市场部随即启动了客户信用评审程序。从客户提供的资料看出，这是一个颇有实力的大型进口商兼零售商，销售范围覆盖东欧三四个国家，并辐射到中亚的一些国家。之后双方进一步当面接洽，主管业务员从客户的言谈、营销网络和使用的品牌等方面，了解到对方确实有相当的规模，应该是一个颇有潜力的买家，这个客户通过了公司关于客户信用评审的第一关。紧接着，海外市场部评审对方的开证银行。发现客户尽管地处东欧，但在开立信用证时，使用的多是德国、瑞士等地知名度高、信誉不错的银行，这通过了信用评审的第二关。

但评审的第三方机构（银行）获得的资料显示，它和不少公司合作的历史不光彩，尤其是付款信誉不佳：该客户多次以信用证的不符点为由，推迟付款甚至漫天杀价，使不少公司损失惨重。最终格兰仕没有与这个客户合作。

11.3.2　制定信用政策

应收账款是企业曾因销售商品、提供劳务而形成的债权，其实施效果的好坏，依赖于企业实行的信用政策，信用政策主要包含信用标准、信用条件两部分。

1. 信用标准

信用标准是企业同意向客户提供商业信用而提出的基本要求，通常以预期的坏账损失率为判别标准。如果企业的信用标准较严格，只对信誉很好、坏账率很低的用户给予赊销，则会减少坏账损失，减少应收账款的机会成本，但这可能不利于扩大销售量，甚至造成销售量减少；反之，如果信用标准较为宽松，虽然会增加销售，但相应的坏账损失和应收账款的机会成本也会增加。因此，制定什么样的信用标准，需要企业根据具体目标进行权衡后再予决定。

2. 信用条件

信用条件是指企业要求用户支付赊销款项的条件，主要包括信用期限和现金折扣。

信用期限是企业为用户规定的最长付款时间。例如，企业规定客户最迟要在 30 天内付款，则 30 天就是对这个客户规定的信用期限。在设定信用期限的时候，企业需要对其长短做出权衡：信用期限过短，不足以吸引客户，会令企业在商业竞争中失去优势；信用期限过长，对促进销售固然有利，但也会大幅增加应收账款成本，令企业难以享受赊销带来的益处。因此企业需要谨慎规定信用期限。

现金折扣是指在信用销售方式下，企业对于客户在规定的短时间内付款所给予的客户发票金额的折扣，以鼓励客户及早付清货款。企业信用管理部门给予客户的现金折扣中包含两个要素：折扣期限和折扣率。折扣期限指的是在多长时间内给予客户折扣优惠。折扣率指的是在折扣期限内给予客户多少折扣。现金折扣、销售额、应收账款三者之间关系密切。给予客户一定的现金折扣，是吸引客户的重要方式之一。现金折扣条件优惠，销售额会不断增加，应收账款持有水平就越高。其次，现金折扣率越高，越能鼓励客户尽早全额付清货款。这会在一定程度上缩小应收账款的持有规模。另外，现金折扣期限也会影响到应收账款的持有规模，较长的折扣期将会延长收款的时间。企业营销信用政策中实施现金折扣会给企业事业带来很多益处。例如，"5/20，$n/60$"的现金折扣政策表明，如果客户能够在 20 天之内付清全部货款，将从厂家获得销售总额的 5% 的折扣优惠；客户必须在 60 天以内付清全部货款，如果在第 60 天还没有付清就违约了。

11.3.3 应收账款管理

应收账款是指企业因赊销产品或劳务而形成的应收款项，是企业流动资产的一个重要项目。随着市场经济的发展、商业信用的推行，企业应收账款数额明显增多，而且时常面临账款收不回来的风险。因此，应收账款的管理已经成为企业经营活动中日益重要的问题。

1. 应收账款的功能

应收账款的功能是指其在生产经营过程中的作用，主要有如下两方面：

(1)扩大销售，增强企业的竞争力。在市场竞争比较激烈的情况下，赊销是促进销售的一种重要方式。企业赊销实际上是向顾客提供了两项交易：向顾客销售产品以及在一个有限的时期内向顾客提供资金。在银根紧缩、市场疲软、资金匮乏的情况下，赊销具有比较明显的促销作用，对企业销售新产品、开拓新市场具有重要意义。

(2)减少库存，降低存货风险，减少管理开支。企业持有产成品存货，要追加管理费、仓储费和保险费等支出，而企业持有应收账款，就没有上述支出。因此，当企业产成品存货较多时，一般可采用较为优惠的信用条件进行赊销，把存货转化为应收账款，减少产成品存货，节约相关开支。

2. 应收账款的成本

虽然应收账款具有扩大销售和减少库存的作用，但持有应收账款也需要企业付出相应代价。应收账款的成本主要体现在如下三方面：

(1) 机会成本。企业一旦选择使用信用政策，则意味着不能及时收回货款，要长期为客户垫付资金。这些资金失去了在其他领域为企业赢利的机会，便产生了应收账款的机会成本。这个成本一般可以按照当期有价证券的利息率来计算。

(2) 管理费用。为了以赊销形式销售产品并将风险控制在可承受范围内，企业需要对客户的信用情况进行调查、管理，在收集信息、信用管理以及赊销后收款过程中均会产生一定的管理费用。因此管理费用也是应收账款成本的一部分。

(3) 坏账成本。实行赊销，一定比例的坏账是不可避免的，应收账款因故不能收回而产生的损失就是坏账成本，包括本金和利息。在企业财务核算中，坏账成本一般与企业应收账款保持一定比例，短期内的突增或突减都不正常，均应引起管理人员的重视。

3. 应收账款的管理要点

对于一家企业来讲，应收账款的存在本身就是一个矛盾的统一体，企业一方面想借助它来促进销售，扩大销售收入，增强竞争能力，同时又希望尽量避免由于应收账款的存在而给企业带来的资金周转困难、坏账损失等弊端。妥善处理和解决好这一对立又统一的问题，是企业应收账款管理的目标。

应收账款的管理，首先要制定科学合理的应收账款政策，同时，应收账款管理应包括对企业内部所有与应收账款相关部门、员工的管理。最后，也是最重要的一点，应收账款管理还需强调收款管理，确保企业坏账不超过预期数值，确保应收账款会促进企业业务的发展而不是因账款难以回收造成更大的损失。

收账政策包括企业要求员工从客户处收取超过或没有超过正常的赊销期限的应收账款的程序，以及制定的操作性强且便于理解和贯彻执行的收账制度。如对超过信用期限仍未付款的处置，是停止供货还是加收利息等处理条款。

对于应收账款，企业要制定强有力的催收政策，一旦应收账款到期，就要及时通过信函、电话或邮件等方式催收。如仍未收到账款，应分析原因，寻找对策。收账政策应注意以下几个方面：

(1) 建立销售回款一条龙责任制。为防止销售人员片面追求完成销售任务而强销、盲销，企业应在内部制定严格的资金回款考核制度，以实际收到的货款数作为销售部门的考核指标之一，每个销售人员必须对每一项销售业务从签订合同到回收资金全过程负责，使销售人员增强风险意识，加强货款的回收力度。

(2) 及时开具发票。赊销的客户，通常将发票开具日作为信用期限的起始日，有些客户甚至以收到发票作为付款的条件，故企业要明确要求相关部门在手续齐全的前提下及时开具并寄送客户发票，为准时收款创造条件。

(3) 严格追查逾期未收的账款。在收账政策中要明确规定，对那些逾期未收的账款要采用严格的追查制度。采取怎样的追查程序具体要依客户的欠款金额大小确定，花很多时间和费用去追回一笔并不值得这么做的逾付款，可能毫无意义，但是有时即使收款费用高于款项本身，也值得去追讨，主要是告知客户企业执行信用和收账制度的严肃性，至于追查的尺度要靠企业人员根据实际情况权衡。

（4）收账政策。要规定企业相关员工必须定时、定次向客户发送付款通知书或催款通知单，并建立客户还款进度记录簿，对应收账款实行跟踪管理，及时把逾期未付情况上报主管领导，以便掌握和随时调整收款政策。

（5）收账政策制定时要考虑维护客户关系。企业在制定和执行收账政策时需要权衡得失，平衡与客户的关系，必须在收账费用及惹怒甚至失去优质客户的风险与准时收账带来的收益之间仔细权衡，在不违背企业原则的情况下进行适当的变通。如更加注意讲究收账技巧和对无力偿付和故意拖欠的要采取不同的收账策略，像寄函、打电话、派专人催收、双方协商解决、借助有权威的第三者调解等，都能更好地帮助企业解决问题。

（6）诉诸法律，收回欠款。企业对于少数逾期不付款的客户，在多次上门追讨无效的情况下，可以向法院提起诉讼，通过法律手段予以追讨。

由上不难看出，企业如果采用较积极的政策，可能会减少坏账损失，但会对企业销售和存货周转造成一定的不良影响。如果采用较消极的政策，则可能促进销售，但会增加坏账损失和应收账款费用。因此在制定应收账款政策时，企业应权衡得失，考虑政策对销售额、应收账款机会成本、坏账成本和收账成本的综合影响。

4. 应收账款的监管

许多企业会出现这样的情况，随着赊销在企业实施的时间越来越长，应收账款会变得很混乱，有时候销售部门的关键人员离职，此员工负责的客户账款回收也变得没有希望。同时，各部门、销售团队间遇到账款难以收回的状况时，也会发生互相推诿责任的情况。如何帮助企业做好此项工作呢？一般认为可以从对客户的监管和对企业员工的监管两部分着手。

（1）对客户的监管。对客户的监管分为对老客户的监管和对新客户的监管。对于老客户，企业通过信息数据库、平均收款期及账龄分析表等工具，判断各个客户是否存在账款拖欠的可能性。信用管理人员应定期计算应收账款周转率，编制账龄分析表，按账龄和信用等级分类估计潜在的风险损失，并相应地调整信用政策。同时，企业可以按照客户的实际经营情况，采取多批少量的方法，有效控制应收账款回收，此方法就是把总额大的应收账款有效分解成多笔金额小的应收账款，通常客户对小额账款的支付会比较配合。此外，企业还应强化客户的回款意识，采用各种催收手段，在客户中间树立催收及时的供应商形象。对于新客户的监管，企业在开拓新市场或对目标市场进行细分的时候，对中间商客户应当进行充分、科学的信用评估，以降低日后合作中的回款风险。同时，在初次合作时，企业应当强化其准时回款的信用意识，并将企业内部的信用管理政策和相应的信用奖励、惩罚措施予以明确，使新客户从合作初期就能遵循企业的应收账款管理系统开展业务。

（2）对内部员工的监管。对内部员工的监管主要涉及对财务部门和销售部门的监管。企业需要要求财务部门形成定期的对账制度，每隔一定时期必须同客户核对一次账目，对于对账差异要及时根据双方原始单据予以查明并取得一致认可。对于单家客户应收账款金额过高的情况，财务部员工需要和上级及销售、信用部门进行沟通，研究解决对策和相关赊销管理办法。对于销售人员，首先，企业要帮助其正确理解产品铺货率，在激励其努力开拓市场的同时加强风险控制意识。其次，企业要制定合理的销售人员激励政策，不仅将销售数量作为考核的标准，还要将回款率作为重要的考核指标，使销售人员明确减少坏账与其自身业绩的紧密关系，从而达到降低企业回款风险的目的。同时，对应收账款实行终身负责制和第一责任人制。谁经手的业务发生坏账，无论责任人是否调离企业，都要追究有关责任，避免因业务人员离职给企业带来不必要的损失。再次，企业要帮助销售人员提高终端管理和维护能力以及追款技巧，使其不仅具有很强的收款意识，还能在具体操作中驾轻就熟，达到尽快取得回款的最终结果。最后，企业还应防范业务人员和客户勾结，避免因业务员擅自打破企业信用政策或与客户串通私分货款带来的巨大损失。

总之，企业应针对应收账款在赊销业务中的每一环节，健全应收账款的内部控制制度，特别加强对财务部门和销售部门员工的控制管理和支持，努力形成一整套规范化的对应收账款的事前控制、事中控制、事后控制程序，将赊销业务带来的风险降到最低。

我们需要什么样的CRM?

11.4　直播营销渠道管理

11.4.1　直播营销的产业链结构

在直播营销的产业链中，商品供应方、多渠道网络服务机构（Multi-Channel Network，MCN）、主播、直播平台的加入，使营销中"人、货、场"三要素得到了重新排列组合，使之呈现出不同于传统营销的产业链结构。图11-1为直播营销的产业链结构示意图。在直播营销产业链中，上游主要为供应链方，如品牌商、经销商、制造商等；中游主要为MCN机构、主播和平台渠道方；下游为用户。

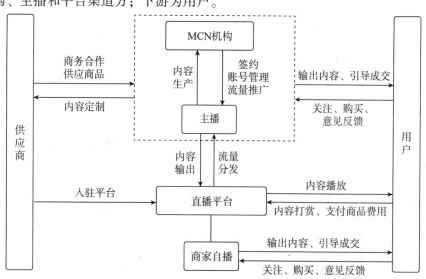

图11-1　直播营销的产业链结构示意图

1. 供应链方

供应链方为MCN机构、主播、直播电商平台供应商品，并提供仓储物流商品售后等服务。

与传统电商供应链相比，直播电商中的供应链加入了主播的角色。主播能与用户建立直接联系，更加清楚地了解用户的需求，并将这些需求反馈给供应链方，让供应链方提供更符合用户需求的商品。

在直播电商中，供应链方分为内部供应链服务商和外部供应链服务商。内部供应链服务商通常是由主播自身团队负责运营的，即主播自建工厂，创建自有品牌，或采取原始设备制造商（Original Equipment Manufacturer，OEM）模式、原始设计制造商（Original Design Manufacturer，ODM）模式生产自己的定制品牌商品。外部供应链服务商包括两类，一类是零售终端品牌商，另一类是聚合了不同品牌商、工厂、批发商等货源的第三方供应链服务商，在货源种类、货源对接上更具优势，因此大多数主播会选择与第三方供应链服务商进行对接。各类第三方供应链服务商根据自身特性的不同，在货源整合上具有不同的优势。不同类型的第三方供应链服务商的特性、优势及典型代表如表11-6所示。

表11-6　不同类型的第三方供应链服务商的特性、优势及典型代表

第三方供应链服务商类型	特性	优势	典型代表
电商平台	搭建电商交易平台，积累了丰富的商家资源，为了提高营销效率，提高商品转化率，平台开辟直播入口，帮助商家吸引流量，提高经营业绩，同时为主播提供货源	商品种类丰富，电商生态完善	淘宝网、京东商城
短视频平台	用户活跃度高，平台流量大，平台上产生了大量的KOL（Key Opinion Leader，关键意见领袖）。为了开辟新的流量变现渠道，平台尝试搭建电商体系，整合货源，帮助主播更好地实现流量变现	流量大	抖音、快手
供应链基地	在线下建立货源基地，搭建直播间，并签约主播，为主播提供货源、直播间，以及直播经纪服务，其最大的作用就是对接货源与主播	商品丰富，能为主播提供经纪服务	谦寻文化
导购平台	购物"达人"通过分享商品"种草"，平台依托导购业务积累了一些具有一定流量的购物"达人"和忠诚用户	具有流量优势，能为主播提供精选货源	小红书、蘑菇街
专业的KOL供应链平台	聚焦商品供应服务，专门为KOL提供优质货源	选品能力较强，商品丰富，能为主播提供与其人设相符的商品	拼量网

2. MCN机构

（1）价值分析。在直播电商产业链中，MCN机构兼具主播经济、内容生产、活动运营、供应链运营等多重角色。MCN机构价值分析如图11-2所示。

对于主播来说，MCN机构能为其提供经济服务，包括为主播提供技能培训、内容创

作指导、流量曝光等服务；对于供应链方来说，MCN 机构为其提供直播服务，输出定制化直播内容，帮助其实现商品转化；对于平台渠道方来说，MCN 机构以机构团体的形式入驻平台，帮助平台方管理分散的个人主播，并输出直播内容，吸引流量。

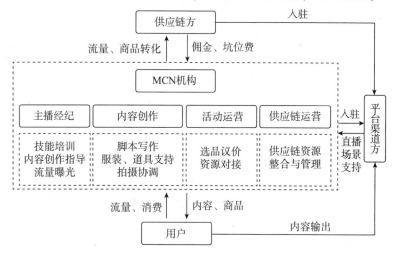

图 11-2　MCN 机构价值分析

（2）MCN 机构的职能有以下 3 个：

①技能培训。MCN 机构根据签约主播的特性，对主播进行有针对性的培养，帮助其培养并提高直播技能。

②内容创作指导。MCN 机构根据商家的需求，对主播进行创作指导，帮助其输出符合商家要求的直播内容。

③流量曝光。MCN 机构根据主播创作的内容在不同的直播平台上进行投放，同时根据主播的能力、特性，为其提供参与商业活动的机会，帮助主播提高知名度和粉丝数量。

3. 主播

主播连接着供给端和需求端。在供给端，主播为供应链方输出直播内容，帮助其吸引流量，销售商品；在需求端，主播通过直播输出内容，向用户分享商品。

4. 平台渠道方

在直播电商产业链中，平台渠道方主要负责搭建直播渠道，并制定相关规则，维护直播秩序。

按照主营业务属性划分，平台渠道方分为电商平台和内容平台。电商平台包括淘宝网、京东商城、拼多多等传统电商平台，它们积极搭建直播生态，进行内容化，从而为平台吸引流量，为用户提供体验感更好的购物方式，增强用户黏性。内容平台是指蘑菇街、小红书、抖音、快手等以分享图文、短视频等内容为主的平台。为了丰富平台变现渠道，内容平台逐步寻求电商化，通过自己自建电商产业链拓展自身与商家和供应链的合作，从而形成完整的电商产业链，让用户可以在平台内直接购买商品，为"达人"创造更便利的流量变现方法。

在直播电商产业链中，平台渠道方拥有较大的主动权，这主要体现在制定直播规则、流量分配和场景服务 3 个方面，如图 11-3 所示。

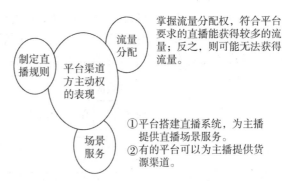

①制定直播运营相关规则，如主播开通直播的条件、佣金比例、可直播的商品、直播中应遵守的规则等。
②制定主播与商家沟通合作的相关规则。

掌握流量分配权，符合平台要求的直播能获得较多的流量；反之，则可能无法获得流量。

①平台搭建直播系统，为主播提供直播场景服务。
②有的平台可以为主播提供货源渠道。

图 11-3　平台渠道方主动权的体现

5. 直播代运营服务商

直播代运营服务商是指能为商家提供完整的直播代运营服务的组织，包括电商直播代运营服务商和企业直播代运营服务商。电商直播代运营服务商侧重于为商家制定专属直播方案，直播的主要渠道是淘宝网、京东商城、抖音、快手等公域流量平台；企业直播代运营服务商侧重于商家私域流量的积累与沉淀，直播的主要渠道是企业/品牌官方网站、微信等私域流量平台，且它更侧重于为商家提供直播的硬件支持和数据服务。

电商直播代运营服务商与企业直播代运营服务商的对比如表 11-7 所示。

表 11-7　电商直播代运营服务商与企业直播代运营服务商的对比

直播代运营服务商	流量来源	服务内容	特点
电商直播代运营服务商	淘宝网、京东商城、抖音、快手等公域流量平台	运营需求分析、直播内容策划、主播讲解、主播孵化、直播间搭建、直播数据分析、多渠道整合营销等	流量来源丰富，侧重于提供直播营销策划服务
企业直播代运营服务商	企业/品牌官方网站、微信等私域流量平台	直播系统搭建、专业导购讲解、直播存储回放、直播效果分析、售后服务、用户管理等	具有较高的数据掌控能力，侧重于提供直播硬件支持和数据服务

11.4.2　直播营销的合作方式与收益分配方式

一般情况下，直播营销的合作，主要是指供应商和主播的合作。接下来，将介绍这种直播营销的合作方式和收益分配方式。

1. 供应商与主播的合作方式

在供应商与主播的合作中，直播营销的合作方式主要分为专场包场和整合拼场。

（1）专场包场，即供应商包场，整场直播所推荐的商品都是一家供应商提供的商品，可以是同品牌商品，也可以是一家供应商旗下的多品牌商品。对于供应商来说，这种方式的合作费用比较高，但产生的营销效果比较好。

（2）整合拼场，即主播在同一场直播中推荐多家供应商的商品。对于其中一家供应商来说，这种模式的合作费用较低，但营销效果不容易确定，供应商需要考察主播的能力及主播与商品的契合度。

2. 供应商与主播的收益分配方式

在供应商和主播的合作中，直播营销的收益分配方式主要有"纯佣金"和"佣金+坑位费"两种。

(1)"纯佣金"方式。"纯佣金"方式是指供应商根据直播间商品的最终销售额，按照事先约定好的分成比例向主播支付佣金。例如，假设事先约定的佣金比例为10%，主播在直播中卖出 100 万元的商品，那么，主播就可以获得 10 万元的佣金。在直播行业中，主播的佣金比例往往由主播等级和主播过去的销售成绩决定。

(2)"佣金+坑位费"方式。"佣金+坑位费"方式，是指供应商先向主播支付固定的"坑位费"，在直播结束后，再根据直播间商品的最终销售额按照约定的分成比例向主播支付相应的佣金。这种收益分配方式主要存在于整合拼场中。"坑位费"也称"上架费"，对于一些头部主播，因为有很多供应商想要与之合作，主播就可以设定"坑位费"作为筛选门槛。这样，供应商的商品要想出现在这些主播的直播间里，就需要先支付一定的商品上架费。需要说明的是，供应商支付坑位费只能保证其商品出现在直播间，并不能保证商品的销售量。在实际的合作中，坑位费会根据主播等级和商品在直播间出现顺序的不同而有所差异。

一般来说，头部主播的坑位费较高，这是因为头部主播的人气较高、曝光量较高，在一定程度上能够保证商品的销售量。而且，在头部主播的直播间，即使用户没有在直播间里购买某品牌的商品，但由于主播的高人气、高曝光量和高话题度，也能为供应商的品牌打响知名度，提升品牌的影响力。而在整合拼场直播中，主播会在同一场直播中推荐多家供应商的商品，而推荐顺序则由供应商支付的坑位费决定。通常情况下，供应商支付的坑位费越高，商品出现的顺序越靠前。

11.4.3　直播间的用户管理

吸引用户关注，将用户变成主播或直播间的粉丝，是促进直播转化的基础。庞大的用户关注数量会优化直播间的营销数据，也会提升直播间的商业价值。因此，直播团队需要做好用户运营，以提升用户对主播和直播间的信任与黏性。

直播团队进行直播间用户的管理，首先要了解进入直播间的用户类型和用户心理。根据用户在直播间的购物意愿，进入直播间的用户可以分为四种类型。不同类型的用户，对直播间的期待是不同的。

1. 高频消费型用户

高频消费型用户，即经常在直播间购买商品的用户。这类用户已经通过长期在线与主播互动以及大量的购买行为，积累了与主播较为深厚的社交关系，这些用户有稳定且习惯的购物环境和购物预期。对于这类用户，直播团队要做到以下几点：

(1)确保直播间商品品类的丰富。这一类型的用户与主播已经构建了黏性较强的关系，这种关系是建立在主播及直播间能给用户带来可靠、贴心的购物体验的基础上的，因此，要维护与这类用户的关系，直播团队需要持续地为这些用户提供丰富的商品。

(2)确保商品质量可靠并拥有价格优势。这一类型的用户经常进入主播的直播间，主要目的是购物。而高质量的商品和较低的价格，是吸引用户在直播间购买商品的主要原因。因此，直播团队要尽可能提供物美价廉的商品。

（3）积极互动。这一类型的用户之所以会对主播的直播间兴趣较大，除了上述两个原因之外，还因为他们能在主播的直播间得到一种情感上的满足。例如，用户得到了主播的热情互动，得到了主播的公开认可，或者得到了主播赠送的礼物等。这意味着，主播在直播时如果看到这类用户，更需要与之积极互动，积极回复这类用户的问题，以强化用户对主播及其直播间的认可度，增强用户的黏性。

2. 低频消费型用户

低频消费型用户可能已经认识主播很久了，但只是偶尔进入主播的直播间，且在直播间购物的次数也很少。之所以会出现这样的情况，主要原因可能有三点：一是用户不信任主播，担心商品的质量问题和售后问题；二是用户没有在直播间看到自己想买的商品；三是经济条件限制，用户觉得直播间商品的价格过高。

基于此，直播团队可以通过以下方法提升这一类型用户的黏性：

（1）提升用户对主播及直播团队的信任度。主播需要专业而客观地介绍商品的优点及不足之处，以便让用户快速了解某一款商品是否适合自己。

（2）让用户在直播间找到自己喜欢的商品。直播团队不但要提升直播间商品品类的丰富度，还要注意提升同一商品的规格丰富度。例如，对于同一品牌的口红，直播团队可以尽可能提供多种色号；对于同一品牌的外套，直播团队可以提供多种风格，以满足用户在不同场合的需求；对于同一款零食，直播团队可以提供不同的口味。这样，用户在直播间有更多的选择，才可能从中挑选自己喜欢的一款商品。

（3）让在意价格的用户在直播间产生购买行为。直播团队需要时常针对这类用户策划福利活动，如提供新客专属福利、"新粉"专属福利，或者定期抽奖、定期赠送优惠券等，降低这类用户的购物门槛。

此外，对于这类用户，主播还需要在助理的帮助下尽可能快速回复用户提出的问题，以增强用户对主播的好感。

3. 随便转转的平台老用户

随便转转的平台老用户通常对电商直播的模式有所了解，已经在其他主播的直播间产生过购物行为，已经关注过其他一些主播。但他们关注的主播可能在这个时间点没有开播，或者关注的主播的直播间没有其想要购买的商品，因而在直播平台随便看看，偶然转到了主播的直播间。这种类型的用户只是偶然进入主播的直播间，还没有建立对主播的认知和信任，对主播推荐的商品还处于观望状态。对于这类用户，直播团队可以通过以下两种方法让其成为自己的高频消费型用户：

（1）提供新客专属福利。直播团队可以对新用户提供专属福利，如额外赠送商品、价格减免等，以降低其试错成本。

（2）建议其购买性价比高的"印象款"商品。由于"印象款"商品的口碑较好，能增强用户对直播间的好感度，以及建立用户对直播间的初步信任，因此，直播团队可以用低价、有品质保证、口碑较好的"印象款"商品吸引用户进行第一次消费，增加其再次光顾直播间的可能性。

4. 直播平台新用户

直播平台新用户可能只是经朋友介绍或受媒体影响才尝试去观看直播。这类用户的习惯购物渠道是电商平台，而不是直播平台。他们还不太了解直播"带货"模式，对直播"带货"主播的信任感不强，也不太清楚直播间购物的操作流程，不知道如何领取优惠券、参与抽奖。

对于这类用户，直播团队需要做到以下几点，以吸引这类用户在直播间尝试购物。

（1）展现热情和专业度。对于新用户来说，主播的热情互动以及对商品的专业介绍，可以增强新用户对主播的好感，从而对主播产生良好的第一印象。

（2）加强消费引导。这类用户进入直播间，可能是想要尝试在直播间购物。因此，主播对这类用户要加强消费引导，强调在直播间购买商品所能得到的优惠，要利用优惠券、红包、抽奖等方式来降低用户的尝试门槛，增强用户的购买意愿。

（3）积极引导关注。不管有没有购买直播间的商品，进来的都是直播间的潜在用户，主播都要尽可能引导其成为直播间的粉丝，因而要积极地引导他们关注直播间，以便第一时间为其推送直播信息。

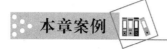

本章案例

对话"东方甄选"：涨粉百万的直播间这样炼成

本章小结

客户是企业重要的无形资产，是企业利润的归根所在。如若想对客户进行销售活动，企业就必须要加强对客户的监督及管理工作。客户管理主要包括客户关系管理和客户信用管理。

客户关系管理，简称 CRM，是指通过培养企业的最终客户、分销商和合作伙伴对企业及其产品产生更积极的偏爱或偏好，留住它们并以此提升业绩的一种营销策略。客户关系管理具体包括收集客户资料客户组合、分析与筛选客户等级管理等。

客户信用管理是买方市场条件下进行信用销售的必然要求。客户信用管理主要包括客户信用调查、制定信用政策、应收账款管理。

做好客户关系管理，要选择好选择渠道成员，要综合考虑影响渠道成员的因素，采取合适的方法激励渠道成员，以及评估渠道成员。

在直播营销的产业链中，商品供应方、多渠道网络服务机构（Multi-Channel Network，MCN）、主播、直播平台的加入，使营销中"人、货、场"三要素得到了重新排列组合，使之呈现出不同于传统营销的产业链结构。

本章习题

一、复习思考题

1. 阐述客户关系管理的含义。

2. 企业怎样进行客户筛选和新客户的开发？

3. 企业如何发展重点客户的关系？

4. 企业如何对客户的信用状况进行调查和分析？

5. 企业如何实行应收账款管理？

6. 简述直播间的用户管理方法。

二、实训题

实训项目：客户关系的提升。

实训目标：

1. 了解如何提升客户关系。

2. 了解如何与客户沟通。

3. 了解如何让客户满意。

4. 了解如何对客户分级管理。

实训内容与要求：

1. 各组明确实训任务，确定实训企业，确定执行方案，请老师指导通过之后执行。

2. 各组对实训企业进行调查并进行充分讨论，运用所学知识总结该企业的成功之处和不足之处，在此基础上提出建议，并且撰写《××企业提升客户关系的调研报告》。

3. 小组可选择其中的一个案例进行角色模拟表演，以小品或话剧形式展示关系建立过程，并总结归纳本组表演的收获。

4. 教师对每组报告和讨论情况即时进行点评和总结，并根据各组的实训效果给出成绩。

第 12 章 销售服务管理

学习目标

学完本章后，学生应了解客户服务的含义与类别，掌握客户服务的内容，了解服务质量管理的相关内容及重要性，掌握客户的投诉及处理方式，掌握客户忠诚度管理。

素质目标

通过本章学习，学生应立足于"服务学习"理念，增强社会服务意识，切实树立"以人为本"思想，秉持"匠心服务"行动标准，积极践行责任意识和家国情怀，并关注服务创新。

教学要求

通过一系列相关的案例围绕核心点讲述客户服务管理的基础知识；课堂教学当以启发式与探讨为主，与学生之间形成互动，加强课堂案例讨论，充分调动学生的积极性。

引导案例

2022 年度汽车投诉：宝马占 C 位　比亚迪反向宣传

2022 年已经悄然过去，这一年来发生了不少轰动一时的投诉事件，在各类投诉对象中，存在感最高的当属宝马了，不仅月月排名靠前，总的投诉量也是最多的。车质网 2022 年度投诉数据显示，华晨宝马 X3 以 3 748 例投诉排在第一位，华晨宝马 5 系以 1 995 例投诉排在第二位。而在 2022 年《汽车专业网》的月度投诉榜单总结中，光是宝马出现在大标题就有9次，可见其出镜率有多高。与宝马负面钉子户形象相反的是，比亚迪迟迟不交车为由的上榜理由简直是反向宣传的操作。

总体来看，在2022年度投诉榜单中，从车型方面看，自主品牌占据过半，其次为德系车和日系车；从投诉问题上来看，多为销售服务方面的投诉，集中在不按约定交车、实车与宣传不符、系统升级问题等。

宝马月月上榜

从2022年2月开始，宝马的身影开始出现在投诉榜单前十的位置，在那之后的日子里，每个月都能在榜单上看到它。起初，宝马是因为发动机烧机油、漏油等原因上榜，后来的投诉问题则转向被"阉割"的车机，从3月份开始，这个问题一次次地发酵，投诉量有增无减的背后与宝马官方的"不作为"有很大关系。

虽然宝马车型的投诉主力为华晨宝马X3和华晨宝马5系，但包括进口宝马、进口宝马6系GT、进口宝马X4等在内的其他宝马车型也因为车机问题被投诉多次。连续多月的投诉事由无一例外都指向同一点：销售欺诈，与宣传不符。具体表现为车机功能系统与宣传不符，也被网友称为"阉割的ID7系统"。从官方对ID7的宣传以及车主手册所描述的功能，可以看到ID7车机系统具有远程软件升级和语音控制（车窗升降、远程控温、远程启动等）功能，但实际车辆中并没有。这种车机系统功能缺失的现象在宝马的多款车型当中均有表现。

尽管关于宝马的舆论已经被各路媒体报道多月，但是宝马汽车方面却始终没有拿出一个让车主满意的解决方案来，部分经销商试图通过赠送保养或代金券的方式安抚车主。不过从目前的投诉情况来看，这个法子似乎并不奏效，大多数的车主仍在维权。作为一个全球知名的豪华品牌，对于车主大面积投诉如此放之任之，是任性还是根本无所谓？

反向宣传比亚迪

比亚迪上榜投诉榜单让"投诉"二字变得很没有意思，订单太多提不到车确定不是反向宣传？

上榜年度投诉前十的2022款比亚迪宋Pro DM-i的提车难问题从2022年的3月初就开始被投诉。据车主们所说，厂家排产不透明，同一时间订车的车主有的早已提车，而有的只能等待。在车主们向厂家投诉后得知，购买宋PLUS DM-i的车主等车周期超过60天的可以享受一定的补贴，而宋Pro DM-i的车主却没有。"厂家优先保证PLUS版本的交付，对Pro版本用户不公平。"但当宋Pro DM-i的车主羡慕宋PLUS DM-i车主的交付之时，一些宋PLUS DM-i的车主也在投诉自己交车难。

销售服务问题多

无论是上榜的合资车型还是自主品牌都多多少少存在一定程度销售服务方面的问题，华晨宝马X3、华晨宝马5系为前文所述的阉割版车机。上汽大众朗逸为实车中控屏与原厂宣传不符，正因为此，不能支持厂家宣传的无线carplay功能，无法享受原厂MOS中控屏的声音聚焦功能，无法进行大灯照明距离调节，且目前的中控屏也无法和车辆的数据相关联，无法继续享受原厂系统持续升级所带来的其他功能。

吉利星瑞为车机系统升级问题，比亚迪宋Pro新能源则围绕提车难问题，延伸出定金纠纷等问题。长城哈弗F7、长城哈弗赤兔及长城哈弗H6均为系统升级问题和变相收费。

如今，销售服务问题成汽车投诉主流，侧面表明了当前一些车企在售前及售后服务领域仍亟待提升。近年来，服务问题已逐步成为车企实现差异化竞争、赢得市场先机的"法宝"，特别是在"以用户为中心"的新时代车企服务理念下，服务问题越来越受到关注。

——资料来源：汽车专业网，2023-01-06

✎ 引导任务

客户服务在市场营销活动中是必不可少的一个组成部分，同时又有极其重要的作用。客户服务的方式、内容、质量等不但直接关系当前的销售效益，而且影响到今后销售的深入和发展，所以客户服务日益成为竞争的焦点，受到极大的重视。因此，无论是企业还是销售人员，都必须把客户服务摆在重要的位置，不断增加服务内容，改善服务态度，加快处理投诉的速度并提高服务质量。

12.1　客户服务管理

12.1.1　客户服务的含义与作用

1. 客户服务的含义

客户服务是指在合适的时间和合适的场合，以合适的价格和合适的方式向合适的客户提供合适的产品和服务，使客户的合适需求得到满足，产品价值得到提高的活动过程。客户服务已成为现代市场竞争的主题，并日益受到企业的重视。一方面，客户以服务的优劣作为选择商品的重要标准和依据；另一方面，企业以提供比竞争者更丰富、优质、全面的服务为手段展开对客户和市场的争夺。

2. 客户服务的作用

(1)全面满足客户的需求。服务能为购买者带来有形和无形的利益。随着生活水平的提高，人们对服务的要求越来越高，这使得服务方式花样翻新，内容更加丰富。现代生活的节奏不断加快，也使客户越来越要求服务能提供更多的便利，以节约时间，提高效率。而且，随着科学技术的迅速发展及其在产品生产中的广泛应用，产品的技术含量越来越高，导致仅靠产品说明书、操作使用说明等难以满足客户的需求，因此，客户要求企业提供安装、调试、培训指导等方面的服务。

(2)扩大产品销售。企业和销售人员提供优质的全方位的服务，可以使客户获得更多的便利，满足客户的需求。这不但可以吸引客户，而且有利于树立良好的企业形象，使客户增强购买本企业产品的信心，从而扩大产品的销售。

(3)增强竞争能力。服务是企业的重要竞争要素。在产品各方面属性相似的情况下，客户对服务的重视程度不断提高，因而服务成为企业竞争的焦点。各企业纷纷提高服务质量，增加服务的内容和方式，以在竞争中占据优势地位。此外，优质服务还有利于企业树立良好的形象，提高企业的知名度和美誉度，赢得客户的信赖，增强企业的竞争能力。

（4）提高企业的经济和社会效益。企业的一切生产经营活动都是为了满足客户的需求，从而营利。客户是企业生存和发展的支柱，企业的利润完全来自客户。所以，完善销售服务是吸引客户的重要内容。伴随着客户对销售服务的更加迫切的需要，销售服务对提高企业经济效益的作用也越来越重要。

情景体验 12-1

海尔产品质量好吗？不能说是特别好。价格怎么样？很贵。海尔空调的价格和进口空调的价格持平，海尔冰箱的价格和进口冰箱价格也是持平的。

那么海尔有什么优势？海尔品牌的优势在于它的服务好。如有问题，打个电话就会有售后人员上门服务，维修服务态度特别好，这就是服务品牌。海尔通过客户服务创造一种品牌，而这种品牌带动了高价产品的销售，弥补了在市场当中的劣势，体现出服务竞争的优势。所以优质的服务是最好的企业品牌。由此可以看出，对于一个企业来说，将客户和企业有机地结合在一起，不断增加使客户感到满意的服务，是一个企业在当今市场取得成功的重要因素。

12.1.2 客户服务的分类

客户服务的方式多种多样，内容也很丰富，依照不同的划分标准可以对其进行不同的分类。

1. 按服务的时序分类

按照服务的时序划分，客户服务可分为售前服务、售中服务和售后服务。

2. 按服务的技术属性分类

（1）技术性服务。技术性服务指与产品的技术和效用有关的服务，一般由专门的技术人员提供，主要包括产品的安装、调试、维修及技术咨询、技术指导、技术培训等。

（2）非技术性服务。非技术性服务指与产品的技术和效用无直接关系的服务。它包括的内容比较广泛，如广告宣传、送货上门、提供信息、分期付款等。

3. 按服务的地点分类

（1）定点服务。定点服务指在固定地点建立或委托其他部门设立服务点提供的服务。如生产企业在全国各地设立维修服务网点，就属此类。销售商品的门市部也可以为客户提供定点服务。

（2）巡回服务。巡回服务指没有固定地点，由销售人员或专门派出的维修人员定期或不定期地按客户分布线巡回提供的服务，如流动售货车、上门销售、巡回检修等。

4. 按服务的费用分类

（1）免费服务。免费服务指不收取费用的服务，一般是附加的、义务性的服务。售前、售中、售后服务的大部分内容是免费的。

（2）收费服务。收费服务指在产品价值之外的加价，只有少数大宗服务项目才收取费用。这类服务一般不以盈利为目的，只为方便客户，因此收取的费用也是比较合理的。

5. 按服务的时间长短分类

按照服务的时间长短划分，客户服务可分为长期服务、中期服务和短期服务。

6. 按服务的次数分类

(1)一次性服务。一次性服务指一次提供完毕的服务，如送货上门、产品安装等。

(2)经常性服务。经常性服务指需多次提供的服务，如产品的检修服务等。

12.1.3　客户服务的内容

1. 售前服务

售前服务是指企业通过进行广泛的市场调查，研究分析客户的需求和购买心理特点，在向客户销售之前，采用多种方法来引起客户的注意和兴趣，激发客户的购买欲望而提供的一系列服务。要使客户在纷繁复杂的产品中对自己企业的产品发生兴趣并产生购买欲望，售前服务无疑扮演着重要的角色，因而成为企业之间进行竞争的重要手段。尤其在企业推广新产品时，售前服务显得更为关键。常见的售前服务主要有以下几种：

(1)广告宣传。广告宣传通过向客户传送有关产品的功能、用途、特点等方面的信息，使客户了解产品并诱发购买欲望，有利于提高企业的知名度，树立企业良好的形象，因此企业必须高度重视广告宣传。但需要注意的是，企业在选择广告媒体时，应根据目标客户的特点来进行，实现最佳的广告媒体组合。

(2)销售环境布置。客户在购买产品时不但重视产品本身和销售人员的服务，对销售环境的要求也不断提高，希望能在舒适、洁净的环境下购买产品。销售场所的环境卫生、通道设计、铺面风格、招牌设计、内部装饰、标识设置、灯光色彩、产品摆放、营业设备等因素综合而构成的不同的整体销售环境会给客户留下不同的印象，由此引发客户不同的情绪感

星巴克的店面设计

受，这种情绪将在很大程度上左右客户的购买决策。销售环境布置还对树立企业的形象有着重要的作用，它最直接地体现出企业的经营管理状况，因而它作为售前服务的一种方式，应该得到企业的充分重视。

(3)提供多种便利。客户购买产品不仅看重产品实体本身，而且非常重视由享受销售服务获得的便利。为客户考虑得越周到，客户越有可能购买你的产品。现在，销售主体所能提供的便利已经成为人们做出购买决策时要衡量的一个重要因素，因此销售主体应尽可能地为客户提供方便，如工厂为客户提供技术培训、免费咨询指导，商店设立问事处、服务台、试衣室、信息室、ATM 机，为客户免费供应饮用水等。这类便利服务一方面让客户感到舒适方便；另一方面也节约了客户的采购时间，提高了采购的效率。

(4)开设培训班。随着新技术在产品中的广泛运用，许多技术含量较高的新产品出现。这些产品结构复杂，操作方法相对较难掌握，对使用者的知识水平等方面要求较高。让客户拿着产品说明书和操作手册查找学习，一是未必能够学会，二是即便能够学会，也未必有足够的时间和耐心去学习，从而很可能丧失购买信心。因此，企业应为客户举办各种培训班，提供技术咨询和技术指导。通过参加培训班，客户掌握了有关的技术，自然会对产品产生浓厚的兴趣，从而激发客户的购买欲望，促进产品的销售。另外，举办培训班能吸引较多数量的客户，还能够提高企业的知名度，树立企业的良好形象。

(5)开通业务电话。开通业务电话，提供电话订货等服务，可以使企业的触角深入原来未进入或难以进入的市场，挖掘潜在客户，扩大企业占据的市场范围，并增加产品的销量，抓住更多的销售机会。

（6）提供咨询。客户在购买产品之前一般都要收集尽可能多的产品信息和资料，在此基础上权衡得失，从而做出购买决策。一般来说，客户不会购买不甚了解的产品。为了向客户宣传介绍产品的性能、质量、用途，必须耐心回答客户提出的疑难问题。企业应派有专业知识的人员在销售场所设立咨询服务台，或在外出销售时为客户提供各种咨询服务，以加深客户对产品的了解，并增强客户对产品和销售人员的信任。

2. 售中服务

售中服务是指在买卖过程中直接或间接地为销售活动提供的各种服务。销售人员在销售过程中所提供的服务方式、内容及质量，不仅关系成交与否，而且会影响整个企业的信誉，因此企业和销售人员都必须重视。一般来说，售中服务主要包括以下几项内容：

（1）向客户传授知识。销售人员在向客户销售产品时，应向客户介绍有关产品的性能、质量、用途、造型、品种、规格等方面的知识。一方面，这是客户做出购买决策的客观要求，即客户在决策时，必须了解相关知识，以此作为权衡和考虑的依据；另一方面，销售人员详细向客户介绍，有利于培养良好的销售氛围，形成和谐的人际关系，也可起到促进销售的作用。

（2）帮助客户挑选产品。客户在购买产品时的心态不仅受自身因素（如客户的需求、社会地位、文化程度、购买习惯、消费知识和经验等）的影响，也受外部因素刺激的影响，外部因素包括产品的价格、质量、用途、广告、购物环境等。客户对产品知识的了解，绝大部分来自销售人员的现场服务。当客户向销售人员询问产品的价格、质量、性能、用途及产品的优点和缺点等时，销售人员如能根据客户的需求心理加以介绍，正确地引导客户，就能使客户按理想的方式来权衡利弊，从而有利于促成交易。

（3）满足客户的合理要求。在销售过程中，客户必然会提出许多要求，其中大多是比较合理的。销售人员应尽最大努力满足客户的合理要求，提高客户的满意度，增强客户对销售人员的信任，从而促成交易。这样做还能提高客户的重复购买率，并提高企业的声誉。

（4）提供代办服务。售中服务不仅对普通消费者非常重要，而且受到批发零售商和生产企业类客户的重视。向这类客户提供的售中服务主要包括代办托运、代购零配件、代为包装、代办邮寄等服务。这些服务为客户带来了更大的便利，不仅可以吸引更多的客户，促成交易，密切产需关系，而且能增强客户的信任感，提高企业的竞争能力，甚至与客户达成长期合作。

（5）操作示范服务。操作示范服务能让产品现身说法，真实地体现出产品在质量、性能、用途等方面的特色，激发客户的兴趣，并激起客户的购买欲望。这种方式还会使销售人员的说法得到证实，增强说服力，增强客户的信任度。

3. 售后服务

售后服务就是在产品销售之后所提供的服务。它不仅是一种强有力的促销手段，而且也充当着无声的宣传员，这种无声的宣传比那些夸夸其谈的有声宣传更高明，是客户最信赖的广告。

（1）售后服务类型。售后服务不限行业，也不拘于一种形式，有着广泛的内容和未被开拓的领域，主要包括以下几个方面：

①送货上门。对购买较笨重、体积庞大、不易搬运的产品或一次性购买量过多、携带

不便或有特殊困难的客户，有必要提供送货上门的服务。其形式可以是自营送货，即企业自己的设备送货；也可以是代管送货，即由企业代客户委托有固定联系的运输单位送货。送货上门服务对于企业来说并不是很困难的事，却为客户提供了极大的便利，提高了客户的重复购买率。

②安装服务。随着科学技术的发展，产品中的技术含量越来越高，一些产品的使用和安装也极其复杂，客户依靠自己的力量很难完成，因此就要求企业提供上门安装、调试的服务，保证出售产品的质量，使客户一旦购买就可以安心使用。这种方式解除了客户后顾之忧，大大方便了客户。

③包装服务。产品包装不但使产品看起来美观，而且便于客户携带。许多企业在包装物上印有本企业的名称、地址、标识等，起到了广告宣传的作用。

④维修和检修服务。企业若能为客户提供良好的售后维修和检修服务，就可以使客户安心地购买、使用产品，减少客户的购买顾虑。有能力的企业应通过在各地设立维修点或采取随叫随到的上门维修方式为客户提供维修服务。企业也可抽样巡回检修，及时发现隐患，并予以排除，让客户感到放心、满意。

⑤电话回访和人员回访。在客户购买产品以后，企业应按一定频率以打电话或派人上门服务的形式进行回访服务，及时了解客户使用产品的情况，解答客户可能提出的问题。

⑥提供咨询和指导服务。客户在购买产品后，不熟悉产品的操作方法，或不了解产品出现简单故障应如何排除，企业要为客户提供指导和咨询服务，帮助客户掌握产品使用方法和简单的维修方法。

真情售后：真诚拉近与客户的距离

⑦妥善处理客户的投诉。无论企业和销售人员的售后服务做得多么尽善尽美，仍难免有一些客户投诉。企业和销售人员应尽可能地减少客户的投诉；在遇到投诉时要运用技巧妥善处理，使客户由不满意转变为满意。

⑧建立客户档案。建立客户档案的目的是与客户保持长期的联系。通过这种方式，一方面可以跟踪客户所购买产品的使用和维修状况，及时主动地给予相应的指导，以确保产品的使用寿命；另一方面还可以了解到客户的喜好，在出现新产品后，及时向可能感兴趣的客户推荐。除此之外，销售人员还利用客户档案，以上门拜访、打电话、寄贺年卡等形式，与客户保持长期的联络，提高客户的重复购买率。

(2)常见的售后服务问题。售后服务中的许多问题是在某一企业中具体出现的，企业不同，采取的售后服务策略就不同。在实践中，常见的售后问题有如下一些：

①价格变动。如果发生价格变动，尤其是提价，处理不当很可能产生问题。任何价格变动都应该立刻记录到企业的价格表上，再没有比产品或服务的价格不准确更容易让客户不信任和愤怒的情况了。每当发生价格变动，尤其是提价时，销售人员应及时通知客户，以便他们能采取合适的行动。

②交货延迟。因为一些不可抗力或者人为因素发生延迟交货现象是在所难免的，但延迟交货确实会导致客户不满。一项延迟的交货可能影响客户的计划，并且如果由于延迟导致了缺货，则在一段时间里可能减少客户的销量。一旦出现销售人员无法控制的延迟交货，销售人员应该使客户对按合同精确交货的预期最小化，并及时让客户了解延迟及其原因。销售人员可以借助核实订单是否准确，是否包含了所有必要的信息，手续是否齐全等

方式，帮助防止某些延迟的发生。

③安装服务不到位。一些产品是需要企业来帮助客户安装的。通常，产品的安装不是销售人员的责任，但尽其所能保证安装如期完成是良好服务的主要内容。组织优秀的安装人员或直接监督安装能达到这一目标。至少，销售人员应该与客户联系，确认在安装期间没有什么问题发生。

糟糕的家居售后让人很受伤

④促销信息缺乏。销售人员必须确保每一个客户清楚地了解任何可能得到的促销津贴。大部分企业按照金额和产品给客户促销津贴，这些津贴可以是合作广告、产品购买数量、促销展示或新产品试用等形式。无论采取何种形式，销售人员应该使每一个客户清楚促销津贴及其利用方式。

⑤培训不足。对于某些特殊的产品，客户接受良好的产品使用培训是很重要的。企业经营实践说明，培训是售后服务不可分割的部分，没有培训，客户的满意度就会大大降低；培训不足，客户可能无法使用产品，也会产生不满。

（3）售后服务的技巧。为了提升客户的满意度，销售人员必须在交易之后继续提供服务。假如企业无法提供恰当的售后服务，则很可能使原本满意的客户变得不满意，尽管售后服务的全部内容取决于特定的产品或市场状况，但仍然有一些让销售人员确保客户满意的普遍技巧。

①良好的售后服务从交易成功之后发出一封表达诚挚谢意的信开始。大约在交易达成的两天后，一封写在企业信纸上的正式信函、一张非正式的便条或小小的明信片，都能用来清晰明确地表示对客户的谢意。

②要不断地检查送货情况。在送货当天，销售人员应电告客户，这不仅是为了确定货物已送出，更为表明销售人员对客户的重视。一旦发生了不能送货或送到时货物损失等问题，销售人员可以采取恰当、及时的行动。如果问题发生了，应该由销售人员而不是其他人告诉客户有关的信息。

③销售人员应该确保客户了解所购产品的功能和用途。买方要对卖方及其产品有恰当的认识，进行应有的培训常常能够对投诉防患于未然。

④如果产品要求安装，销售人员应该在送货后立即拜访买方，以确保产品得到安装，这一拜访也能向客户表明销售人员对建立长期业务关系的关心。这一拜访，也许比其他行动更能显示销售人员及其企业的诚意和可信度。

📝 情景体验 12-2

服务领跑行业　我乐售后专业服务暖心而来

中国厨柜行业发展已日渐成熟，与其行业产品不同，橱柜对于环保要求、质量、售后服务等环节的依赖度较高，只有完善的售后服务，才能提升消费者使用体验，提高客户产品忠诚度。目前，许多消费者在购买橱柜时已经将"售后服务"列为选购的重要标准之一。

因此，对于消费者来说，如果想知道橱柜哪个牌子好，不妨先了解这款橱柜品牌是否有着完善的售后服务。我乐厨柜领先行业打造标准服务体系，为消费者提供最优质的售后服务。据了解，2016年，我乐售后服务全面升级，不仅在周末不定期回访用户，而且还有"橙色送温暖行动"、5年质保期内免费上门服务，让用户体验到温暖的关怀的同时，享受最专业的售后服务。

只要一个电话，我乐售后人员就会上门提供售后服务。经验丰富的工作人员，加上一整套高效的售后流程，保证高标准的服务质量；工具箱里摆放着一排排整齐的工具，每一个师傅都有专业的技能，不管怎么复杂的情况，他们始终面带笑容，服务态度也是行业榜样。

我乐售后承诺 24 小时上门服务，5 年产品质保期已经成为我乐用户的专属服务。作为行业领导者，我乐售后还发布 5 大承诺书，倡导加强售后服务，做好消费者保障。我乐本着"用心倾听消费者的声音"的服务态度，建立了智能呼叫服务中心，保证第一时间通过信息存储、采集，对系统客户进行资料识别及处理。我乐厨柜实实在在地为每一位消费者提供高质量的售后服务，也在不断地创新科技，完善体系，成为行业为数不多提供高标准的售后服务的企业。

——资料来源：东方网，2016-11-29

12.2 客户投诉管理

情景体验 12-3

点心店风波

某中年女性客户在点心店选购，因其对食品夹的使用方法不得当，连续夹碎两块西式蛋挞，既无歉意，也无意购买。女导购员 A 是一名新员工，责任心强但沟通技术有限。女导购员 A 在该客户夹坏了第一块蛋挞时，就对该客户说："您不会用食品夹，我来教您好吗？"该客户看了女导购员 A 一眼，接着又夹碎了第二块，而且夹蛋挞时用力较大、动作也快。女导购员 A 对该客户说："这两块蛋挞您都夹坏了，您要么买回去，要么赔偿。"该客户说："我没有见到你们店里有这么一条规定啊，写出来了吗？贴在哪儿啊？"产生了争执。领班 B 过来，了解事情经过后，对该客户说："算了，算了，不要您赔了！"该客户偏又得理不饶人，说女导购员 A 说话不中听，损了她的面子，坚持要求女导购员 A 当面给其赔礼道歉。

领班 B 一听，认为该客户有点过分，没有同意。该客户说："你们店里的服务员素质太低，东西我不买了，我还要告诉所有的人今后不上你们店里来。"就在该客户将要出门之际，领班 B 忍不住对着该客户的背影说了一句："没有钱就别来店里买东西！"

谁知该客户听见了，转过身来掏出钱包，将钱包里的钱掏出来，一下拍在收银台上，大声嚷嚷："谁没有钱啦？谁说的？是哪一个说的？"店长 C 正好听到了吵闹声，忙将该客户请到休闲区的座位上坐下来，送上茶水，然后让该客户讲了事情的经过，店长 C 很诚恳地向该客户道歉。该客户说："既然你诚恳，我也就算了，但那个女孩说我没有钱，当着这么多人侮辱我，损害了我的尊严，你说怎么办吧！"店长 C 说："这样吧，我要领班当面向您赔礼道歉，我以本店的名义赔偿您一盒点心，行吗？"该客户说："不行，我一定要你罚她 500 元钱，然后赔给我，这样才能给她一个教训。"店长 C 一听，觉得该客户难缠，简直不可理喻，渐渐地也有了一丝恼怒，双方讨论了两个回合后，店长 C 忍不住说："起初不对的是您，才产生了后来我们服务员说话过火的情况。如果您坚持要赔钱，我就要怀疑您今天的动机。"该客户大怒，要求店长 C 告诉其总经理的电话，遂投诉至公司。

企业经营常会碰到"客户投诉"，一旦处理不当，就会引起不满和纠纷。处理客户投诉是客户关系管理的重要内容，出现客户投诉并不可怕，而且可以说是不可避免的。问题的关键在于如何正确看待和处理客户的投诉。

12.2.1　客户投诉处理的目的

企业处理客户投诉的主要目的有以下几点：

（1）消除客户的不满，恢复信誉。从保护、重视消费者的立场来看，客户投诉处理是大事，企业应该真诚、及时地对客户投诉进行处理。

（2）建立企业的品质保证机制。客户投诉是促进企业改革的一个重要动力，同时，处理客户投诉也是改进企业产品质量和提升服务水平的过程。

（3）收集客户信息。客户投诉是客户对产品和服务最真实的检查结果，也是最可靠的市场调查结果，因此，企业要将客户投诉进行收集、整理和统计分析，为客户更好地服务。

（4）挖掘潜在信息。投诉是客户对产品不满意的一个信号。但在现实工作中，一般都把注意力集中到追究产品缺陷的发生责任或对投诉的处理上，却忽略了客户的真正需求。由于客户投诉是与市场紧密相关的，所以在研发新产品时如果考虑客户投诉的作用，那么新产品的开发成本就会比较低，销量也会更大。

12.2.2　客户投诉的内容

（1）产品质量投诉，主要包括产品在质量上的缺陷、规格不符、技术标准超出允许的误差、产品故障等。

（2）购销合同投诉，主要包括产品数量、等级、规格、交货时间、交货地点、结算方式、交易条件等。

（3）货物运输投诉，主要包括货物在运输中发生损坏、变质和丢失，以及因包装或装卸不当而造成损失等。

（4）服务投诉，主要包括对企业各类人员的服务质量、服务态度、服务方式、服务技巧等提出的批评和抱怨。

🖐 情景体验 12-4

王先生在导购员的推荐下购买了一款价格比较昂贵的空调，导购员对王先生说："这款空调使用了新技术，省电且静音。"可是王先生使用了一周之后，觉得空调的制冷速度较慢，于是他找到商家说明了情况，并要求商家为他另换一款空调。

商家不同意换货，并对王先生说："鱼和熊掌不可兼得，既然想要空调省电、静音，当然就不能要求空调的制冷速度很快。"

王先生认为导购员在向他推荐空调时只强调了空调节能、环保、噪声小，并没有说明空调的制冷速度较慢，自己是因为受到导购员的误导才购买了这款空调，因此商家应该为自己换货。但是，商家认为是王先生主动选择了这款空调，而且空调也不存在质量问题，因此不能为王先生换货。

双方争执不休，最后，王先生又向商家提出退货的要求，商家更是不同意。于是，王先生向相关市场监管部门进行了投诉，并表示如果商家不能满足其要求，他将走法律程序。

12.2.3　处理客户投诉的策略

1. 鼓励客户投诉

倾听客户的委屈和愤怒，或是给客户创造条件让客户抱怨，客户的感觉就会好很多。销售人员要让客户充分地诉说而不要随便打断，打断只会增加已有的愤怒和敌意，并且使问题变得更加复杂，更加难以处理。一旦客户的愤怒和敌意产生了，说服劝导更加艰难，几乎不可能找到让双方都接受的解决方案。因此，销售人员要学会倾听，倾听的时间越多，客户反映的问题就越充分，解决问题的方法就越恰当。

2. 获得和判断事实真相

面对极力为己索赔或讨说法的客户，销售人员必须谨慎地确定与投诉有关的事实信息。客户通常强调那些支持自己观点的情况，所以销售人员应在全面、客观地了解情况的基础上，找出令人满意的解决办法。当事实不能解释问题的真相，或客户与企业反映出的信息都有错误时，需要让客户知道，从而获得一个公平解决的办法。无论如何，目标仍然是使客户投诉得到公平的处理。

3. 提供解决方法

在倾听客户意见并从客户的立场出发考察每一种因素之后，销售人员有责任采取行动和提出公平合理的解决方法。所以一些企业规定，解决问题是销售人员的责任，理由是销售人员最接近客户，最适合以恰当的方式做出公平的、令客户满意的解决方案。也有一些企业规定，解决问题的方案应由总部的理赔部门做出，销售人员应调查问题并提出解决问题的参考方案，理由是如果解决方案来源于管理层而非销售人员，客户可能更容易接受。

4. 公平解决索赔

为了帮助企业提出一个公平合理的解决方法，销售人员必须获得下列信息：客户索赔的金额和索赔的频率，客户账户的数量和客户的重要程度，企业所采取的行动对其他客户可能的影响程度等。在获取了以上信息后，企业可选择的解决方案有以下几种：产品完全免费退换；产品完全退换，由客户支付劳动力和运输费用；产品完全退换，由客户和企业共同承担相关费用；产品完全退换，由客户按折扣和价格支付；企业时产品负责维修，客户承担维修费用；产品返厂，再进行维修处理；客户向第三方索赔。

> **情景体验 12-5**
>
> **为什么不可以签单**
>
> 　　某天下午，一批某单位的客人来酒店餐厅用餐。餐后客人提出该单位在店内有两万内存，要求签单。经信用结算组查阅，发现客人所报金额与签单人姓名均与原始记录不符。为了维护签单权益，信用结算组便通知餐务中心该单位并无内存，而宾客坚持称确有内存，一定要签单。餐务中心与客人协调，提出先将本次餐费结清，由账台出具收条，待有确切证明能够签单，再退还此款，在内存中结算餐费。客人当时表示同意。
>
> 　　过两天，经该单位存款当事人与酒店联系，说明上次餐费可以签单，酒店立刻退还了钱款。而此时宾客以酒店工作有疏漏为由提出投诉，并要求餐费折扣。餐务中心与信用结

算组共同向客人解释了缘由，再三说明这也是维护该单位内存的安全以及保密性而执行的一项工作制度，对此事给宾客造成的不便表示歉意，餐务中心给予该单位用餐八八折优惠，信用结算组也提出将尽快改进工作方法，避免类似的误会发生。

最终，宾客满意而归。

事后，质管办召集两部门针对此投诉进行分析。财务部态度非常积极，提出了一项改进方法，向各内存单位签单人发放临时卡片，其他客人消费时只需出示此卡同样签单有效，能够使工作做得更圆满一些。餐务中心也表示将增强两部门之间的协调与合作，促使服务更完美。

12.2.4 客户投诉处理的程序

处理客户投诉，应填写客户投诉处理表，并注意该表单的流向。此表的联数多少，视企业规模大小、组织结构而自行统筹规范。表格必须填写日期，而且各部门的处理情况也应在其上注明日期，为防止工作漏失，应有流水编号的控制。

例如，可以规定客户投诉处理表的传递次序如下：

(1)第一联存根由客户管理中心或营业单位填妥后保存备查。

(2)第二联通知由客户管理中心送质量部门。

(3)第三联通知副本由客户管理中心呈送主管。

(4)第四联调查由质量部门连同第五联交付发生单位(生产部门)。

(5)第五联调查报告由发生单位(生产部门)调查后送质量部门。

(6)第六联答复由质量部门接到发生单位(生产部门)之调查报告书后，连同报告书送至客户管理中心。

(7)第七联报核同第六联的方法整理后，连同调查报告书呈报主管。

此外，在处理投诉表单的流程中，也添加以下规定。

(1)客户管理中心一接到客户投诉，立即填写客户投诉处理表。

(2)生产部门接到客户管理中心的客户投诉处理表后，即编号并登记于客户投诉案件记录卡和异常调查报告表，送质量部门追查、分析原因，判定责任归属后，送生产责任单位分析异常原因与处理对策，并送经理室。异常情况送研发部，再送回总经理室查核后，送回客户管理中心拟定处理意见，再送经理室综合意见，最后送回客户管理中心处理。客户投诉案件记录卡如表12-1所示，异常调查报告表如表12-2所示。

表12-1 客户投诉案件记录卡

投诉客户名称		地址		电话	
受理日期	年　月　日		受理编号		
客户希望或要求					
受理单位意见	生产单位		发生单位		营业单位

表 12-2 异常调查报告表

受理案情		发生原因	经过情形	处理办法	
编号	内容			对策	改进

营业单位：　　　　　　　生产单位：　　　　　　　发生单位：

（3）销售人员收到总经理室送回的客户投诉处理表时，应立即向客户说明、交涉，将处理结果填入表中，呈主管核阅后送回总经理室。

（4）经处理结案的客户投诉处理表由各部门按规定分别留存。客户投诉显示了企业的弱点所在，除了要随时解决问题外，还要防止同样的错误再度发生。

情景体验 12-6

客户服务人员："喂，您好！"

客户："您好，我一直在用你们的手机卡……"

客户服务人员："好的，我知道了，你是有什么问题？"

客户："是这样的，最近我的手机一打电话就断线……"

客户服务人员："是不是因为你打电话的地方信号不好？"

客户："不是，我在大街上打电话也总是断线。"

客户服务人员："那是不是你手机的问题，我们的电话网络是不会导致这种情况出现的。"

客户："我的手机是新换的，不可能是手机的问题。"

客户服务人员："那可不一定，一些杂牌手机刚买就会出问题。"

客户："我的手机是品牌手机，不会有问题的。我用我的手机装入家人的手机卡打电话就不会断线。"

客户服务人员："那我就不知道了。"

客户："那我的问题怎么办？打电话断线已经影响到我的工作了。"

客户服务人员："那我也没办法，您从哪里买的手机，就到哪里去修吧！"

客户："你这是什么态度？我要投诉你！"

客户服务人员：（直接挂断电话）

12.2.5 有效处理客户投诉的要点

1. 当面投诉的处理要点

（1）客户服务人员要注意营造轻松、亲切的沟通氛围，以缓解客户激动、愤怒的情绪。

（2）在客户交谈中，客户服务人员要注意看着客户的眼睛以示自己的诚意，切忌左顾右盼，表现得心不在焉，或者用轻蔑、看不起的眼光上下打量客户。

（3）客户服务人员要态度诚恳，表现出真心为客户着想的态度。

（4）在客户交谈中，客户服务人员要向客户表明自己的职权范围，避免对方产生不切实际的期望。

（5）与客户沟通时，客户服务人员应当有意识地了解客户的兴趣及其关心的问题，这样容易使客户放松心情，让交谈顺利进行。

（6）客户服务人员在提出问题的解决方案时，应该让客户有所选择，不要让客户产生"别无选择"之感。

（7）尽量在现场将问题解决清楚。如果问题不能马上解决，客户服务人员应该向客户说明解决问题的具体方案和时间。

2. 电话投诉的处理要点

（1）客户服务人员要关注客户说话时的声音、声调，通过声音信息判断客户的情绪状态。如果客户说话的语速非常快、声音特别尖锐，说明客户可能处于极度愤怒的状态中，客户服务人员要先安抚客户的情绪，待客户的情绪稳定下来后，再与客户进行进一步的沟通。

（2）客户服务人员的声音要亲切、温和，这样有利于客户放松心情，缓解客户愤怒的情绪。

（3）客户服务人员在电话中听到客户的姓名、地址、电话号码、产品名称等信息后，必须对这些信息进行重复确认，并以文字的形式记录下来。同时，客户服务人员还要将负责处理投诉人员的姓名、部门告诉客户，以便客户下次打电话时能够快速找到处理负责人。

3. 信函投诉的处理要点

（1）及时反馈。

（2）信函内容表达要清晰准确。

（3）与负责人充分讨论。

（4）要正式回复。

（5）存档保存。

4. 老客户投诉的处理要点

（1）虚心接受投诉。冷静地接受投诉并且抓住投诉的重点，同时进一步明晰客户的真正要求。

（2）追究原因。仔细调查原因，掌握客户心理。诚恳地向客户道歉，并且找出客户满意的解决方案。

（3）采取适当的应急措施。应根据客户投诉的重要程度，采取不同的处理方法。为了使同样的错误不再发生，应当采取应变的措施。

（4）改正缺点。以客户的不满为借鉴找出差距，甚至可以成立委员会来追查投诉的原因，以期达到改善的目的。

（5）建立客户投诉管理体系。要建立反应快速、处理得当的客户投诉管理体系，如一些公司成立客户（投诉）管理中心。

（6）后续动作的实施。为了恢复企业的信用与名誉，除了赔偿客户精神上和物质上的损失之外，更要加强对客户的后续服务，使客户恢复对产品原有的信心。

情景体验 12-7

春天吸尘器有限公司（简称"春天公司"）是位于沿海的合资厂商，主要产品为吸尘器。其生产的春天吸尘器是国内吸尘器的主要品牌之一，市场占有率和品牌知名度都名列前茅，而且还有上升的趋势。

为了进一步宣传品牌，开拓和巩固北京市场，春天公司决定在元旦进行一次促销活动。经过策划，在京城各大媒体发布了一个广告，主要内容就是元旦期间春天公司在北京某大型商场举办开箱有奖销售活动，凭广告每台降价 100 元，而且如果一次开箱不合格即换机并降价 30%。不过广告还注明活动时间限 1 月 1 日至 1 月 3 日，并且参加活动机器数量限 500 台，春天公司保留解释权。为了保证活动的顺利进行，春天公司北京代表处的负责人老王在商场负责。

进入活动最后一天(1 月 3 日)，一中年男子拿着广告来买吸尘器，听说已经卖完(实际上 1 月 2 日限量供应的 500 台即告售罄)，便大怒道："报上说今天才结束，我非要不可。"当时销售现场有不少顾客，而且有不少很可能有意购买。老王怕因此引起喧哗，决定从正常销售的货中拨一台优惠 100 元卖给他。

中年男子开箱验货后又称那台吸尘器有毛病，要求按活动规定再降价 30%，老王试用后认为货无毛病，那人又大吵大闹，老王只得削价 200 元(约 20%)打发他走。过几天后，春天公司发现一家媒体刊登了一读者的反映说春天吸尘器质量差，有问题厂家不予解决。老王经调查发现此信就是元旦时的那位顾客写的，由于此媒体在京城有较大的发行量，最近春天吸尘器的销量因此降了不少，估计损失达几十万元。

老王派人去那男子家里，经详细检测发现吸尘器什么毛病也没有。可那人竟说："反正影响已造成了，不如你们送我一台，我可以写篇稿子表扬了结此事。我在媒体有不少朋友……"最终老王退了一部分款(约 50%)给那男子才算了事。当然那人也没有写什么表扬信。

12.3　客户忠诚管理

12.3.1　客户忠诚及其表现

客户忠诚是指客户对企业的产品或服务的依恋或爱慕的感情，它主要通过客户的情感忠诚、行为忠诚和意识忠诚表现出来。其中，情感忠诚表现为客户对企业的理念、行为和视觉形象的高度认同和满意，行为忠诚表现为客户再次消费时对企业的产品和服务的重复购买行为，意识忠诚则表现为客户做出的对企业的产品和服务的未来消费意向。这样，由情感、行为和意识三个方面组成的客户忠诚营销理论，着重于对客户行为趋向的评价，通过这种评价活动的开展，反映企业在未来经营活动中的竞争优势。客户忠诚具体表现为以下几点：

(1)客户忠诚是指消费者在进行购买决策时，多次表现出来的对某个企业产品和品牌有偏向性的购买行为。

(2)忠诚的客户是企业最有价值的客户。

(3)客户忠诚的小幅度增加会导致利润的大幅度增加。

(4)客户忠诚营销理论的关心点是利润。

建立客户忠诚是实现持续的利润增长的最有效方法。企业必须把做交易的观念转化为与消费者建立关系的观念，从仅仅集中于对消费者的争取

拥有忠诚客户的
10 大原则

和征服转为集中于消费者的忠诚与持久。

12.3.2 客户忠诚度的测定方法

客户忠诚度的测定主要有比较法、频率测定法和货币测定法三种方法。

1. 比较法

比较法是根据某一客户对某类产品购买的历史资料，比较 A 品牌与该客户选择其他品牌（B、C、D）的购买联系，以确定品牌忠诚度。如果消费一定时期内的品牌选择为 AAABBBB，那就表明其品牌忠诚由 A 向 B 进行转移；如果品牌选择为 AAABAAA，表明其对 A 品牌有较高忠诚度；如果品牌选择为 ABCADAB，表明其缺乏品牌忠诚。

2. 频率测定法

频率测定法根据客户对某类商品购买的品牌选择历史记录，记下某段时间内客户购买此类商品的次数（T）和选择特定品牌商品的发生频率（S），忠诚度指数就等于 S/T，该指数越大，表明客户对该品牌的忠诚度越高，反之则越低。

3. 货币测定法

货币测定法通过销售实验，观察一定时期内客户对特定品牌愿意支付出的额外费用（多于同类其他品牌的支出），以此来判断品牌忠诚度。此费用包括购买商品的现金、为购买该商品支付出的时间费用和搜寻费用等。

12.3.3 创造客户忠诚关系的策略

发展长期的客户关系对企业和客户都有好处，客户可以从与服务企业牢固的关系中得到信任利益、社会利益和特殊对待利益，正是这些利益让客户忠诚于企业，企业可以据此来创造客户忠诚。在构筑客户忠诚的基础上，企业可以做出一系列努力来与客户建立关系、加深双方的关系，以及保持住客户关系。

1. 建立客户关系

对于企业来说，最理想的状况是与客户建立起共同前进的关系。但是，在使用快递服务、高速公路收费等服务时，客户与服务企业之间不存在明确的正式关系。在看电影、到公园玩和乘公交车时，客户与服务企业的交易并非持续的，而是间断的。企业与客户建立起关系常用的策略有会员制和忠诚计划。

（1）会员制。企业可以通过会员制来把这些零散的交易关系转化为稳定的会员关系。会员关系是企业与可识别的客户之间的正式关系。采用会员制时，企业可以通过给予申请成会员的客户一些奖励，或者通过批量销售服务与客户建立起会员关系。

建立会员关系对双方都有好处。客户可以从中得到额外的利益；企业从客户向企业提交的申请表中可以提取客户详细的个人情况，利用这些有价值的客户信息，能通过电话、传真、电子邮件、互联网等手段与特定的客户沟通，实现直复营销。通过会员卡，企业还可以获得客户进行的全部交易信息，如客户的喜好、需求和购买方式等。对于企业而言，掌握客户的需求偏好和了解他们的购买行为是非常有用的，这不但可以避免企业的重复劳动，还可以通过为客户提供个性化的服务和增加更多的价值，与客户建立长期稳定的关系。

(2)忠诚计划。在竞争日趋激烈的市场中，客户很少只忠诚于一种品牌或一家企业，尤其是一些零散交易更是如此。大多数时候，客户会对几种品牌或几家企业忠诚。在这种情况下，实施忠诚计划能使其成为客户最偏爱的企业或品牌，并将零散交易转变为长期关系。忠诚计划是指根据客户的重复购买行为奖励客户的营销计划，是企业发展与客户长期关系的一种策略，它通过鼓励客户不断重复购买，以培育客户对企业的忠诚，使企业获得更多的收益。忠诚计划中包含一系列建立在购买价值或购买频率基础上的激励措施。企业可以采用经济形式的奖励，也可以采用非经济形式的奖励，对客户进行激励。经济形式的激励主要是向客户提供金钱或物质方面的奖励，如特价、折扣、现金返利、乘客飞行里程计划等。非经济形式的激励是为客户提供除了金钱或物质之外的利益或价值。例如，一些航空企业的特定乘客，具有优先办理手续、享受专用候机室、优先登机、享用定制化的饭菜等特别待遇。当客户获得奖励时，通过经济和非经济的纽带将双方联结起来，企业与客户建立了关系。特别是对于那些有大量客户的大企业来说，采用忠诚计划可以将交易转变为关系。忠诚计划在航空业和旅业中已经得到了广泛的应用，随着市场竞争的日益激烈，目前越来越多的服务企业开始实施忠诚计划，如超市、连锁商店、连锁餐饮企业、电信服务商、电影院等服务机构都在使用各具特色的忠诚计划。

2. 加强客户关系

企业可以采用具体的营销手段来加深双方的关系。企业可以向客户提供其想要的利益，促使客户主动与企业加强联系，从而将客户与企业紧密地联结起来。

(1)财务联系。企业可以通过增加财务方面的利益来加强与客户的联系。例如，航空企业实施"频繁飞行计划"，电信企业设计"预存话费送礼品计划"，建材市场采取"预存费用购物返现金"等。企业还可以通过捆绑销售来加强与客户之间的关系。很多航空企业将乘坐飞机与酒店食宿、商店购物、汽车租赁等联系起来，客户根据飞行里程数可以免费或以优惠价获得其他企业提供的服务，从而使客户得到了更多的利益。交叉销售也可以加深企业与客户之间的关系。例如，银行可以向同一账户的家庭销售更多的金融产品，如提供储蓄、转账、汇款、汽车或住房贷款等服务，甚至还可以销售基金、保险等。这样，企业可以从多种服务产品的提供中获得更高的销售额，客户也可以从同一家企业购买的各种服务中受益。

(2)社会联系。这种联系是建立在企业和客户之间的人际关系基础之上的，人际关系在服务提供者与消费者之间很常见。例如，客户与理发店的老板相处得很好，去理发时，他经常会讲一些有趣的事。还有，一位消费者长期在社区便利店购买商品，便利店的员工会与他聊聊天。企业员工通过这种良好的人际关系来与消费者建立起社会联系，这样可以增进企业与消费者之间的感情，促使消费者与企业保持良好的关系，形成长期的客户关系。当然，人际关系也存在于企业之间。与财务联系相比，社会联系更难建立，要与客户形成良好的人际关系并非易事，需要花费大量的时间和精力，正因如此，社会联系更难被竞争者所模仿。如果企业与客户建立了社会联系，从长期来看，企业将有更多的机会留住客户。当社会联系延伸到客户间时，如在教育机构、车友会、俱乐部的客户与客户之间，这种客户间良好的人际关系会成为客户忠诚于企业的重要因素。

（3）定制化联系。当企业向老客户提供个性化服务的时候，双方之间就形成了定制化关系。这种关系的建立要求企业员工熟悉客户的个人情况，掌握消费者个人的需求偏好，能针对不同客户提供个性化的服务。企业可以通过大规模定制来实现企业与客户之间的定制化联系。大规模定制是企业通过使用灵活的流程，以大批量生产的价格，向客户提供可以满足其需求的商品或服务，是创造客户特殊价值的过程。定制化联系可以使企业向客户提供更多的价值，能增进企业与客户之间的关系，提高客户忠诚度。

（4）结构化联系。在企业与客户之间增加结构性联系也能激发客户忠诚。这种联系常用在 B2B 的环境中，如共同投资项目，共享流程和信息，向用户提供特定设备和系统来帮助用户管理存货、分销产品和追踪物流状况等。当然，在 B2C 的情况下也可以使用结构联系，如向客户提供电脑联网以管理订单，跟踪包裹。有些专业电子服务商为客户提供了建立定制化网页的机会，客户可以进入自己的网页，自行订购服务或商品，支付账款，跟踪物流，查询个人的消费金额和账户余额。当再次购买这种服务时，客户就能快速提取以前形成的具体信息，如客户姓名、通信地址、邮政编码、电话或手机号码、服务类型等，这就简化了订购手续，使客户能便捷地获得服务。一旦消费者喜欢上企业的流程，习惯于企业的运作方式，客户与企业之间的结构联系就建立起来了，竞争者就很难从企业手中抢走客户。

忠诚客户的培养

本章案例

中国服务营销：十年铿锵猛进

本章小结

客户服务管理是企业为了建立、维护并发展客户关系而进行的各项服务工作的总称，其目标是建立并提高客户的满意度和忠诚度、最大限度地开发利用客户。

客户服务是一个过程，是在合适的时间、合适的场合，以合适的价格、合适的方式向合适的客户提供合适的产品和服务，使客户合适的需求得到满足，价值得到提升的活动过程。

客户服务管理是了解与创造客户需求，以实现客户满意为目的，企业全员、全过程参与的一种经营行为和管理方式。它包括营销服务、部门服务和产品服务等几乎所有的服务内容。另外，提高客户忠诚度可以采用很多种不同的方法，例如会员制及忠诚计划。

本章习题

一、复习思考题

1. 客户投诉处理的要点是什么？

2. 品牌忠诚度测评方法有哪几种？

3. 服务质量评价的标准有几种？

二、实训题

实训目标：

1. 加深学生对服务期望、服务质量以及服务质量差距的认识。

2. 根据具体的服务消费经历描述服务质量的构成要素。

实训内容：

访问迪士尼公司、万豪国际酒店、丽嘉酒店或其他著名的优秀服务企业的网站，或通过其他途径搜集这些企业有关服务质量、服务接触和服务流程的相关材料。

1. 描述所选择的企业通过哪些途径来影响客户的服务期望。

2. 总结这些企业克服了哪些供应商差距，它们是如何克服的。

3. 总结这些企业客户满意度高的原因。

实训组织：

1. 提前布置任务，在学生进行充分的课外准备的基础上，根据本课程课时总量安排两个课时进行课堂讨论。

2. 在班级范围内，以学生个体为单位自由发表见解。

3. 发言学生可自愿，也可由任课教师指定，最好是将这两种方式结合起来。

4. 要求发言学生到讲台上对全班同学陈述自己的观点，是否使用 PPT 或其他辅助手段可由学生自行决定。

实训步骤：

1. 根据可安排的课时量，确定在班级范围内发言的学生数量。

2. 依次安排上述学生在讲台上面对全班同学发言。

3. 对每一轮发言，教师应鼓励并安排具有不同见解的同学或小组之间展开相互质询。

4. 教师对发言过程和观点、证据进行评价。

参 考 文 献

[1]钟晶灵，张冰洁. 销售管理[M]. 北京：北京理工大学出版社，2018.

[2]李先国. 销售管理[M]. 5 版. 北京：中国人民大学出版社，2019.

[3]顾金兰，肖萍，尚德萍. 销售管理[M]. 2 版. 大连：东北财经大学出版社，2016.

[4]陈涛，孙伟. 销售管理[M]. 北京：机械工业出版社，2016.

[5]张启杰，田玉来. 销售管理实务[M]. 2 版. 北京：中国电力出版社，2013.

[6]王海滋. 销售管理[M]. 武汉：武汉理工大学出版社，2014.

[7]熊银解. 销售管理[M]. 3 版. 北京：高等教育出版社，2010.

[8]叶昱克. 销售管理实用必备全书[M]. 河北：河北科学技术出版社，2014.

[9]蔡勤，李圆圆. 直播营销[M]. 北京：人民邮电出版社，2021.

[10]吴建安. 市场营销学[M]. 3 版. 北京：中国人民大学出版社，2007.

[11]博恩·崔西. 销售中的心理学[M]. 2 版. 北京：中国人民大学出版社，2015.

[12]王曼，白玉苓. 消费者行为学[M]. 2 版. 北京：机械工业出版社，2012.

[13]佚名. 如何赶走"错的客户"[J]. 董事会，2016(2).

[14]关培兰. 组织行为学[M]. 4 版. 北京：中国人民大学出版社，2015.